周易全解

金景芳 吕绍纲 著

吉林大学出版社

图书在版编目(CIP)数据

周易全解/ 金景芳，吕绍纲著. -- 长春 ：吉林大学出版社，2013.11
ISBN 978-7-5677-0890-7

Ⅰ.①周… Ⅱ.①金…②吕… Ⅲ.①《周易》—研究 Ⅳ.①B221.5

中国版本图书馆 CIP 数据核字(2013)第 279226 号

周易全解

著　　者：金景芳　吕绍纲
责任编辑：仲怀民
责任校对：仲怀民
封面设计：李宗沅
开　　本：787mm×1092mm　1/16
字　　数：450 千字
印　　张：30.25
插　　页：4
版　　次：2013年11月第1版
印　　次：2022年2月第5次印刷

出　　版：吉林大学出版社
发　　行：吉林大学出版社
地　　址：长春市人民大街 4059 号
邮编：130021
电　　话：发行部电话：0431-89580028/29/21
网　　址：http：//www.jlup.com.cn
E—mail：jdcbs@jlu.edu.cn
印　　刷：天津鑫旭阳印刷有限公司

ISBN 978-7-5677-0890-7　　定价：48.00 元

序

这本《周易全解》包括对《易经》和《易大传》的全部解释。我原想自己写，想通过它来反映我几十年研究《周易》的成果，无奈我老了，行年已八十有七，深恐长期伏案工作，体力有所不胜。因商同我的助手吕绍纲同志合作，书稿由他撰写，我仅负责删润并最后定稿。

我几十年研究《周易》有哪些心得体会？反映在本书里有哪些特点？有必要在这里作几点简单的介绍。

一、首先需要说的，本书的说解是恪遵孔子作《易大传》所开辟的道路，这就是我们并不否认《周易》是卜筮之书，而着眼点却不在卜筮，而在于它内部所蕴藏着的思想。说得明白些，就是我们不应宣传迷信，只应宣传真理，宣传马克思主义。

二、前人对孔子《易大传》的理解，我看很不够，对《系辞传》的理解，我看更是错误百出。例如，在《周易》里，蓍与卦二者，同等重要。或者可以说蓍更重要些，因为蓍是卦之所从出嘛！而前人说《易》，多看到卦，看不到蓍。其实，这个问题，并不难懂，在《系辞传》里就有两处谈到：其一，谈筮法时，说“是故四营而成易，十有八变而成卦”。其二，谈“夫《易》何为者也”时，说“是故蓍之德圆而神，卦之德方以知……神以知来，知以藏往”。在《说卦传》里，又说“昔者圣人之作《易》也，幽赞于神明而生蓍，参天两地而倚数。观变于阴阳而立卦，发挥于刚柔而生爻。应该说这个问题在《易大传》里已经讲得很清楚了，只是人们熟视无睹罢了。我在1939年写《易通》时，曾着重谈了这个问题，现在我仍旧认为我的看法是正确的。

三、传本《系辞传》在讲筮法那部分有错简和脱字。关于错简，宋人程颐、朱熹和项安世已觉察到并作了更正。关于脱字则长期以来，不见有人论及。因此，自京房、马融、荀爽、郑玄、姚信，董遇以至朱熹，都把“大衍之数五十”作了非常错误的解释。其实“大衍之数五十”，应为“大衍之数五十有五”,下脱“有五”二字。非常明显,上文自“天一地二,天三地四,天五地六,天九地十,天数五,地数五”至“凡天地之数五十有五,此所以成变化而行鬼神也”一大段文字,正是为这个“大衍之数”所作的说明,否则此“五十”为无据,而前面一大段文字为剩语,此必无之事。这一问题,1939 年我写《易通》时,就曾提出。1955 年我写《易论》时,又对“其用四十有九”作了补充说明。略谓“五十有五”不全用,是因为全用则“分二”“挂一”“揲四”“归奇”等等以后,得不出七八九六,不能定爻成卦,达不到预期的目的。其所以说“其用”,正由于有不用者在。这完全是出于人为的安排,而朱熹却迷信所谓“河图”,竟说是什么“皆出于理势之自然,而非人之知力所能损益也”,肯定是错误的。

四、我认为《周易》一书的精华所在在于思想,而思想则主要寓于 64 卦的结构之中。这一点,孔子作《系辞传》曾反复地不厌其烦地作了说明。此外,在《序卦传》和《杂卦传》里以及在乾坤两卦的《象传》里也都曾论及。总的看来,这一思想已形成一个完整的体系。然而自孔子著《易大传》以来,两千余年,诵习者率皆聩聩,无能通其意者。我于 30 年代后期,读了列宁《谈谈辩证法问题》,受到启发,始对《周易》中这一思想有了初步的理解。不久,我写《易通》,遂把这一理解写入《易通》中。解放后,我参加革命工作,由于长期学习马克思主义理论,对于《周易》中这一思想的理解,又不断加深。为了把这个问题谈清楚,下面准备多占用一些篇幅,征引有关原文,并详细地加以阐释。

首先从《序卦传》谈起。《序卦传》于篇首说:“有天地、然后万物生焉。”这个“天地”是指什么说的?很明显,是指 64 卦中为首的乾坤两卦。乾纯阳,象天;坤纯阴,象地。《易纬·乾凿度》说:“乾坤相并俱生。”所以,乾坤两卦实际上是一个矛盾的统一体。《周易》作者事实上是利用 64 卦结构来反映他的世界观,而用为首的乾坤两卦代表天地。那么,依据《周易》的这个观点来说,乾坤之前是什么呢?我认为乾坤之前是太极。《系辞传上》说:“易有太极,是生两仪”。这个“两仪”就是一对矛盾,说它是阴阳可以,说它是天地、乾坤都可以。而太极亦名太一,它是绝对的一,整体的一,浑沌未分的一。许慎《说文·一部》于“一”下说:“惟初太极,道立于一,造分天地,化成万物”。许慎这种说法,正是复述《周易》的观点。译成今日的语言,许慎所说的“造分天地”就是一分为二。同样,许慎所说的

“化成万物”，就是《序卦传》所说的“有天地然后万物生焉。”自 64 卦的结构来看，乾坤是天地，其余诸卦则是天地所产生的万物。

《系辞传上》讲筮法时说：“乾之策二百一十有六，坤之策百四十有四，凡三百有六十，当期之日。二篇之策万有一千五百二十，当万物之数也。”这里实际上也是说“有天地然后万物生焉”的问题。不过，这里有一个问题需要加以说明，这就是《系辞传上》所说的“二篇之策万有一千五百二十，当万物之数也”。这个“万物之数”当然包括乾坤在内。这样，怎么说天地生万物呢？据我理解，这是说乾坤两卦既是生万物的天地，同时又是在天地生万物当中一个独立的环节。这一点，从“凡三百有六十当期之日”就可以看得出来。因为期是一岁，一岁分四时。四时之中，自天来说，有寒有暑，自地来说，有生有成。总起来说是天地生万物，分开来说则是天资始而地资生。所以，在天地生万物的构想当中，乾坤又是一个独立的环节。这说明什么呢？它说明所谓天地生万物并不是一次完成的，而是天地在不停顿地运行，万物在不断地出生。《老子》说：“天地之间其犹橐籥乎！虚而不屈，动而愈出”，看来是对的。

《系辞传上》说：“乾坤其《易》之缊邪！乾坤成列而《易》立乎其中矣。乾坤毁则无以见《易》，《易》不可见，则乾坤或几乎息矣。”这段话是孔子对《周易》64 卦结构的思想所作的最全面、最精确的阐释。“乾坤其《易》之缊”，就是说《周易》64 卦结构的全部意义都蕴藏在乾坤两卦之中。所谓全部意义包括乾坤是天地；64 卦是乾坤作为天地所产生的万物；以及 64 卦作为天地生万物在发展过程中所形成的若干环节和各个环节之间的递嬗规律；与最后两卦既济未济在 64 卦中的特殊意义。

“乾坤成列，而《易》立乎其中矣”，是说当乾坤两卦排列在 64 卦之首时，《易》，即 64 卦的变化发展已经存在里边了。具体说，乾纯阳，坤纯阴，乾坤是一个矛盾统一体。由这个矛盾统一体的变化发展而产生 64 卦。64 卦的排列，每两卦不反则对。例如乾与坤是对，屯与蒙是反。从《序卦传》看，自屯以下，卦与卦之间的递嬗，都是用“……必……”或“……不可以……”等字样，表明 64 卦的形成是由乾坤两卦的变化发展，而这个变化发展是有规律的。

“乾坤毁则无以见《易》，《易》不可见，则乾坤或几乎息矣。”这段话实际上是对 64 卦最后两卦既济未济的特殊意义所作的说明。亦即“乾坤毁则无以见《易》”，说的是既济，“《易》不可见，则乾坤或几乎息矣”，说的是未济。64 卦作为一个发展过程来看，可以看到，开始时，乾纯阳，坤纯阴，最不平衡。当发展到既济，则六爻“刚柔正而位当”即已达到平衡。乾坤之变化发展，本来由于阴阳不平衡。一旦达到平衡，这就等于乾坤毁了。“乾坤毁则无以见《易》”，意思是说矛盾既已解决，就再也看不到变化发展了。《杂卦传》说：“既济定也”，所谈的也是这个问题。“《易》不可见，则乾坤或几乎息矣，”这个“几乎息”三字大可玩味。“几乎息”实际上是说没有息，只是象息罢了。几乎息是指既济，没有息是指未济。《序卦传》说：“物不可穷也，故受之以未济终焉”。正是说明未济是没有息。在 64 卦结构中，既济与未济处于一个环节，而既济说几乎息，未济说没有息，这是什么意思呢？这就是说卦从乾坤到既济未济，只是完成一个大的发展阶段。变化发展并没有终止，而且也不可能终止，因为时间是无限的，空间是无限的，物质运动也是永远不会停止的。有人说：“《系辞》说变化的发生，不是由于阴与阳的斗争，而是由于阴与阳的和谐，不是向前发展，而是终而复始的循环、重复”。我认为，这种说法，不是有意歪曲，就是没有读通《周易》，肯定是不对的。

《系辞传下》说：“子曰，乾坤其《易》之门耶！乾阳物也，坤阴物也，阴阳合德而刚柔有体，以体天地之撰，以通神明之德。”这是孔子又一次阐述《周易》64 卦的结构问题。那么，说“《易》之门”与说“《易》之缊”有什么不同呢？我认为，不同在于“《易》之缊”是全面地谈，而“《易》之门”是着重地就乾坤这一矛盾来谈的。“乾阳物也，坤阴物也”，正是说乾坤是一对矛盾。“阴阳合德而刚柔有体”，则是说 64 卦之刚柔，不是别的，是由于乾坤二卦内部的矛盾和斗争所产生的结果。在这里需要补充说明的一个问题，是就这个“门”字在《系辞传》另一个地方，有确切的训释。它说，“阖户谓之坤，辟户谓之乾，一阖一辟谓之变，往来不穷谓之通。”所以，这个“门”字实生动地说明了乾坤这对矛盾在其变化发展当中的情况。“以体天地之撰，以通神明之德”则是指整个 64 四卦来说的。所谓“体”，就是“刚柔有体”的体，所谓“德”，就是“阴阳合德”的德。整个意思是说 64 卦的刚柔是以乾坤的刚柔为体，64 卦的德是与乾坤之德相通的。

《系辞传上》说：“在天成象，在地成形，变化见矣。是故刚柔相摩，八卦相荡，鼓之以雷霆，润之以风雨，日月运行，一寒一暑，乾道成男，坤道成女。”这里所谈的实际上也是“有天地然后万物生焉”的问题。具体说，“在天成象，在地成形”讲的是作为天地的乾坤所具有的各自特点。“变化见矣”讲的是作为天地的乾坤这对矛盾所发生的变化。下面自“刚柔相摩”至“一寒一暑”则是对“变化见矣”又作了具体的生动的说明。“乾道成男，坤道成女”，不是别的，它就是在天地变化中所产生的万物。这里的男女与《系辞传下》所说的“天地细缊，万物化醇，男女构精，万物化生”，《序卦传》所说的“有天地然后有万物，有万物然后有男女”一样，所说的男女，只是指万物中有阴性的，阳性的罢了，不能理解为人类中的男女。

五、王弼《周易略例》有《明象》一篇，他主张“得意忘象，得象忘言”。说：“故立象以尽意，而象可忘也，重画以尽情，而画可忘也。是故触类可为其象，合义可为其征。义苟在健，何必马乎？类苟在顺，何必牛乎？爻苟合顺，何必坤乃为牛，义苟应健，何必乾乃为马。而或者定马于乾，案文责卦，有马无乾，则伪说滋漫，难可纪矣。互体不足，遂及卦变，变又不足，推致五行，一失其原，巧愈弥甚，纵复或值，而义无所取，盖存象忘意之由也。忘象以求其意，义斯见矣。”王说提出以后，在学者间毁誉参半。我认为王弼批判易象数派之定马于乾，案文责卦，诚为的当。然而以为应用“得意忘象，得象忘言”的办法，就能解决这个问题，我殊以为不然。我认为《说卦传》自身已经把这个问题解决了，只是人们多滑口读过，不能心知其意罢了。1985年我写《说易》时曾谈到这个问题。我的意见，《说卦传》说：“乾，健也。坤，顺也。震，动也。巽，入也。坎，陷也。离，丽也。艮，止也。兑，悦也。”与说“乾为马，坤为牛，震为龙，巽为鸡，坎为豕，离为雉，艮为狗，兑为羊。乾为首，坤为腹，震为足，巽为股，坎为耳，离为目，艮为手，兑为口”不同。前者是说八卦的性质，后者是说八卦的取象。“乾，健也。”是说乾就是健，“乾为马”是说乾可以为马。“也”的意思同是，表明是不变的。“为”的意思同化，表明是可变的。胡渭《禹贡锥指》于“播为九河”下引林氏说：“凡言为者，皆从此而为彼也。”林氏解释“为”字是对的。正因为这样，所以，乾既可以为马，也可以为首，为天，为园，为君，为父等等。“定马于乾，案文责卦”，当然不对了。

六、《系辞传下》有“古者包牺氏之王天下也，仰则观象于天，俯则观法于地，观鸟兽之文与地之宜，近取诸身，远取诸物，于是始作八卦，以通神明之德，以类万物之情，作结绳而为罔罟，以佃以渔，盖取诸离”至“上古结绳而治，后世圣人易之以书契，百官以治，万民以察，盖取诸夬”一大段文字。这段文字对后世影响很大。1939年我写《易通》时就相信这种说法。解放后，经过深入研究，始知这种说法不足据。理由如下：1.这种说法与上文“《易》有太极，是生两仪，两仪生四象，四象生八卦”的说法不一致。2.下文有“以体天地之撰，以通神明之德”乃是在八卦重为64卦，已有了《易》，并且是64卦的序列以乾坤两卦居首的时候。“始作八卦”怎么就能“以通神明之德，以类万物之情”呢？3.司马迁说：“百家言黄帝，其文不雅驯，荐绅先生难言之。”所谓“包氏”只见于《庄子》、《管子》、《淮南子》，不见于孔氏之书，以此可知《系辞传》包牺氏始作八卦之说不足据。4.《易》卦有井，有鼎，皆于实物取象，今曰“作结绳而为网罟，以佃以渔，盖取诸离”，颠倒本末，于事理说不通。5.《易大传》提到作《易》者时，只泛称“圣人”，从不确指何人。而此处明言包牺氏始作八卦，可见不可信。基于上述五点，我敢断言这一大段文字，是后世好事者所窜入，不是《系辞传》原文。

七、《系辞传上》有“天垂象，见吉凶，圣人象之，河出图，洛出书，圣人则之”二语在“是故天生神物，圣人则之，天地变化，圣人效之”之下，我疑二语也不是《系辞传》原文，而是后人窜入的。为什么呢？因为上文“是故天生神物，圣人则之，天地变化，圣人效之”是承“莫大乎蓍龟”来说的。而“莫大乎蓍龟”又是承“八卦定吉凶，吉凶生大业，是故法象莫大乎天地，变通莫大乎四时”一段话来说的。这里的“天生神物”分明是指“蓍龟”，“天地变化”分明是指“法象莫大乎天地，变通莫大乎四时”。总之只是说“八卦定吉凶”，怎能又说“天垂象见吉凶”呢？还有，上文已经说“天生神物圣人则之”，怎么又说“河出图，洛出书，圣人则之”呢？不但语意重复，自相矛盾，而且“河图”、“洛书”是什么东西，在《周易》经传中连个影子也看不到，则所谓“圣人则之”是则什么呢？因此，我认为“天垂象见吉凶”二语，也不是《系辞传》原文，而是后人窜入的。

八、《说卦传》说：“昔者圣人之作《易》也，幽赞于神明而生蓍，参天两地而倚数。”前人对“幽赞于神明而生蓍”和“参天两地而倚数”多不得其解。朱熹《周易本义》释“参天两地”说：“天圆地方，圆者一而围三，三各一奇，故参天而为三；方者一而围四，四合二偶，故两地而为二。”尤误。其实这两句话都是说蓍，上句是说蓍的产生，下句是说蓍的应用。上句的意思是说蓍本是一种草，它并不知吉凶。它之所以知吉凶，被称为“神物”、“神明”，是由于圣人的“幽赞”，即圣人在暗地里进行赞助。怎样在暗地里进行赞助呢？这就是下句所说的“参天两地而倚数”。参两是古语，例如《周礼·天官疾医》说：“两之以九窍之变，参之以九藏之动。”《逸周书·常训》说：“疑意以两，平两以参。”参两有交错的意思。天地是指一三五七九，五天数，二四六八十，五地数。“参天两地而倚数”就是筮法所说的“天数五，地数五，五位相得而各有合，天数二十有五，地数三十，凡天地之数五十五，此所以成变化而行鬼神也。”

九、《系辞传上》说：“是以明于天之道而察于民之故，是兴神物，以前民用。”这里的“神物”，显然是指蓍，由下文“天生神物”的“神物”可为证明。那么，于“是兴神物”之前，先说“是以明于天之道而察于民之故”是什么意思呢？1985年我写《说易》时，曾着重地谈过这个问题。我的意见，认为这是说蓍的创造是以“明于天之道而察于民之故”为前提条件。所谓“明于天之道”，译成今语，就是了解自然，“察于民之故”译成今语，就是了解社会。举例说，筮法有“象两”，“象四时”，就是了解“天之道”的证明，有“象三”，就是了解“民之故”的证明。不但此也，《系辞传下》说：“《易》之为书也，广大悉备，有天道焉，有人道焉，有地道焉”。《说卦传》说：“昔者圣人之作《易》也，将以顺性命之理，是以立天之道曰阴与阳，立地之道曰柔与刚，立人之道曰仁与义。”以及豫卦《彖传》说：“天地以顺动，故日月不过而四时不忒，圣人以顺动，则刑罚清而民服。”贲卦《彖传》说：“观乎天文以察时变，观乎人文以化成天下。”剥卦《彖传》说：“君子尚消息盈虚，天行也。”颐卦《彖传》说：“天地养万物，圣人养贤以及万民。”咸卦《彖传》说：“天地感而万物化生，圣人感人心而天下和平。”恒卦《彖传》说：“日月得天而能久照，四时变化而能久成，圣人久于其道而天下化成。睽卦《彖传》说：“天地睽而其事同也，男女睽而其志通也，万物睽而其事类也。”革卦《彖传》说：“天地革而四时成，汤武革命，顺乎天而应乎人。丰卦《彖传》说：“日中则昃，月盈则食，天地盈虚与时消息，而况于人乎？况于鬼神乎？”等等，证明“明于天之道，而察于民之故”确实是创造蓍的前提条件。由于蓍的创造是以“明于天之道而察于民之故”为前提条件，所以这一思想很自然地反映在卦之中以至反映在全《易》之中。由此可见，“是以明于天之道而察于民之故，是兴神物，以前民用”这段话，对于了解《周易》一书来说，十分重要，切不宜等闲视之。

十、《周易》、《归藏》二书，从“其经卦皆八，其别皆六十有四”来看，是相同的。然而别卦的卦序，《归藏》首坤次乾，《周易》首乾次坤，二者却恰恰相反。这是偶然的吗？我尝试考其故，而知这个不同，实反映殷周二代表现在政治思想上有重大的差别。例如《史记·梁孝王世家》褚孝孙补有“太后谓帝曰：吾闻殷道亲亲，周道尊尊，其义一也。安车大驾，用梁孝王为寄……袁盎等曰：殷道亲亲者；立弟；周道尊尊者，立子……周道，太子死，立嫡孙，殷道，太子死，立其弟。”结合《礼记·表记》所说“母亲而不尊，父尊而不亲”来考查，我们知道“殷道亲亲”是重母统，“周道尊尊”是重父统。唯其重母统，故殷易首坤；唯其重父统故《周易》首乾。《周易》首乾次坤是周人君尊臣卑、父尊子卑、夫尊妻卑思想的集中反映。这一点，我认为，学《易》者是应该知道的。

以上各点，说是我学《易》的心得也可，说是本书的特点也可，总之，与前人的见解有很大的不同，特于此表而出之。

吕绍纲同志为人谨厚，长于写作，在 50 年代曾从我问业，1979 年初，始来我校做我助手。倏历 10 年，帮助我做了不少工作。我问世的《中国奴隶社会史》和《周易讲座》二书，得到他的助力尤多。今兹与我合作撰写《周易全解》书稿，不仅发挥了他的写作专长，微显阐幽，能言人之所不能言，而且有发展，有补充，有更正，证明他不只是一位述者，已经是一位作者了。特别是在乾坤既济未济等有重大关系的诸卦以及《系辞传》中若干较难章节的训释上，尤见功力。人每病《周易》一书词义深奥难读，纵令尽通其义，而写出来亦不是一个普通读者所能理解。今吕绍纲同志所作的解释，剀切周详，深入浅出，通体明白如话，恰能弥补这一缺憾，实属难得。

吕绍纲同志于 1987 年末，开始接受这一任务，仅仅以一年多一点的时间，就写完了 40 多万字的书稿，其惊人的精力，敏捷的文思，不能不令人叹服。

书稿甫写毕，即承吉林大学出版社允为出版，将使此书以极快的速度与读者见面。我以垂暮之年，目睹此盛事，喜可知已。兴奋之余，谨在这里向出版社同志们致以诚挚的谢意。

八七叟金景芳序于长春吉林大学

目　录

周易上经

乾

䷀ 乾下乾上

这是64卦的第一卦，卦名曰乾，它由六个阳爻组成。阳爻用"—"这个符号表示，因为"—"是奇，奇是阳数。与阳爻相对应的阴爻用"--"这个符号表示，因为"--"是偶，偶是阴数。"乾下乾上"是注文不是经文，是后人用以说明这一卦卦体构成的。这个"乾"指的是三画卦即8经卦的乾。下乾指内卦，上乾指外卦。意思是说，六画卦即64卦之一的乾是由上下两个三画卦乾组成的，内卦是乾，外卦也是乾。所有64卦都是由8个三画卦重合而成的。古人说宓牺画8卦又重64卦，是不可信的，但是不管8卦和64卦谁画谁重，时间非常非常悠久则是肯定的。《周礼·大卜》说："掌三易之法，一曰《连山》，二曰《归藏》，三曰《周易》。其经卦皆八，其别皆六十有四。"《周易》之前有两种易书，《连山》是夏代的，《归藏》是殷代的。它们和《周易》一样，也是8卦和64卦。这就是说，8卦和64卦的出现不会晚于夏代。先有8个三画卦，用以代表万事万物的8种性质。三画卦乾代表万事万物中乾的这种性质。乾其实就是健。8个三画卦的性质各有一个，无论何时何地都不能变，而取象却各有许多，因时因地而变化无定。三画卦乾可以象天，也可以象马象首象父象君等等。三画卦只有8个，不足以说明千变万化的复杂事物，于是8卦重合为64卦。由8卦而64卦，是人们的认识由抽象上升到具体的过程。64个六画卦所代表的事物的性质比8个三画卦更加具体，所取的象也更加稳定。三画卦乾的性质是健，六画卦是重乾，乾而又乾，其性质是至健。三画卦乾的取象可以是天是马是父等等。六画卦乾的取象比三画卦乾具体、确定，据孔子《象传》"天行健，君子以自强不息"和《序卦传》"有天地然后万物生焉"的说法，我们知道，六画卦乾的取象是天。天是最大的阳物，最大的健。六画卦乾具有同天一样的性质：纯阳至健。《周易》64卦以乾卦居首，这一点不简单，反映殷周之际人们观念上的一大变化。殷人重母统，所以殷易《归藏》首坤次乾；周人重父统，所以《周易》首乾次坤。周代的几乎所有的制度都反映着首乾次坤的观念。《周易》把乾坤两卦放在64卦之首，与周人的自然哲学紧密相关。《周易》的作者认为天地是万物的本原，天地之间唯有万物而已。而“易与天地准，故能弥纶天地之道”，又“与天地相似，”“范围天地之化而不过，曲成万物而不遗”，《易》之为书广大悉备，“有天道焉，有地道焉，有人道焉”。《易》是天地及天地生成万物的摹写，天地及天地生成万物是《易》的原本。天地之道全在《易》的范围之中。乾坤象天地。天地在万物之先，故乾坤居64卦之首。64卦象万物，故屯蒙诸卦列乾坤之后。《易纬·乾凿度》说乾坤是“阴阳之根本，万物之祖宗”，是说得极正确的，与《系辞传》所说“乾坤其《易》之门”，“乾坤其《易》之缊”，意义完全一致。我们研究《周易》应特别重视乾卦及坤卦，既要知道它们是64卦之中的两卦，有它们自身的意义，又不可忘记它们是64卦的祖宗，64卦的根本。

乾，元亨利贞。

上面的☰是乾卦的符号，用文字表达就是乾。卦的符号非常重要，如果只有文字没有符号，那么《易》也就不成其为《易》了。一卦的思想意义全由一卦由六个卦画组成的符号表现出来。但是光有符号没有文字名称也不行，所以在有了卦的符号之后，又有了卦的名称，同时也有了卦辞。8个三画的符号和64个六画的符号是谁画的谁重的，古人有许多互相矛盾的说法，都不能令人信服。我们今天只能说它们产生于遥远的古代，产生于原始社会。卦的文字名称和卦辞出于谁之手，古人说是文王作的，证据不充分。但是很可能产生于殷周之际。总之，不管卦的符号是谁画定的，卦名和卦辞是谁写定的，它们产生的时代相距甚远，当无疑问。

“元亨利贞”四个字系于卦之下，谓之卦辞。卦辞也叫做彖，所以孔子解释卦辞的文字叫《彖传》。彖是断的意思，断即判断、概括。彖辞用尽可能简炼的语言概括一卦的卦义。很多卦的彖辞用象表达，如坤卦卦辞“元亨利牝马之贞”取牝马为象表达卦义，乾卦卦辞的“元亨利贞”四字则表面上没有取象，用的是比较抽象的概念。乾卦取象于天，但不是取象于天的形体，是取象于天的性质；天的性质用一个字概括，就是健。乾就是健。健是什么？健是天体有规律地运转，永不停息，什么力量都不能阻止它，改变它。卦辞用“元亨利贞”四个字释健之义。“元亨利贞”就是健。合言之是健，分言之是元亨利贞。古人释“元亨利贞”为春夏秋冬，是有道理的。春夏秋冬是天体运转的明显标志，古人从春夏秋冬的交迭变更中看到天的运动变化，看到天行之健。《论语》记孔子说的“天何言哉？四时行焉，百物生焉，天何言哉！”恰是此义。是春夏秋冬不曰“春夏秋冬”而曰“元亨利贞”，因为若曰“春夏秋冬”就把健的特点说死了，而“元亨利贞”既可以指自然界的春夏秋冬，也可指人事上的问题，比如人的仁义礼智四德，以及其他具有乾健意义的事物。总之“元亨利贞”四字是灵活的，它可以因时制宜地适应一切具有乾健意义的人、事、物。如果说“元亨利贞”指春夏秋冬言，那么元就是春，一岁的开始，万物生发；亨就是夏，万物成长；利就是秋，万物成熟，贞就是冬，万物收藏。若以人的修德而论，元相当于仁，亨相当于礼，利相当于义，贞相当于智。“元亨利贞”四字是四个独立的意义，但紧密相联系而不可或缺。四个字合起来才有健的意义。别的卦的卦辞有的言“元亨利贞”，但有增字，有的言“元亨利”而无贞，有的言“亨利贞”而不言元，有的只言“元亨”，不言利贞，有的只言“利贞”，不言元亨。多一字或少一字，都不浑全，不浑全就没有乾健的意义。只有乾卦纯乾纯刚至健，方可以“元亨利贞”四字当之。

初九，潜龙勿用。

“初九”是爻题，即乾卦第一爻的名称。“潜龙勿用”是乾卦第一爻的爻辞。爻辞解释一爻的爻义。64卦的爻辞古人或说文王作或说周公作，究系谁作，现在已无法确定，不过如果说爻辞与卦辞非出一人之手，但产生的时间相距不远，都在殷周之际，可能近于事实。“初九”二字包含二义，初是位，九是爻。初是卦之第一位，九是爻中之阳爻。初九，阳爻居初位。画卦时六爻自下向上画，故卦之六爻自下而上依次称作初、二、三、四、五，上。第一爻称初，第六爻应当称终；第六爻称上，第一爻应当称下。当称终而言上，当称下而言初，这是为了表达第一爻与第六爻的关系既有终始之义又有上下之义而采取的互文相通的办法。第一爻言初，则第六爻有终义，两爻是终始的关系。第六爻言上，则第一爻有下义，两爻是上下的关系。若第一爻言初，第六爻言终或第六爻言上，第一爻言下，则只能表达两爻的终始或上下一种关系。阳爻为什么用九表示，这是根据筮法来的。人们为了求得一卦，需要行筮。筮的时候用49根蓍草，经过分二、挂一、揲四、归奇四个步骤，最后得出或七或八或九或六四个数中的一个。七、九是奇数即阳数，若得七或得九，就画一个阳爻。六、八是偶数即阴数，若得六或八，就画一个阴爻。（筮法详见本书《系辞传上》解）。《周易》192个阳爻皆书九而不书七，192个阴爻皆书六而不书八，这是因为九、六变，七、八不变，而《周易》占变爻的缘故。据说比《周易》更古老的《连山》、《归藏》二易占不变爻，可能它们的阳爻阴爻用七、八表示而不用九、六。乾卦取天象，而乾之六爻取龙象，与《说卦传》以乾为天，以震为龙的说法不合，这样的情况在64卦中还有很多，委实令人困惑不解，于是汉人创为互体、纳甲、爻辰、五行、飞伏诸法，傅会穿凿，妄加解释，其说虽详，不通还是不通。这个问题被魏人王弼讲明白了。王弼说："义苟在健，何必马乎；爻苟合顺，何必牛乎。"只要能把乾健、坤顺的意义表达出来，取什么象是灵活的，不必拘泥。卦代表时代，乾卦这个时代具有健即元亨利贞的特点，所以取象天。爻代表一个时代中的一个阶段。爻是变化的，动态的。乾卦六爻从不断变化亦即动态中反映乾健的特点，它需要有升有降，有上有下，有大有小，有潜有见，有跃有飞，需要灵活多变。什么东西能够如此呢？马不能，天更不能。能够如此的只有龙。龙本不存在，它是人们想象出来，实际上见不到，因而是高贵无比的动物，用它作乾六爻的象，再合适不过。

"初九，潜龙勿用"，潜，藏。勿用，无所施行，无所作为。乾之初九，阳而处卦之下，正是阳道将萌而未萌的时候，犹如龙在潜伏之中，不能动也不宜动。人处在乾初九的时候，需晦养以待时，勿有所施行，勿有所作为。

九二，见龙在田，利见大人。

见，现。田，地上。卦有天地人三才，五、上为天道，三、四为人道，初、二为地道。二在地道之上，地道之上就是田，故九二称"见龙在田"。"见龙在田"，龙已出潜离隐，出现在地上，到了该发挥作用，有所施行的时候了。就自然界说，这就是阳气萌发已升至地上，万物即将复苏。就人事说，九二刚健得中，有大人之象。《易》中大人皆指德位兼具的人。九二虽非君位而有君德，而且乾卦不象别的卦那样，往往一爻取一象，一爻代表一人；乾卦诸爻共一象，从潜龙到亢龙，都是那一条龙。它们代表的人也是一个，从"勿用"到"有悔"，都是一个人在不同时间里的不同境遇和表现。这龙是高贵的动物，这人不是凡人，现在又居中，所以称大人。这位有大德的大人既已出世，其恩惠必将泽及于天下，天下人都高兴见到它，故曰“利见大人”。

九三，君子终日乾乾，夕惕若，厉，无咎。

以阳居三，故称九三。九三居不得中，故不称大人。但是阳爻居阳位得正，故称君子。爻有阴阳，位也有阴阳。初、三、五是奇数，奇数属阳，阳位。二、四是偶数，偶数属阴，是阴位。阳爻居阳位，阴爻居阴位，为正。阳爻居阴位，阴爻居阳位为不正。得正好，不得正不好。六爻中初与上属于无位之地，不论正不正的问题。二与五都居中，居中比得正重要，居中又得正最好，纵然不得正，因为居中也可视作得正。一卦之中得正不得正关系最为重大的是三、四两爻。九三以阳居阳得正，这一点很重要，使它能够“终日乾乾，夕惕若，厉，无咎”。“终日乾乾”，终日戒慎恐惧，自强不息。“夕惕若”，即使到了晚上，还是心怀忧惕，不敢有一点的松懈。若，语辞。厉，危厉。九三在下卦之上，是多凶的危厉之地，本来要有过咎，由于它刚健得正，能够“终日乾乾，夕惕若”，有咎可以转变为无咎。

九四，或跃在渊，无咎。

阳爻居四，故曰九四。四迫近君位五，是多惧之地，九是阳爻而居阴位，尤须小心谨慎，不可轻举妄动，时可进则进，时不可进则退，进退依时而定，故有龙或跃或在渊之象。“或”是不定之辞。跃是跳跃。跳跃不同于飞，飞是离渊而去，跃是飞的准备动作，欲飞而未飞的状态。渊是深水，是龙安居之所。或者跳跃而离渊，或者在渊里不动，究竟是跃还是在渊，要视情况决定。九四能够做到这一点。它阳爻居阴位不正，是不利的一面，但是也有有利的一面，阳主进，阴主退，阳居阴位，能够随时进退。又，九四居上体之下，正在由下体进入上体的变革之际，也有进退未定之义。既能待时而出，见可而动，哪里还会有咎。

九五，飞龙在天，利见大人。

阳爻居五，故曰九五。九五刚健居中得正又在君位，在所有的卦里都是最好的一爻。在乾卦与在别的卦还有不同。乾卦是纯阳至健之卦，乾卦九五不仅刚健，且刚健而纯，不仅中正，且中正而粹。刚健中正，纯粹而精，有君德又有君位，表明阳气自下而上，至此已经盛至于天；龙自下而上，由潜而见而惕而跃，至此已经飞上天；若就人说，九五德高位亦高，刚健中正纯粹，已进入圣人的境界。圣人是君子大人中最高明最伟大的，他的修养、智慧、能力和地位足以对任何困难都应付自如，犹如龙飞在天上，圣洁高贵，腾越自由，以至于云雷风雨交集而下，普天之下感受其利。这样的大人是天下人所利见的。

上九，亢龙有悔。

阳爻居上，故曰上九。上是一卦之中最后一爻。其位处于极，其事已终结，其时已过中，所以比较起来不如初爻好。初爻多得免咎，上爻则每每不可救。卦发展到上爻，无论好事坏事都已达到积微而盛，穷极将变的程度。有的不可变，有的不能不变。坏事坏到极处将要变好，爻辞指示其如何促成变好的办法；好事好到极处将要变坏，爻辞告之以如何保之不使变坏的途径。无论哪种情况，其结果如何，是吉是凶是悔是吝，爻辞都给以简明易知的答案。必成功的，爻辞直云吉；必失败的，爻辞直云凶；吉凶未定，成败得失须看主观努力如何，其知过而能改者，爻辞曰有悔，知过而不能改者，爻辞则曰吝。悔是吉之先；“有悔”，有过知改，有问题知解决，有可能变好。吝是凶之本；“吝”，有过不肯改，有问题不能解决，必将变坏。总之，上爻比较易知，不似其他诸爻那样往往一爻多义，不易知晓。不过也应明白，凡上爻属于悔与吝两种情况者，多不明言悔吝，其义常常在爻辞所取之象中包含着，须读易人自行体会。乾卦上九“亢龙有悔”，意思明显，比较容易理解。亢是过的意思。九五飞龙在天，龙已经到了极高处，阳气已经到盛极之时，刚健中正，好得不能再好。至于上九，龙已亢，阳已过，到了止进而退的时候，继续前进而不退，便要走向反面，故有悔。有悔，有了问题，但是能够注意解决；有了过失，但是能改。亢是上九的客观境遇，悔是上九的主观修养。上九的关键在悔字上，唯其有悔，方能识时通变，使乾道不至于以亢终。

用九，见群龙无首，吉。

乾坤二卦与别的卦不同，六爻之后多出一个“用九”和“用六”。乾“用九”是说六爻全用九，不用七。坤“用六”是说六爻全用六，不用八。七、八、九、六是怎么回事？卦由筮得来。根据筮法，行筮时使用 49 根蓍草，经过四营三变得出一个数。这个数只有四种可能性，不是七就是八，不是八就是九，不是九就是六。九、七是奇数即阳数，得九或得七就画个阳爻。

六、八是偶数即阴数，得六或得八就画个阴爻。如此进行六次，便可画出六爻而成一卦。九和七都是阳爻，但九是变爻，七是不变爻。六和八都是阴爻，但六是变爻，八是不变爻。在成卦的问题上，变爻九、六和不变爻七、八是一样的，但是在占的问题上，二者就大不相同了。成卦之后，《周易》占变爻，不占不变爻。比如乾卦六个阳爻，其中有几个九几个七不一定。《周易》用九占，不用七占。因为九是变爻，七是不变爻。变爻的意义是，虽然是个阳爻，但它将变成阴爻；虽然是个阴爻，但它将变成阳爻。为什么说九、六是变爻而七、八是不变爻？此与古人的数学观念有关。数的变化过程是质与量的互变过程。阳进而阴退，所以九为老阳，六为老阴；八为少阴，七为少阳。在七、八、九、六四个数中，九为阳数之老，六为阴数之老。老了的东西必发生质变。阳以进为进，九已老，无处可进乃退，退而变为八，于是阳转为阴。阴以退为进，六已老，无处可退乃进，进而变为七，于是阴转为阳。老阳老阴之变是质变，故称变爻。七未老，有处可进乃进为九，阳进仍为阳。八未老，有处可退乃退为六，阴退仍为阴。少阳少阴之变是量变，故称不变爻。知道七、八、九、六是怎么回事又知道九、六是变爻，七、八是不变爻和《周易》占变爻不占不变爻，乾"用九"的意义就明白了。乾卦筮得的六个阳爻有可能全是九，没有七。九是变爻，必变而为六，等于乾卦变成了坤卦。但是，它是坤卦却不同于坤卦，是乾卦却又要变为坤卦。这反映作《周易》的人既有乾坤阴阳对立的思想又有乾坤阴阳相互转化的思想。为了表达乾中有坤，坤中有乾，乾坤转化的思想，作《易》者在乾卦六爻之后巧妙地加上个"用九"，系之以"见群龙无首吉"一句辞。这句辞有乾的特点又有坤的特点。朱熹说"六爻皆变，刚而能柔"，是说得对的。"见群龙"是乾之刚健，"见群龙无首"是坤之柔顺。以刚健为体，柔顺为用，刚健而能柔顺，获吉是必然的。程颐释"无首"为无自为首，意谓资质刚健的英雄人物勿自为天下人之首，而让天下人拥我为首，也是有道理的。总之此"群龙无首"与今语之"群龙无首"含义迥异。64 卦全有六爻皆变的问题而独乾坤二卦"用九"、"用六"，这是因为乾坤是易之门，乾坤问题的解决是根本。也还因为乾坤是纯阳纯阴，六爻全变，是全变阳或全变阴，故可云全"用九"或全"用六"。其他 62 卦不是纯阳纯阴，即便六爻全变，是变阳变阴驳杂不纯，故不可云"用九"或"用六"。

彖曰：大哉乾元，万物资始，乃统天。云行雨施，品物流形，大明终始，六位时成，时乘六龙以御天。乾道变化，各正性命，保合太和，乃利贞。首出庶物，万国咸宁。

“《彖》曰”照古本当作“《彖传》曰”，后世的刻本删去“传”字，变为“《彖》曰”。卦下之辞即卦辞为“彖”。孔子解释卦辞的文字叫《彖传》”。孔子为《易经》共作传十篇七种。《彖传》是其中的一种。这十篇传也叫“十翼”。“十翼”依次排列是：一、《上彖》；二、《下彖》；三、《上象》；四、《下象》；五、《上系》；六、《下系》；七、《文言》；八、《说卦》；九、《序卦》；十、《杂卦》。《汉书·艺文志》著录“《易经》12 篇”。12 篇包括上经下经和“十翼”。可见在汉代，官方的本子，10 篇传附在两篇经之后，经与传不混。唯独传古文《易》的费直将《彖传》、《象传》放在每一卦的后面，开始打乱经传不混的格局。至东汉末郑玄和魏人王弼先后给《周易》作注，使用的是费直的古文《易》本子，一方面是继承费氏的作法，一方面也是为了读者学《易》方便易懂，乃进一步将《彖传》、《象传》附在经文卦爻辞之后，使经与传混合到一起。费直授《易》，还只是将《彖传》、《象传》放在一卦卦辞和六爻爻辞讲完之后，郑玄和王弼注《易》则进一步将《彖传》放在卦辞之后，《象传》放在《彖传》之后和每爻爻辞之后。只有乾卦保持费直的原办法，《彖传》、《象传》和《文言》放在全卦经文之后。《彖传》是解释卦辞的。一般说，先解释卦名，然后解释卦辞。解释卦名卦辞的目的是解释一卦之义。解释卦名主要根据卦象、卦德和卦体。有的三者兼取，有的但取其一、二。《彖传》中解释卦名之文字以第一句为最重要。《彖传》解释卦辞的文字，体例也不一律，有的根据卦名的意义展开说卦辞，有的杂取卦象、卦德、卦体说卦辞，释卦辞与释卦名牵混到一起，不易分开。这也不奇怪，因为卦辞与卦名本来就相连相通，意义一致。64 卦中乾、坤、坎、离、震、艮、巽、兑 8 个纯卦除坎卦外，《彖传》都只释卦辞，不释卦名。乾卦《彖传》不解卦名，开始就直接释“乾元亨利贞”之辞。

“大哉乾元，万物资始，乃统天”。卦辞讲乾而未及乾之取象是天，至孔子作《彖传》以天道发明乾义，才指明乾卦取象天。乾之取象是天，但不就是天。天是指天的形体而言，乾是就天的性质而言。天的性质是健，健而无息是乾，乾就是健。乾与健是一回事，天有健的性质，所以乾可以是天。但是具有健的性质的不止于天，还有别的，所以乾也可以为阳为父为君为马等等。那么为什么乾卦取象天而不取象别的？因为天是具有健的性质之诸事物中最大的一个，举天便什么都概括了。更重要的是，天是万物之所以始，别的具有健之性质的事物则不是。所以孔子作《彖传》用“万物资始，乃统天”来赞誉“乾元”之伟大。“乾元”是什么？“乾元”是一个意思，不是两个意思，是乾之元，不是乾和元。乾之元就是“元亨利贞”的元。说乾之元，不单说元，是为强调是乾之元，不是任何其他事物的元。只有乾之元才有“万物资始，乃统天”的作用。元训始训大，是万物始生的状态，万物资之于它而发生而开始。“乃统天”，虽然只讲了一个元字，但是元字把天地生万物的规律全包括了。天地创生万物，有了春天的发生才有夏天的亨，秋天的利和冬天的贞。这段《彖传》与《序卦传》讲的“有天地然后万物生焉”，意义相通，既是说天地是万物之始，也是说乾坤是《易》之门，是64卦的祖宗。有了乾卦才可能产生其他诸卦。

“云行雨施，品物流形”。此释卦辞亨字。卦辞“元亨利贞”四字，《彖传》元利贞三字皆见，独亨字不见。“云行雨施，品物流形”两句，就其文义看，为释亨字当属无疑。这个亨不是一般随便什么事物的亨，而是乾之亨。说的是在乾元创生万物之后，万物进入长成养育之时；这时候天道运行，无所不亨通，表现为“云行雨施，品物流形”。“云行雨施”是气之亨，气是万物之质。“品物流形”是形之亨，形是万物之形。万物经由天资生之后，形质皆具，物各分类，可为区别。流即水流之流。流形，自动态看万物之形，万物之形永远处在生生不息的变化中，它们的形既是肯定的，又是否定的。品物即万物。不曰万物曰品物，意在强调物各分类，物各有形。

“大明终始，六位时成，时乘六龙以御天”。以上几句是讲天之道，这三句由天之道引申到人之道。《彖传》有这样一个特点，它总是先讲易象和天道，而后讲到人事问题。参照天道讲人事，通过人事看天道。天道与人事是一致的，讲过易象与天道之后，必应用到人事上。这三句告诉人们如何将乾之元亨加以应用的问题。“大明终始”，研究乾卦，明白乾道有终始，有元而有贞，无贞亦无以为元；明白乾卦之六爻全是因时而成，随时而顺，时当潜则潜，时当见则见，时当惕则惕，时当跃则跃，时当飞则飞，时当亢则亢。六龙即乾六爻的变化全决定在一个时字上。人们明白了乾之道的这些特点，就要以之“御天”。“御天”，人要驾御乾之道，推行于人事。上文言“统天”，是说乾有“元亨利贞”四德，而一个元字把“元亨利贞”亦即乾之道都统摄都该贯包括了，总之是讲乾之体的问题。此言“御天”，是说乾之用的问题，人应该掌握乾之道以应用到人事上。

“乾道变化，各正性命，保合太和，乃利贞”。这几句话看上去似只讲“利贞”，实际上虽是讲“利贞”，“元亨”也包括了。因为它讲“乾道变化”如何如何“乃利贞”，“乾道变化”岂不有“元亨”在内。乾道与乾元是一回事。都是讲变化的。就变化之本始说，叫乾元；由元开始，而亨而利而贞，然后开始新的元。乾道所言也是元亨利贞的变化，叫乾道而不称乾元，因为这里强调的不是变化的本始而是整个过程。“变化”一词与今语不同。今语“变化”只是一个词，古代“变化”则有二义。变是事物的渐变，化是由渐变而达于质变。“乾道变化”经过“大哉乾元，万物资始，乃统天”和“云行雨施，品物流形”的元亨阶段，至今已“各正性命，保合太和”，乃实现“利贞”，整个“乾道变化”的过程宣告完成。乾道变化到了利的阶段，万物即将走向成熟，这时每一物在变化中都获得自己特有的性命、存在的价值和应有的位置。万物各有各的性命，各有各的存在价值，各有各的位置，即各得其正。这是利的阶段。性命，是由两个字组成的词，其实是一个东西，它就是决定物之所以为物，人之所以为人的根本性质。世上飞潜动植之所以品类各殊，都因为各自性命不同。《大戴礼记》说：“分于道谓之命，形于一谓之性。”《中庸》说：“天命之谓性”。可见性命是一事而二义，一个东西自两面看，自有不同的意义。道即气化流行，生生不已的乾之道，也就是自然规律。一，一个，一类。从是自然所赋予的角度说，它就叫命，从是决定此一个物、一类物与彼一个物、一类物的差别的角度说，它就叫性。性，是命之性，是自然赋予，不是人为。命，是性之命，是各有差别，非千篇一律。“各正性命”，承认世界的统一性和万物的差异性，相信万事万物的存在是合理的，万事万物间的关系是和谐的。“各正性命”，表明千差万别的品物生长了，定形了，但是尚未充满，尚未成熟，还必须有一个“贞”的阶段。犹如一棵稻，经过夏日的光照雨润，结实了，却未籽粒饱满，需要进一步培养，使凝蓄成熟，达到可以收获的程度，才算完成了全部的生长过程。这就是“贞”。《彖传》释贞为“保合太和”。“保合”是谓词，“太和”是宾词。“太和”是气，气是一种抽象，一种存在。因为它是抽象的，所以人看不见。实际上它就是物质。古人把它想象为一种气，取名“太和”。太和之气也就是天地氤氲之气，阴阳会合之气，亦即冲和之气。所谓“乾道变化，各正性命”，其实质不是别的，正是太和之气的变化，太和之气的“各正性命”。到了“贞”的阶段，需要“保合太和”。保谓常存，合谓常和。“保合太和”，使太和之气常运不息，永远融洽无偏；万物得此气以生以成，至此又保而合之，存而久之，已完满成足，无少欠缺。由《彖传》的这一段话，我们看得出，《周易》的作者的发展观，很重视事物的差异性，强调物质世界的和谐性。

“首出庶物，万国咸宁”。上文“乾道变化”以下诸句讲天道，讲自然的规律，这两句讲如何法天道并应用到人事上，即用《易》的问题。“乾道变化”至“乃利贞”是讲乾道之利贞，此二句是讲乾道之利贞应用到人事上，是人的利贞问题。既云“首出庶物，万国咸宁”，便知所指是统治阶级，是圣人，是大人物，不是庶民百姓。君临天下国家的天子诸侯须效法乾道之利贞，以使“首出庶物”，以求“万国咸宁”。庶物即万物。在大自然中，万物各正其性命，各有其归宿，乃乾道变化自然而致，不须有也没有什么力量来主宰它们。反映到人事上，圣人效法“各正性命”而“首出庶物”，做天下人的领袖而已，并不主宰天下。制作也是有的，不过顺其自然，不给人们强加什么。此与乾用九爻辞“见群龙无首吉”之义吻合。“见群龙无首”，无自为天下人之首。《彖传》云“首出”，其实还是无首。龙之在潜在见在惕在跃在飞在亢，均依时而定。“首出”不专在飞，潜龙也有“首出”，六爻都有“首出”。此“首出”是因任自然，依时转移的，绝非强出头。所以说，“首出庶物”与“群龙无首”意思一样，也是不自为天下人之首。“保合太和”是“乾道变化，各正性命”的结果，是乾道四德之贞，万物发展到此时，达到完全成熟的状态。太和之气经过长久发展，今已完满成足。社会的情况也是如此，圣人首出庶物而不自为天下人之首，任凭天下万国各得其所，各安其事，则万国自然和谐相安，无侵无争。这里表现了《周易》的一个值得注意的政治观点，即追求社会的和谐与理性的统一。

象曰：天行健，君子以自强不息。

这是《象传》。《象传》有“大象”与“小象”之分。“大象”针对全卦而言，列在《彖传》之后，“小象”解释爻辞，分别列于六爻爻辞之后。“大象”与《彖传》都针对全卦而发，但二者有很大的不同。《彖传》释卦名或举卦象或举卦德或举卦体不定，“大象”则专取卦之上下两象立义，不问卦德与卦体。《彖传》总是由天道而及人事，“大象”则只讲人事。《彖传》所讲的人事是效动趋时，各有所指，“大象”所讲的人事大多为先王、大人、后、君子设计，有的与《彖传》相发明，有的则自立一义，而与《彖传》根本没有关系，完全是孔子对易理的发挥和应用。“大象”的用语十分规范，64卦几乎是一样的格式，前部分指出上下两象及卦名，后部分指示应当做什么和怎样做。这前一部分内容，8个纯卦与其余诸卦不同。上经4个纯卦与下经4个纯卦又不同。上经4个纯卦乾曰“天行”，坤曰“地势”，坎曰“水洊至”，离曰“明两作”，是体在前用在后。下经4个纯卦震曰“洊雷”，艮曰“兼山”，巽曰“随风”，兑曰“丽泽”，是用在前体在后。乾坤二卦与其他六卦还不同。它卦言重，指明两个三画卦重叠成一卦，乾坤二卦不言重，不说重天重地。因为天只有一个，不可重；一个就可以说明问题，不必重，故称天行。地也只有一个，不可重，一个就可以说明问题，不必重，故称地势。乾与坤又有不同，坤卦言“地势坤”，称卦名。乾卦言“天行健”，不称卦名乾而称健。行，道。天行，天道。天道的本质特点是健。健是乾之德，乾就是健，故“大象”以卦德替卦名，而称“天行健”。健是运行不息的意思。天之运行，四时交替，昼夜更迭，岁岁年年无有止息，无有差忒，故云“天行健”。君子效法天道之健，以自强不息。君子与天共一乾德，故能自强，无须外力而自我前行。息是止，不息，即不停止。君子，有德又有位的人，含盖整个统治阶级。“大象”讲君子，天子诸侯大夫士都包括在内。“大象”称先王，指前时开国创典的天子。称后，指诸侯国君。

潜龙勿用，阳在下也。

自此以下六节文字是“小象”，“小象”是解释爻辞的。“小象”对爻辞的解释不够充分，不象《文言传》对易理挖掘得那样深刻。这六条“小象”应有“《象》曰”二字，以区别于下面的《文言》。阳释龙，下谓潜。爻辞取象于龙，很是奇特，“小象”恐人不解，释之云“阳在下”，表明爻辞所谓的龙，指的是阳气，阳气尚未升出地面，还潜在地下。《易》卦辞与爻辞无阴阳二字。“小象”在乾初九言“阳在下”，在坤初六言“阴始凝”，第一次提到阴阳二字。阴阳之名既立，动静、健顺、刚柔、奇偶、大小、尊卑、进退、往来等等就显示出来了。

见龙在田，德施普也。

见，现。田，土地。施，犹今语之影响。阳气已由地下升到地上，出现在地面上。虽然还没有达到跃或飞的程度，但是阳气已见田，圣人已出世，天下人必然普遍受到它的影响。

终日乾乾，反复道也。

终日乾之又乾，至夕犹惕，不敢一息稍懈。这是什么意思呢？这就是"反复道"。九三在上下体之中，可以进而上，可以退而下。自上而下曰反，自下而上曰复。反反复复同在一条路上，易道变化无穷，但不是任意变化，变化不过是反复其道而已。表现"反复道"的自然现象莫过于昼夜交替，君子终日乾乾，朝乾夕惕，总在道上反复盘旋而无止息。

或跃在渊，进无咎也。

九四处上下之交，居进退之位。"或跃在渊，"跃而出渊也可，不跃而在渊也可。但是九四应当有为而进，所以"小象"说"进无咎"。爻辞唯恐它不顾时当时不当而冒进，才用"或"字而疑之。

飞龙在天，大人造也。

"大人"释"龙"字，"造"释"飞"字，"大人造"即"飞龙在天"之义。造即作。九五之大人不同于九二，九二之大人有君德而无君位，九五之大人有君德又有君位。九五之"大人造"，是体乾行健不为小道，而有造于天下，作圣人之所当作。

亢龙有悔，盈不可久也。

从初九潜龙勿用到九五飞龙在天，一爻胜似一爻，到上九以至于亢，亢即过即盈。不但客观形势亢，主观意识也亢。好过了度，就要变坏了。这就是"有悔"。"有悔"含两层意思，既是客观上要变坏，也是主观上知改悔。

用九，天德不可为首也。

在行筮的时候，乾卦六爻如果所得没有七，全是九，由于九是变爻，要变为六，那么整个乾卦将变为坤。是乾却要变坤，变坤却仍是乾，这就叫"用九"。用九，六爻都是九，所以称天德。天德是至纯至粹，毫无瑕疵的德，好得无以复加的德。它是全面的，无匹配的，不像刚柔仁义之类的德那样倚于一偏。因此它不可能为首。犹如动静、阴阳，总是互相转化，分不清谁先谁后。"用九"作为天德，它既是至乾，又将变坤，处在乾坤转变之中，不可为首。人处在这样的时候，切切不可自为人首。若自为人首，人们恰恰不能以之为首；唯其不自为人首，方可实际上为人之首。但是必须是有天德的人，一般的平庸之辈谈不上为首不为首的问题。

文言曰：元者善之长也，亨者嘉之会也，利者义之和也，贞者事之干也。君子体仁，足以长人，嘉会足以合礼，利物足以和义，贞固足以干事。君子行此四德者，故曰乾元亨利贞。

自此以至于末，是《文言》。《文言》是“十翼”之一。《文言》只有乾坤两卦有，别的卦没有。这可能因为乾坤两卦是“易”之缊，“易”之门，“易”之根本，其余诸卦皆自乾坤两卦出，乾坤两卦太重要，需要反复加以说明，给学习以下诸卦做出示范，使人们知道《易》应当怎样学。“文言”这两个字是什么意思，刘瓛说：“依文而言其理，故曰文言。”未知是否。总之，《文言》是专门解释乾卦和坤卦的。《文言》里多有“何谓也”、“子曰”等字样，很可能是孔子答弟子问，弟子作的记录，同《论语》的情况近似。虽不是孔子亲笔写，但其思想肯定是属于孔子的，说《文言》是孔子作，也未为不可。

这一段话是《左传》襄公 9 年穆姜讲的。穆姜讲此话时，孔子尚未出生。孔子在给弟子讲“乾元亨利贞”时引用了这段话，由弟子记录下来。穆姜讲的话很可能是当时社会上普遍流行的成说，不是她自己的理解。可见从思想理论的角度解释《易经》，早在孔子以前就有了。说明孔子作的《易传》所阐述的思想是《易经》自身固有的，不是孔子的杜撰。不过，孔子《易传》的思想既属于《易经》本身，也属于孔子。

“元亨利贞”这四个字原来可能是一看就懂，后来随着周初至春秋 200 多年历史的发展，到了春秋时代就需要解释了。所以才有穆姜讲的这段话，后来穆姜这样的话人们也不懂了，于是又有注疏。元是始、大的意思。一切善的事物的开始，都可以叫做元，所以说元是善之长，善之首。春天是最典型、最易见的“善之长”。万物出生，都在春天开始。亨即通，嘉是美好。嘉之会，嘉美的荟萃。万物在春天开始发生，到了夏天达到旺盛畅茂，一切善的、美的，都荟萃于此时，是为亨。利是收缩、成熟，当秋天时，万物收缩、成熟，应该肃杀了。肃杀是合于义的。“义之和”，是说虽然有肃杀景象，万物却是和谐不乱，各有各的归宿。引申于人事，利是社会稳定之时，人们各安其分，各守其职，各尽其责。贞有正而固的意思。冬天，生机完固，收藏于内，一切善的、美的东西至此宣告完成。就人事说，贞是人们做事取得成功的骨干。具体点说，贞仿佛是一个人有正确的方向，坚定的意志。“君子体仁足以长人”，这以下四句，是把“元亨利贞”进一步应用到君子的修养上，对照地说。天有天的元亨利贞，人有人的元亨利贞。表现自然界的元亨利贞，最明显的是春夏秋冬；表现人的元亨利贞，最大的是仁义礼智。元，表现在君子的修养上就是仁。君子以仁为体，以仁为立身行事的根本。仁是君子修养之首，君子唯其以仁为体，修养以仁为首，才能长人，做人们的首长，统治人们，故云“君子体仁足以长人”。亨，于自然界为夏，于人则合礼。礼号称三百三千，最为繁富，正与万物嘉美会聚相似，故云“嘉会足以合礼”。利，于自然界为秋，于人则为义，故云“利物足以和义”。贞，于自然界为冬，于人则为智。智是人们行事之骨干，唯智者能够坚持正确的方向和坚定的意志，固守不去，故云“贞固足以干事”。“君子行此四德者，故曰乾元亨利贞”这句话是孔子引用过前人成说后，自己做出的结论。意谓君子是行此仁义礼智四德的人，乾道虽然精深莫测，只要行此四德，便叫元亨利贞。从孔子的这个结论我们可以看出，《易经》讲天之道也讲人之故，但归根结底则是讲人之故。

关于“君子”这个词有必要加以说明。“君子”是历史的概念，有个变化的过程。“君子”最早肯定是个阶级的概念。就象诸侯之子称公子，天子之子称王子一样，君子就是君之子。君之子当然是贵族，是统治阶级。与之相对应的则是小人，劳力者。孔颖达说：“言君子者，谓君临上位，子爱下民，通天子诸侯兼公卿大夫有地者”。也是说君子是统治阶级。但是这只说对了一半。经过历史的发展，君子除有阶级的含义以外，又有了区分道德品质的意义。君子是道德高尚的人，小人是道德低劣的人。《论语》“君子固穷，小人穷斯滥矣”一语就是证明。如果君子只是统治阶级，那么“君子固穷”一句便不可理解，统治阶级怎么会穷呢？

初九曰潜龙勿用，何谓也？子曰，龙德而隐者也。不易乎世，不成乎名，遯世无闷，不见是而无闷，乐则行之，忧则违之，确乎其不可拔，潜龙也。

自此以下全面、充分、反复地讲解君子观乾卦，如何应用到自己的道德修养上，亦即具体地讲解怎样学《易》的问题。乾卦和坤卦《文言》这样做，实际上是给学习以后 62 卦做出一个榜样，告诉学《易》者知道《易》卦爻辞看来文字简约，里边包含的内容却十分丰富。对它们只从字面作简单了解是学不好《易》的。从乾《文言》反复讲解君子修养问题看,《周易》天之道人之故都讲,然而它的最终的思考目标还是人之故。自此以下的文字多采取弟子问孔子答的方式进行讲解,眉目清楚,大体上说,并不十分难理解。“初九潜龙勿用,何谓也”这一段文字解释“勿用”的意义,全说人事而不及天道。“勿用”是什么意思?“勿用”是隐。隐不是简单的事情,一般人做不到,唯有有龙德的人能隐。在孔子的心目中有龙德的人是君子大人乃至圣人一类,却也不排除普通的人可能具有龙德的修养。隐这个词的内涵极易令人发生误解,以为是不为时所用,所以孔子加以深入的说明,用三个“不”字,两个“无”字,两个“则”字,指出隐不是为时所弃不得为,而是知时不济不可为而不为。此处“遯”字极关键,隐就体现在遯上。“不易乎世”,是遯的第一层,仅是初步。不过这一步也很重要,只有能够做到自己的意志、主张不为世俗所移易,邦无道,至死不变己志,不与之同流合污,方能实现“不成乎名”。“不成乎名”才是真遯。做到“不成乎名”这一步,就象《庄子·逍遥游》说宋荣子那样,“举世誉之而不加劝,举世非之而不加沮”,非誉不在物而在我,达到了真正隐遯的境界。隐遯本身也可以成名,然而“不成乎名”,是因为这个隐遯并非为了洁身自好,故作清高。遯世已经不易,“遯世无闷”当然更难。遯世必然孤立于世而不为人知,这在常人本是极苦恼的事,然而有龙德之人却能自信不悔,行之若素。“不见是而无闷”,是又进乎一层,遯世如龙之蛰伏,犹可知其为龙,现在“不见是”,连它是不是龙也成为问题,可能是鱼是蛇亦未可知。在此情况下依然“无闷”,已经达到忘我的程度,似乎与道家自然无为,抱朴返真的思想合流了。但是从下面“乐则行之,忧则违之”两句可知,绝对不是道家的东西。乐,我心以为乐;忧,我心以为忧。行谓为之,违谓不为。乐行忧违,是说天下有道我就见而有所为,天下无道我就隐而无所为,绝不枉道以徇人。这坚定的意志“确乎其不可拔”,任凭什么力量也不能动摇。这是入世的思想,与道家的出世主义截然不同。

九二曰见龙在田,利见大人,何谓也?子曰,龙德而正中者也。庸言之信,庸行之谨。闲邪存其诚,善世而不伐,德博而化。《易》曰见龙在田,利见大人,君德也。

九二与初九虽都是龙德,但是由于时不同,二者在道德修养与道德实践上也不同。总的说来,九二已离隐但未至于跃,是乍见于田的时候。六爻全是龙德，九二特殊之处是它处正中。说“正中”，主要还是中。二是阴位，九是阳爻，阳爻居阴位，本不为正，因为它是中，中在《周易》最为重要，既处中，不正也可谓正，故曰“正中”。九五也处中，九五是君位，故有君德又有君位。九二处中而非居君位，故有君德而无君位。庸，常。“庸言之信，庸言之谨”，讲话经常信实，行为经常谨慎。闲是马圈的栅栏，使马不得跑掉，也使野兽不得进入。“闲邪存其诚”，防范邪恶不使侵于心，保持内心之诚。《周易》极重视这个诚字，认为它是一切修养的根本和出发点，倘若心无诚，就别无可言了。因为能够防闲邪恶而存其诚，所以才能言信行谨。《周易》阳为实，阴为虚。实则诚，故乾九二言诚。虚则生敬，故坤九二言敬。诚敬二字字不同，义却相去无远。诚则敬，敬必诚。言诚，重在诚但也含敬义；言敬，重在敬而诚义亦在其中。伐，矜夸。为天下国家做出好事，做出大贡献，却不夸其德，不有其功。德博，德施普，其德影响广大。化，教化，改变。“德博而化”是说化物。化物与上文的“善世”同义，“善世”即“兼善天下”之意。化物得之于自化，善其身方能善天下。能言信行谨，闲邪存诚，善世不伐，才能“德博而化”。“君德也”一句有两层意思，一是说以上自化化物，善身善世之德，是大人的事情，一般人做不到；二是说九二自身就是有君德的大人。大人非另有所指；九二虽无君位但有君德。

九三曰君子终日乾乾，夕惕若厉无咎，何谓也？子曰，君子进德修业。忠信所以进德也。修辞立其诚所以居业也。知至至之，可与几也；知终终之，可与存义也。是故居上位而不骄，在下位而不忧，故乾乾因其时而惕，虽危无咎矣。

九三这一爻处在下体之上，君德早已表现出来了。现在在三这个危地，应当干什么呢？应当终日乾乾不懈，不间断地奋斗。奋斗什么呢？孔子说，就是进德修业。进德与修业是同一件事情的两个方面，不是两件事情。不能理解为进德是讲品德，修业是讲业务。进德是德，修业也是德。进德是指内心的修养，修业是内心的修养如何表现于外的问题。“忠信所以进德也”，进德的问题根本一点是忠信，做到忠信方能进德。进德，自我内心的进取精神，一种理想的追求，做到一天比一天进步，一天比一天振作，天天有所前进。天天进步需要以忠信为前提。忠信其实就是实，就是真。天天进步，必须是存在的，不是停留在口头上，必须是真实的，不是假的。就像种谷，谷籽入土后必然天天生长直至萌发，但是前提是一定要有个谷籽，若根本没有谷籽或者谷籽只是个虚假的空壳，那么生长和萌发便无从谈起。这是讲自我内心的进德问题。表现在外面又当怎样呢？应当“居业”。居，存而不失，永远保持。业，也是德，是表现在外面可见的德。合起来说，“居业”，常常如此，不稍间断，也就是今日如此，明日亦如此之意。“居业”的途径是“修辞立其诚”。修辞即言语。人的外部表现是多方面的，为什么单举“修辞”作代表？因为言语最能直接表达思想却往往不为人们重视，人们最容易轻视言语，以为言语是随意之事，而不计较。“修辞立其诚”，诚亦即前面讲的忠信。讲话必须一字是一字，一句是一句，容不得半点虚假，嘴上讲的全是心中有的，心口如一，这就是“立其诚”。前云“修业”，后云“居业”，有何不同？二者是一回事。业指德的外在表现。言“修业”，重在强调德之进；言“居业”，重在强调德之守。“进德”，修养要日新又日新，天天有所进步；进步不是盲目的，须有一定的奋斗目标，然后奔着目标去做，这就叫“知至至之”。“知至”，心中知道自己的奋斗目标是什么。“至之”，为达到目标而努力。“知至至之”一句的重点是“知”，“知”即自觉精神。人在未做之前先有一个自觉精神，就距达到目标差不远了，所以说，“可与几也”。“居业”，亦即守业。内心有忠信的人方能“修辞立其诚”；“修辞立其诚”的问题是如何坚持不变，今日如此，明日也如此，这就叫“知终终之”。“知终”，知道终身当如此；“终之”，既知终身当如此，便实际上做到终身如此。“知终终之”一句的重点是行，行即力行、行动。人能够坚持终身“修辞立其诚”，便“可与存义”了。“存义”是守义不变，“知终终之”的道理经常存在心里。以上这一段是对“君子终日乾乾夕惕若”的解释。“是故”以下是解释“无咎”的。九三居下卦之上，故曰“居上位”；它又在上卦之下，故曰“在下位”。居上位也能惕，所以不骄；在下位也能惕，所以不忧。“乾乾因其时而惕”，所以能上能下，不骄不忧，虽处危地，也可无咎。

九四曰或跃在渊无咎，何谓也？子曰，上下无常，非为邪也；进退无恒，非离群也。君子进德修业，欲及时也，故无咎。

“上”与“进”，释“跃”字。“下”与“退”，释“在渊”。“无常”，“无恒”，释“或”字。“非为邪”，“非离群”，“欲及时”，释为什么无咎。“或跃在渊”，主要是时的问题。时当上当进则上则进，时当下当退则下则退，一切随时而不可必。君子处在乾九四之时该当如此。但是归根结底还是要上要进。因为九四“进德修业欲及时”，所以可上应及时上，可进应及时进，故无咎。

九五曰飞龙在天，利见大人，何谓也？子曰，同声相应，同气相求。水流湿，火就燥，云从龙，风从虎，圣人作而万物睹。本乎天者亲上，本乎地者亲下，则各从其类也。

同声相应以下七句，以“圣人作而万物睹”一句为主。“圣人作”释“飞龙在大”，“万物睹”释“利见大人”。上面的“同声相应，同气相求”六句，全是同类相感的意思，说明为什么“圣人作而万物睹”，为什么“利见大人”。九五既有君德又有君位，是六爻里最好的一爻。“圣人作而万物睹”，作，兴起。物，人。圣人兴起，万人都来仰望他，亲近他，接受他的引导、教化。“本乎天者亲上，本乎地者亲下”两句进一步扩大说天地间同类感应的道理，也是为了说明为什么“圣人作而万物睹”，为什么“利见大人”。“本乎天者”指动物，“本乎地者”指植物。因为动物无不头向上而足在下，植物无不本在下而末在上。动物中禽兽的头多是横生的，只有人才是真正头在上的，所以此处实际上还是指人类而言。圣人与万人是同类，圣人出乎其类而兴起，则万人必亲而从之。其道理如同“本乎天者亲上”一样，是“各从其类”。

上九曰亢龙有悔，何谓也？子曰，贵而无位，高而无民，贤人在下位而无辅，是以动而有悔也。

“六位时成”，亢也是六龙之一位，而云“贵而无位”，这是因为上九在一卦之最高处，可以称“贵”，然而它不是君不是臣，没有政治上的地位，所以说贵而无位。上九居于高处，居高应当有民，然而它无民。无民指下无阴言。贤人指九五以下各爻。贤人是有的，而且就在下面，但是贤人不来辅佐它。高高在上却无位无民无贤人辅佐，处境极为不利，是故“动而有悔”。上九是亢龙，不宜动，然而人不能总不动；一动则有悔，有悔即有过错。有悔是知道有过错，又知道改悔。知道改悔则事情必将好转。

潜龙勿用，下也。

孔子作《文言》反复玩索乾六爻的爻辞，正是《系辞传》所谓“君子居则观其象而玩其辞”的意思。也是给读《易》者做出一个榜样，告诉人们64卦全应如此读。《易经》与《书经》、《诗经》等不同，《书经》、《诗经》之类的书一字一句有比较确定的意义，通过训诂的方法查明字句的含义即可，而《易经》的卦爻辞，词义是不确定的，多方位的，甚至是模糊的，训诂的方法解决不了它的问题，它需要多方面的玩索、揣摩。“潜龙勿用，下也”，谓乾之初爻宜勿用，因为它在乾之下，不可用。

见龙在田，时舍也。

“见龙在田”，龙刚刚露出地面，作用尚未得充分发挥，是因为“时舍”，还未到它充分发挥作用之时。现在它只有君德而无君位。

终日乾乾，行事也。

九三终日乾乾，是干什么呢？是行事。行什么事？行其当行之事，即进德修业，乾乾不息。

或跃在渊，自试也。

“试”释“跃”字。可以跃，可以在渊，归根结底还是要跃。究竟时可跃不可跃，不能由他人决定，必须自己通过试行来决定。

飞龙在天，上治也。

九五有君德又有君位，是天子诸侯之类，是有国有天下的，他们的统治不是一般的统治，是最高最上的统治。

亢龙有悔，穷之灾也。

上九居卦之终，龙已至过亢的时候，量变发展到穷的地步。“穷则变，变则通，通则久。”量变至于穷，即将发生质变。所以这时要“有悔”，要改变，否则就有灾，故曰“穷之灾”。

乾元用九，天下治也。

非一身一家一国之治，而是天下之治。此“治”字是治乱的治，与上文“上治”的“治”用法有异。九五只是一爻，故云“上治”，在上以治下。用九而称乾元，很显然包括乾六爻在内，故云“天下治”，天下大治。

潜龙勿用，阳气潜藏。

以上七条自人事的角度释爻辞，自此以下七条从时的角度释爻辞。潜龙勿用，是阳气潜藏的时候。

见龙在田，天下文明。

“见龙在田”，是天下文明的时候。藏起来是气，显现出来就是光。阴晦阳明，九二阳光显现，有天下文明之象。

终日乾乾，与时偕行。

天行昼夜一周为一日，健而无有止息，九三终日乾乾，日乾夕惕，与天行一样没有止息，故曰“与时偕行”。

或跃在渊，乾道乃革。

革，变。九四处在下乾已终，上乾开始的时候。九三为下乾，至九四变而为上乾。由下乾而入于上乾，是乾道改革之时，故云“乾道乃革”。此就卦画解释九四取象“或跃在渊”之意。

飞龙在天，乃位乎天德。

乾九五既居君位又有君德，可谓位乎天德。倘只有君位而无君德，则只可谓位乎天位而已。

亢龙有悔，与时偕极。

九三“与时偕行”则无悔，上六时已至极，与之偕极则穷，故有悔。乾卦上下六爻分别相应。初与四为始，初潜藏，四乃革潜为跃。二与五为中，二文明，五乃天德。三与上为终，三与时偕行，上则偕极。

乾元用九，乃见天则。

则，规律。天则，自然的规律。乾元用九，乾之六爻皆变而为坤，表明天道有变而无常。天道变换无过无不及，是有限节的，春夏秋冬总是各有其限地交替，而且冬去春来，终始相因，无所谓首。乾元亨利贞，贞极而复归于元，与天道一致，故云“乾元用九，乃见天则”。

乾元者，始而亨者也。利贞者，性情也。乾始能以美利利天下，不言所利，大矣哉。

这里把卦辞元亨利贞又解释一番。《文言传》开始时重在论人事，把元亨利贞作为四德分开来讲。至此从人事转为论天道，所以又将元亨利贞合起来说。“乾元”，以元统摄元亨利贞四德。“始亨”与“乾始”两个“始”字与元同义。卦辞所谓“乾元”，是什么意思呢？孔子说“始而亨者也。”乾元不是另外有个东西，它就是气之始而亨。亨即亨通发展。卦辞所谓“利贞”是什么意思呢？“利贞”就是乾元的性情，不是另外有个“利贞”存在。何以知之？从乾元之所能可知。乾元好像春天，春天是生物之始，元也是生物之始。元为生物之始，能以美利利天下，凡天下之物无所不受其利。“不言所利”，乾卦卦辞只言利，不言利什么，因为乾元之所利太广大，天地之间无所不包，若言所利是什么，那就限定了，把无所不利的范围大大缩小了。“利贞者，性情也”，性情是什么？既然是乾元的性情，那么性情就是一个健字。健是乾之本性，表现出来就是情。《易经》将性情二字并言始于此。性与情其实是一回事。性是从静态看，情是从动态看。物生于春，始于元，然后是一个动的过程，动极而至于收敛而归藏，又回到静的状态。贞之后又是元。由贞而元，由静而动，终而复始，生生之道无有穷尽之时。假若但言性而不言情，则意味着止于贞，止于静，贞后无元，静中无动，那也就不是生生不息的健了。

大哉乾乎，刚健中正，纯粹精也。

孔子极赞乾元亨利贞的伟大。伟大就伟大在“刚健中正，纯粹精”上。乾卦六爻皆刚，故云刚健。“中正”是全《易经》的要领，孔子在乾卦首先提起。中指二与五而言，二居下体之中，五居上体之中，二与五都是中。都是中却不必都正。阳爻居阳位，阴爻居阴位为正。乾卦九二是阳爻居阴位，不正。九五阳爻居阳位，正。乾卦独九五中正，九二中而不正。每卦都有一爻是一卦之主，乾卦卦主即是九五，“刚健中正”就是指九五言。《易》中 384 爻，中爻 128；128 中爻里中而正者 64，中而不正者亦 64。64 个中而正的爻中，唯有乾卦九五刚健中正。乾卦九五是纯乾的中正。别的卦虽可中正但不是纯乾。又，乾德之妙，“刚健中正”也不能尽，孔子因此在“刚健中正”之外更加“纯粹精”三字。两卦不杂曰纯，八个纯卦是。阴阳不杂曰粹，乾坤两卦是。乾坤两卦既纯又粹。其余六纯卦则纯而不粹。精，纯粹之至。“纯粹精”是最为纯粹，纯粹得不能再纯粹。

六爻发挥，旁通情也。

“六爻发挥”，发挥什么呢？发挥“刚健中正，纯粹精”。“旁通情”，即“六爻发挥”，把乾卦的卦义全面、充分地发挥出来。

时乘六龙，以御天也。云行雨施，天下平也。

九五是乾卦之主，乾卦“刚健中正，纯粹精”之德，九五全具备。九五统摄着六爻之德。六爻之德如潜、见、惕、跃、飞、亢等都是对九五之德即乾之德的发挥。九五处于高位，兼统六爻，其象为飞龙在天，代表着整个乾卦。它“时乘六龙以御天”,以时为准驾御六爻,时当潜则潜,时当见则见,时当惕则惕,时当跃则跃,时当飞则飞,以此反映着天道即自然规律。飞龙在天,必云行雨施,阴阳和畅,膏泽普及,而使天下康平。这也就是乾元之以美利利天下。

君子以成德为行,日可见之行也。潜之为言也,隐而未见,行而未成,是以君子弗用也。

自此以下,再次发挥六爻未尽之意。这一段讲初九潜龙勿用。成德,已成之德;行,行动,表现。君子须将自己的德修养完满无缺,然后方可有所行动,有所作为。德与行是一致的,藏在内心未露,就是德,表现为行动,就是行。初九已经成德,既已成德,就可以每天都见诸行动了。然而初九爻辞却曰潜龙勿用,不要有所为,不要有所行,这是因为初九处在潜的时候。潜的意思是隐而未见,隐而未见即行而未成,行而未成亦即德之未成。一句话,初九处于潜时,当隐不当见。

君子学以聚之,问以辨之,宽以居之,仁以行之。易曰,见龙在田,利见大人,君德也。

这段话讲九二。九二龙已露出地面之上,是无君位而有君德的大人。所谓君德,应具备学、问、宽、仁这四个条件。“学以聚之”,学要广泛涉猎,多所闻见,把应当学的知识都学到手,不令遗漏。“问以辨之”,学聚之后要多请教知识更渊博的人,以分辨是非精粗。“宽以居之”,宽,度量弘大,优游不迫。学既聚,问既辨,尤须有弘大广阔的度量,以容纳众流。“仁以行之”,学聚问辨又宽以居之,剩下来的问题是如何行动。君子行当以仁为根本。仁是四德之首,也是四德之全,人而能仁,其余的修养都不难做到。九二虽具君德,亦由学问而成,实非天生造就,而功夫全在体仁行仁上。

九三,重刚而不中,上不在天,下不在田,故乾乾因其时而惕,虽危无咎矣。

九三以刚居刚,故曰重刚。一卦之中二与五是中,三不中,故曰“重刚而不中”。九三居三不居五,故曰“上不在天”。又居三不居二,故曰“下不在田”。“上不在天,下不在田”两句实际上还是说九三不中。总而言之,九三处于危惧之地。处境不好,但是九三能因时顺处,乾乾兢惕,故虽危而不至于有咎。

九四，重刚而不中，上不在天，下不在田，中不在人，故或之。或之者，疑之也，故无咎。

九四以阳居阴，不是重刚，故重字可能是衍文，九四“上不在天，下不在田”与九三同，唯多“中不在人”一句。卦爻以五、上为天道，初、二为地道，天地之间的三、四是人道。三、四虽都属人道，但比较起来，九三近二远五，正是人道，九四近五远二，上近于天而下远于地，不是人所当处之地，故云“中不在人”。全文意思是说，九四虽然“刚而不中”，与九三近似，但是九三位卑近下，向上为难，其危大，其忧深；九四则阳德渐盛，去五亦近，易于上进，问题仅在于或进或退，犹豫不定，其忧较浅。“或跃在渊”的“或”字，是疑的意思。能疑故无咎。疑不是狐疑的疑，此疑乃或进或退不遽加决断，而详加审度之谓。

夫大人者，与天地合其德，与日月合其明，与四时合其序，与鬼神合其吉凶。先天而天弗违，后天而奉天时。天且弗违，而况于人乎！况于鬼神乎！

这一段话讲的是九五。九五是乾卦之主，乾之德集中地表现在九五上。九五是既有君德又有君位的大人，大人具有天德，他的修养可谓到家了。他的思想、意识和行为可与天地、日月、四时、鬼神合拍。看来几近不可思议，其实不然。他所以能够如此，是因为他是知天命的人，也是从心所欲不逾矩的人。天命即自然规律。他充分地认识了自然规律，并且能够顺应自然规律，甚至可以说在一定程度上获得了自由。大人之德之明之序之吉凶能与天地、日月、四时、鬼神合拍，并不奇怪，只是由于他刚健中正纯粹精，与自然规律相通。这里的鬼神也不是宗教迷信的鬼神，所指乃造化之迹，亦即自然规律的功用。吉凶不过是成败得失而已。先天后天以下诸句阐释大人必然得到天地鬼神的配合和人的拥护。“先天而天弗违”，做没有先例的事情，干开创性的事业，天道不违背它。其实是说大人有天德，本来就与自然规律相通相合。“后天而奉天时”，做时势决定非做不可的事情，也能合乎自然规律。大人做事，天且不违，人还能违吗？此人不是个体的人，是群体的人，是人类社会，是人类社会的规律。就是说乾九五这样的大人做事既符合自然规律也符合社会规律。

亢之为言也，知进而不知退，知存而不知亡，知得而不知丧。其唯圣人乎，知进退存亡而不失其正者，其唯圣人乎。

此释上九"亢龙有悔"的亢字。亢龙之亢字是过度的意思。事物总有两方面。进好，进过了度就要走向反面而转为退，有进必有退。存好，存过了度就要走向反面而转为亡，有存必有亡。得好，得过了度就要走向反面而转为丧，有得必有丧。乾于上九，龙而至于亢，是时势之必然，客观之规律，主观上无法避免，但是人在主观上却可能认识这个规律，从而顺应这个规律，使不至于致害。然而做到这一点极难，人处在亢的时候，总是得意忘返。进而知退，存而知亡，得而知丧，能够掌握进退存亡的分寸的，唯有圣人而已，一般人是做不到的。

〔**总论**〕

《周易》是周代之《易》。它与殷代之叫做《归藏》或《坤乾》的《易》的根本区别是《坤乾》首坤次乾，《周易》颠倒过来，变为首乾次坤。首坤次乾变为首乾次坤，反映社会意识形态的重大变化。殷易《坤乾》以坤为首，反映"殷道亲亲"。《周易》首乾次坤，反映"周道尊尊"。"殷道亲亲"强调血缘关系，在君位继承上重母统，传弟，说明殷代氏族制的影响还重。"周道尊尊"强调政治关系，在君位继承上重父统，传子，说明周代阶级社会已经完全确立。由"亲亲"变为"尊尊"，这重大的历史变革反映在《周易》之中，而《周易》书中最能表达这一变革的是乾卦居首。

乾卦是 64 卦之一，由 6 个卦画组成，它的 6 个卦画都是阳爻，所谓"阳之纯而健之至也"。乾卦与其余 63 卦一样，有其自己的性质、特点和意义。但是它又与其他诸卦有所不同，它在 64 卦中占有特殊的地位。它是"阴阳之根本，万物之祖宗"。其余 62 卦都是由乾与坤发展而来。所以《系辞传》说"乾坤其《易》之门"，"乾坤其《易》之缊"。《周易》作者认为易法天，易之理是天之道的模拟。他们之所以强调乾坤二卦是其余 62 卦的祖宗，是《易》之门，《易》之缊，是由他们的宇宙观决定的。他们认为天地是万物之本原，"有天地然后万物生焉，盈天地之间者唯万物"。天地由何而来，他们不再追问。乾坤生诸卦犹天地生万物。这反映作《易》者具有虽然朴素但却正确的宇宙观。

乾卦和其余 63 卦一样，由经传两部分组成。经的部分包括卦名、卦画、卦辞、爻辞，传的部分包括《彖传》、《象传》、《文言传》。《象传》分"大象”与“小象”两类。《文言传》独乾坤二卦有，其余各卦没有。乾卦由 6 个阳爻构成，是纯阳至健，故卦名曰乾。从乾之《象传》和“大象”看，乾卦取象天。取象天，卦名却曰乾而不曰天，这是因为卦名反映卦之性、卦之义，不反映卦之象。卦名为什么不反映卦之象？因为在一卦之中取象是手段而不是目的，目的在卦之性质，卦的含义。乾卦之乾就是健。健是乾卦的性质和意义所在。整个乾卦要讲的是健。天最能反映健的特点，所以乾卦取天为象。天只是健之象而不是健本身，故乾卦名乾不名天。乾卦的卦辞是“元亨利贞”四字。乾卦卦名的这个乾字的意义就是健，健是运动变化不息的意思。合起来说是乾是健，分开来说是元亨利贞。元亨利贞就是乾，就是健。“元亨利贞”四字是说天的运动变化的。古人讲的天其实是指太阳而言，可以说天就是太阳。《礼记·郊特性》说“大报天而主日。”《汉书·魏相传》说：“天地变化必由阴阳，阴阳之分以日为纪。”太阳的运动(实际上是地球运动，太阳相对地不动)造成寒暑变化，四时交替。因此古人用春夏秋冬四时解元亨利贞。元是春天，亨是夏天，利是秋天，贞是冬天。贞过去又是元，冬过去又是春，这样永不停息地运动变化，把健的特点充分地表达出来了。乾卦卦辞取天为象，而六个爻辞取龙为象。卦辞与爻辞取象不同，是 64 卦的通例，绝大多数卦都如此。这是由卦与爻特点不同决定的。王弼说“卦者时也，爻者适时之变者也”。卦代表一个时代，只要未出这个时代，都具有这个时代的特点。乾卦的性质是健，只要还属于乾卦，它就具有健的性质，从这个意义上说，卦是相对地不变的，是静态的。六爻自下而上构成一卦，一爻代表一个时代中的不同发展阶段，所以爻是相对地变化的，是动态的。一个是静态的，一个是动态的，取象自然不宜相同。卦是静态的，故取一个象即可；爻是动态的，故往往须取多个象，即便六爻取同一象，这一象也必须能反映动态。乾卦取象天，天能反映出健的特点来。如果六爻还取象天，那就等于说六爻只有健的共性，没有各自的个性。爻而没有个性，便失去了爻存在的意义。所以乾卦取象天而六爻以龙为象。乾卦六爻是讲天地之气和君子之道的。天地之气有升降，君子之道有行藏，龙是人们想象中能潜能飞的动物，故乾六爻取龙为象。龙是阳物，而且是变化多端，神灵不测的阳物，用龙之动来表现乾六爻之动，再恰当不过。天能表现健，龙不但能表现健，还能表现变化中的健。乾之卦爻取象不同，进一步说明卦的性质是固定不变的，乾是健，乾在任何情况下都是健，而爻的取象则灵活多变。乾可以象天，也可以象龙，等等。我们读《易》，不可把“象”看死，不可以为什么一定象什么。

乾卦的传的部分，首先是《彖传》。《彖传》是解释卦辞的，一般有两部分内容，一部分解释卦名，一部分解释卦辞。唯乾坤坎离震艮巽兑 8 个纯卦不释卦名，直接解释卦辞。解释卦辞一般都以卦德、卦象、卦位为依据，有的三者兼取，有的但取一、二。乾《彖传》开始言天，即依据乾之卦象作解。接着讲“六位时成，时乘六龙”，说明乾卦六位以九五为最尊，九五处于天位，具备六爻之德，这是根据卦位释卦辞。就其所阐述的内容看，《彖传》总是以卦象与天道杂言，以人事问题作结。这说明卦之取象都是天道方面的问题，而讲天道的目的是为了落实到人事上。乾卦《彖传》正是如此。乾《彖传》含有极丰富的哲学思想，其中“乾道变化，各正性命，保合太和，乃利贞”一段话尤其值得注意。它讲万物怎样由元亨发展到利贞，讲利贞是怎样一种状态。它提出万物经过乾道变化而各正性命，保合太和的观点。关于“性命”这个词语，古人有多种多样的解释，往往烦琐。其实“性命”不过是某物之所以为某物的本质规定性。“各正性命”，是既承认万物的共性又肯定万物各有个性。天地间之每一物无不有它自己生成、存在的理由、价值和意义，它们“各正性命”，自己生，自己长，自己灭，没有一个超自然物主宰它们。可见《周易》的思想与宗教格格不入。万物不但“各正性命”，还能各自“保合太和”，“保合”是动词，保合什么？要保合的是“太和”。“太和”是什么？“太和”是阴阳会合冲和之气。一个收敛成熟之物，是阴阳二气会合冲和的结果。作《易》者强调物成于阴阳二气之会合冲和，说明他们重视万物各自内部的和谐与统一。《周易》讲万物“各正性命”，各得其宜，不相妨害，讲万物“保合太和”，内里是阴阳冲和之气，所描述的是一个充满无限生机和一片和气的和谐、统一的世界。这大概是儒家及整个中国传统文化贵和思想的源头。

乾卦除《彖传》、《象传》之外，还有《文言传》。《文言传》发挥《彖传》与《象传》未尽之意，多角度多层次地解释乾卦卦辞和六爻爻辞。后面的坤卦同此。卦辞与爻辞，《彖传》与《象传》本来已经讲清楚，孔子还要另作《文言传》，反反复复地再作解释，其用意很可能是让学《易》者懂得易之卦辞与爻辞含义十分灵活，从不同的角度，不同的层面，可以有不同的理解，应仔细玩索，耐心寻绎。如果把易卦爻辞看死，以为只有一种意义别无其他，那就永远懂不了“易”。孔子作《文言传》详析乾卦和坤卦是给学《易》者做出一个示范，让人们对其余 62 卦都要像《文言传》这样加以理解。

坤

䷁ 坤下坤上

这是64卦的第二卦，卦名曰坤，它由六个阴爻组成。“坤卜坤上”是注文，指明六画卦坤，其内卦是三画卦坤，外卦也是三画卦坤。六画卦坤与六画卦乾是相对应的两卦。分开来看，它们有各自的性质和特点，合起来又是无法分离的整体。三画卦乾的性质是健，六画卦乾的性质则是至健；三画卦坤的性质是顺，六画卦坤的性质则是至顺。有健才有所谓顺，有顺才有所谓健。健与顺是互为前提，对立统一的。犹如天地、阴阳、男女之两两不可分割一样。所以古人说乾坤是“阴阳之根本，万物之祖宗”，是“‘易’之门”，“‘易’之组”，而不单言乾单言坤。《序卦传》说“有天地然后有万物”，正是把天地生万物与乾坤成诸卦看成是一回事。乾与坤共成诸卦，不可有乾无坤，天与地合生万物，不可有天无地。天与地是同步的，乾与坤也是同步的。天地是万物之首，乾坤是64卦之首。从万物与64卦生成的意义上说，万物之首是天地而不仅是天，64卦之首是乾坤而不仅是乾。《周易》64卦把坤卦次于乾卦之后，是必然的，与周人的宇宙观是符合的。《周易》以乾坤为64卦之首，其深刻的哲学意义，须分两层看。古代之易，《连山》易以艮卦为首，其用意我们虽不甚清楚，但是它既不重视乾与坤，那么它不具有64卦自乾坤生成的思想，则是肯定的；说明夏代不晓得“有天地然后有万物”的道理，而周人即明确提出了万物生于天地的观念。这是第一层意义。第二层，《归藏》易以坤乾为首，反映殷人已经把坤卦与乾卦提到了重要地位，使之居64卦之首；然而它不了解“大哉乾元，万物资始，乃统天”，“至哉坤元，万物资生，乃顺承天”的意义，依然没有天地生万物的意识，没有确立64卦生诸乾坤的观念。《周易》首乾次坤，才真正把“有天地然后有万物”和64卦生诸乾坤，乾坤是“‘易’之门”、“‘易’之组”的思想完整、深刻地表达出来。

坤,元亨利牝马之贞。君子有攸往,先迷后得主,利西南得朋,东北丧朋,安贞吉。

乾卦卦辞“元亨利贞”四字,是用天道变化的四个层次表达乾卦纯刚至健的性质。孔子把这四个字理解为四德。四德具备的人、事、物,具有乾健的性质。用四德表达的这种乾健的性质,带有极大的抽象性和普遍性。坤卦卦辞也讲“元亨利贞”,但在“贞”字前加上“牝马”这样一个定语,对“贞”字加以限制,意谓坤卦之“贞”与乾卦之“贞”不同,是“牝马之贞”,而不是一般的“贞”,于是“贞”的含义由全而偏了,于是“元亨利贞”不是均衡的四德了,而变成了有所偏重的“元亨”与“利牝马之贞”的三层含义,而且重点显然在“利牝马之贞”,不在“元亨”。“君子有攸往”及其以下诸语则是“利牝马之贞”的进一步发挥。所以弄明白“利牝马之贞”一句的含义是理解坤卦卦辞的关键。《黑鞑事略》一书关于北方少数民族畜牧生活的记述对我们理解“利牝马之贞”一语极有启发。它说:“其牡马留十分壮好者,做伊剌马种,外余者多骟了,所以无不强壮也。伊剌者公马也,不曾骟,专管骒马群,不入骟马队。骟马、骒马各自为群队也。又其骡马群每伊刺马一匹管骒马五六十匹。骒马出群,伊刺马必咬踢之使归。它群伊刺马逾越而来,此群伊刺马必咬踢之。”由此可见,牝马要受牡马的约束,顺从牡马的管辖。牡马应刚健启强,牝马应柔弱顺从。牡马有牡马的贞正,牝马有牝马的贞正。坤卦的性质是顺。顺什么?顺乾。坤须顺乾,所以乾卦讲元亨,坤卦也讲元亨。坤须顺乾但不同于乾,坤要突出一个“顺”字,所以乾卦讲“利贞”而坤卦讲“利牝马之贞”。“利牝马之贞”,是说坤以守顺乾之正为利。

“君子有攸往,先迷后得主”。“君子有攸往”句是总起下文的。君子在有所作为,有所行动的时候,不论做什么都要遵循“先迷后得主”的原则。但这是指处在坤顺地位的人、事、物而言的。处在坤顺地位的人、事、物,要顺从处在乾健地位的人、事、物,坤居乾健之后,绝对不可与乾健争先。坤顺要以乾健为主,而不可自为主。“迷”与“得主”是相对应的两个词语,迷是失主的意思。怎样做才能得主而不至于失主呢?要为后不为先。《老子》之“三宝”有“不敢为天下先”一宝,很可能是受了《周易》“先迷后得主”的影响。但是《老子》一书在更大的程度上是在殷易《归藏》即《坤乾》的影响下写成的,它贵柔,重母性,所以它讲“不敢为天下先”,绝对地提倡为后不为先。这与《周易》“先迷后得主”的思想不同。“先迷后得主”的尚后不尚先是有条件的，是说坤顺不可超越乾健而为先，坤顺要以乾健为先而己居后，要以乾健为主而己为配。仅仅是说坤顺在对待自己与乾健的关系上应该如此。《周易》没有讲一切性质的人、事、物在一切的情况下都不为先。

“利西南得朋，东北丧朋，安贞吉”。“西南”与“东北”两个方位词应怎样理解呢？有的人把它们同邵雍的先天八卦后天八卦联系起来解释，解释不通。程颐和朱熹说“西南阴方，东北阳方”是可从的。西南代表阴方，东北代表阳方，似乎是一种古老的观念。《礼记·乡饮酒礼》说：“四面之坐象四时也。天地严凝之气始于西南而盛于西北，此天地之尊严气也，此天地之义气也。天地温厚之气始于东北而盛于东南，此天地之盛德气也，此天地之仁气也。主人者尊宾，故坐宾于西北，而坐介于西南以辅宾。宾者接人以义者也，故坐于西北。主人者接人以德厚者也，故坐于东南，而坐僎于东北，以辅主人也。”《乡饮酒礼》的这个说法很可能与《周易》坤卦西南、东北同出于一种古老的认识，即把西方视作阴方，把东方视作阳方。那么，坤卦曰“利西南得朋，东北丧朋”是什么意思呢？“西南得朋”与“东北丧朋”同样有利。朋是朋类。得朋丧朋是与上文“得主”相照应的。作为坤来说，其根本的问题是如何得到乾健作己之主。得到乾健作己之主就吉，失掉乾健之主则凶。坤顺怎样方可得主呢？“东北丧朋”。东北是阳方，代表乾，就坤对乾的态度说，应当忠诚不贰；欲忠诚不贰，根本的问题是“丧朋”，即引类相先而不为阿党。“西南得朋”，西南是阴方，代表坤，就坤对乾效劳的方式说，应当竭尽全力；欲竭尽全力，根本的问题是“得朋”。丧朋得朋是一个问题的两个方面。坤对乾既然要顺，要得到乾为己之主，就要一方面不结私党而效忠于乾，一方面联合众力而效劳于乾。“安贞吉”，坤能够自动自觉、心甘情愿地顺于乾，故吉。

乾之爻取龙象，坤之卦取马象，而《说卦传》说“乾为马，坤为牛，震为龙”等等，或以为卦爻之取象与《说卦传》不合。其实不是不合，而是很合。《说卦传》讲的乾坤震巽各象什么，不过是举例，并非说乾一定象马，坤一定象牛，震一定象龙。某卦某爻象什么是极灵活的，不可拘泥。龙能够表达出乾健的性质，故乾六爻取龙象不取马象。马能够表达坤顺的性质，故坤卦取马象不取牛象。牛虽温顺，却不能表达坤顺于乾健的特定关系，因为坤只顺于乾健而不顺于其他别的任何事物,牛则对一切事物都顺。只有牝马,对别的什么都不顺,仅仅顺于牡马。在骒马群中,牝马顺于伊剌马的这种现象,十分准确、恰当地表达了在乾坤两卦这一对矛盾中,坤顺于乾的这种特定的关系。作《易》者取象如此之精巧,构思如此之聪明,实在令人折服。

彖曰:至哉坤元,万物资生,乃顺承天。坤厚载物,德合无疆,含弘光大,品物咸亨。牝马地类,行地无疆,柔顺利贞,君子攸行。先迷失道,后顺得常。西南得朋,乃与类行;东北丧朋,乃终有庆。安贞之吉,应地无疆。

“至哉坤元,万物资生,乃顺承天。”此三句释“坤元”,此言“至哉坤元”而乾卦《彖传》言“大哉乾元”。乾元为大,坤元为至,大与至是有区别的。乾象天,天之体大而无疆,无所不包;坤象地,地之体广而有限,无所不尽。坤之体不如乾之体大,但是坤是效法乾的,坤效法乾至乾之大而后已,故乾元曰大,则坤元曰至。乾《彖传》“万物资始”,而坤曰“万物资生”。天地合德,共生万物,在生成万物的问题上,天地不可或缺,没有哪一个也不行,那么何以于乾曰“资始”而于坤曰“资生”?始与生有何区别?这很象人之生于父母。从父亲那里得到气质,父亲给他奠定了生命的基础,然而形体是从母亲那里获得的。说“万物资始”,是说万物自乾那里开始得到生命之气质;说“万物资生”,是说万物从坤那里获得生命的形体。乾元,万物资之以始,这是没有任何条件的,就是说,是无待的,是以能大,是以无疆。坤元,万物资之以生,这是有条件的,就是说,是有待的,是以能至,是以有限。坤待乾而行,乃能至于大。万物有了乾的气质,方可有坤的形体。接着的“乃顺承天”一句是点睛之笔,很能说明问题。它点出坤的性质是顺乾承乾,以乾为主而已为配。它使我们知道,坤须顺承乾,乾亦须坤来顺承,万物恰是在乾坤合德的作用中生成,乾坤合德但并不是等夷,在生成万物的造化过程中,乾为主,坤为配,坤只是在顺承乾之行而行的时候,自已的行为才是有意义的。

“坤厚载物,德合无疆,含弘光大,品物咸亨”。这几句是释亨的。主要的意思还是强调乾主坤配的关系。无疆是天之大德。“天行健”,是从动的角度或从时间说,天是运行不已的;“无疆”,是从静的角度或从空间说,天是无所不覆的。“坤厚”,坤积顺而成厚。“载物”,凡地所生之物,即其所载之物。地之所载，无一非天之所覆，故曰“德合无疆”。“德合无疆”是坤之持载配天之无疆，亦即坤配乾，地配天。“含弘光大，品物咸亨”，是讲过坤之德与乾之德的关系之后又极赞坤德之伟大。“含弘光大”四字古人一字一义作解，含是无所不包，弘是无所不有，光是无所不著，大是无所不被。其实不必如此烦琐。“含弘”是一义，“光大”是一义。“含弘”说地德深厚，无所不包容，无所不持载，没有什么东西不在它的怀抱之中。正因为如此，它才有资格做乾德之配。“光大”就是广大。《易》中光字有二义，一为光明照耀，一为广。光字在这里训作广，最为恰当。广大，是“含弘”的加重义，意在进一步加深人们对坤德伟大深厚的印象。万物在坤这个伟大深厚的环境中生存、驰骋，当然是顺畅亨通的了。

“牝马地类，行地无疆，柔顺利贞，君子攸行”。这一节文字释“利牝马之贞，君子有攸往”二句。“地类”即阴类，阴类即指坤言，“牝马地类”，是说卦辞所谓牝马是代表坤顺的。换句话说，坤顺取牝马为象。牝马行地，是必须顺从或者说效法乾健之无疆的。何以见得呢？下一句不是说“柔顺利贞”吗！如果把全部四句话连着讲下来，这样理解似乎是有道理的：坤卦好比牝马，它要受牡马的管束，它的所作所为必须以柔顺为正，顺承乾健。君子之所行，概当如此。更概括一些地说，牝马行地，讲的是坤之象；柔顺利贞，讲的是坤之德。合言之，坤顺以从乾健，是坤之正道，君子应当效此以行。

“先迷失道，后顺得常。西南得朋，乃与类行。东北丧朋，乃终有庆”。这一段话释卦辞“先迷后得主，利西南得朋，东北丧朋”三句。上文说过，坤顺从乾而动，是坤当守的正道。如果坤不顺从乾而动，自己先于乾而动，那便会迷失方向，走入歧途，其实质是丧失了坤之所以为坤的正道。“后顺得常”，是以“后顺”解“得常”。坤本当居乾之后，唯乾是从。倘居先则为逆，居后则为顺，居后为顺乃是坤之常道。“类”是同类，“乃与类行”，与同类在一起。“西南得朋，乃与类行”，“西南”即阴方亦即坤，在顺承乾，服事乾的过程中，能够团结它的同类共同行动，这是正确的，有利的。从另一个角度说，它又要做到“东北丧朋”才算最后取得成功，即所谓“乃终有庆”。东北是阳方，阳方即是乾。“东北丧朋”，坤在服事、顺从乾的时候，还要与自己的同类在思想上划清界限，不与之结党营私。这样做才是完满的，才是成功的。总之，既要善于团结自己的人，又不结为私党，是坤顺而从乾健的本分。两方面都做到，方可谓最后“有庆”，完满成功。

“安贞之吉，应地无疆”。此最后两句释“安贞吉”。“安贞吉”，主要就人事言。有坤德的君子，有如坤之厚德载物一般，器量深厚，有才而不露，可以与坤地之无疆相应。如此能够像大地一般安静不躁又能守正的人，必获吉。坤《彖传》有三个“无疆”，所指是不同的。“德合无疆”，是坤之德配乾之德，此“无疆”指乾德言。“行地无疆”是坤法乾之行而行，此“无疆”亦指乾德言。“应地无疆”，是讲人法坤之德，此“无疆”指坤德言。无论哪一个“无疆”，都含有空间的无限性和时间的永恒性二义。

象曰：地势坤，君子以厚德载物。

乾卦“大象”曰“天行健”，坤卦则曰“地势坤”，两句话是相对应的。天与地对应，行与势对应，健与坤对应。天与地对应，容易理解，没有问题。行与势的对应就需要说明。行即道，是名词。“天行”就是天道。天道是动态的，动的特点是什么？天动的特点是健。坤不曰“地行”而曰“地势”，因为地道是静态的（这是古人的看法，实际上地也是动的），故曰势。曰“天行”，是说天道的特点。曰“地势”，其实也是说地道的特点。乾直接称健，而坤却称卦名坤而不直接称顺。这是什么缘故？古人有不同的解释。朱熹说这只是当时用字时偶得，并没有什么深意，学者不必穿凿求说。看来朱熹说的对。坤就是顺，“地势坤”即地势顺。从地之形势看，实在看不出顺来。古人有的说地之形势高下相因，顿伏相仍，所以说“地势顺”，这完全是附会，不足凭信。王弼说：“地形不顺，其势顺”，是对的。但是他没有说其势如何顺。孔颖达说：“地势方直，是不顺也，其势承天，是其顺也”，是说得极中肯的。地之所以顺，是因为天尊地卑，地势承天。换言之，坤之所以顺，是因为乾刚健而坤柔顺，坤顺于乾。“君子以厚德载物”，古人有的说，因为地是厚的，所以才顺；若地很薄，则高下相因就倾陷了，谈不到顺。也是牵强之言。地本来就是厚的，故称“厚德”。至于说顺，上文说过，地之顺是顺承天，因为天高地下，才说地势顺。地势顺与地之厚扯不上关系。不过，从坤之德说，顺与厚却不能说毫不相干，犹如人，柔顺的人往往宽厚，宽厚的人往往柔顺。“大象”讲“君子以厚德载物”，意在告诫学《易》的人要效法坤地之厚德，容载万物。君子要以坤地一般宽厚的胸怀包容天下之人与物，使天下之人无不以为安，甚乃鸟兽虫鱼草木也无不以我为命。相反，刻薄寡恩，险诈狭隘，是绝对要不得的。

初六，履霜坚冰至。

初六，阴爻居初位。六是阴爻之名，八也是阴爻之名。但是六是老阴，老阴将变为阳，是变爻。八是少阴，少阴不能变为阳，是不变爻，而《周易》占变爻，不占不变爻，故《周易》192个阴爻全名六不名八。坤卦初六爻辞曰“履霜坚冰至”，意义比较容易理解。这是一个象，象也就是用一个形象作比喻，借用这个形象作比喻以说明一个道理。用象说明道理，是《周易》的重要特点。为什么不直接讲出道理而用象来作比喻呢？这是因为如果直说，必然说死说偏，只有用象来表达，才能把卦爻的意义讲圆活，讲完满。64卦与384爻各取什么象，看来似乎有规律，其实是很灵活的。如乾卦卦辞曰“元亨利贞”，实际上是以天为象，但又不明说，根据《象传》我们才知道它是取象天的。乾之六爻不取天象取龙象。坤与乾相对应，乾卦卦辞取天为象，则坤卦当取地为象，然而坤却取象牝马，而坤之六爻则取象多样而绝不言马。“履霜坚冰至”是这样的象：脚下既已踏霜，坚冰必将到来。它的意义是说，阴始生于下，其端甚微，而其势必盛。引申一步，告诫人们要见微以知著，防渐而杜微。阴能消阳，柔能败刚，小人能剥君子，全有一个由始甚微而渐盛的过程。意思是说，对于它们要毖之于小，慎之于微，善于在它们势力还很微小的时候，就识破它们，及早防范、消弭。

象曰：履霜坚冰，阴始凝也。驯致其道，至坚冰也。

“履霜坚冰”的“坚冰”二字可能是衍文，因为履霜与坚冰不是同时事，说履霜是阴始凝可，说坚冰是阴始凝则不可。又据《三国志·魏文帝纪》注文记太史许芝引此象辞，“履霜”之上有“初六”二字，“履霜”之下无“坚冰”。古本很可能作“初六履霜”，后世转抄讹误，遂变为“履霜坚冰”。驯，狎顺。“驯致其道，至坚冰也”，意思是说，既已履霜，阴气已开始凝聚，发展下去，必然导致坚冰。言及人事，“其道”乃小人之道，小人之道开始时虽微小，然而积渐驯习，因循而长，必至于盛。爻辞曰“坚冰至”，是强调事情发展的结果，“小象”曰“至坚冰”，是强调事情的起始。乾初九“小象”曰“阳在下”，坤初六“小象”曰“阴始凝”，提出阴阳二字，意在说明九就是阳，六就是阴，一部《周易》正是384个阴爻和阳爻对立统一，交错变化的过程。有人据《周易》经文不见阴阳二字，断言《周易》不讲阴阳，这是一种极端错误的观点。九六是阴阳，乾坤也是阴阳。孔子不仅于乾坤二卦之初爻明确点出九六就是阴阳，在《易传》的其他部分又多次讲到过阴阳，如《系辞传》讲“乾，阳物也；坤，阴物也，阴阳合德而刚柔有体”，“阴阳不测之谓神”，“一阴一阳之谓道”等等。若说《周易》不讲阴阳，《周易》也就不复存在了。其实阴阳没什么神秘，阴阳不过是事物对立统一着、不断变化着的两个方面罢了。《周易》比较特殊之处，是它一方面承认“阴阳合德”不可相无，另一方面又强调阳淑阴慝，阳好阴不好，把崇高的、善良的、正确的，都归诸阳，把卑微的、丑恶的、错误的，都归诸阴，采取扶阳抑阴的态度。

六二，直方大，不习无不利。

64卦每一卦都有卦主，卦主是代表这一卦的，这一卦的特点由卦主比较完备地表现出来。乾卦的卦主是九五，因为九五有天之象，居君之位，又刚健中正四者具备，乾之道在此显现出来。坤卦的卦主不是六五而是六二。因为坤卦唯六二最纯粹。六五虽然在尊位，却是阴居阳，中而不正。六四以阴居阴，正而不中。六三以阴居阳，不中又不正。只有六二柔顺中正四者具备，而且居臣之位，有地之象。爻辞“直方大，不习无不利”确实极准确地表达了坤卦的本质特点。这主要表现在两个方面。第一，“直方大”三字，方是讲坤的。乾为圆则坤为方，方是坤之德。坤之方与乾之圆相对应。乾体圆，坤效之以方，故坤至静而德方。至于直与大二字《系辞传》说乾“其动也直”，《彖传》说“大哉乾元”，说明直与大是乾之德，不是坤之德。不是坤之德，为什么坤之主爻六二把直方大连起来说呢？这是因为坤以乾之德为己德，或者说，坤是效法乾的。乾体圆，坤则效之以来方。乾性直，坤亦未尝不直。乾无疆，则坤德合无疆，与乾并其大。那么，坤之方怎样能与乾之直、乾之大联系起来呢？就事理上说，大凡方的东西必首先要直，不直何以成方？而其趋势总以大为极。犹如几何学上所谓线面体的关系，没有直线不可成面，没有面不能成体，没有体何以言大？这里充分地表达出坤的特点：坤总是效法乾，因顺乾，绝不独特地表现自己。坤之德仅仅在与乾发生联系的时候才有实在的意义。于是就有了第二点，乾为圆，圆者动；坤为方，方者静。故曰“不习无不利”。“不习”，谓坤之道因任自然，莫之为而为，一切顺从乾德而行，其间并无自己的增加造设。这样做，对于坤来说，没有任何不利。这大概就是《系辞传》

所谓“坤以简能”的意思。“不习无不利”与《老子》“无为而无不为”的思想近似。《老子》的思想根源可以追溯到殷易《坤乾》，坤六二“不习无不利”一语极可能就是《周易》里保留着的《坤乾》思想的残迹。

象曰：六二之动，直以方也。不习无不利，地道光也。

“直以方”的“以”字作“而”字解，“而”在此是连词。直而方，是又直又方的意思。爻辞讲“直方”，直与本是乾之德，为什么坤六二爻辞讲方之外又讲直呢？孔子怕学《易》者不明白，乃答之曰“六二之动”。乾刚坤柔，这是肯定的。乾动坤静，这也是肯定的。但是，是不是坤只有柔而不可有刚呢？不是的。是不是坤只是静而不能动呢？也不是的。我们知道，坤的性质是顺，顺什么，顺乾。坤总是效乾而动，效乾而行。坤虽然至静，然而一旦乾的影响施加到它的身上，它就要顺之而动，而动机一发即不可遏止屈挠，于是坤便也有了直的特点。坤自身本来所具有的方的特点，其实也要通过六二之动表现出来。坤是静的，待乾之动机施之于坤，坤便能陶冶万物，使各有定形，不可移易。陶冶万物，使各有定形，就是六二之动，同时也是坤之方。因此可以说，坤柔中有刚，静中有动。唯其如此，它才能“直以方”。“光”字在《周易》中有二义，一是光明之意，一是广大之意。这里的“光”字其实就是“广”的意思。“地道光”，应释作地道广大。六二为什么能够“不习无不利”，孔子回答说：“地道光也”。六二是坤之主爻，六二完全能够代表坤卦之德。“不习无不利”不仅是六二一个爻的特点，也是整个坤卦的特点，故曰“地道光”。“地道光”，地道广大，亦即坤之德“直方”。“直方”的实质不是别的，是法乾之德，效乾之行，自己则因任自然而动，莫之为而为，这岂不恰是“不习无不利！”

六三，含章可贞，或从王事，无成有终。

六三这一爻不中不正，比不了一卦之主的六二，却又与六四不同。六四以阴居阴，全是阴柔，没有一丝阳气，六三以阴爻居阳位，阴之中包有阳在内，有半动半静的特点，所以有“含章可贞”之象。章，文而成章，本是外露之物，而六三毕竟是阴爻主静，有坤之含弘光大之德，且居下卦之上，为得位之爻，它能够含晦章美，常久贞守，不使外露。六三以阴居阳，又有动的一面，它“含章可贞”并非永远无所作为，它要“或从王事”，对于“王事”则动而从之，为之效劳。此“从”字甚关紧要。“从”，表明它顺从人家做事,不为事始,有唱乃应;更不为事主,待命而发。“王事”之“王”指乾。坤卦与它卦以五为君者不同。坤卦六爻皆为臣道。此“或”字尤堪注意。乾九四讲“或跃在渊”,坤六三讲“或从王事”。两爻都处在进退未定之际,唯退曰“在渊”,曰“含章”,而“跃”与“从王事”之进则皆曰“或”,这是因为作《易》者想告诫人们要慎于进,不急于进。在《周易》中阳是主进的,阴是主退的。乾九四阳居阴,坤六三阴居阳,有阴有阳,可进可退,故强调进宜慎不宜急。对比之下,乾九三与坤六四就不同了。乾九三阳居阳,阳主进,故曰“乾乾”;坤六四阴居阴,阴主退,故曰“括囊”。“无成有终”,进一步讲坤六三应当怎样“从王事”。上文说过,坤卦六爻皆是臣位,实际上它们都以乾为君。六三即要“从王事”,即从乾,那么它就有一个怎样从的问题。第一,它必当也能够“无成”。“无成”不是无所作为,无所成就;“无成”是功成而不居,有美归之于君。第二,虽“无成”但必须“有终”,“有终”是虽然有功不居,但是却要尽职尽分,一丝不苟地做成做好自己当做的事情。若把“无成有终”理解为所做之事当做十分,只做五六分,不须做尽,那就根本错了。

象曰:含章可贞,以时发也。或从王事,知光大也。

“含章可贞,以时发也”,“含章”不是永远含晦不发。“含章”只是说平时不发,到了该发的时候则一定要发。按经文之意,“以时发”的“时”系指“从王事”言。“含”与“发”相对应,平素不“含”,则无所谓“发”;“发”而不以“时”,随时皆“发”,则无所谓“含”。喜露圭角的人不能“含章”。不能“含章”的人不能“以时发”。可以说,“含章”与“以时发”是一件事的两个方面。“或从王事,知光大也”,实际是说“或从王事,无成有终,知光大也”。“知光大”,知之广大。坤六三为什么能做到“或从王事,无成有终”呢?根本的原因在于它“知光大”,即眼光深远,胸中宽广。眼光深远,胸中宽广的人,自然含晦。平常的人何尝不欲含晦,然而怎奈胸中浅狭,只能做些锄治骄矜,深匿名迹的表面功夫,不曾有根本上的认识,稍有一功一善,就觉得按捺不住,非表现出来不可,岂能含晦!犹如坛小水多,任你怎样遏抑固闭,水终将溢出来。假若是个大坛子,则水自不泛溢,全不须另费力气。

六四,括囊,无咎无誉。

六四不同于六三,六三以阴居阳位,有静也有动,可退亦可进,当“含章”亦当“从王事”。六四则以阴居阴，又在危惧之地，上下不交，无承无应，恰是贤人不得不隐藏的时候。六四也恰是知几的君子，完全能够以柔德目处，做到“括囊，无咎无誉”。“括囊”，扎上囊口，里面的东西，全不使出来。含晦缄默，恶不为，善也不为，善恶一概括而不形。恶不为则无咎，善不为则无誉。平常人徒知咎可以致罪，不知誉可以为害。其实，有誉即可致咎。誉与咎无宁说是一回事。《庄子·养生主》之“为善无近名，为恶无近刑，缘督以为经”，与此爻义近。

象曰：括囊无咎，慎不害也。

此“小象”曰“括囊无咎”不曰“无誉”，是省语，其实“无誉”是在内的。“括囊”的实质是谨慎，“无咎无誉”的实质是“不害”。由于“括囊”，所以“无咎无誉”；由于谨慎，所以无害。孔子用“慎不害”一语将爻辞的实质揭示出来。

六五，黄裳，元吉。

黄，黄色。黄色代表什么，古人有两种说法，一说东西南北中各用青、白、赤、黑、黄五种颜色表示，黄色代表中；一说天玄地黄，在天与地相对应的时候，玄色代表天，黄色代表地。这里的黄色是代表中还是代表地，古人亦有二说。有人说这个黄代表中，是中之色，有人说代表地，是地之色。仔细寻绎，还是后说强一些。第一，紧接着上六爻辞即曰：“龙战于野，其血玄黄”。“其血玄黄”，以黄与玄连举，显然玄指乾指天指阳，黄指坤指地指阴。《仪礼·士冠礼》经文“玄端玄裳黄裳杂裳可也”下，郑注说：“上士玄裳，中士黄裳，下士杂裳。杂裳者，前玄后黄，《易》曰夫玄黄者天地之杂也，天玄而地黄。”郑注引的《易》正是坤卦《文言传》里解释坤上六爻辞“其血玄黄”的话。郑玄认为玄裳的“玄”是天之色，黄裳的“黄”是地之色，是正确的。六五言“黄裳”，上六言“其血玄黄”，两爻相比邻，同一个“黄”字不应有两解。第二，从事理上说，五就是中，已经明白无疑，何须更用黄色来表示，只有将“黄”字理解为地之色，代表坤的时候，“黄”字在此才有意义。古人的衣服，穿在上身的叫衣，穿在下体的叫裳。裳很像围裙，系在腰上。衣与裳相对，衣在上象乾，裳在下象坤。黄与裳合而言之，讲的就是坤之柔顺之道。坤以在下为正，乾以在上为正，所以二与五皆中而乾之天德在九五，曰“飞龙在天，利见大人”，坤之地道在六二，曰“直方，大，不习无不利”。反之，二不是乾之正位，故乾九二有阳德而在下，五不是坤之正位，故坤六五在上而有阴德。“元吉”即大吉。“黄裳元吉”，不过是说，一个人处在坤的时代，虽然地位高了，但也要保持柔顺之德，如此方可得大吉。

象曰：黄裳元吉，文在中也。

“文在中”可与六三的“以时发”对照看。六三“含章”，是说坤之柔顺的美德含晦未发，然而不能总不发，时候适宜便要发。六五“黄裳”，是说坤之柔顺的美德已然表露，然而这美德不是虚假的，是有它的内在依据的，故曰“文在中”。六三所居之位不中，章须含而不露，待时而发，六五则柔顺居中，正是“黄裳”外见，“含章”已发之时，然而文非由外袭，文德实具于其中。

上六，龙战于野，其血玄黄。

一卦可以看作一个时代，一爻则是一个时代中的一个发展阶段。乾卦自初至上，是一个完整的发展过程，即乾健如何由潜而见而惕而跃而飞以至于亢而有悔的过程。乾健的发展过程是自我表现、自我变化发展的过程。坤卦自初至上也是一个发展过程，但坤的本质特点是顺，坤顺乾，阴顺阳，因此坤卦六爻实际上是一个坤顺乾、阴顺阳的发展过程。坤卦的每一步变化都反映着它顺乾、顺阳的发展程度。初六“履霜”，阴气开始凝聚，六二“直方”已具备了阴柔中正的全部坤德，六三“含章”，含晦不露，却又随时准备为乾效劳而不居功。六四“括囊”，阴顺发展到相当的程度，以至于晦藏缄默。六五“黄裳”，坤顺之道日臻完美，居高位却能固守柔顺之德，至上六则发展到极盛的地步，顺转为逆，坤顺乾变为坤敌乾乃至与乾战。爻辞不言阴与阳战而曰“龙战于野”，是故意不承认阴敌阳的这个现实，把阴与阳战或坤与乾战的现实用“龙战于野”的另一种说法表达出来。“战于野”，仿佛不是阴逼阳、坤敌乾造成的战事，倒是阳主动出击到外面来与阴战，与《春秋》“天王狩于河阳”几乎同一书法。因为要点出是阳主动出击到外面来与阴战，不是阴主动逼至阳之腹地与阳战，所以称“龙战于野”。古代国家的统治中心地带曰国，国外曰郊，郊外曰野。言“龙”，意在强调是阳与阴战，不是阴与阳战，因为阴敌阳不可言。言“野”，意在指明战于国之外，非战于国之中，进一步掩饰阴逼于阳的事实。“其血玄黄”,有人说“血”是血战,甚乃血流漂杵的意思。其实不然,“其血玄黄”一语重点在“玄黄”而不在“血”。天为玄,地为黄。“玄黄”合言乃天地混杂、乾坤莫辨之意。天地混杂,乾坤莫辨,这在古人的思想观念中是最糟不过的事情。所以爻辞尽管不言悔吝,而“其血玄黄”的后果比悔吝更要严重。

象曰:龙战于野,其道穷也。

上爻是当变之爻。乾卦《文言传》说“亢龙有悔,穷之灾也”,坤卦“小象”言“龙战于野,其道穷也”,意义一致。乾之道发展到上爻,就到了穷极的地步,穷则变,变方能通。“亢龙有悔”是乾道至于穷极而造成的。“龙战于野,其血玄黄”,天地不分,阴阳莫辨,也是坤道盛极而穷所造成的结果。

用六,利永贞。

“用六”的意义与乾卦“用九”一样。“用九”是乾卦六个阳爻都用九不用七,“用六”是坤卦六个阴爻都用六不用八。筮得坤卦时,六爻虽皆阴,但有的可能是六,有的可能是八。六是老阴,是变爻;八是少阴,是不变爻。《周易》占变爻不占不变爻。假设坤卦六爻皆六,都是变爻,那么便用这六个六来占;六是变爻,六个六皆变为七,即变为阳爻,全卦也就由坤之乾了。坤虽变为乾,坤性依然在,坤性虽还在,却已有乾的影响。故作“易”者特为此设辞曰“利永贞”,意谓阴柔不能固守而变为阳,变为阳却又不是阳,则利在永贞。乾坤二卦都讲元亨利贞,然而乾重元以元为统,坤重贞以贞为主,故坤之贞为“牝马之贞”。坤之本质特点是顺乾,一方面与乾合德,共生万物,故乾元亨,坤也元亨;一方面以乾为君,顺承乾。此处言“利永贞”而不及元亨,其用意很明显,是在突出强调坤用六变卦之顺承乾的一面。

象曰:用六永贞,以大终也。

《易经》以阳为大,以阴为小,坤用六诸爻皆阴变阳,始小而终大,故曰以大终。

文言曰:坤至柔而动也刚,至静而德方。后得主而有常,含万物而化光。坤道其顺乎,承天而时行。

孔子于64卦特别重视乾坤两卦,认为这两卦意义极其深远,与其他诸卦不同,所以在乾坤两卦特为作《文言传》,对卦爻辞反复地加以分析说明。坤卦《文言传》共七段文字，依次解释卦辞及六爻爻辞。这一段解释卦辞。卦辞《彖传》已全面解释过了，《文言传》再作解释，意在加深理解，进一步抓住要领。乾卦情形同此。不过也有所不同。乾《文言传》对卦辞“元亨利贞”四字，字字作解，因为四个字各自有独立的意义，不字字作解不足以说明。坤《文言传》对卦辞只取“后得主”一语，其余多作赞辞，而分析的重点则在“顺承天”三字上，这大概由于坤卦爻辞取象比较复杂，卦义不易把握的缘故。“坤至柔而动也刚，至静而德方，后得主而有常。”乾至刚，坤至柔，这是乾与坤的固有本性，但是坤之柔须在随乾而动的过程中表现出来；乾健不息，坤则随着乾健的影响而生长万物，承载万物；生长万物，承载万物就是动；动则必然表现出刚的性质。乾动，坤也随着动；乾刚，坤也随着有刚。坤是至静的，静本身无形无迹，无法看得见；坤之至静要从它的德之方处看。换言之，坤之至静表现在它的“方”上。方即六二爻辞“直方”的“方”。“方”即是坤在乾的影响之下，陶铸万物，飞潜动植，使各有定形的稳固性与普遍性。从坤随乾动的这个情况看，坤虽至柔，然而“其动也刚”，坤虽至静，然而其德亦方；以乾为先，自己处后，即“后得主”，才是坤之不可移易的特点，柔也罢，静也罢，都是以乾先坤后为前提的。顺便指出，《老子》贵柔贵后，以为天下之至柔可以胜天下之至坚，主张不为天下先，与《周易》坤卦的思想看似一致，然而根本不同。《老子》崇柔抑刚，扶阴抑阳，将坤放在为首的地位。它说的不为天下先，是一切居后，居一切后的意思，《周易》坤卦则强调乾先坤后，坤居乾后，不是一切事物在一切情况下都居后。这个差别是极其重要的，因为《老子》思想渊源于殷易《归藏》，《归藏》是首坤次乾的。《周易》虽也与《归藏》不无关系，但是《周易》已将《归藏》的原则加以改造，首坤次乾，变为首乾次坤。这是根本性的变化。以下“含万物而化光”句与《彖传》之“含弘万物，品物咸亨”，义同，不再赘述。“坤道其顺乎，承天而时行”，此二句带有总结的意义，将坤之“至柔”、“至静”、“后得主”诸特点最后归结到“顺”字上。“顺”才是坤的根本性质，如同“健”是乾的根本性质一样。“坤道其顺乎”！坤道就是一个“顺”字，讲得斩钉截铁，勿庸置疑。顺谁？任是谁都顺吗？不是。坤只顺天顺乾。顺是胡乱顺吗？也不是。天动地随，天以时行，坤亦以时行。天不超前不落后，坤亦不超前不落后。“承天而时行”一句说出，把坤顺的性质讲得周到深刻，全无罅隙。现在我们回过头去体味一下“利牝马之贞”的卦辞肯定会觉得豁然洞晓，了无窒碍。

积善之家，必有余庆；积不善之家，必有余殃。臣弑其君，子弑其父，非一朝一夕之故，其所由来者渐矣，由辨之不早辨也。《易》曰“履霜坚冰至”，盖言顺也。

这是孔子对坤初六“履霜坚冰至”的体会，也是解释。余庆，福及子孙。余殃，祸及后世。长期养成的善或不善，影响极深远。先时种下的祸根，要很久以后才结出恶果，例如弑君弑父之事，绝非一朝一夕偶然发生，它是由来已久，积渐而成。问题乍出现时，往往微不足道，人们不知不辨，结果导致大祸。这些都是说“履霜坚冰至”的道理。孔子说，“履霜坚冰至”是讲顺的。这就有了问题。顺是坤之本性，坤之至德，与乾健一样，其意义是正面的，而初六“履霜坚冰至”讲的是阴道由微而渐盛的道理。阴道乃小人之道。小人之道与坤卦卦辞以及《彖传》、坤《文言传》第一节所讲的坤之道是不一致的。这该如何理解？这是因为“易”中卦辞与爻辞的意向在乾卦完全相同，都是正面的，卦辞讲乾健，爻辞也都从正面讲乾健，不同的不过是爻辞从动态的角度讲罢了。坤卦则不然，坤卦卦辞讲坤顺，讲坤之德，是正面意义的，所以“大象”讲“地势坤，君子以厚德载物”，而爻辞有的讲阴道是代表小人的，其意向与卦辞相反。初六爻辞“履霜坚冰至”即为典型一例。“履霜坚冰至”，是阴道即小人之道逐渐盛长以至于最终构成大害之谓，所云也是一个“顺”字，然而不是卦辞坤顺承乾之义。这种顺，是君子应该逆而制之的。爻辞之义与卦辞之义不同甚乃违背的现象，在以下诸卦中我们还将不时见到。

直其正也，方其义也，君子敬以直内，义以方外，敬义立而德不孤。直方，大，不习无不利，则不疑其所行也。

坤《文言传》的这段文字解释六二爻辞“直方，大，不习无不利”。六二是坤卦卦主，它柔顺而中正，具有坤卦的全部美德，卦辞所讲的坤的性质它全包括了。这一爻，其意向与卦辞相同，都是君子之道。坤之道“直方，大，不习无不利”，那么君子法坤之道应该如何付诸实行呢？孔子在此一一加以指点。“直其正也”，“直”里面包含着“正”在内。直上直下，率意径行，算不上“直”；“直”还要“正”，胸中洞然，没有纤毫的委曲。“君子敬以直内”的“敬”，是心中专一，并无杂念，每遇事只管专一去做，不为苟且。

"方其义也","方"里面包含着"义"在内。只是方方正正,四平八稳,算不上"方";"方"还要有"义",处理事情是非曲直分明,行所当行,止所当止。"敬以直内"指人的内部修养,"义以方外"言人的外部表现。一个人自内外两方面把住了关,无事,胸中洞然专一,不染些许杂念;有事,是非截然明白,对的去做,错的不做,方方正正,各得其宜,于是做人的问题便全解决了。"敬义立而德不孤",敬与义两项做到,德也就不孤了。所谓"德不孤",是说内外交养,表里相资,其德影响至广,天地之间,四海之内,凡为善者无不与之同,与之应。可见"不孤"也就是大。敬做到了,义做到了,德便自然不孤了。"敬义立而德不孤",实际上也就是"直方大"在一个人身上的实现。实现了"直方大"便可"不习无不利",自己不必增加造设,一切因任自然,法乾而行,莫之为而为。这样,便"不疑其所行也",尽管去应事接物,全不必怀疑自己所做所为的正确性。

阴虽有美含之,以从王事,弗敢成也,地道也,妻道也,臣道也。地道无成而代有终也。

这一段文字释六三爻辞。从坤与乾的关系上说明问题。坤虽然自身有才美,但是要"含之",不表现出来,不使有所成名;这样做是为了"以从王事",为乾的事业服务。坤不是自己没有条件成名,是"弗敢成",不敢使自己成名。爻辞在"或从王事"之后讲"无成有终",说坤虽然有美不成名,有功不伐功,却一定把事业妥善地完成。《文言传》则进一步点出坤的"有终"是"代有终",代乾有终,完成的是乾的事业,不是它自己的事业。由此看来,坤与乾的关系显然是这样的:事业总是由乾开始,而由坤完成。乾不能终物,坤不能始物。而在完成事业的过程中,坤要努力奋斗,竭尽才能,自觉地把功劳、荣誉归于乾,不使自己有所成名。这是坤之道,也是地之道。臣之于君,妻之于夫,莫不如此。《系辞传》所讲"乾知大始,坤作成物",意义略同于此。

天地变化,草木蕃;天地闭,贤人隐。《易》曰"括囊无咎无誉",盖言谨也。

六四以阴居阴,不中不正,有天地闭塞隔绝之象,是乾坤道绝,贤者隐遁之时。"天地变化"二句言草木而不言贤人,"天地闭"二句言贤人而不言草木,是互文。古人认为人事与天道一致,常常把社会问题与自然现象连在一起。如《诗·召南·驺虞序》说“朝廷既治”，“则庶类蕃殖”；《书经·洪范》说“日月岁时既易，百谷用不成”，“俊民用微”。这里讲天地“变化”，是说天地交感，变化万物，则草木蕃殖茂盛，而贤人亦出。讲天地“闭”是说天地隔绝，阴阳不通，则草木不蕃，贤人隐遁。贤人隐遁的表达方式是“括囊”。“括囊”是言不出，智不发，身不见，一方面谨慎自守，一方面内充其德，待时而发，而关键的意义还在一个谨字上。括囊谨慎，虽无令誉，亦可无咎。

君子黄中通理，正位居体，美在其中，而畅于四支，发于事业，美之至也。

这一段文字释六五“黄裳元吉”。“黄中通理”释“黄裳”的“黄”义，“正位居体”释“黄裳”的“裳”义。黄是地之色，是代表坤的。“黄中”，坤而居中。居中这一点对于坤来说极重要，它表示柔顺之德蕴藏于内，存之于中，不是表面的，虚假的。下文“美在其中”一语，进一步指明柔顺之美德藏诸中心。中心藏着粹然无疵的美德，则理无所不通，故云“通理”。这是说六五“美在其中”，德藏于内的一面。六五与六四不同，六四“括囊”，藏而不发，六五藏于中心之美德要表现出来，要发挥它的作用，所以又说“正位居体”。“正位”六五居尊位。“居体”，它毕竟是“裳”，故以下体自居。合而言之，“正位居体”，身居高位却能甘处人下，至柔而恭，守静而无倡，处顺而无作。内里蕴藏着柔顺之美，表现出来又能居高位做大事而无嫌于僭，这样的人，可以说它的坤顺的美德已经“畅于四支”，浑身上下，内外左右，无所不在，无所不有，而且更重要的是，它不仅“畅于四支”，又能“发于事业”，把自己的才德用于治理天下国家上。“美之至也”，坤顺之德达到这个程度，可谓到了极致了。古人常用伊尹、周公旦的德行比拟坤六五这一爻，看来不无道理。

阴疑于阳必战，为其嫌于无阳也，故称龙焉。犹未离其类也，故称血焉。夫玄黄者，天地之杂也。天玄而地黄。

此释上六“龙战于野，其血玄黄”。坤至上六，阴发展到极盛，以至于疑于阳。疑，阴阳二者势均力敌，分辨不出大小高下。阴盛到疑阳的程度，势必与阳交战。本是阴与阳战，不曰阴与阳战而曰“龙战”，就是怕人们误以为无阳。曰“龙战”是说阴盛而犯阳，阳来战它。不允许阴与阳均敌。玄是天的颜色，黄是地的颜色。称“血”，说明阴阳都未离乎其类，阴还是阴，阳还是阳。称“玄黄”，表示天地、阴阳混杂难分。但是毕竟“天玄而地黄”，天还是天，地还是地；天尊地卑，乾健坤顺的大分终究不可移易。

〔总论〕

坤卦是64卦的第二卦，它的六个卦画都是阴爻，与乾卦的六个卦画正好相对。64卦自乾坤开始，每两卦在卦画排列上都表现为一定的关系，即两卦的卦画不反则对。对，两卦六爻自初至上阴阳相对，乾坤两卦就是如此。反，前一卦自初至上象卷帘那样反过来就是后一卦，后一卦依同样的方法反过来也是前一卦。乾坤之后紧接着的屯蒙两卦即属于这种情况。还有些是既是对又是反的关系，最为典型的既对又反的两卦是64卦结束的既济与未济。相邻的两卦具有这样的关系，当然不是偶然的，必有其含义，这个问题以后要逐渐涉及到。现在我们先看乾坤两卦。乾卦由六个阳爻构成，代表事物纯阳至健的性质，坤卦由六个阴爻构成，代表事物纯阴至顺的性质。两卦所代表的事物的性质是根本对立的，但同时也是统一的，不可分割的，它们是一个整体。《序卦传》说“有天地然后万物生焉”，《易纬·乾凿度》说“乾坤相并俱生”，“乾坤，阴阳之根本，万物之祖宗”，说得都是对的。它们都明确指出世间万物生自于天地，天地并提而不只言天；《易》中64卦生自于乾坤，乾坤共举而不只言乾。事实上，64卦的其余62卦全由乾坤两卦相与交错而来，乾坤没有了哪一个都产生不了64卦，产生不了易。犹如天地共同生成万物，乾坤亦一起创生易卦。

天地虽共生万物，乾坤虽并成易卦，但是天与地不平等，天尊而地卑；乾与坤也不平等，乾健而坤顺。乾象天，健而不息；坤象地，顺而承乾。实际上也可以说乾尊而坤卑。天尊地卑，乾尊坤卑，是《周易》贯彻始终的根本思想，所以孔子作《系辞传》开宗明义便讲：“天尊地卑，乾坤定矣”。乾尊坤卑的思想在坤卦里表现得极为清楚。坤卦卦辞与乾卦卦辞真是如同天地之差别，乾卦卦辞唯“元、亨、利、贞”四个字，孔子作《彖传》说乾“大哉乾元，万物资始，乃统天”，作“大象”说乾“天行健”，说明乾象天，而坤卦卦辞则说“元亨，利牝马之贞”，而且加上“先迷后得主，利西南得朋，东北丧朋，安贞吉”的限制之语。孔子在《彖传》说坤是“至哉坤元，万物资生，乃顺承天”，在“大象”说“地势坤”，说明坤象地，同时强调是“顺承天”的。孔子的认识符合经文之意，既正确又准确。“天行健”，乾象天那样没有条件，没有限制地独自运行不已，表现出一种完全独立的刚健性格。它不受制于也不需要受制于另外别的什么力量。坤卦则不然，坤要顺承乾。坤象地那样主静，那样块然不动：它纵然也要动，也要参与生成万物，但那全是在乾的影响下进行的。乾给予万物以始，坤才给予万物以生。乾之元是伟大的，坤之元才是至大的。有了乾之大，坤才跟着也大。坤不能如同天那样独自运行不已，坤的性格是至柔至顺的，它的行为受制于也必须受制于乾，有了乾的“元亨”，才有坤的“元亨”。乾有“元、亨”又有“利、贞”，“元、亨、利、贞”构成乾健的内容，坤因乾之“元亨”而“元亨”，却不能因乾之“利贞”而“利贞”。坤必须“利牝马之贞”，像牝马服从伊刺马管束那样柔顺地服从乾的管束。坤的一切行为都要以乾为先，自己居后，牝马跑到伊刺马前头去是不行的，那就要迷失方向、道路。只有永远跟在乾的后面行动才是正道，才能得到乾的支持、保护。坤一切要效法乾，服从乾。所谓“西南得朋”，为了服事乾，应该团结同类，合力以赴；所谓“东北丧朋”，为了忠于乾，绝然舍弃私党，一心奉公。孔子在《文言传》中把坤卦卦辞的意义讲得更加透彻，说“坤道其顺乎！承天而时行”，可谓一语破的。第一，坤道的实质全在一个“顺”字；第二，坤并非顺承一切，仅仅顺承乾；第三，顺承乾的过程中更注意时的问题，乾依时而行，坤也依时而行。

“坤道其顺”不仅表现在卦上，也表现在爻中。六二“直方，大，不习无不利”，六三“含章可贞，或从王事，无成有终”，六五“黄裳元吉”，所云全是坤顺乾的柔顺之道，六二“直方，大，不习无不利”，全面概括了坤之德与坤之道。“直方”讲坤之自身修养与坤之德，“大，不习大，无不利”讲坤以乾为先，己居后，莫之为而为的坤之道。六三“含章可贞”及其以下的爻辞尤可说明“坤道其顺”的特点。孔子《文言传》已明言这就是地之道，妻之道，臣之道，坤之道的本质恰是乾唱己和，乾所开始的事业由坤完成，而这只是代乾有终。明明是坤的成就，坤却弗敢居，一切的美都当归之于乾。坤卦诸爻爻义与卦义基本上是一致的，但是因为卦义比较稳定明确，爻义依时而动，比较多变，所以坤卦之爻辞并不与卦义完全一致。六四“括囊无咎无誉”的含义显然是持守、收敛、畏谨，这虽然与卦之“顺”义不无一点联系，但是毕竟不宜理解为“顺”。爻义与卦义不尽相同甚至很不相同的情况以后将经常见到。还有一种情况我们也要看到，64 卦中有些卦的卦辞属于对君子做正面指导，告诉人们应当如此而行，这方面最典型的例子是乾坤二卦。也有些卦的卦辞如蒙卦、剥卦，属于反面的告诫，教导人们不要这样做。这后一种情况不是很多。而在384爻中属于后一种情况的则并不少见。尤其各卦的初上两爻爻义属于告诫之辞的不在少数。乾卦卦辞在64卦中意义可谓最佳，佳到无可比拟，然而由于时有不同，爻辞意义亦有差别，初九处于乾健开始之时，故告诫“潜龙勿用”，上九乾健已至于穷，穷将生变，故指示勿亢；“亢龙有悔”，方可不至于得咎。坤卦初上两爻情况又与乾有所不同，乾卦初上言“勿用”，言“有悔”，告诫的是君子自身该当如此。坤卦初上言“履霜”，言“龙战”，告诫君子对于“阴始凝”即小人之道的萌生，要善于防之于微，谨之于始，不使驯致其道，结成坚冰。如果阴之道发展到疑于阳甚乃与阳战的程度，君子就要保持清醒的认识，分辨乾坤，坚信天地终究不能也不应该混杂。在这里，我们进一步发现，虽然乾之道与坤之道都是君子之道，但是乾之道在任何情况下都是君子之道，而坤之道在一定的情况下却可能成为小人之道。《易》之中有一个扶阳抑阴的思想贯穿着。

屯

䷂ 震下坎上

继乾、坤二卦之后是屯卦。这一卦为什么叫做屯呢?《序卦传》说:“有天地然后万物生焉。盈天地之间者唯万物,故受之以屯。屯者盈也。屯者物之始生也。”从《周易》64 卦的结构来说,乾、坤二卦象天地,其余 62 卦象由乾、坤二卦相交错所产生的万物。屯是乾、坤二卦始交而产生的第一卦,正象万物始生、充塞于天地之间。在古人看来,天地开始产生万物,万物是处于一片混沌之中,阻塞郁结,未有亨通。这个时候,这种状态,就是屯。继乾、坤二卦之后的这一卦,正是反映这种状态的,所以叫做屯卦。从卦画本身来看,屯卦之下卦为震,震义为动;上卦为坎,坎义为险。动而遇险,动在险中,所以这一卦有屯难之义。屯卦《彖传》说“刚柔始交而难生”之“难生”,正是整个屯卦的特点。

所谓屯难,不同于别的难。它是事业开始时的难,终将被克服。很像幼芽在泥土中萌动,虽暂时郁塞不通,处境艰难,却必将破土而出,茂盛成长。屯卦告诉人们,为了度过屯难之时,取得事业的成功,应从两方面努力,第一要居贞,固守基地,不轻举妄动;第二是“建侯”,即建立起领导机构。

屯,元亨利贞,勿用有攸往,利建侯。

屯卦讲的“元亨利贞”,与乾卦不同。乾卦“元亨利贞”四字四义,所说的乃是“天之道”即自然规律。屯卦“元亨利贞”四字二义,所说的乃是“民之故”即社会人事的规律。元亨,大亨;利贞,宜贞固守正。屯有大亨之道,将来必将达到顺利通畅的境界。关键的问题是坚守基地,不轻举妄动。

“勿用有攸往”,不要有所往。强调处于屯难之时,不要遽图发展,而要建侯。建,立;侯,君。一个国家处于草创时期,最要紧的是立君,即建立起有效的统治秩序。“利建侯”是一个比喻,具有普遍的指导意义。它是说,一个国家,一个集团,一个人,当处于屯难之时,应将着眼点放在解决自身的内部的问题上。

彖曰：屯，刚柔始交而难生，动乎险中，大亨贞。雷雨之动满盈，天造草昧，宜建侯而不宁。

“刚柔始交而难生，动乎险中，大亨贞”，刚柔系指乾坤两个三画卦而言，“刚柔始交”即乾坤始交。全《易》64卦除乾坤两卦外，其余62卦皆由乾坤两个六画卦交错而成。屯卦是乾坤两卦之后的第一卦，故云“刚柔始交”。“刚柔始交”犹如天地始生万物，尚未得通畅，故云“难生”。“动乎险中”，屯之下卦是震，震的性质是动；上卦是坎，坎的性质是险。震动而向上，恰遇坎险。既动而遇险，故有屯难之义。这两句话是解释卦名的。“大亨贞”，自此以下释卦辞。“大亨贞”表示屯卦既有屯难之义，也有大亨之义。

“雷雨之动满盈，天造草昧，宜建侯而不宁”。“雷雨之动满盈”，是大亨之象。屯在乾坤始交之时，处于郁塞未通的状态。然而震有雷象，坎有水象，随着时间的推移，雷雨毕竟要降临，阴阳毕竟要和洽。雷雨充满天地之间，万物欣欣向荣，一派生机，岂有不大亨之理！“天造草昧”，“天造”谓时运，“草昧”是混乱不明，没有秩序。“宜建侯而不宁”，国家处在草创之时，当务之急是建侯即立君，建立统治。但不可以为立了君就无事了，思想上还要忧勤戒慎，不遑宁处。

象曰：云雷屯，君子以经纶。

云在雷上而未成雨，自是屯难之象。“经纶”，古人多作二词解，其实应该合起来看，它是一个词。“经纶”就是治理。君子学了屯卦，要用屯卦的思想作指导，去治理国家社会。

初九，磐桓，利居贞，利建候。

磐即盘。盘桓，难进貌。初九是阳爻，阳爻是刚明之才，刚明之才而居下位，在屯时，实未便前往济屯之难，故盘桓不前。假如不盘桓而遽进，势必遭逢险阻。所以，此时最好的办法是居贞，居贞即守正。人处屯难之中，唯其能守正，方可度过屯难。所谓盘桓不进，并不是一无所为。这时唯一可做而且不可不做的事情是“建侯”。

象曰：虽磐桓，志行正也。以贵下贱，大得民也。

初九盘桓，不是不想进，而是迫于形势不能进。虽然不进，但其志则在行其正。

《易》以阳爻为贵，以阴爻为贱。初九是阳爻，有刚阳之才，于屯难之时竟能自处于众阴之下，是“以贵下贱”，所以能受到拥护，大得民心。

六二，屯如邅如，乘马班如，匪寇婚媾，女子贞不字，十年乃字。

这一爻总的意思是盘旋磐桓，犹豫不前。屯与邅都是盘桓不进的意思。如，语辞。《易》中凡重言如字的，皆取两端不定之义。乘马，上马欲行；班如，下马不进。“乘马班如”，意欲行而未遽行。“匪寇婚媾”，意思是说倘非初九侵逼六二，六二便前去与六五婚媾了。亦含有欲行而不得行之意。“女子贞”，六二是阴爻，故可称“女子”。六二阴爻居阴位，居中且得正，所以叫“女子贞”。字，字育，即生育。不字就是不生育。六二居中得正，作为一个女子，该生育却不生育，恰是屯难之象。古人把十看作小盈，把万看作大盈。“十年乃字”，是说六二这个“女子”处于屯难之时，目前不能生育，到了一定的时候才能生育。

象曰：六二之难，乘刚也。十年乃字，反常也。

六二所以有难象，由于它居初九阳爻之上，为刚阳所逼迫。女子生育是正常的，不生育是不正常的。六二居中得正，本应顺利，顺利才是它的正常状态。现在不正常，终究要正常，犹如女子暂时不生育，将来毕竟要生育一样。

六三，即鹿无虞，惟入于林中，君子几，不如舍，往吝。

即鹿，就鹿，也就是逐鹿。虞，虞官。无虞，狩猎时无虞人引导。几，几微。舍，停止。吝，与悔相对应。悔属阳，属刚，属动。吝属阴，属柔，属静。刚过为悔，柔过为吝。凡事做过了头，发生错误，便生悔。既悔必吝。吝是失误之后接着产生的委委琐琐的消极状态。

古人狩猎，必有虞人设驱逆之车将禽兽赶到田野里，然后有所获。若逐鹿而无虞人，则鹿必逃入林中，人无法捉到它。君子遇到“即鹿无虞”的情况，预见几微，认为不如干脆立即停下来。假若一定去干，必陷人吝穷的境地。

屯之六三为什么会有“即鹿无虞”的处境呢？从卦位来看，一卦之第三爻，不居中，又在上下之交，内外之际，处境最难。屯卦六三以阴爻居阳位，不中又不正，且处震之极，无上之应，本应守静以待，但它居震之极，本性决定它必然依依然欲动而有所贪求。

象曰:即鹿无虞,以从禽也。君子舍之,往吝穷也。

从,从欲。“从禽”,贪禽,心在乎禽,为禽所蔽。“即鹿无虞”,是因为心里只想得到禽。虽无虞人指引,也要漫往而求之,不知道这是不可行的。犹如人看见利禄就动心,不该求也要求。“君子舍之”,君子是不干这种事情的。在没有虞人的情况下,即使看见鹿,也不去捕,因为那样做的结果必然是吝而困穷。

六四,乘马班如,求婚媾,往吉,无不利。

六四以阴爻居近君之位,得正,且与九五相得,但它是柔顺之才,缺乏独自度过屯难的能力,应有待而行。所以“乘马班如”,表现出欲进不进,进而复止的样子。六四与初九正应,是已之婚媾。若能求初九往与共辅九五,阳刚中正之君,则吉而无所不利。

象曰:求而往,明也。

六四自知力量不足以济屯难,乃往求贤者初九的合作,这是明智的表现。

九五,屯其膏,小贞吉,大贞凶。

膏,膏泽。“屯其膏”,是屯积膏泽而不下施。九五阳爻居阳位,守中居正,处境本来是优越的。但是它处屯难之时,在坎险之中,乘阴爻之上,无得力之人辅助自己,甚乃与外界隔绝,难于有所作为。这就叫“屯其膏”。欲摆脱这种困境,最要紧的是稳健。问题要逐渐地解决,困境要逐渐地摆脱,这叫小贞。小贞才有成功的可能。步子迈得过急过大,急于求成,这叫大贞。大贞,必然归于失败。

象曰:屯其膏,施未光也。

屯其膏,是怎样一种状态呢?是有德泽,未能发扬光大。

上六,乘马班如,泣血涟如。

“乘马班如”是进退犹豫的意思。屯卦二、四、上三爻都说“乘马班如”,但意义有区别。六二与六四之“乘马班如”,都是有所等待的。上六则不然,上六居屯卦之终,处坎险之极,正是屯极当通的时候。但上六是阴爻,与六三又非正应,它没有能力摆脱困境,变屯为通。因此而悲伤至极，哭泣不止，以至泣血涟涟不已。

象曰：泣血涟如，何可长也。

“泣血涟如”的局面怎么能够长久呢？要么屯极而通，要么归于彻底灭亡，二者必居其一，不容更作等待。

〔总论〕

屯卦之屯难不通具有普遍意义。上自国家社会之大局，下至平民百姓之细事，都有遭逢屯难的可能。普遍性中又有特殊性。特殊性表现在六爻上。同是处在屯难的状态，各爻有各爻的情况。初九自为初九之屯，其德可以有为，而时机未到。六二自为六二之屯，其时多艰，最宜等待。九五自为九五之屯，膏泽未得远施，宜渐进不宜急进。其余三爻亦莫不如此。六爻同在屯卦，皆具屯卦的基本特点。六爻所处爻位各异，各爻又各有自己的具体特点。

蒙

䷃ 坎下艮上

屯卦之后是蒙卦。屯卦之后为什么是蒙卦？蒙的含义是什么？据《序卦传》说，“屯者，物之始生也。物生必蒙，故受之以蒙。蒙者蒙也，物之稚也。”屯、蒙二卦相邻是有意义的。物始生之后，必处于稚小的状态。稚小的特点是童蒙未发。蒙，就是蒙昧，就是不明。不是物的本体不明，而是物由于受到什么东西的掩蔽而造成的不明。很像镜子之蒙垢，眼睛之蒙翳，若将垢和翳去掉，其本体是明的。蒙卦所强调的是如何启蒙，如何教育的问题。古人说，屯卦取建侯之义，“作之君”，蒙卦取求我之义，“作之师”，是有道理的。

从卦体看，蒙之为卦上艮下坎。艮为山为止。坎为水为险。上下合而观之，便有山下有险，遇险而止，泉水始出，未有所之之象。这很像人或物之始生，稚小蒙昧，去向未定，所以叫做蒙。

蒙，亨。匪我求童蒙，童蒙求我。初筮告，再三渎，渎则不告，利贞。

蒙，人或其他生物始生，处于童稚状态，蒙昧不明，仿佛它受到掩蔽。但它是能够明的，它必将得到启发，由不明变为明。亨字以下是讲发蒙的基本途径。“我”，在卦中指九二而言，九二是发蒙者。“童蒙”在卦中指六五而言，六五是蒙者。发蒙者与蒙者的关系亦即教育者与受教育者的关系，二者是问题的关键。强调“童蒙”求“我”，实质上等于说，教育的成功与否，主要看受教育者的主动性、积极性。这与《论语》“不愤不启，不悱不发”的思想是一致的。“初筮告，再三渎，渎则不告”，是用占筮作比喻，进一步强调受教育者求教于人，要有至诚之心。“利贞”，是说发蒙者应该守正，不可以邪道发蒙。

彖曰：蒙，山下有险，险而止，蒙。蒙，亨。以亨行，时中也。匪我求童蒙，童蒙求我，志应也。初筮告，以刚中也。再三渎，渎则不告，渎蒙也。蒙以养正，圣功也。

"蒙,山下有险,险而止,蒙"。这是用卦象解释卦名。内卦是坎,坎为险,险则不可处。外卦是艮,艮为山为止,止则不宜前进。这种不宜处亦不宜进,不知所当为之象,具有昏蒙之义,故取名为蒙。

"蒙,亨。以亨行,时中也"。自此以下文字是用卦体解释卦辞。蒙与亨是相对立的概念,但是蒙之中包含有亨的意义。因为蒙不能终蒙,它归根结底要被开发,由蒙达到亨。行是对止而言的,既因有险而止,则亦必因有亨而行。时止则止,时行则行。这就是时中。蒙卦为什么有遇险而止之象,同时又有以亨而行之象呢?是因为卦中有时中之义。时中之义,从卦位上表现出来。时中系指九二而言。九二得六五之正应,是谓时。九二又居下卦之中,是谓中。

"匪我求童蒙,童蒙求我,志应也。""童蒙"是六五,"我"是九二。不是九二求六五,而是六五求九二,这是因为"志应"。"志应"该怎样理解呢?应理解为二、五两爻相"应",不是单方面的"应"。六五应于九二,"童蒙"求于"我",这当然不成问题。但是也要看到,九二应于六五,"我"应于"童蒙"的因素也是存在的。教者虽不先求于学者,但是他必有乐教的精神和志愿,感发学者,学者方能向他求教,志应于他。没有感,何有应,"志应"必是相互的。

"初筮告,以刚中也。""初筮"比喻学者初次来求,抱着诚敬之心,求决其惑,教者当告而启发之。"初筮告",谁来告呢?蒙卦四阴爻都是蒙,二阳爻是治蒙者,但上九刚而不中,只有九二刚而居中,有能力启蒙。

"再三渎,渎则不告,渎蒙也。"蒙有亨之道,蒙终必亨。亨就是蒙被开发。发蒙要有发蒙的条件。这条件就是上文讲的志应与时中。志应而发,必一发而亨,这就是时中。若志未应而遽欲亨,必告而不发,以至于再三来求。再三来求,表明蒙与发蒙者实际上志未应。志未应而求而告,是违背时中的。违背时中的求和告,便是渎。渎,狎也。狎是严肃的反面。不严肃的筮,神不告。同样,学者不严肃的求,教者也不该教。否则就是"渎蒙"。"渎蒙",从表面上看,似乎是蒙来渎发蒙者,其实不然。再三来求而再三告之的结果,蒙不但未得开发,原有的素质反而有可能被搞乱,受害的不是发蒙者,而是蒙,故云"渎蒙"。

"蒙以养正,圣功也。"蒙需要得到养,方能保持它的天真纯正的品性。养蒙,这是圣人之功,不是一般人能做到的。养蒙与发蒙,含义是一致的,而养蒙包含略广一些。对于蒙，最理想的作法，莫过于时其可发而发之，不可发而置之，养其本质，待其自胜。为急于发蒙而凿窍的作法，是要不得的。

象曰：山下出泉，蒙。君子以果行育德。

泉出山下，出而遇险受阻，犹如人之初生，处在童稚阶段，未知所适。此昏蒙之象，故曰蒙。君子学此卦以致用，主要应该果行育德。泉水始出，微细迟缓，但其行果决，虽险不避。山是静止的，泉水自山下涌出，无有穷尽。君子的行动要像水之必行，果决不疑，君子之修德要像水之有本，根底深厚。

初六，发蒙，利用刑人，用说桎梏，以往，吝。

初六是阴爻，且居于下，所以这里所谓"发蒙"之"蒙"，可以理解为社会下层群众。发下层群众之蒙，有利的办法是"用刑人"。"用刑人"，就是制定明确、适当的法规，晓示群众，使之有所约束，有所戒惧，不敢恣肆妄为，然后逐渐引导他们接受教化。"用说桎梏"，说同脱，桎梏是束缚手脚的刑具，假使不采取"用刑人"的办法，一开始就去掉对他们的约束，使其无所戒惧，那结果就要吝了。

象曰：利用刑人，以正法也。

"利用刑人"的用意是什么呢？是"正法"。正法，是说把法规明确下来，使百姓都知道，让百姓在法的约束中逐渐受教化。

九二，包蒙吉，纳妇吉，子克家。

初爻是概说治蒙的基本办法。三、四、五爻都是蒙者，是治蒙的对象。九二是治蒙之主。九二作为治蒙之主，它应该怎样呢？关键的问题是能够"包蒙"，"纳妇"。包，包容。九二作为治蒙之主，与六五相应，刚明居中，它应该发天下之蒙，将全社会的人都包容在自己的治蒙的范围之内。"纳妇"，从六爻来看，全卦只有二与上两个阳爻，九二刚居中，是发蒙者，是全卦之主，诸阴爻都愿意来归于它，它作为一个阳爻，也极愿意接纳她们。九二既如此有容量，又与诸蒙者有如"纳妇"一般志意相得，也像儿子为父亲克治家务一样，处卑位而任尊者之事，怎能不顺利地完成治蒙之事而获吉呢？

象曰：子克家，刚柔接也。

"子克家"，是因为"刚柔接"。刚，九二；柔，六五。"刚柔接"，二与五相应。九二之所以能够“子克家”,是因为作为父的六五完全信任他。

六三,勿用取女,见金夫,不有躬,无攸利。

六三是此卦四阴爻之一,在卦中是个蒙者。四爻致蒙的原因各异。初爻因未受教育而蒙,四爻因不学习而蒙,五爻因性质未开而蒙,都有客观上的缘故,唯三爻因主观上修身不济而蒙。所以爻辞告诫治蒙者说:“勿用取女。”六三是不正之女,不要取她。怎见得六三是不正之女呢?六三阴柔,不中又不正。她作为一个女子,本应等待与她正应的上九来求她,而她却见近旁九二这个美好的男子而动心,悦而从之,未能保有其身。

象曰:勿用取女,行不顺也。

为什么要“勿用取女”呢?因为六三这个女子行为不顺,走了邪路。

六四,困蒙,吝。

六四在此卦中处境最不好。它远于阳爻九二和上九,处于两阴爻之中,又无正应,没有与它亲比的阳爻来开发它,所以叫做困蒙。人处于困蒙之境,若居上位,必失道而寡助;若言学,则必孤陋而寡闻。吝,不足。这样的人是可鄙的。

象曰:困蒙之吝,独远实也。

阴为虚,阳为实。在蒙卦,阳刚是发蒙者。六四这一爻为什么会困于蒙而羞吝呢?主要的原因是它距阳刚最远,不能亲贤。

六五,童蒙,吉。

六五以柔顺居尊位,又下与九二正应,本身有柔顺之德,又能任用有刚明之才的人,以此治天下之蒙,没有不成功的,所以吉。此“童蒙”一语之含义与卦辞“童蒙”,略有不同,卦辞只取蒙昧不明之义,此爻辞则取纯一未发而资于人之义。如果是个居君位的人,他便会做到以童蒙自处,纯一不发,充分信任贤明的臣下,依赖他们治理国家。

象曰:童蒙之吉,顺以巽也。

六五以童蒙自处,诚心求教于九二,吉。此童蒙之吉,是由于六五对九二的顺以巽的态度而得来的。顺,善于接受别人的意见;巽,善于把别人的意见吸取进来,变成自己的行动。顺与巽二者不可缺,犹如明君听取贤臣的教导,既要顺,也要巽。若顺而不巽,那就是从而不改了。

上九,击蒙,不利为寇,利御寇。

蒙卦中的两个阳爻是治蒙的。它们治蒙有不同的特点。九二刚而居中,它治蒙的范围包容广大,治蒙的办法是宽的,所以叫“包蒙”。上九刚极不中,它所治之蒙,是昏蒙至极者,它治蒙的手段是猛的,所以叫“击蒙”。击蒙最为要紧的是掌握击的分寸、界限。击蒙必不可太深太过,目的要正确,方法要得当,理由要充分,这就能起到“御寇”的作用。若相反,击之过激过猛,结果很糟,则击蒙者本身就成为寇了。“御寇”好,“为寇”不好。

象曰:利用御寇,上下顺也。

“御寇”是什么意思呢?上面没有采取过于暴烈的手段,却解决了下面昏蒙至极的问题,上下都是顺当的,这就是“御寇”。

〔总论〕

蒙卦是讲教育的。蒙卦所讲的教育基本思想与基本原则主要反映在卦辞中。蒙卦六爻,两阳爻是治蒙者,四阴爻是蒙者。初爻与上爻相对待,初爻用刑以发蒙,上爻用兵以击蒙。二爻与五爻相对待,二爻为治蒙之主爻,包容广大而与五爻相接,五爻为童蒙而求教于二爻。二与五两爻的关系,是典型的教育者与受教育者的关系。三爻与四爻相对待。三爻由于自身的原因而致蒙,四爻由于处境不利而为困于蒙。三爻与四爻代表自暴自弃而不主动接受教育的人。

需

䷄ 乾下坎上

《序卦传》说:“蒙者蒙也,物之稚也。物稚不可不养也,故受之以需。需者饮食之道也。”依《序卦传》的观点,蒙卦之后是需卦,实非偶然。蒙卦是说物始生之初,处于童蒙阶段,需要养育,所以需卦在蒙卦之后。养育之最大问题是饮食。需卦是讲饮食之道的。

需字在古代是等待的意思。《左传》哀六年:“需,事之下也”。哀十四年:“需,事之贼也。”两个需字都当等待讲。不过《左传》以为等待不好,《易经》以为在一定的情况下,等待是必须的,好的。柳宗元文讲郭橐驼种树棵棵成活,硕茂早实,没有别的妙法,就是郭橐驼善于等待,种好之后即不再理它。不像有些人那样,生怕树长不活长不好,旦视暮抚,甚至“爪其肤,以验其生枯;摇其本,以观其疏密”。《史记》记曹参当相国无所事事,终日宴乐,而国家平静,生产发展。郭氏种树与曹参治国,事虽有大小,其道理则一致,他们不急于求成,善于耐心等待,其实正是需卦的思想。

从卦体看,下乾上坎,乾有刚健之性,必然要前进。前进遇坎险而受阻,只能等待。

需,有孚,光亨,贞吉,利涉大川。

需卦的基本思想是等待,但等待是有条件的。这条件就是有孚。有孚是诚信而充实于中的意思。欲完成某项事业,急躁冒进而不知等待不行,知等待却缺乏赖以等待的实力也不行。汉文景实行清静无为、与民休息的政策,也是一种等待。这种等待之所以得以实行并且取得成功,是因为汉高祖给他们在经济、政治诸方面打下了坚实的基础。从卦来看,中实有孚表现在九五这一爻上。需卦九五乃一卦之主爻。它刚健中正,坎体中实,且居尊位,有有孚得正之象。需,见险而等待,不是不能进,而是能不进。一旦前进,前途必光明而亨通。若能保持贞正,以正待邪,则将虽险无阻,无所不济。即便像涉大川那样的难关,也将突破无疑。总之,有孚，光亨，讲需的道路；贞吉，讲需的实现途径；利涉大川，讲需的效果。

象曰：需，须也，险在前也。刚健而不陷，其义不困穷矣。需，有孚光亨，贞吉，位乎天位，以正中也。利涉大川，往有功也。

需卦的意思是须，须就是等待。需卦之所以有等待的意义，是因为坎在外，坎为险，挡住了内卦乾三个阳爻的去路，使之不能遽进，必须暂时等待。乾卦刚健，按其本性来说，它是要动，要前进的。但是它又能遇险而止，不轻动，不躁进，不陷于险。既能有所为，时行则行；又能有所不为，时止则止，是不会困也不会穷的。需卦为什么会至诚有孚，光明而亨通，守贞正而得吉呢？因为“位乎天位，以正中也”。卦之上五两爻是天位。九五以一阳爻居天位，又得正中，其位其德都十分有利。所以能镇静以待时。时机一旦出现，有所作为，有所前进，则一定取得成功。

象曰：云上于天，需。君子以饮食宴乐。

乾为天，坎为云，云在天上，尚未成雨，有须待之义。坎本为水，不说“雨在天上”，而说“云在天上”，是因为水在天上，只能说是云，不能说是雨。君子学习需卦，把需卦关于等待的思想应用到自己的事业上，就是要善于审时度势，在不该有所为的时候，不要有所为，而要饮食宴乐，积蓄力量。《易经》所说的饮食宴乐，其实是一种比喻，着眼点在强调人于须待之时应积蓄精力，切勿有所作为，与后世昏庸之辈耽于酒色的邪道根本不是一回事。

初九，需于郊，利用恒，无咎。

在古代，一个国家里有国与野之分。郊以内为国，郊以外为野。郊处于国与野之间。这里讲“需于郊”，是借以比喻初九这个阳爻在需卦之初，距坎水之险最远，贸然涉险犯难的可能性最小。然而初九既是阳爻，有阳刚之性，极易一往无前，犯难而行，也就是最易失去需之常道。所以爻辞告诫说，初九处于郊，最为要紧的是能需，即耐心等待，坚持恒久不变。若能如此，便可无咎。

象曰：需于郊，不犯难行也。利用恒，无咎，未失常也。

“需于郊”，需待于旷远之地，不到该进之时，不冒险而进也。“利用恒，无咎”，关键的问题是做到恒久不变，即永不犯难而行。这就是所谓“用恒”。“用恒”就是不失常。不失常，其实最难做到。因为刚健之人，或为才能所使，或为意气所动，或为事势所激，极易失去理智之控制，每每犯难而不顾，把事情弄糟。今人常语所云“坚持就是胜利”，与此爻小象之义略同。

九二，需于沙，小有言，终吉。

坎为水，水旁有沙，九二去坎险渐近，所以叫做需于沙。需于沙，谓近于险而未至于险。虽未至于患害的程度，但已小有言语之伤了。不过九二不为众言所惑，从容以待，终将得吉。

象曰：需于沙，衍在中也。虽小有言，以终吉也。

《说文》：“衍，水朝宗于海貌也”。段注：“引伸为凡有余之义。”这里的衍，是宽绰有余裕的意思。“衍在中”指九二而言。九二以刚居柔，且宽裕得当，虽小有言语之伤，亦可从容而待，不为所动，故必终得吉。

九三，需于泥，致寇至。

泥，逼近于水。需于泥，虽未进至险难之中，却已濒临险难之边缘。寇，灾害之最大者。“致寇至”，九三过刚而不居中，而且处乾之上，与坎险切近，有招致寇至的极大可能。

象曰：需于泥，灾在外也。自我致寇，敬慎不败也。

外，外卦，即坎卦。九三虽切近坎卦，但毕竟不在坎卦，所以说灾在外。对于九三来说，灾既在外，则灾(即寇)有可能至，也有可能不至。寇至与不至，关键在于九三自己。假使寇果然来了，那便是九三自我招致的。九三该怎么办呢？九三应敬慎从事，量宜而进，待时而动，万勿急躁行事。

六四，需于血，出自穴。

血，阴属，有循分自安的特点。“需于血”，是说六四这一爻，阴爻处阴位，它也要取老老实实需待的态度。从卦体看，应该是需卦之内卦三阳爻需坎，而不是坎需内卦之三阳爻。六四亦称需，是因为三阳爻从容不迫，坎虽为险，事实上并不能奈内卦三阳爻何。又，六四柔顺得正，依其本性，它不至于与三阳作难。“出自穴”，六四离开自己所安之处，给三阳让开前进的道路。

象曰：需于血，顺以听也。

九四之“需于血”，其意义主要有二，即顺与听。顺，九四顺于与它近比的阳刚中正之九五。听，九四听于内卦三阳之前进，不去拒绝它们。

九五，需于酒食，贞吉。

九五刚健中正而居尊位，最能反映需卦的意义，是需卦之主爻。“需于酒食”，是一种比喻。本义为主人具酒食以招待客人。引伸到社会政治上来，“需于酒食”便成为统治者治理天下国家的一种成功的办法。即所谓休养生息，使百姓乐其所乐，利其所利，自然而然地走上康乐的道路。屯卦讲治，蒙卦讲教，需卦讲养。养的意思在卦里用酒食表达出来。需卦的这个基本思想包含在九五这一爻中。以酒食养天下、国家，应保持一定的度，既不可过头，也不可胡来，即所谓贞正。贞正则吉，做不到贞正则凶。

象曰：酒食，贞吉，以中正也。

此“小象”解释九五能够既以饮食宴乐涵养天下国家，又保持贞正而取得成功的依据。九五之所以能够贞正，宴乐不耽于乐，求治不急于治，是因为它处的地位既中且正，有德有权，虽在坎险之中，却也不至于沉溺。

上六，入于穴，有不速之客三人来，敬之终吉。

需卦二阴爻皆有穴象。六四“出自穴”，为下卦三阳之到来让路。上六已至坎险之极端，无处可退避，只能处于险境不动，即“入于穴”。这时有三位未召而来的客人（即下三阳），对上六构成威胁。上六怎样对待呢？上六是阴爻且处险之终，它只有采取“敬之”的办法摆脱险境。“敬之”对三位不速之客，含辱，忍让，敬而待之，不与之争。上六唯有如此，方可化险为夷，从困境中走出。

象曰：不速之客来，敬之终吉。虽不当位，未大失也。

此不当位，系指上六而言，非谓不召而至的下卦三阳。上六乃阴爻居阴位，实属当位。小象说“虽不当位”，这是什么缘故呢？小象说“虽不当位”是假设语。它的语意是这样的：对待三位不速之客的主要办法是“敬之”。只要做到这一条，无论发生什么事情，其最终结果一定错不了。即使上六不当位，也不至于出大问题，更何况它本来是当位的呢。

〔总论〕

需卦提出一个极重要的人生与政治的哲理：无论国家或个人，遇险陷在前，要审时度势，该前进的固然应前进，暂时不该前进的，则要容忍待时，万万不可急躁骤进，否则必败。这个思想主要表现在刚健中正且居尊位的九五这一爻上。卦辞、彖传、大象讲的全是这个思想。同样面临险陷，而因时间、地点、条件不同，对待的具体态度也有差别。下卦三阳爻，共同的要求是切忌躁进，但初九需于郊，九二需于沙，九三需于泥，距离坎险有远有近，所取之谨慎态度也有重轻之分。六四与上六两爻处坎险之中，与其他四阳爻所处地位不同，但是此两爻爻辞所强调的，从根本上说，依然离不开需待的思想。

讼

䷅ 坎下乾上

讼，是与人争辩是非曲直而待人裁决，亦即诉讼的意思。《序卦传》认为，“饮食必有讼，故受之以讼”。人人需要饮食，饮食必然引起纷争，所以讼卦次需卦之后。这个理由显然是牵强的。但是《序卦传》提出卦的排列次序有其内在必然性的思想，则至为可贵。

讼，有孚，窒惕，中吉，终凶。利见大人，不利涉大川。

有孚，中实诚信；窒，窒塞，意不得伸；惕，戒惧谨慎，虽意有不得伸，但不一定强伸；中，和平沉静而不过激。一个人若中实诚信，遇有意不得伸的阻难，能够戒惧谨慎，能不争讼便不争讼，在迫不得已必须争讼的时候，也能保持冷静头脑，和平沉静而不过激，这样就可以获吉。一般人言讼以胜诉为吉，败诉为凶。《易》言讼，随所处论吉凶。若做不到“有孚窒惕中”，虽胜诉犹凶。卦名叫讼，不是鼓励人们争讼，而是希望人们息讼。息讼最好，迫不得已而讼，也以“有孚窒惕中”为吉。

“终凶”，指上九。上九居讼卦之极，有终极其讼之象。依《易经》的观点，最好是无讼。其次是争讼虽起，但经过调解而中止。最不好的是坚持把争讼进行到底。大人指九五。九五刚健中正，居于尊位，是听讼之主。处于讼的时候，请一位德高尊重的权威人物来调停裁决，是唯一可行而有利的办法。

讼与需两卦相反对，卦辞都说“有孚”，但需卦说“利涉大川”，讼卦说“不利涉大川”。涉大川是度过大险大难的意思。需卦坎在外，中实而安分、稳当，所以利涉大川，能够度过大险大难。讼卦坎在内，中实而不安分，有血气方刚，使气好胜之象，往往不能自我克制，所以不利涉大川，即没有条件战胜大险大难。

彖曰：讼，上刚下险，险而健，讼。讼，有孚窒惕中吉，刚来而得中也。终凶，讼不可成也。利见大人，尚中正也。不利涉大川，入于渊也。

讼卦为什么会有讼的含义呢？从讼卦的结构看，上卦是乾，乾健，下卦是坎，坎险。乾健遇坎险，是产生讼的基本原因。如果有健而无险，便不须讼；如果有险而无健，便不能讼。就两个人说，彼险而此健，必生争讼。就一个人说，内险而外健，亦必生内自讼。两人争讼或一人内自讼，都有讼的意义。

讼卦“有孚窒惕中吉”，是由于“刚来而得中”的缘故。“刚来而得中”说的是九二这一爻。九二是讼卦之主，它以刚处中，有中实之象。因为九二有中实之象，所以才有“有孚”之义，才有窒塞惕惧之义，才有和平沉静而不过之义。卦之取义有多种不同的角度，有的取其象，有的取其爻，有的取其变，有的取其刚柔之相易即卦变。讼卦卦义主要取自九二这一爻。换句话说，九二“刚来而得中”，决定了讼卦的卦义。那么，为什么称九二为“刚来”呢？第一，在一卦上下二体之下体之某爻可以称“来”，第二，居下体之某爻必须是异类方可称“来”，就是说，下体如果是两柔爻一刚爻，只有那一个刚爻可称“来”。如果是两刚爻一柔爻，则只有那一个柔爻可称“来”。讼之九二居下体而且对于两个柔爻来说它又是异类，所以称“刚来”。这是就卦来说的，在爻则又当别论。不过，关于这个问题古人说法不同。朱熹《周易本义》据虞翻、蜀才（即范长生）之说，以为“刚来而得中”是卦变。他们认为，《易》中除乾坤两卦外，其余都是分别由复、姤、泰、否、大壮、观、夬、剥诸卦变来的。䷅讼这一卦自䷠遯卦变来。遯的第三爻降居二，第二爻进居三，亦即九三与六二倒换位置，便变成了䷅讼。汉人提出的这种卦变说不是《周易》本来有的东西，是出于他们的杜撰，经不起推敲。所以宋人苏轼和程颐起而反对，同时提出自己的卦变说。苏轼的卦变说简单来说是这样的：一卦上下二体之一是☳震、☵坎、☶艮这三个阳卦中的一个，另一体是☴巽、☲离、☱兑这三个阴卦中的一个。64 卦中这样由一阳卦和一阴卦组成的卦共有 18 个。这 18 卦每一卦的阳卦原来都是☷坤，由于乾卦给了它一个刚爻，化掉了它的一个柔爻，而变成了或☳震，☵坎，或☶艮。这 18 卦中每一卦中的阴卦原来都是☰乾，由于坤卦给了它一个柔爻，化掉了它的一个刚爻，而变成了或☴巽，或☲离，或☱兑。这 18 个由一阳卦和一阴卦组成，有刚柔相易现象的卦，有卦变问题，别的卦没有。根据苏轼的说法，䷅讼不符合卦变的条件，它没有卦变的问题。苏轼的《彖传》研究出来的，正确可从。在贲卦《彖传》解里卦变说将详细介绍。

“终凶”，讼不可成也”。讼是不得已而为之的坏事情。讼事既已开始，则应见伸则已，不可终极其事。一定要终极其事，则必凶。“终凶”在卦中指上九而言。

“利见大人，尚中正也。不利涉大川，入于渊也”。争讼之事最要紧的是求得公正的裁决，即尚中正，所以利见大人。大人在卦中指九五而言。九五刚中居正，堪当此任。又，争讼应以理胜而不以力争，以自处平安之地而不涉险难为宜，否则犹入深渊，不得回旋，故云“不利涉大川”。

象曰：天与水违行，讼。君子以作事谋始。

天上行，水下行，天水方向相反，其行两相背戾，这是相争讼之象，所以此卦名讼。君子从这一卦中能够得到什么启发呢？卦辞只讲中吉、终凶，大象补出“谋始”二字，要求人们做事一开始就注意理顺各种关系，从根本上杜绝讼端。

初六，不永所事，小有言，终吉。

初六以阴爻居下位，柔弱而难胜。事，讼。这里称事不称讼，因为事方在初起，尚未成讼。如果能“不永所事”，虽已有了一些问题，造成一点小的危害，最终还是吉的。

象曰：不永所事，讼不可长也。虽小有言，其辩明也。

初六柔弱，就其条件来说，它不能讼。而今被迫而讼，最有利的办法，是不把讼事长久地进行下去，否则不但不会胜诉，且患难将至。虽然小有言已不可免，但最终将得吉，这主要因为毕竟是小有言，彼此容易解释，略与之辩，辩明即止。

九二，不克讼，归而逋，其邑人三百户，无眚。

九二以刚处险地，为讼之主。九二与九五为二阳爻，两刚不相与而相讼。但九五以阳爻居阳位，居君位而中正，九二当然不是九五的敌手，它与九五之讼根本不能进行。最好的办法是隐退，逃到自己的只有三百户人家的小邑里去藏起来。如此，尚可免灾无事。

象曰：不克讼，归逋窜也。自下讼上，患至掇也。

九二自知不能与九五争讼，乃逃窜以免祸。因为地位卑下的人与位尊势高的人争讼，祸患将如伸手取物那样立刻降临。

六三，食旧德，贞厉，终吉，或从王事无成。

六三阴柔，与初六一样，都不是能讼的。初六虽讼而不永。《易》作者有勉励人无争讼的思想，所以两阴爻都得终吉。旧德其实是旧禄。贞谓坚固自守。厉谓处危境。从王事无成，谓从上九，而不以成功自居。六三处九四与九二之间，乘刚又承刚，但处危境而知畏惧，安分自守，与人无争，所以得终吉。

象曰：食旧德，从上吉也。

六三当争讼之时，处乘承二刚之危境，而能保持旧禄不失，主要的原因在于它能够从上随人而动，不自主事。

九四，不克讼，复即命，渝安贞，吉。

即，就。命，正理。渝，变。九四以刚健居不中不正之地，按其本性说，是好讼的。但是它没有争讼的敌手。九五君位，不可与之讼。六三阴柔而居下，不至于生讼。初六与九四正应而顺从，不能与之讼。左右前后都没有可与之讼的对象，九四虽欲讼而无由讼，所以“不克讼”。在这种情况下，九四若能克服躁动欲讼之心，复就正理，变其不安贞为安贞，则必然得吉。

象曰：复即命，渝安贞，不失也。

九四本为欲讼好胜之人，而终于采取理智的态度，反就正理，变不安贞为安贞。这是不失理的表现。不失于理就是吉，失理就是凶。《易》讼不以胜负为吉凶。

九五，讼元吉。

九五在君位，是治讼的人。治讼治得好，是非枉直，论断公正，至于百姓逊路而息争。这是尽善尽美，无可挑剔的大吉。

象曰：讼元吉，以中正也。

九五为什么治天下讼而能得元吉呢？根本的原因是它居中得正，无偏无私。以中正的态度论断曲直，中而不过，正而不邪，故得无吉。

上九，或锡之鞶带，终朝三褫之。

讼卦初爻无讼字，此上爻亦无讼字。初爻无讼字，杜讼之始；上爻无讼字，恶讼之终。其中体现了作《易》者反对争讼的思想。上九以阳居上，处于有利的地位，它是逞刚强，一定要把争讼进行到底的人。这样的人一般来说没有好下场，总要惹祸丧身的。即使退一步想，它善讼能胜，甚至于受到服命之赏，结果也无法保住，必一朝而三次被褫夺。

象曰：以讼受服，亦不足敬也。

人以穷极讼事而受到服命之宠，是不光彩的，令人憎恶的。

〔**总论**〕

有一个思想贯穿全卦，就是争讼是坏事，不争讼最好。九五君位居中得正，无偏无私，终能平息天下之讼。初六阴柔，阴柔者不讼，所以初六不永所事。六三亦阴柔，所以唯食旧德而已。九二、九四都是阳爻，虽有争讼之性，但二与五对，自度不可而不讼。四与初对，考虑于理不顺亦不讼。独有上九，处卦之极，与六三对，六三柔弱，不能抵抗，所以上九有胜讼之可能。纵然胜诉，乃至得到服命的赏赐，终亦不免骤遭褫夺之辱。

师

䷆ 坎下坤上

师就是众，众就是兵。古代国家不设常备兵，寓兵于农，兵农合一。平时耕田，战时集中起来就是兵众，兵众拉出去就可以打仗。师卦的师正是讲如何兴师动众，出兵打仗的。若细分的话，师包括两层含意：一是兵员的集中，组成队伍；二是采取军事行动。

这个意思从师卦的卦象上可以得到说明。从内外卦的卦体看，水在下，地在上，地中有水，是众聚之象。从内外卦的含义看，坎险在内，坤顺在外，顺行险道，有行军打仗的意思。从六爻看，一阳爻五阴爻，一阳爻在下面为众阴爻之主，有将帅统兵之象。

师卦列讼卦之后，依《序卦传》的说法，是有其内在原因的。争讼的结果必然造成兴师动众。战争总是由平常的争讼引起的，所以讼卦之后列师卦。

师，贞，丈人，吉无咎。

贞，正，是说打仗的目的要正确。丈人，才能、谋略、品德和事业都为大家所敬畏的人，是说打仗要选择这样的人做统帅。"吉无咎"，是说解决好这两个问题，打仗才能既取胜又得人心。师卦讲战争主要是讲这两条。《易》作者认为，兴师打仗，最要紧的是把握战争的性质和确定统帅人选。这个思想，即使从现代看，也是可取的。

彖曰：师，众也。贞，正也。能以众正，可以王矣。刚中而应，行险而顺。以此毒天下而民从之，吉又何咎矣。

《彖传》的前一段"师，众也。贞，正也。能以众正，可以王矣"是解释卦辞的。以，有左右的意思。意思是说能够左右兵众，使兵众心悦诚服地听从指挥，进行正义的战争。若做到这一点，就可以王天下了。

《彖传》的后一段，是以卦象解释卦辞"吉无咎"一句。"刚中而应"指九二与六五而言。九二乃阳刚居中,象师众之统帅。六五阴爻居君位,象君。九二与六五正应,象师众之统帅得到君上的完全信任,其才能必得到充分的施展。“行险而顺”,上卦是坤,坤即顺;下卦是坎,坎即险。坤顺象以正义行师得人心,坎险象兵凶战危,所以是险。合起来说,兴师动众,必然毒害天下,但是师以顺动,打仗是为民解除苦难,所以民是欢迎的。胡炳文说:“毒之一字,见得王者之师不得已而用之,如毒药之攻病,非有沉疴坚症不轻用也。”

象曰:地中有水,师。君子以容民畜众。

师卦上坤坤为地,下坎坎为水,有地中有水,水聚地中之象。君子学习这一卦应当懂得容民畜众的道理。古代兵农合一,平时秉耒耜的农夫,战时就是执干戈的士兵,所以容民畜众成为讲求军事的重要内容。

初六,师出以律,否臧凶。

律,纪律。否,不。否臧,不善,是以律的反面,亦即失律。出兵打仗,一开始就要强调纪律,如果做不到这一点,或者做不好这一点,结果必凶。初六阴柔居下,很容易做不到“师出以律”,所以爻辞有“否臧凶”之戒。为什么“师出以律”不说“吉”,而“否臧”则言“凶”呢?因为“师出以律”只是取胜的前提条件,不是唯一条件,不能据此判断胜负,所以不言“吉”。可是若师出不以律,则吃败仗是肯定无疑的,所以“否臧”言“凶”。

象曰:师出以律,失律凶也。

“失律”就是“否臧”。“师出以律”乃用兵之常,必须如此。是胜是败,是吉是凶,尚难断定。若失律,则必败,所以言凶。

九二,在师中,吉无咎,王三锡命。

这一爻讲的是怎样当好统军之将帅。师卦九二居下卦之中,是一卦之主,为众阴爻所归,又与居君位的六五是正应。这极像政治生活中的统军将帅。统军将帅受君上的委任派遣,在外作战,有专制之权。“在师中”这个“中”字应当理解为统帅与君的关系。统帅在外,不专制,不能率军作战取胜;过度专制,则失为下之道。在师专制而得中道故吉而无咎。吉无咎,则必成功,所以能得到王之“三锡命”。周礼,一命受爵,二命受服,三命受车门。“三锡命”是最高的奖赏。本卦卦辞“师贞丈人吉无咎”同本爻爻辞“在师中吉无咎”思想是一致的。

象曰:在师中吉,承天宠也。王三锡命,怀万邦也。

孔子作“小象”,更深一步地把爻辞中包含着的哲学思想和政治思想推阐出来。将帅统兵在外,其所以能够做到“在师中吉”,是因为他受到了王的宠信、支持。其所以受到王的宠信、支持,是因为他做到了“在师中吉”。王为什么“三锡命”,给取得战功的将帅以最高的褒奖呢?不是为了好大喜功,是为了怀绥万邦,行仁政于天下。此与卦辞“师贞丈人吉”的思想是吻合的。“师贞”是说出师出于正义,“丈人”是说选择合格的,即“在师中吉无咎”的统帅。

六三,师或舆尸,凶。

六三在九二之上,以柔居刚,不中不正。极似一个才弱志刚的人在军中挠权偾事,躐位侵主将统军之权,造成任不专一、政出多门的局面。军队在外作战一旦遇此情况,必败无疑。本爻的“师或舆尸,凶”反映的正是这个问题。舆,众;尸,主。“师或舆尸”,是说像九二那样主将有权有威,固然理想,但是军中如果发生“舆尸”的情况,即事权不统一,结果一定是极糟的。

象曰:师或舆尸,大无功也。

“师或舆尸”,必然导致大无功。这是战争中可能出现的最坏的情况。

六四,师左次无咎。

此爻实际上是强调作战指挥上的灵活性。古代兵家尚右,以右为前,以左为后。据《左传》,师一宿为舍,再宿为信,过信为次。左次,师后退驻扎。六四以柔居阴,自知一时无力前进取胜,乃因时制宜,知难而退。既可保存自己的实力,又可静观变化,伺机进击。这样做,虽然看来暂时无功,但是毕竟无怨咎,而且随时可以转退为进,夺取胜利。

象曰:左次无咎,未失常也。

依常情说,出师的目的是击败并消灭敌人,欲消灭敌人,必须进击。但是在一定的情况下,当进击不利的时候,就要采取退舍的策略。主将善于适时应变,不拘一揆,似乎失常,其实没有失常,因为指挥打仗本来就应该灵活多变。

六五,田有禽,利执言,无咎。长子帅师,弟子舆尸,贞凶。

六五阴柔居君位,与九二正应,是兴师用兵之主。它主要决定两点。一点是出师有名无名,正义还是不正义。另一点是选择什么样的人做统帅。这是战争中最重要最基本的两条。本卦卦辞和九二爻辞讲的都是这个问题。现在六五爻辞还是讲这个问题。可见《易》作者对军事问题的认识已达到相当深刻的水平。禽，禽兽。言，虚词。“田有禽”，禽兽进入田中，侵害稼穑。“利执言，无咎”，把进入田中的禽兽拿住，是应该的，必要的，没有过错。比喻敌人来犯我土，我被迫起而应战，出师有名有义，理所应当。“长子帅师，弟子舆尸，贞凶。”长子指卦中九二，弟子指六三、六四。六五作为王或诸侯，如果既委德才足以率众的人帅师出征，又派庸才小人参知军事，纵然师出正义，也不免覆败。

象曰：长子帅师，以中行也。弟子舆尸，使不当也。

长子指九二，九二阳刚居中，以中行师，善于指挥。六五作为君上，任使它做统帅，是正确的。既用长子帅师，又任用“弟子”六三去分“长子”的权，责任在六五，六五用人不当。

上六，大君有命，开国承家，小人勿用。

这一爻的爻辞系就全卦而言，与本爻爻象无涉。大君指六五，上六奉命而行黜陟。“开国承家，小人勿用”，应是“大君有命”的内容。战争胜利，论功行赏，功大者封国为诸侯；功小者承家为卿大夫。体现了严格的等级差别。在论功行赏当中，贯彻一条原则：“小人勿用”。其实师卦从初始到上终，一直强调用君子不用小人。不过到了大功告成，以爵命赏功臣的时候，更要谨慎小心，不可授小人以参与国政的机会。

象曰：大君有命，以正功也。小人勿用，必乱邦也。

正功，言赏与功相当。功大的大赏，功小的小赏，无功的不赏。师卦一开始就强调不用小人。但退一步考虑，即使小人立了战功，要给予一定的奖赏，却也绝不让小人开国承家，有掌权的机会。否则必然亡国倾家，后果不堪设想。

〔总论〕

师卦是讲战争理论的。古代所能认识的关于战争的几个重要问题，它都深刻地论述了。如“师贞”、“田有禽”讲战争的正义性；“丈人者”、“长子帅师”讲选择军队统帅的重要性；“师出以律”讲丧失纪律的严重性；“弟子舆尸，贞凶”讲指挥权不集中的危害性。“师左次，无咎”，“在师中，吉”，讲将帅指挥战争要有灵活性。此外，师卦从始到终都体现了一个原则：用君子勿用小人。

比

䷇ 坤下坎上

比字《说文》释“密也”，段注谓比字本义为“相亲密也”。《周易》程传释“比，亲辅也”。用今日语言说，比的意义主要讲的是人际关系。不过古人不懂得人与人之间的关系主要的、基本的是经济关系即人们在生产活动中结成的关系，所以《易》比卦中讲人际关系只讲政治关系，在政治关系中又侧重讲统治与被统治、上与下、尊与卑的关系。

从卦象来看，比卦与师卦正好相反。师卦是上坤下坎，水在地中，有容民畜众之象。比卦是上坎下坤，水在地上，有亲比无间之象。所以此卦名比。比卦为何次于师卦之后？《序卦传》云：“众必有所比，故受之以比。”

比，吉。原筮元永贞，无咎。不宁方来，后夫凶。

《杂卦传》说；“比乐师忧。”比讲人与人之间如何相亲比，在古人看来，天下之吉莫吉于比，所以比卦直言吉，以为比卦不是哪一爻吉，全卦都是吉的。“原筮元永贞，无咎”。原，再。原筮，言比要再三详审、考察之意。64卦只有比卦与蒙卦言筮。蒙卦强调初筮，因为蒙者求师，贵在专诚，再三则不专诚。比卦强调原筮即再筮，因为求与人比或为人所比，贵在谨审，初筮而不再三，则不谨审。无论初筮还是原筮，都是比喻而已，说明求师要专诚，比人要谨审，并非实用蓍龟。比卦所谓谨审包括两个方面：一方面是上之比下，例如最高统治者天子之求天下人都来亲辅自己。另一方面是下之从上，例如诸侯方国以及一切人等之比辅天子。无论哪方面，都要谨审地考虑是否元永贞。元是善，永是久长，贞是正。只有符合元永贞三者才能比而无咎。

“不宁方来”这个“不宁方”古人理解多误。《周礼·考工记·梓人》说：“毋或若女不宁侯，不属于王所，故抗而射女。”孙诒让《周礼正义》说，“不宁侯谓不安顺之诸侯。易比卦辞云不宁方来，义与此同”。“不属于王所犹言不顺命于王所也。王所谓王所居之处，通王都及巡守朝会之地言之。属犹朝会也”。孙氏的解释，正确可从。“不宁方”就是“不宁侯”，“不宁侯”就是不朝王所、不安顺的诸侯。“不宁方来”，不朝王、不安顺的诸侯现在也来朝王所，也安顺了，说明天子已经做到元永贞了。“后夫凶”，夫谓刚强自立的人，是柔弱者的反面。天下诸侯方国都争先比辅于王，还有少数的人落在后面，不来朝王所，对于这样的人来说，结果肯定是不妙的。

彖曰：比吉也。比辅也。下顺从也。原筮元永贞无咎，以刚中也。不宁方来，上下应也。后夫凶，其道穷也。

朱熹《易本义》疑“比吉也”三字是衍文，可从。“比辅也，下顺从也”，“下顺从也”是解释“比辅也”的。比当辅字讲。辅是车两旁之木。辅与车必然相亲比，不可分离。从卦位看，就是“下顺从”也。“下顺从”指下四阴爻亲比在上之九五。九五象车，四阴象辅。《周易》之内卦外卦多取阴阳正应。其两爻靠近而相得叫做比，但是靠近之两爻也有不相得的。不相得就不为比。比卦特殊，比卦诸爻不论内外应与不应，九五以下四阴爻都与九五亲比。64卦中一阳五阴之卦有六，只有比卦一阳居君位为九五，下面四阴都来顺从它。

“原筮元永贞，以刚中也”。卦辞言“原筮元永贞，无咎”是泛指全卦说的。但比卦之主爻是九五。无论怎样说，“原筮元永贞”总要落实到九五头上。就是说，九五居尊位，它要谨慎审度，做到元永贞，天下人方能来亲比于它。诸阴爻代表天下人，是否来亲比，要看的也是九五做到没做到“原筮元永贞”。《彖传》则明确指出“原筮元永贞”就是言九五。九五肯定会做到“原筮元永贞，无咎”，正是因为九五阳刚而且居中得正，有刚中之德。然而唯比卦之九五如此，它卦之九五则不必同。

“不宁方来，上下应也”。原来不安顺、不来朝的方国诸侯，现在也来归顺亲比了，这是什么原因呢？“上下应也”《易》之应字多谓上卦与下卦刚柔两爻相应。这里的应字包括上六在内的五阴爻应于九五，与它卦不同。所以叫“上下应”。所有的阴爻都应于九五一阳，即天下一切人等都来亲比于天子，则“不宁方”自然也来了。

“后夫凶，其道穷也”。“后夫”于卦中指上六而言。上六代表那些应该来亲比，也有意来亲比，却又迟迟不见诸行动的人。这样的人，不识大体，自然不会有好结果。“其道穷”，意谓其结果必然穷蹙不堪。

象曰:地上有水,比。先王以建万国,亲诸侯。

从卦象看,坤下坎上,地上有水,水地和合,不可分离,有亲比之象,所以叫比。先王观比卦之象,以建立万国,亲抚诸侯。此卦“建万国,亲诸侯”与屯卦的“利建侯”不同。“利建侯”所说的是一个部落、方国内部自己选立酋长或国君。比卦“建万国,亲诸侯”所说的乃是天子封建众诸侯国,并通过封建诸侯以亲比天下。此卦大象与《象传》所言也有区别。象传所言为卦中五阴主动与一阳亲比,大象所言乃卦中一阳主动与五阴亲比。

初六,有孚,比之,无咎。有孚,盈缶,终来有它吉。

孚,信在中心。缶,质素无纹饰的容器。初六是比之初始。与人初亲比,最重要的是中心诚信,取得人家的信赖。能够如此,则比人或为人所比,便必将顺畅无阻。若能够诚信充满于内,像装满东西的缶那样,内充实而外无纹饰,达到满腹皆诚的程度,则不但可以无咎,且终究会得到它吉,即得到本非自己应得或非期于必得的好处。这从卦象上可以得到解释。初六不与九五应,且与九五相距最远,但因中诚有信而求比于九五,终必有它吉。大过卦之九四,中孚卦之初九,爻辞中都有“有它”,是戒其有它向之心,此卦初六之“有它”是赞许其有它至之吉。

象曰:比之初六。有它吉也。

此孔子所作“小象”,以“比之初六”四字概括全部爻辞,寓意深刻,尤其在“初六”之上安排一个比字,更见意全。它强调了三点:一,比的要害在于初始;二,初始的关键在于诚信;三,初始诚信,最终方能获致它吉,若诚信非起于初始,则无它吉可言。

六二,比之自内,贞吉。

《易》有内卦外卦之分,始见于此。六二以阴居阴,处中又得正,与九五为正应。二者以中正之道相比,自非一般的比。由卦象看,六二自内卦与外卦之九五比,所以叫做“比之自内”。“贞吉”的意思是说吉与不吉是有条件的。这条件就是贞与不贞。贞则吉,不贞则不吉。贞即正。与人亲比,坚守正道,则必得吉。

象曰:比之自内,不自失也。

“小象”认为,当六二自内卦与外卦之九五相比,自己决定比不比,几时比，怎样比的时候，重要的问题是自己如何掌握适当的分寸，使不出现自失的状态。就古代社会的实际情况说，一个士人，应该修身正己以待人之求，不要降志辱身汲汲以求比。历史上的伊尹、吕尚、诸葛亮的行径大概合于这个要求。这种思想恰是孔子“用之则行，舍之则藏”二语的另一种表现。

六三，比之匪人。

《易》中“匪人”一词于此第一次出现。匪人，不是正派的人。这种人物，其类不一，但邪恶是其共同本性，古往今来无时无地不有，问题在于“我”与之比不比。若“我”与之比，则“我”必是“匪人”的同类。爻辞不言凶咎，是因为与邪恶之人亲比，不言凶咎而凶咎自明。九五中正居君位，为比卦之主，诸爻都该与它亲比，才是比得其人。初六居卦之始先，得与九五相比。六二与九五正应，得与九五相比。六四承九五，亦得与九五相比。唯有六三这一爻，自身阴柔不中不正，无由与九五比。三应上，它只能与上六比，而上六为比之无首者，所以叫做“比之匪人”。

象曰：比之匪人，不亦伤乎。

六三阴柔不中不正，正人不与之比，与之比的是邪恶之人，其结果是可伤可悲的。言可伤可悲，则悔咎自不必说了。

六四，外比之，贞吉。

六四不与初六正应，而就近外比于九五。六二比自内，六四外比之。两爻皆以柔居柔，所以贞吉。六四贞吉，还有一层意义，即六四阴柔不居中，能比于刚明中正的九五，是为得正，得正而吉。这是由爻位上看。若从含义上看，六四比九五是比贤从上，比贤从上必以正道方可得吉。

象曰：外比于贤，以从上也。

贤与上皆指九五。九五有刚明中正之德，故称贤。九五居尊位，故曰上。六四外比于九五，是既比贤又从上，所以吉。

九五，显比，王用三驱失前禽，邑人不诫，吉。

九五居君位处中得正，诸阴爻都来求比于它，极似人君亲比全天下。人君亲比天下，采取的办法是显比。显是陷的反面。显比是尽善尽美的比，理想的比。它不私曲隐伏，它不偏不党，光明正大。“三驱失前禽，邑人不诫”，是一种比喻，用以揭示显比的具体意义。“王用三驱失前禽”，古代田猎，划一范围，一面置旃以为门，三面刈草以为长围。猎者自门驱而入，禽兽面向猎者而从门跑掉的，就任其跑掉，不予射杀。禽兽背着猎者，往里跑的，当然跑不掉，都加以射杀捕获。用这“三驱失前禽”作比喻，说明王者亲比天下，采取来者不拒，去者不追，不强求，无隐伏，一切听其自然的态度。“邑人不诫”，邑，居邑，王者之都城，诸侯之国中。邑人是王者近边的人。“不诫”，不相诫约。王者不因为邑人近则丁宁告诫而使来亲己。意谓王亲比天下，一视同仁，没有远近内外亲疏之别。

象曰：显比之吉，位正中也。舍逆取顺，失前禽也。邑人不诫，上使中也。

显比之所以能得吉，是因为九五处正得中。九五处正得中，不偏不倚，能够广泛团结绝大多数人，而不是只团结少数的人。“失前禽”，田猎时容许一部分禽兽从门跑掉。爻辞讲这句话是什么意思呢？舍逆取顺，王者亲比天下，听其自然，来者抚之，去者不追。从卦爻看，“失前禽”谓失上六，上六以阴乘阳，逆，不来亲比九五，九五听而舍之，这就是舍逆。四阴爻以阴承阳，顺，皆来亲比九五，九五取而抚之，这就是取顺。“邑人不诫”一语是说明“上使中”的。上谓九五。使，用。中，中平不偏，远近如一。王者之比天下，不因近者而亲，不因远者而疏，对待一切人，态度都一样，坚持中道，不偏不党。

上六，比之无首，凶。

上六阴爻居卦之终，诸爻不来比它，它也不与九五比，故凶。“无首”是说开始不善，有问题。上六居卦之终，应该说“比之无终”，此何以言“比之无首”？这是因为，古人认为，比这种事情要在开始，开始搞不好，有问题，必然导致“无终”。“无终”是说结果不善，不是说没有结果。“无终”源于“无首”。与其直言“无终”，不如穷根究源，言其“无首”。

象曰：比之无首，无所终也。

爻辞讲“比之无首”，“小象”揭示上六讲“比之无首”的实质，不是真的讲“无首”，是讲“无终”。“无首”与否的问题是初爻的事情，本与上六无关，“小象”若不加以揭示，人们可能误解，以为上六真的与比之初始直接有关。“小象”在此这么一点，便将比之事最重初始的思想突现出来了。

〔总论〕

比卦讲古代统治阶级如何亲比被统治阶级的问题。古人治国平天下，强调恩威兼济，即既用武力征服的一手，又用政治安抚的一手。师卦讲的是武力征服，比卦讲的是政治安抚。自卦而言，一阳爻五阴爻，阳爻九五为卦之主，它居中得正，五爻均应主动从九五。《易》中六爻贵正应，正应则吉。而比卦特殊，比之诸爻不论正应与否，专以比于九五为吉。九五阳刚居中得正，象统治者。统治者亲比被统治者，上级亲比下级，要有一定的原则和方法。《易经》非常强调统治者欲亲比天下国家，最要紧的是自我修养要具备元永贞三条。初六告诫比之事要在初始，初始之比贵在中心诚信。六二指出下比上应该坚守正道，切不可降志辱身汲汲以求。六三提出邪恶之人相亲比的问题。六四与六二义略同。九五是比卦之主爻，所云与卦辞相当，要求统治者亲比天下国家之人要光明正大，宽宏包容，来者不拒，去者不追，要中平不偏，亲疏若一，亲比尽可能多的人。上六重申比之道要在初始，初始不正，终必有凶。

小　畜

☴☰ 乾下巽上

《序卦》:“比必有所畜,故受之以小畜”。人与人之间在发生亲比关系之后必然发生畜的关系。所以《易》比卦之后接小畜。强调卦与卦之间的必然联系,反映《易传》作者的辩证法思想,他认为64卦的排列,绝非偶然的堆砌。每一卦居某一位置,是有内在的原因的。畜当聚字讲,又当止字讲。其实在小畜卦里,聚止两义同时存在。从卦体看,小畜巽上乾下,乾乃刚阳在上之物而今居巽下,为巽所畜止,故曰畜。又为什么叫小畜呢?有两层意思。一是以小畜大,全卦为一阴五阳,六四以一阴爻居阴位,得正,上下五阳爻皆与六四应。《易》以阳为大,以阴为小。此一阴爻畜五阳爻,故曰小畜。又,巽顺畜刚健,是用柔顺即“小”的办法,不是用强力即“大”的办法,也是本卦取名小畜的一个因素。既然小畜以阴畜阳,采取的是阴柔巽顺的办法,则畜止必然是个慢过程,需要有时间创造条件,积蓄力量,不可急就速成。这就是说,小畜与需卦有近似之处。需是须,等待,小畜也有蓄积、等待的意思。二是三阳在下并进、六四以一柔顺之阴爻独当其路,就其力量来说,它所起的作用,所能达到的畜止的程度,肯定有限,故曰小畜。

小畜,亨。密云不雨,自我西郊。

“小畜,亨”,小有所止而亦必有所亨。小畜能够制止某些小的过失,解决某些小的问题。暂时达不到目的,终究是能够达到目的的。从两个三画卦来看,健而能巽,不激不亢,虽暂时未通,而最终必亨。从六爻来看,九二与九五皆以刚健居中,同心同德,其志必行,必行则必通。“密云不雨,自我西郊”,古人解释纷纭,多不中肯。其实这两句话不过是打个比方,用这个大家司空见惯的天气现象比喻小畜这一卦的基本思想。小畜的时代,臣对君的过错,下级对上级的问题,用适当的方法批评、谏止,最终肯定达到目的,雨总是要降下的。然而目前不行,目前六四一阴尚未得到三阳的感应，下级的意见尚未得到上级的理解、赞同。好像阴云虽密布，无奈“自我西郊”，雨一时半晌下不来。“密云”为何“不雨”？因为“自我西郊”。“自我西郊”就是云被风从西方吹来。谚语云：“云行东，车马通；云行西，披雨衣。”吹西风的天气，雨难于降下。

彖曰：小畜，柔得位而上下应之曰小畜。健而巽，刚中而志行，乃亨。密云不雨，尚往也。自我西郊，施未行也。

“小畜，柔得位而上下应之曰小畜”，这是解释整个一卦成卦之意义的。柔得位，指六四得位，六四以阴爻居阴位，又居上卦，所以叫柔得位。本卦只有六四一个阴爻，上下五个阳爻都来应它，它以一阴畜止五阳，必然力不从心，只能小有所畜，故曰小畜。“健而巽，刚中而志行，乃亨”，这还是从卦体看，但是角度变了。上面讲柔得位，阴畜阳，是从成卦之意义的角度出发的。这里讲健而巽，强调刚中而志行，则是就卦之才即功用而言。内卦是乾，乾健也。外卦是巽，巽顺也。不说乾而巽，不说健而顺，而说健而巽，是用互文法。健而能巽，是小畜卦终必能亨的一个根据。小畜能亨的另一个根据是“刚中而志行”。九二与九五，刚健居中，俱为阳性，依其本性来说，它们一定要前进。又，乾卦居下，必有上行之志。二五刚中必前进，乾卦居下，志在上行，所以畜虽小而能亨。

“密云不雨，尚往也”，全卦的主旨是阴止阳，即六四一阴爻畜止其他五阳爻。但畜止是个阴阳斗争的过程，不会一蹴即就。《易经》作者是用“密云不雨，自我西郊”这一天候现象比喻小畜阴畜阳的这种斗争态势的。六四畜止下卦之三阳爻，尽管以巽顺柔之，毕竟斗争是激烈、艰苦的。斗争结果尚未分晓，斗争的一方三阳爻还在继续前行，阴畜阳的任务没有完成，犹如“密云不雨”。

“自我西郊，施未行也”，施未行，谓斗争的主要一方六四，作用尚未充分发挥，这才是阳刚未被畜止住的根本原因，正像天空阴云密布而雨不降，是由于正吹西风一样。

象曰：风行天上，小畜。君子以懿文德。

乾为天，健；巽为风，顺。巽以柔顺为能事，可以畜止乾健，但不能持久强固，所以曰小畜。君子观小畜一卦之含义，应该“懿文德”。懿，美。文德与道德相对待而言，即仪表、气度、言语、修辞之类。“懿文德”，有细行必矜，独善其身的意思。

初九，复其道，何其咎，吉。

复的意思是返于本位，即原本在什么地方，现在还返回什么地方。小畜卦的卦义是以阴畜阳，而爻义却正相反，它不受阴所畜。初九以阳居阳，位居最下，为阴所畜，今自知不宜急躁冒进，乃潜伏于下，复其本位。初九如此慎重行事，哪里还会有什么过错呢？没有过错便是吉。

象曰：复其道，其义吉也。

初九与六四为正应，在畜的时代，初九作为阳刚之才前去接受六四之畜，方为吉。今初九反身归位自守自畜，亦吉；此吉不论应否，据理而断，故曰义吉。

九二，牵复，吉。

牵字古人或训牵连，或训勉强，其实二义无甚差别，都有被动的意思。九二的复不是自觉自愿的复，而是被动、勉强、受牵连的复。九二所乘之初九，为阴所畜，已经自复。九二以阳处阴，居下得中，又无上应，所以就受初九之牵连而复居于下，这当然也是吉的。

象曰：牵复在中，亦不自失也。

九二处中，不失中道，虽有阳刚之本性而强于进，但毕竟不至于过刚，又与初三二爻属于同体同德，所以能够受乘承二爻之牵连而复。情况略同，初九吉，九二亦当吉，故云："亦不自失也。"

九三，舆说辐，夫妻反目。

舆，车。说同脱。辐应为輹。大畜、大壮皆作輹。《经典释文》亦作輹。辐是车辏，即今语之车辐条。輹，乃车轴转。车是不能脱辐的。脱辐便等于轮破毂裂，彻底破坏，不堪使用。而车脱輹则是平常之事。脱輹即是轴不转，车停下来不动。"夫妻反目"，自今日而言，不过夫妻关系破裂而已。古人则认为其中有尊卑关系的变化。妻受制于夫，是正常的，不谓反目；若尊卑颠倒，妻反过来制其夫，就成了"夫妻反目"。

"舆说輹"与"夫妻反目"是比喻一种不好的结果。这种不好的结果完全是九三自己造成的。九三以阳处阳，重刚而不中，它不能自制其动，虽有六四在前畜止它，也畜止不住，结果造成"舆说輹"，不能再前进了。九三还有一个弱点，即它作为一个阳爻与六四密比，产生阴阳相悦的关系，而自身过刚而不中，不但不能以阳制阴，反为阴所制，造成“夫妻反目”的后果。总之，九三的处境极坏，简直是进不能进，退不能退，进退两难。

象曰：夫妻反目，不能正室也。

室是家室。君子应有修身齐家治国平天下的品德、能力和志向，而九三竟弄到不能制其妻反为妻所制的地步，说明它不能正其身。不能正其身，不能正其室，当然不可能成就齐家治国平天下的大事业。

六四，有孚，血去惕出，无咎。

六四是卦之主爻，爻辞意义与卦辞一致。有孚，中心诚信。血，因战斗而流血受伤害。惕，危惧。六四处近君之位，以阴畜阳，以小包大，必有忧惕。它要想免于伤害，免于忧惧，唯一的办法是“有孚”，即以中心诚信去感动对方，取得对方的信任和理解。其中关键是取得九五的信任、理解与合作。《易经》作者认为这是阴畜阳，小畜大，下畜上，臣畜君的一条原则。假使六四以强力畜九五，敌众刚，必见伤害而事不成功，这是六四有孚的必要性。六四以阴居阴，柔顺得位，本性不躁，这是六四有孚的可能性。

象曰：有孚惕出，上合志也。

言“惕出”，则血去可知，这是举轻以包重的笔法。惕惧尚且免除，流血受伤之事当然更不会有了。上谓九五。六四畜九五，阴畜阳，臣畜君，只六四自己有孚还不能收到“血去惕出”的效果，必须九五也有孚，即真正信任六四，做到上下认识一致，目标统一。事实上九五已经做到了这一点，所以六四才能“有孚惕出”。爻辞从六四的角度说话，强调畜人者应有孚。《象传》着眼在受畜者一方，强调九五与六四“合志”至关重要。

九五，有孚挛如，富以其邻。

挛如，结合紧密坚固。富，《易》以阳为实为富，以阴为虚，为不富。以，犹《春秋》以某师之以，能左右能驾驭的意思。“有孚挛如”，九五有孚与六四有孚相关联，相呼应配合紧密。六四有孚，是积诚孚信以畜止九五，九五亦推诚以待六四，接受畜止。上下相孚，而后小畜之道成功。“富以其邻”，富谓阳爻九五自己，邻指六四言。五与四近，故曰邻。九五是阳爻，且有孚，它完全能够左右六四的命运。总之，这一爻是强调在小畜之时，六四畜九五，能否成功，九五的修养、志向、态度如何，具有决定意义。

象曰:有孚挛如,不独富也。

九五做到“有孚挛如”,与六四合作无间,主要是因为它不独富。《易》以阴为虚为不富,以阳为实为富。“不独富”有两层含义,一是九五与六四一诚相结,紧密牢固;二是九五不但自己接受六四之畜止,而且能够协助六四畜止下之阳。

上九,既雨既处,尚德载,妇贞厉,月几望,君子征凶。

载,积累。月几望,月亮将满盈尚未满盈之时。征,动。小畜开始时之密云不雨,现在已经降下;先前阳刚之德积而尚往,现在已到了极点,不再往了。小畜之时的基本矛盾,即阴畜阳的问题,已经最后解决。旧的矛盾解决,新的矛盾又要发生。“尚德载”,是说阴畜阳已成功,而六四阴柔巽顺之德继续积累,发展。妇,阴,指六四。六四以其柔顺为正,持守不懈,结果必然危厉。犹如月亮即将圆满,要疑于太阳了。阴阳合和,转化为阴阳对抗。在这种情况下,阳即君子的任何不慎的行动都可能招致祸患。

象曰:既雨既处,德积载也。君子征凶,有所疑也。

此疑不当作疑虑解。应是疑似的意思,阴发展到与阳势均力敌的程度,以致分不出孰阴孰阳。坤卦上六之“阴疑于阳必战”,与此义同。雨已降下,阳亦不进,以阴畜阳,取得了成功,这是“德积载”的结果,不是一朝一夕的事,是六四坚持阴柔巽顺,长期积累造成的。此时矛盾的性质发生转化,阳开始受制于阴,不可随意行动,行动必凶。这是因为什么呢?因为“有所疑”。阴已壮大,甚至掌握了主动权,成为阳的可与之抗衡的对手。

〔总论〕

小畜卦讲阴畜阳到阴疑阳的发展过程,准确地表达了《周易》作者关于矛盾转化的卓越思想。小畜之时,充满着阴与阳的斗争。阴畜阳,阳不受畜,不受畜而失利,接着又受畜,发展到最后,阴由弱变强,以至于达到与阳敌对的程度。这时小畜的矛盾结束,新的矛盾开始。看卦义,密云不雨,阴畜阳,阴与阳的斗争是一个漫长的过程。看爻义,初九、九二小心谨慎,坚守本位;九三过刚不中,为六四所制;六四与九五双双有孚,阴阳合和,九五与六四达到了和谐、统一。然而和谐与统一是相对的,暂时的,至上九,既雨既处,阴与阳的关系发生变化,阴疑于阳,阳受制于阴,新的矛盾开始了。

履

䷉ 兑下乾上

履这个字的含义是什么呢？《杂卦传》说："履不处也。"不处就是动，就是进。《说文》又说："礼，履也。所以事神致福也。"履就是礼，就是当时社会人们立身处世的准则。如此说来，履的意义有两层，从它的外表看，履是实践，是行动；从它的内含看，履是礼，是人们实践、行动所必须遵循的准则。履卦所注重的是后面一层含义，就是礼的问题。而礼是十分复杂的，所谓经礼三百，曲礼三千，千头万绪，广说难尽；履卦乃抓住礼之用和为贵这一关键性问题，加以条分缕析，重点发挥。它认为，人处天地间，只要能柔顺和悦，谦卑自处，则无险不可涉，纵然履虎尾，也无妨。这一思想从卦体上也看得出来。履兑下乾上，兑柔乾刚，乾在前，兑在后。乾在前行，兑蹑于其后，有柔履刚之象。以柔弱履刚强，刚强再猛再烈，也必将被驯服。柔和谦卑竟能使柔弱者履虎尾而无咎，天下还有什么难关不能攻克呢！这样的卦为什么放在小畜之后呢？《序卦传》说："物畜然后有礼，故受之以履。"履即礼，礼与物之畜聚相联系，事物多了，人也多了，势必产生小大尊卑美恶的差异，所以在小畜之后接着讲履。

履虎尾，不咥人，亨。

卦辞开口便说"履虎尾"，取象十分奇特。履，有所蹑而跟进的意思。紧蹑老虎尾巴走路，可谓人世间最危险的事情，然而老虎却不咬你，保你亨通无事。卦辞以此强调人立身处世，行之以礼，以和悦谦卑待人接物，即便遇上最凶猛的老虎，也将安然无恙。卦中有"履虎尾"之象。乾刚在前，故称虎，兑蹑其后，故曰履虎尾。八卦之中以兑为至弱，以乾为至健。以至弱蹑于至健之后，自然有危机之象。卦中也有"不咥人"之象。兑是悦体，以和悦履乾刚，则有不被咥而致亨之可能。

彖曰：履，柔履刚也。说而应乎乾，是以履虎尾不咥人，亨。刚中正，履帝位而不疚，光明也。

孔子作《彖传》，揭示卦辞“履虎尾，不咥人，亨”的意义，十分准确地抓住了两点，解释极得要领。他说，履是柔履刚，不是刚履柔。可见这一卦里的二体不论上下，乃是论前后。柔履刚是世界上最危险的一种履，给这种最危险的履找到解决的办法，其他各种情况的履便可不论了。这是第一点。第二点，指出“履虎尾”之所以竟能“不咥人，亨”的根据，是“说而应乎乾”。履卦兑下乾上，兑柔乾刚，兑以柔履乾之刚，唯一可行的办法是对乾要悦要应。悦是和悦，应是恭敬，二者不可或缺，但根本的态度是兑必须谦卑自处。苟能如此，虽刚暴亦不难驯服。悦而应乾，乃兑之妙用。

这是从柔即兑一方面说。刚即乾的一方面应该怎样，能够怎样，卦辞没有讲，孔子《彖传》做了必要的补充、引申。上文言“说而应乎乾”，就卦之二体言。此言“刚中正”，乃以九五一爻言之。九五于此成为三画卦乾的代表。“柔履刚”之刚系指上卦乾而言，现在“刚中正”的刚说的是九五一爻。两个刚字是相承的。九五刚不徒刚，而且居中得正，刚而中正，必然不过刚；不过刚则必处事不偏，把握尺度，无过与不及。推及人事，刚而中正之人一旦践帝位，君临天下，一定“不疚”。“不疚”即无瑕可指，无懈可击。“中正”则“不疚”；“不疚”则光明。居君位而光明，方知和悦不是胁肩谄笑，恭敬不是奴颜婢膝。

这样，《彖传》把蕴藏在卦辞中的深刻的思想发掘出来了。履的问题与世间一切问题一样，都有两个方面，既有说而应乾的一方面，也有九五中正、不疚、光明的一方面。两个方面是互相制约，彼此关联的。这个辩证法的思想，既属于《易经》本身，也属于做《易传》的孔子。

象曰：上天下泽，履。君子以辨上下，定民志。

“大象”多讲《易》在政治上的应用，而且每每论及国家政治生活中的大事情。履卦“大象”谈的是等级制度问题。孔子重礼，礼的实质正是等级制度的反映。礼几乎与夫妇、父子之尊卑上下等级关系同步产生于父权制时代，此后便成了文明社会等级制度的重要支架。孔子在政治上是向后看的，所以他对礼对等级制度特感兴趣。

上天下泽，乾为天，兑为泽，天当然高高在上，居至尊的地位，泽当然在下，居至卑的地位。举至尊与至卑，其间一切等级差别全包括了。尊卑上下即等级差别。反映等级差别的就是礼，将礼付诸实行就是履。孔子所以指出，统治者观履之象，学履之卦，其价值乃在于“辨上下，定民志”。

"辨上下",把尊卑贵贱的界限严格划清楚,不得混淆逾越。"定民志",使百姓从思想认识上解决问题,尊者处尊,卑者处卑,各守己之位,各安己之分。

初九,素履往,无咎。

《杂卦传》:"履,不处也"。履是一定要行动的。九是阳刚,是一定要前进的。问题在于如何行动,如何前进。处履之初,等于出门的第一步或者一个人初涉世事,刚刚踏上人生的道路。这时候,应该"素履往"。素,质朴无文饰,事物的本质本色。"素履往",其实与《中庸》"君子素其位而行"之义正相当。教人安分守己,不贪得非分之利,不觊觎非分之位,贫者安贫,富者乐富。

象曰:素履之往,独行愿也。

独,专,只。"素履往无咎",实质上是"独行愿"。"独行愿"是说行动的目的只是要实现自己的夙愿初志,不为情迁,不为物累,即《中庸》所谓:"不愿乎其外。"孟子所说大丈夫"富贵不能淫,贫贱不能移,威武不能屈",意义同此。

九二,履道坦坦,幽人贞吉。

"履道坦坦",九二以刚居中,是履道而得其平坦的。幽人,与下爻"武人"相对。"武人",刚愎自用,恣行罔顾之人,"幽人"是幽静安恬、与世无争的人。九二以阳居阴位,且得中,处境甚好,前途是坦易的。但九二是阳刚之才,依其本性,很可能躁进。这时候,唯有能够坚守中心安恬,进退绰绰有余裕的幽人,方可得吉。

象曰:幽人贞吉,中不自乱也。

孔子强调反身修己,他认为人处理好与外界的关系,决定性的因素在自身的修养。为什么"幽人贞"会得吉呢?原因不在于神明赐予,不在于命运决定,也不在于处境有利,而在自身的主观努力。中,中心,内心世界。幽人之所以得吉,是因为幽人能够坚守内心的安恬清静,不为纷华盛丽而乱其操守。不自乱,外界谁也乱不了自己。

六三,眇能视,跛能履,履虎尾,咥人,凶,武人为于大君。

卦辞言"履虎尾,不咥人,吉",爻辞言"履虎尾,咥人,凶",卦与爻相反，这是什么缘故呢？凡卦辞以某一爻为主，则爻辞与卦辞意义相同，如屯卦卦辞“利建侯”，初九爻辞亦“利建侯”。凡卦辞以上下体而论，则爻辞与卦辞不同，如本卦卦辞云“履虎尾不咥人吉”，而六三爻辞则曰“咥人凶”。

六三以阴居阳位，不中不正，以此为履，必出问题。走路应平衡适中，而六三行不中，说明它是个跛子。走路需目正视，而六三视不正，说明它又是个一只眼。跛者行不中，但能行；眇者视不正，但能视。事情坏就坏在这里。六三无视自己的致命弱点，眇而自以为能视，跛而自以为能履。两个能字充分表现出一派自专自用、恣行罔顾者的形象。这么样去“履虎尾”，老虎绝对不会不咬它。凶是必然的。

“武人为于大君”，是指出另一种情况。武人是刚暴之人，其才虽弱，其志却强，它能够不顾强弱，勇猛直前。这样的人如果在一位足智多谋的大君即天子的领导下，充分发挥它勇猛不怕死的长处，或许是可取的，有益的。

象曰：眇能视，不足以有明也。跛能履，不足以与行也。咥人之凶，位不当也。武人为于大君，志刚也。

六三阴柔而不中不正，却不知道自己有致命的弱点，执意冒昧前行，无异于履危蹈祸。如同眇者自以为能视，跛者自以为能行。然而在智者看来，与盲人夜行差不多。孔子告诫以两个“不足”，唤醒人们万勿强不能以为能。最后指出六三之所以致祸的原因是它以阴爻居阳位，位不当。亦即柔弱其里，刚强其外。因为位不当，所以显出志刚来。从虽才智不足但志向刚强这一点看，六三如果作为一个“武人”在“大君”的指使下，发挥它志刚的长处，或许可能起到积极作用。

九四，履虎尾，愬愬终吉。

以一卦言，乾为虎，所以六三有履虎尾之象。以爻言，九五为虎，所以九四也有履虎尾之象。六三与九四同有履虎尾之象，为什么三凶而四吉？因为六三本眇本跛，里柔外刚，而自以为能视能履，得凶，自属必然之事。九四则不然，九四小心翼翼，愬愬然若履薄冰。九四何以能如此？九四以阳居阴，亦不中不正，但它本身是阳刚，居阴柔之位，处多惧之地，里刚外柔，刚而能柔。它恐惧自处，愬愬而行，理当获吉。

象曰：愬愬终吉，志行也。

九四内刚外柔，不仅有它愬愬知惧的一面，更有它上进而不处的一面。所谓“终吉”，是说它上进的志愿能够实现。

九五，夬履，贞厉。

夬音怪，刚决，决断的意思。《彖传》说“刚中正，履帝位，而不疚”正是指九五说的。而九五爻辞却与此相反，爻辞强调九五夬履贞厉，指出九五有危象。这是为什么呢？这里又看出《易》作者具有深刻的辩证法思想。他总是善于从正面的东西中找出反面的东西，从一派吉利的形势中发现不吉利的征兆。九五以刚中正履帝位，下面有人悦而应它，它有权有威有势，对待一切的事情，它完全可以果决独断，即所谓“夬履”，不会遇到任何阻碍。但是它以刚居刚，过刚而不能以柔济之，犹如人君，英明刚决有余，而包容兼听不足。若守此道长久不变，则必有危厉。

象曰：夬履贞厉，位正当也。

为什么说“夬履”必有危厉呢？孔子说，因为九五的条件太好了。九五刚中正且居至尊之位，居高临下，自专自决，无所畏惧，然而问题恰恰出在这上面。

上九，视履考祥，其旋元吉。

考，考察，检验，总结。祥，不仅谓吉祥，实包括凶咎在内。《说文》段注说：“凡统言则灾亦谓之祥，析言则善者谓之祥。”考祥，考察、总结其吉凶。旋，周旋完备。上九居履之终，履已宣告完成。现在可以回过头来看看其所履行之情况如何了。犹如一个人到他生命完结的时候，人们要据他一生的实际表现，论定他善恶成败之多少大小。善多吉，恶多凶。若自始至终周旋无疚，尽善尽美，则曰元吉。元吉，大吉，无以复加的吉。

象曰：元吉在上，大有庆也。

在上，履已到达终点，“元吉在上”，是说履至终极，才有可能获元吉。履不至上是不可能得到元吉的。这是解释上九获元吉的条件、原因。一个人如果最终获得了元吉，便是大有福庆。这是解释元吉的含义。吉而曰元，庆而曰大，既有勖勉履善终始一贯的意义，又有强调视履考祥以为借鉴的作用。

〔**总论**〕

小畜与履都是一阴五阳之卦，其意义都是主于用事的。小畜阴居第四爻，在上卦，以柔畜刚即以柔制刚，是制人的。履卦一阴居第三爻，在下卦，以柔履刚即以柔行刚，是行己的。履卦贵柔，六爻都以履柔为吉，以履刚为凶。九二坦坦贞吉，九四愬愬终吉，上九其旋元吉，三爻都是履柔的。六三咥人凶，因为它以柔履刚。初九与九五也是履刚的，虽所履皆正，但初九仅得无咎，九五不免于危厉。《易经》本来扬刚而抑柔，但它绝不简单化地看问题。它注意到了阳刚有喜动而好决的弱点，若任刚而行，必多可悔之事。

泰

䷊ 乾下坤上

泰，通。《易经》明于天之道，察于民之故，既讲自然界的规律，也讲社会人事的道理。它认为自然界有规律，社会人事也有规律，而且两种规律有其一致性。泰卦就是明显地把自然界的规律与社会人事的规律放在一起对待的。在《易经》看来，天地之间与人类社会有时会出现一种不多见的交通和畅的最佳状态。这种状态，这种时代，就叫做泰。泰是怎样来的呢？《易经》认为，在自然界中，天与地相交，万物因而发育成长，顺遂和畅，这就是泰，就是通。但是天毕竟在上，地毕竟在下，天与地实际上不能相交。于是古人说，不是天地之形交，是天地之气交。天为阳，阳气下降；地为阴，阴气上腾。阴阳和畅，则万物生遂。由此看来，所谓天地交，实质上是阴阳交。阴阳是代表万事万物对立斗争的两个方面。它们不但处于斗争的状态，有的时候，也会非常和谐地统一在一起。古人的这个认识，是有道理的。

由天之道而察民之故，情况是相似的。不过人事不论天地而论君臣上下君子小人罢了。君是阳，臣为阴；君子是阳，小人为阴。如同阴阳二气可以交通一样，君臣之间也可能推诚而志通。君子居上居内，小人居下居外，君子小人各得其位；君子小人各在其所当在的位置，这也可以理解为一种阴阳交通的形式。

天地相交，二气相通，从卦上面反映了出来。泰卦乾下坤上。天在下，表明天气下降；地在上，表明地气上升。在上的往下降，在下的往上升，二者必然相交。若否卦则不然。否卦坤下乾上。天在上，天气未曾下降；地在下，地气未曾上升，二者必然不相交。

《易经》64 卦，把泰卦安排在履卦之后，是有原因的，不是偶然的，体现了《易》作者的思想。《易》作者按照历史发展的顺序，自乾坤二卦往下安排，大体上有一个发展的脉络可见。乾坤反映天地即自然界的初始，自然界先于人类产生；屯蒙讲天地间万物与人类之初生。有人有物便出现养的问题，故有需；有需有养便有争。争的结果，产生讼。较大的争执要用战争解决，所以讼卦之后是师卦。对于该争取又能争取的力量则必加以团结亲比，故有比。小畜以生聚，履以辨治。接着是泰。泰是《易》作者心目中最理想的时代，是上古社会的极治，大概相当于尧舜时期。泰过而否，否而泰，自此而后社会历史一治一乱地发展，而真正的、理想的泰似乎不会再来了。

《易》作者的这种历史观自今日看来当然是不科学的。但是我们如果历史主义地看待古人的思想，便不难发现，《易》作者的历史观有其可取的、合理的因素。第一，他认为人类社会历史是个可以认识，可以理解的过程；第二，这个过程有其内在的动力和规律，没有超自然超人类的神明摆布它。

泰，小往大来，吉亨。

《易》以阴为小，阳为大。往，自内往外去；来，自外往内来。内是下卦，外是上卦。“小往大来”，阳气下降，阴气上升，阴阳和畅，万物生遂，这是自然界的泰。由自然界引伸到人类社会，则大是君上，小是臣下。“小往大来”，是君以礼使臣，臣以忠事君，君臣志同道合，关系和洽。阳为大，是君子；阴为小，是小人。“小往大来”，是小人往外去，君子居于内。君子得位，小人处下。总之，泰卦反映的时代特点是通。通，反映在卦上就是小往大来。小往大来，在自然界，表现为天地相交，二气相通。在人类社会，表现为君臣志通，君子小人各得其位。卦不言元吉、元亨而言吉亨，是因为泰的程度有所不同，言吉亨则把大小不同的泰都包括了。

彖曰：泰，小往大来，吉亨。则是天地交而万物通也，上下交而其志同也。内阳而外阴，内健而外顺。内君子而外小人。君子道长，小人道消也。

两个交字解释泰字的意义。“天地交”不是天地之形交，是天地之阴阳二气交。君臣上下之交也不是形交而是志同，志同是志同道合，思想一致。这里对天地阴阳君臣上下无所抑扬，只强调交与不交的问题。

阴阳健顺君子小人诸句以内外释大小。一方面说，阳健君子居内，阴顺小人居外，在内在外，各得其所；另方面也有重内轻外，于阴阳有所抑扬的意思。

“君子道长，小人道消”，是以六爻的消长为义。阳爻加多，阴爻便减少。于人事，君子道长，小人便道消。至此，态度明朗化，对阴阳不止抑扬而已，而是好阳而恶阴，以阳长阴消为福。但是，道长道消，论道不论人。君子道长，说君子之道占上风；小人道消，说小人之道在下风。亦即总的趋势是正气压倒邪气，君子得信任赏识，小人遭疏远冷落。但这不是说泰的时代只有君子无有小人。什么时代都少不了小人，因为没有小人便没有君子。

象曰：天地交泰，后以财成天地之道，辅相天地之宜，以左右民。

后，南面之君，天子诸侯。它卦“大象”言君子、先王，此卦言后，因为言君子则包括卿大夫，言先王则不含诸侯。法天地交泰，财成辅相，以左右民，是只有南面之君才有资格干的事情，与卿大夫无涉。由此可以看出，《周易》作者心中的中国古代国家制度是君主专制型的。

财成与辅相二句，意义与它卦类似，还是讲学了这一卦，要效法这一卦的思想，用以指导实践。这一卦有一点特殊性，是专就天子诸侯讲的，而且内容比较大，比较宏观。天子或诸侯，应当体会天地通泰之象，裁（财与裁同）制天地之道，使之成为对人民生产生活有用的东西。如天地有寒暑，统治者便因之而治历法，定四时成岁，然后告朔，视朔。还要辅相天地之宜，根据自然界生物生长发育成熟的规律，教民稼穑畜养。左右是扶助的意思。“以左右民”，用财成与辅相的办法，扶助人民。

初九，拔茅茹，以其汇征，吉。

“拔茅茹”，说的是物。用物比喻初九之爻象。茹，连茹，此茅之根与彼茅之根在地中相牵连。拔了这根茅，必然连带拔出那根茅。初九便是这根茅，九二九三便是那根茅。初九阳刚居下，正遇天地交泰之盛时，它必然要上进。不但自己上进，还要连带九二九三一起上进。汇，类；征，动。君子就如同拔茅一样，自己上进，还要引导自己的同类即同志，一道上进。这当然是吉的了。

象曰：拔茅征吉，志在外也。

初九为什么拔茅茹以汇征得吉呢？因为“志在外”。初九与六四正应，故曰“志在外”。初九以阳感阴，六四应初九，以阴从阳，恰是阴阳二气相交通之象。

九二，包荒，用冯河，不遐遗，朋亡。得尚于中行。

九二以阳刚得中居柔，上与六五正应；六五以柔顺居中得正，下应于九二；六五与九二有君臣相得之象。九二虽居臣位，但深得六五的信任，是成卦之主，内外阴阳全赖它调和浃洽。当泰之时，如何治理天下国家，主要反映在九二这一爻上。九二爻辞讲的包荒、用冯河、不遐遗、朋亡四条，包括了治泰之道的主要内容。包荒，极言包容之广，含量之大。在天地交泰的盛时，统治者最重要的是包荒，大度包容，一切反面的东西都能容得下。然而只是如此，则必无所作为，不能前进。大度包容之下，还要"用冯河"，即刚决果断，勇于改革。"包荒"与"用冯河"是相反相成，不可或缺的两个方面。"不遐遗"与"朋亡"也是相反相成的两个方面。"不遐遗"，不弃遐远；"朋亡"，不结朋党。远人在所怀，近者无可昵，居中不倚，不偏不党。"得尚于中行"，得是庆幸之辞，尚是佑助之意。九二以刚居柔，居下卦之中，上有六五之应，为泰卦之主，具有中行之道。治泰若能做到包荒等四项，则合于九二之德，配合中行之义。

象曰：包荒，得尚于中行，以光大也。

"小象"以为包荒是四项中基本的一项。只有做到包荒即大度包容，才能做到用冯河、不遐遗、朋亡三点，所以只举"包荒"一语，不及其他。能"包荒"，便得合乎中道，这是因为什么呢？因为其心迹光明，其度量宏大。

九三，无平不陂，无往不复，艰贞无咎，勿恤其孚，于食有福。

九三居三阳之上，三阴之下，正处泰卦之中又将过中，恰是泰极之时。泰极否来，这是客观的规律。《易》作者深知此理，乃于九三提出两个"无不"的告诫。陂，偏颇不平。平坦一定变成偏颇，去了的必然要回来。从卦来看，三阳爻降于下，终究会升上去；三阴爻升于上，迟早要降下来。平者陂，往者复，泰极要变否。怎么办呢？"艰贞无咎，勿恤其孚，于食有福"。人不是无能为力的。人完全可以发挥自己的主观能动性。人处方泰之时，应居安思危，所作所为坚守正道，能如此，便可无咎。岂止无咎，若能"勿恤其孚"，还要有福。恤，忧；孚，诚。天道无情而我无忧，我要诚信不移地思我所应思，行我所当行。

象曰：无往不复，天地际也。

"无往不复"，是说天地乾坤阴阳之交接，到九三之时，即将发生变化。

阳在下，必复于上；阴在上，必复于下。泰必将变为否。“小象”用一个际字，有告诫人们未雨绸缪之意。

六四，翩翩不富以其邻，不戒以孚。

翩翩，群飞而向下的样子。《易》以阴虚为不富，六四是阴爻，所以称“不富”。凡言“不富”，皆指阴爻。但阴爻不皆称“不富”。此爻称“不富”，有谦虚不自满的意思。邻，指六五与上六两爻。六四处上卦之下，当二卦之交，是阴阳交泰之爻。六五与上六二阴爻愿意随从六四下降求阳。六四更无须告诫，便与它的两个邻居翩翩相率而来。可谓内外一心，阴阳合德，这正是泰卦应有的表现。

象曰：翩翩不富，皆失实也，不戒以孚，中心愿也。

《易》凡阳爻为实为富，阴爻为虚为不富。“失实”是解释“不富”的。上卦三阴爻以六四为头头，轻松自然地翩翩而下，是因为它们失去阳爻作依靠，而它们是不能长久失实的。愿，上下交而志同的意思。六四与二邻不戒而来，完全是发自内心的愿望，没有丝毫勉强的因素。

六五，帝乙归妹，以祉，元吉。

六五以阴柔居君位，它位极尊而性极柔，它应该也能够与下卦之九二相应，屈己之尊而顺从九二之阳。爻辞取“帝乙归妹”之象说明这个道理。帝乙即商纣之父。归妹即嫁妹。帝王之妹下嫁给臣下，也要降其尊贵，顺从其丈夫。在古人看来，这是合情合理，天经地义的事情。帝王之妹尚且要屈尊从夫，以阴从阳，其他便可不论了。以祉，以之受祉，六五因为能够屈尊从阳而必然受福。元吉，大吉，六五与九二志同道合，在整个治泰的过程中将取得最大的成功。

象曰：以祉元吉，中以行愿也。

六五之所以必获祉福而且元吉，是因为它以柔居中处君位，有中德，行中道，它任贤从下，绝非出于强迫，乃是它的本性，它的志愿决定的。

上六，城复于隍，勿用师，自邑告命，贞吝。

上六在泰的终结处，泰之终结即是否之开端。泰极否来。九三平者陂，往者复，已经有了泰变否的预兆，到了上六，泰变否即将由可能变为现实，形势更加严峻，所以用“城复于隍”来形容。隍是城墙外之干涸的壕堑。城墙本来就是由此掘土累积而成的。有如泰的局面,泰的形势,由长期的辛苦积累而成。现在泰已发展到极点,将要变为它的反面否。也如城墙将倾圮回复到隍里。城复于隍,是个严酷的事实。《易》作者看到这个事实,并且加以肯定。这不简单。他具有了关于质量互变的思想。就一个国家来说,泰极否来,城复于隍,形势极为严重。严重到"勿用师"的程度。古代实行兵农合一的制度,国家不设常备兵,平时耕田是农夫,战时召集起来出征打仗就是军队。用师是把人民召来应付战事。在泰的时候,这样做当然没有问题。现在天下将乱,人心离散,想要用师,办不到了。只能"自邑告命"。邑,所居之邑,指身边近处而言。泰达到变否的时候,国势已成土崩瓦解之状,统治者的权威、命令只在自己的身边近处勉强有效了。即便能够"自邑告命",而且做到守正,也为时太晚,无济于事了。

象曰:城复于隍,其命乱也。

爻辞中两个命字,意义有别。前一个命字是命令、指示。后一个命字当是古人所云"天命"的命。"天命"不是上帝神灵的旨意,是不以人的意志为转移的客观规律。爻辞这句话揭示出《易》的一个重要思想,即泰极否来,犹如"城复于隍",是归根结底不可改变的规律。"其命乱也",一语破的,切中要害。这就是说,"城复于隍","天命"变了,该当如此。

〔总论〕

概括地说,泰卦强调的思想有三点。第一,自然界有相反对的两种东西产生交通的现象。这种现象是普遍存在的,贯穿在万物之中,是万物生长发育茂盛的根本原因。因为这个现象太普遍太根本太重要了,所以《易》作者把它比喻为天地之交。天地悬隔,不能形交,乃提出天地之间阴阳二气交。引伸到人事问题上,君上与臣下,统治阶级与被统治阶级,也有上下交而志同的时候。《易》作者的这个思想是正确的。社会确实有相对稳定,生产发展,政治清明的时候。只是《易》作者不曾找到产生泰的历史时代的真正原因,他以为社会人事上的泰是由于上下"志同"即思想相同造成的。其实,不是人们的思想状况决定社会历史的发展,而是社会历史发展的状况决定人们的思想。

第二,提出平陂城隍,泰极而否的观念,认为一切事物都在无情地变化，由量的变化达到质的变化。这是不以人的意志为转移的客观规律。天道如此，人道也如比。谁也无力抗拒。古人在三千年前能够提出这一深刻的辩证法思想，应该说是伟大的。

第三，《易》作者在泰卦中有一个重要的政治观点，值得重视。即统治者当处于泰的时候，要特别小心谨慎，做到“包荒，用冯河，不遐遗，朋亡”。既要大度宽容，容忍一切可以容忍的事，也要奋发向前，锐意改革。既要远近亲疏兼顾，团结一切能够团结的人，又要绝去朋比，无私无偏。

否

䷋ 坤下乾上

否是泰的反面。泰是交通，否是闭塞。泰是天地交通而万物生，否是天地闭塞不通而万物不生。泰是上下交而志同，否是上下不交而志不同。从卦之二体看，否上卦是乾，下卦是坤，天在上，地在下，天地隔绝，不相交通，完全是否之象。《序卦传》说，“泰者通也。物不可以终通，故受之以否。”《易传》作者在这里再次肯定物极必反的客观真理。他正确地认为，泰是通，但是通久必变为不通，泰极而否必来。因此，泰卦之后是否卦。

否之匪人，不利君子贞，大往小来。

“之匪人”三字，朱熹以为衍文，不无道理。但其余诸家的解释也有参考价值。孔颖达说：“否之匪人者，言否闭之世，非是人道交通之时，故云匪人。”程颐说：“凡生天地之中者，皆人道也。天地不交则不生万物，是无人道。故曰匪人，谓非人道也。”王宗传说：“匪人，所谓非君子人也……匪人得志，则君子之道否塞而不行矣。”吕大临说：“否之匪人，不利君子贞，言否闭之世，非其人者，恶直丑正，不利乎君子之守正。”查慎行说：“卦辞之匪人，即《彖传》爻辞之小人，与‘比之匪人’句法同。”此五人之说，孔、程二人相近，以为“否之匪人”讲的是整个时代不好，否闭不通，无有人道，无有理性。王、吕、查三人则把“否之匪人”理解为小人得志当道。两种看法并不矛盾，可以说是一致的。都不外乎说在否之时，人道不通，正气不伸，小人得志。

“不利君子贞”，当否之时，小人用事，邪气得逞，是非不分，黑白颠倒，当然不利于“君子贞”。当权的小人和恶劣的形势，绝不容许正派的人维护正义，坚持真理。但是天地之间正气总要存在，君子断不可无，否则否将何以变为泰！

“大往小来”，乾在上，乾往居外，所以叫“大往”；坤在下，坤来居内，所以叫“小来”。“大往小来”即阳往阴来，是君子道消，小人道长之象，所以

“不利君子贞”。

彖曰：否之匪人，不利君子贞。大往小来，则是天地不交，而万物不通也。上下不交，而天下无邦也。内阴而外阳，内柔而外刚，内小人而外君子，小人道长，君子道消也。

否卦与泰卦都由乾坤两个三画卦组成，只是上下位置相反，泰是乾下坤上，否是坤下乾上。所以否之《彖传》只就泰卦的反面说。泰《彖传》说：“天地交而万物通”，否《彖传》则说：“天地不交而万物不通”。泰《彖传》说：“内阳而外阴”，否《彖传》则说：“内阴而外阳”。泰《彖传》说：“内君子而外小人，君子道长，小人道消”，否《彖传》则说：“内小人而外君子，小人道长，君子道消”。有变化的唯两点，泰《彖传》说：“上下交而其志同”，“内健而外顺”，而否《彖传》却说：“上下不交而天下无邦也”，“内柔而外刚”。

说“天下无邦”不说“志不同”，是强调否之时上下不交的严重性。国家政治生活阻塞、失常。国无人，国将不国；邦无道，有邦同无邦。出现这样严重的情况，当然远远不是志同与不志同的问题了。至于否《彖传》言刚柔不言健顺，那是因为，当否之时，天地不交，上下不交，天地徒具其形而无其用，天起不到健的作用，地也起不到顺的作用。

象曰：天地不交，否。君子以俭德辟难，不可荣以禄。

俭德，收敛其德。辟与避音义同。当天地不通，上下不交之时，君子该怎么办呢？应该有才不露，有德不显，有善不形，把自己隐藏起来，超然荣禄之外。不以仕禄为荣，反以仕禄为灾害。使别人发现不了自己，不可能把仕禄加到自己的头上。这其实是“有道则见，无道则隐”思想的表现，与道家出世主义不同。

初六，拔茅茹，以其汇，贞吉亨。

《易》为君子谋，不为小人谋。言吉亨，则肯定是说君子，不会是说小人。卦辞与《彖传》皆以为否卦内小人外君子，那么初六阴爻居内卦，当为小人，爻辞何以视作君子呢？这是因为《易》有随时取义的特点，卦爻有时候取义不一致。否卦就是属于这类情况。否之初六与九四本来是正应，但是由于否之时上下隔绝不通，初六失去了与九四正应的意义。因为初六与九四无应，所以“以其汇贞吉亨”。汇，类；贞，正。它应该连结它的同类即二、三两爻，共同守正不动，才能得吉获亨。不可像泰卦那样“征吉”，征是动，在泰卦，初爻动，方得吉；在否卦，初爻如果还是动，那就必然致凶了。否卦初爻坚持守正不动，则吉亨。吉是平安无事，不出坏事，亨是进一步发扬自己的长处，有所通达。

象曰：拔茅贞吉，志在君也。

“拔茅贞吉”，是爻辞全文的省语。君子处于否塞之时，虽欲进而不可苟进，应引退守正，待机而动，亦即所谓“俭德辟难”。君子俭德辟难，实属无可奈何，而心中不忘君臣之义，志在报君之恩。泰卦初九“小象”曰“志在外”，否卦初六“小象”曰“志在君”，意义无甚不同，都反映“居庙堂之高则忧其民，处江湖之远则忧其君”的思想。忧民忧君的思想也就是儒家的修身齐家治国平天下的思想。这种思想反映了儒家的价值观念。儒家的价值观念与道家根本不同。道家把人看作自然物，追求个人的精神解脱与自由。儒家则特别看重人的价值，认为人生天地之间的意义在于济世，在于为人，在于奉献。否初六“小象”讲“志在君”正是儒家价值观念的重要内容。

六二，包承，小人吉，大人否亨。

包承，包容承顺。六二以柔居中得正，有至顺之象，是小人处下，施展其阿谀奉迎之本领，以笼络君子，求得自己度过否的难关。包承，对于小人来说，是吉的。但是《易》为君子谋，不为小人谋，小人之吉正是大人之否。爻辞虽先讲小人如何，但最后还是指示大人应该怎样。讲小人是为了交待大人如何对付小人。大人否亨，方可与小人划清界限，不受小人之迷惑，也不受小人之浼，甘处否的困境，缓求未来之亨通。

象曰：大人否亨，不乱群也。

当否之时，上下不交，世道不正，小人包承，笼络君子。大人与君子同类，与小人异类。大人“不乱群”，不与小人混乱，不受小人之迷感、笼络，与小人之“包承”针锋相对。

六三，包羞。

六二虽阴柔但居中得正，它可以包承，不易为人识破，故以否亨戒大人。六三既阴柔又不中正，又切近于上，它的面目大家看得清楚，它想迷惑人，笼络人，不易得逞。但它忍耻固位，无心离去，尸位素餐，无所作为。这就是包羞。孔子说“邦无道，穀，耻也”，当否之时，占着位置白吃饭，厚颜无耻，大概正是指六三这种情况。

象曰：包羞，位不当也。

六三本为小人，它目前之所以能够忍辱含垢，只因为它所居之位不中不正，限制它不得施展，一旦由位不当变为位当，这种人十分可能干更大的坏事，君子务必注意提防它。

九四，有命无咎，畴离祉。

命谓天命，不是君命。畴、类；离，丽，附丽；祉，福。九四过中将济，否将要变泰之时；九四以阳刚居近君之位，有济否之才和济否之势。若能既自处于无过、又不肯躁进，则必无咎。因为否极必然成泰。其中有“天命”亦即客观的规律在起作用。大往小来变为小往大来，不唯九四自己受福，与它同畴的诸阳爻，也将附丽于它而一齐受福。

象曰：有命无咎，志行也。

九四正处在否过中而将济的时候，既得其时又有其命，所以无咎。但是九四在否将反泰的过程中，远非完全处于消极被动的状态。它是主动积极的，甚至可以说，“有命无咎”的结局，乃是它自行其志的表现。

九五，休否，大人吉，其亡其亡，系于苞桑。

休，止息。九四否开始向泰转化，九五已进入息否之时。九五是否卦之主爻，阳刚中正且居尊位，可谓居其位，有其德，得其时。它有条件有力量休否，即拨乱反正，扭转乾坤。休否固属势之必然，但是要将休否的可能性变为现实，九五即大人的刚决果断，奋力推动，具有决定意义。可见，《易经》既强调客观的规律，又重视人的主观能动作用，并没有丝毫的宿命论思想。当元气渐复，泰道将还的时候，人皆晏然安乐，唯大人有戒惧危亡之心，他念念不忘“其亡！其亡！”有如此戒惧危亡之心，必能像“系于苞桑”那样坚固不拔。桑这种树根深柢固。苞，丛生。“苞桑”，丛生的桑树，其固尤甚。《系辞传》说“危者安其位者也，亡者保其存者也，乱者有其治者也。是故君子安而不忘危，存而不忘亡，治而不忘乱，是以身安而国家可保也。”《系辞传》概括的观点，与否卦九五爻辞的思想是一致的。

象曰：大人之吉，位正当也。

转否为泰，获大人之吉，关键的原因，是九五有德有位。有德有位之中关键是有位。九五处中得正居尊位，握有转否为泰的权柄，具有拨乱反正的力量。

上九，倾否，先否后喜。

上九处否之终极，否发展到极点，是该倾的时候了。爻辞讲“倾否”不讲“否倾”，是有意义的。强调否之所以倾，其中人事的力量起极大作用。并非否发展到极点，不须人力便自然地倾覆。泰之上六以阴柔处泰之终，它无能无德保泰，使泰复为否。否之上九是阳刚之才，它有能力倾否，使否变为泰。无论泰至上六复为否，还是否至上九变为泰，当社会发展到极点，即将发生质变的时候，人的作用是不可忽视的。《易经》一方面把社会历史的发展看成是有规律性的，一方面又十分重视人的作用。实际上它已经有了人是历史的主人的思想，至少它不认为人类历史的命运是由上帝主宰的。

先否后喜，否极时忧在先，否倾时喜在后，有先天下而忧，后天下而乐的意思。正与九五“其亡其亡，系于苞桑”的含义相似。

象曰：否终则倾，何可长也。

这是讲客观规律与人的主观能动性的关系。“则”字是强调人事的重要。否终必倾，人们在否终将倾的时候，就要主动地去“倾否”，不可等待。“何可长”三字是说天下绝无久否之理，否倾是必然的。人们要因势乘机而动。两句话把天道之盛衰与人事之进退交织在一起。

〔总论〕

否卦与泰卦，上三爻与下三爻都是相应的。但是泰卦上下诸爻在爻义上有相交之意，否卦则没有。泰卦初征而四孚，二中行而五归妹，三陂平而上城复，凡相应之爻爻义是相交的。否则不然。否初拔茅而四有命，二大人否而五大人吉，三包羞而上后喜，相应之爻爻义皆不相交。

否卦是讲天地不交，世情闭塞的，然而六爻之爻辞不见一凶咎字，这是什么原因呢？因为否六爻阴阳平分，象君子与小人并生于世上，尚未到柔剥刚的时候，小人为害并未见显著。到了剥的时候，一阳在上受五阴之剥，方成小人的世界。否之时，就全卦看，君子道消，小人道长，于君子不利，所以卦辞说“不利君子贞”。但是六爻的各自情况却不尽如此。上卦三爻皆阳，君子在上，否已过中，形势好转，“休否”，“倾否”，已成为势所必然。这时候只要大人君子顺应规律，心存危惧，积极谨慎行事，便可以无咎得吉。下卦三爻皆阴，小人用事，当然无如上卦好，但此时小人亦正处于全身远害之时，自顾犹苦不迭，更无暇无力将其为害君子的愿望变成现实。所以爻辞强调小人“包承”、“包羞”而不言凶咎。

同　人

☰☲ 离下乾上

这一卦强调与人同，涉及个人与全社会的关系问题。

同人卦为什么安排在否卦之后呢？《序卦传》说："物不可以终否，故受之以同人。"否是天地不交，同人是上下相同。就是说否发展到一定程度，要被同人否定。

同人于野，亨。利涉大川，利君子贞。

野字过去多理解为空旷野地，其实这是国野之野。古代在一个国家里，中心地区叫做国，国之外叫做郊，郊之外便是野。野是最边远的地区。"同人于野"，是说同人的面要广要大要远，要同天下之人。我同天下之人，天下之人也皆来同我。能做到这种程度，事情没有不亨通的。这反映了儒家四海为一家，中国为一人的思想。"利涉大川"，是说"同人于野"的效用。即能够胸怀天下，把广大的人群团结起来，没有什么险阻艰难不能渡过。

"利君子贞"是说"同人于野，亨，利涉大川"是有条件的。不是说只要"同人于野"就能亨，就能利涉大川。贞，正。"利君子贞"是说同人之人，自身要正，要守君子之正道。如果行小人之道，阉然自媚于世，纵然博得人们喜悦而与之同，也绝不会牢固持久。怎能涉得大川，经历艰险呢？

彖曰：同人，柔得位得中而应乎乾，曰同人。同人曰。同人于野，利涉大川，乾行也。文明以健，中正而应，君子正也。唯君子为能通天下之志。

"同人，柔得位得中而应乎乾，曰同人"，从卦体的角度解释卦名卦义。柔指六二，乾指九五。六二是卦中唯一的阴爻，是成卦之主。就全卦来说，主要靠它实现同人。它以阴爻居阴位，得其正位，而且又得中，具有与人和同的条件。但是，光是柔还不能独立解决问题，必须"应乎乾"，有乾与之相应，即有乾配合它，它才能同乎人。凡以柔为主的卦都是这样。例如履卦,“说而应乎乾,是以履虎尾不咥人,亨”,又如小畜,“柔得位而上下应之”,大有“应乎天而时行”,都强调柔得位必与乾相应方能成事。

“同人曰。同人于野,利涉大川,乾行也”。“同人曰”三字是衍文,以下是解释卦辞的。孔子用“乾行”解释“同人于野,利涉大川”。乾行,天之行,天之道。天之行,天之道,其特点是刚健无私。同人这一卦所以能够“同人于野”,能够“涉大川”,是九五的刚健无私在起作用。没有九五,光有柔爻六二自己是不行的。

“文明以健,中正而应,君子正也。唯君子为能通天下之志”。这是解释卦辞“利君子贞”的。文明指内卦之德。刚健指九五之德,中正指六二与九五两爻居中得正而相应。刚健则无私,文明则烛理,中正则无偏。三者俱有,便是“君子正”了。是君子而行正道,心志自然会与天下人相交通,天下人自然会与之相和同。

象曰:天与火,同人。君子以类族辨物。

不说天下有火,也不说火在天下,而说天与火,是说天在上,火向上,二者在这一点上是相同的。这一卦正是取天与火在上向上之象而称作同人的。君子学了这一卦,观了同人之象,用以指导实践,便要“类族辨物”。世间万事万物千殊万别,绝无全然相同的东西。事物总是同中有异,异中有同,同异紧密相联系。道家庄子无视事物有异的一面,强调万物一齐,物我不分。《周易》则主张既求同又存异。同人卦的同是和同的同,有差异的同。所以孔子认为君子观同人之象应该类族辨物。

类族与辨物是对文。类是动词,比类的意思。族是名词,品类的意思。类族,比类划清人事的差别,善归善,恶归恶,是归是,非归非。辨是区别的意思,是动词。物是品物的意思,是名词。辨物与类族意思近似,是说将万物加以分类而辨别之。

初九,同人于门,无咎。

“同人于门”是同人于门外,不是同人于门内。同人于门外,不分厚薄亲疏,所遇皆同。这样的同,广博而无所偏私,亲者不近,疏者不远,公而待之。同人之始能够如此,将来是吉是凶是悔是吝,当然要看发展,但在目前无咎是肯定的。

这是同人初九一爻的爻义。爻义要通过爻象表达。九,阳爻,居同人之初而无系应。初与四应，但同人初与四两爻皆阳，所以不相应。这对于初九说来，是无系应。无系应在同人卦有无偏无私之象。

象曰：出门同人，又谁咎也。

孔子用“出门同人”解释“同人于门”。“于门”就是“出门”。走出门外去同人，所同的范围广，是无所偏私之同。这样的同，又谁得而咎之呢！

六二，同人于宗，吝。

同人的范围广好，狭不好。宗是宗党。同人于宗是同人于门内。同的范围仅限于门内之宗党，比同人于门于野狭窄，所以可吝。

六二是同人卦之主，从全卦的角度看，它柔得位得中而与九五正应，有相同之义，是好的。但从六二这一爻的爻义来看，情况就不一样了。六二与九五正应，正应本来是好的，在同人卦却不好。六二同于自己所系应的九五，它同的范围有了局限，不如初九无所系应，同的范围广，所以初九无咎而六二吝。

象曰：同人于宗，吝道也。

同人于宗，吝是必然的。按易例，六二与九五虽正应，然而于六二多有戒辞。在同人这一卦尤其如此。六二系应于九五，即专与九五同，好像说只同于有亲情的宗党，而不同于无亲情的外人，其道是可吝的。

九三，伏戎于莽，升其高陵，三岁不兴。

三与上该是相应的，但三是九，上也是九，两爻皆阳，所以九三与上九不是正应。在同人之时，不正应就是不同，不同就是异，异则必有乖争。“伏戎于莽，升其高陵，三岁不兴”，是乖争的表现。但是这个争仍处于戒备阶段，长期没能变成现实。

象曰：伏戎于莽，敌刚也。三岁不兴，安行也。

“伏戎于莽”，是“伏戎于莽，升其高陵”的省文。“敌刚”是说九三与上九的关系。敌是应的意思。两个刚爻相应，实际上不相应，而是相异，所以叫“敌刚”。

杀机四伏，为什么“三岁不兴”，仗打不起来？“安行也”。安行，是不能行。九三是心欲斗而力不能支。

九四，乘其墉，弗克攻，吉。

墉，墙。“乘其墉”，要进攻的意思。九四向谁进攻呢？向初九。九三与上九是“敌刚”的关系，九四与初九也是“敌刚”的关系，即两个阳爻居相应之位而不应。在同人卦里，不应就是异，是异即有相攻之象。这一点，九四与九三的情况是一样的。但是也有不同。九三以阳居刚，所以伏戎于莽，三年不兴，有执迷不返的意向。九四以阳居柔，所以弗克攻吉。有困而能返之义，结果是吉的。

象曰：乘其墉，义弗克也。其吉，则困而反则也。

“乘其墉”是“乘其墉，弗克攻”的省文。为什么其志欲攻，其势可攻，而结果“弗克攻”，终于未攻呢？因为“义弗克”。“义弗克”，是说由于发现自己于义不正，而终于没有攻。有改过的意思。它能得吉，就是因为它知困能返，能返到正道上来。

九五，同人先号咷而后笑，大师克相遇。

同人卦的特点是内卦由同而异，外卦由异而同。“同人于门”，同的程度高，“同人于宗”，同的程度差些。到了九三“伏戎于莽”，就由同变为异了。至外卦九四，“乘其墉，弗克攻”，还是异，没有同。至九五，情况发生变化，开始由异变同了。“先号咷”是说异，“后笑”是说同。同人至九五，反异归同，同终于占了优势，所以叫“先号咷后笑”。

九五与谁同？与六二同。九五与六二同不是轻而易举的，需要经过斗争扫除障碍方可实现，所以叫做“大师克相遇”。

象曰：同人之先。以中直也。大师相遇，言相克也。

“同人之先”是“同人之先号咷而后笑”的省文。这是孔子作“小象”常用的方法。“直”就是“正”，“中直”就是“中正”。正写成直，是因为直与克为韵。孔子的意思是说，同人九五为什么先号咷后笑即能由异而归同呢？是因为九五位居中正。九五中正，与六二正应，二者相遇相同是必然的，暂时为九三、九四所阻隔，该同而不能同，故悲而号咷，然而终将得应于六二，故乐而笑。

“大师相遇，言相克也”。同人内卦由同而异，外卦由异而同。反异归同，需要有大师先克而后才能相遇。大师是军队，克谓战胜。战胜九三、九四的阻隔，然后相遇。

上九，同人于郊，无悔。

古代国家以邑为中心，邑外是郊，郊外是野。卦辞讲“同人于野”，有天下至公大同的意思。郊近于野，上九爻辞讲“同人于郊”，有无私的意思，但未达到至公大同的程度，所以不能得吉，不过无悔而已。

象曰：同人于郊，志未得也。

“于郊”距“于野”尚远，求天下至公大同之志终于未得实现。

〔**总论**〕

同人卦总的说来有以下特点：第一，卦义是“同人于野”，欲与天下人同。但是有同必有异，有异方有同；同则生异，异必归同。所以九三讲“伏戎于莽”，九四讲“乘其墉”。同人卦六爻竟有两爻讲异，全卦由初至上构成一个自同而异，自异而同的发展过程。初九“同人于门”，六二“同人于宗”，这是同；“于宗”同的程度不如“于门”；至九三“伏戎于莽”，同转而为异。九四“乘其墉”，这是异；经过九五“同人先号咷而后笑”，至上九“同人于郊”异转而为同。第二，六二是同人之主，却未能表现出全卦大同之义。同人的广度，“于宗”不如“于门”，“于门”又不如“于郊”；“于郊”也远未达到卦辞“于野”的程度。同人卦六爻都未能表达出卦义来。

大 有

䷍ 乾下离上

《序卦传》说:“与人同者,物必归焉,故受之以大有。”大有与同人这两卦是相反的。天与火是同人,反过来,火在天上便是大有。同人是我与人同,大有是物归我有。为什么卦名叫大有呢?这卦只有一个阴爻居上卦之尊位,五个阳爻都来归于它,为它所包所有。《周易》以阳为大,以阴为小。众阳爻(大)皆为六五一阴爻(小)所有,所以叫大有。大有是所有者大的意思,也是无所不有的意思。

大有,元亨。

在64卦中,卦辞只言“元亨”而别无它词的,只有大有一卦。卦辞一般都与卦名有关。大有只有一个阴爻六五,六五柔中居尊位,五个阳爻归于它,为它所有,为它所用,所以元亨。乾卦讲元、亨、利、贞,意义包含广大,指整个宇宙而言,而且四个字有四个独立的含义。别的卦讲元亨利贞,只说明一时一事的问题,而且含义与乾卦不同。在乾卦,元的意义是元始,是首出庶物,在别的卦,元的意义主要是大,同时也有善的意思。“元亨”是元之亨,即大亨,不是元与亨。在乾卦,“元亨”是元与亨,不是元之亨。

象曰:大有,柔得尊位大中而上下应之,曰大有。其德刚健而文明,应乎天而时行,是以元亨。

“大有,柔得尊位大中而上下应之,曰大有”。这一句以卦体解释卦名。大有与同人两卦都是由一柔爻五刚爻组成。一柔爻在下卦之中的,曰“得位得中而应乎乾”,我同乎人,是为同人。一柔爻居上卦之中的,曰“尊位大中而上下应之”,人应乎我,我有其大,是为大有。同人之卦主是六二。“应乎乾”,我(六二)去应人。大有之卦主是六五。“上下应之”,上下五阳爻都来应我(六五)。凡一柔五刚之卦,柔在上的,曰“上下应之”;

柔在下的，曰“应乎乾”。

“其德刚健而文明，应乎天而时行，是以元亨”。这一句是以卦德卦体解释卦辞元亨的。“大有元亨”，其实“元亨”的意义决定于卦名“大有”，因为“大有”，所以“元亨”。《彖传》又从卦德卦体的角度进一步阐发了“元亨”的底蕴。内卦刚健，外卦文明。“刚健而文明，应乎天而时行”，兼言上下两体而赞其德。“应乎天”，是说外卦之六五应乎内卦之九二。“应乎天而时行”则是健不过刚，明不伤察，天下虽大，无所不通，所以元亨。

象曰：火在天上，大有。君子以遏恶扬善，顺天休命。

卦之下体是乾，乾为天；上体是离，离为火。火在天上，普照万物，万物都在它的照耀之中，有大之象，所以叫做大有。孔子认为，君子观大有之象，应当“遏恶扬善，顺天休命”。善恶是人间事，天命是自然的规律。统治者要明察善恶，不违天命。善的要扬，恶的要抑，善恶分明。

初九，无交害，匪咎，艰则无咎。

大有初九以阳居大有之初，处在卑下的地位，上面没有系应，必无骄盈之失，所以无交害。无交害谓无交则无害。“匪咎”，大有本无咎，然若以为“匪咎”而以易心处之，则反有咎。必也思艰兢畏，不生骄侈之心，则无咎。

象曰：大有初九，无交害也。

“小象”用“无交害也”解释“大有初九”。大有初九以九居初，未与人交，所以无害。

九二，大车以载，有攸往，无咎。

大车在古代是载重的车，用牛牵引。九二在大有之时与六五正应，为六五所信任、倚重。九二自身又是阳爻，有刚健之才；居柔位，有谦顺之德；又处下卦之中。九二具备这些条件，足可胜大有之任，有大车以载之象。任重行远，必然无咎。

象曰：大车以载，积中不败也。

“积中”二字补足了爻辞没有讲明的意思。九二取“大车以载”之象，是因为它以阳居阴又得中，谦而能容，道积于其内，很像大车重物载于其中，无往不利，无论怎样震撼击撞，都不会覆败。

九三,公用亨于天子,小人弗克。

在大有之时,九三虽不居中但却得正,且以阳刚居下卦之上,有公居卿大夫之上之象。亨字,朱熹释作享,是对的。《左传》亨作享,朝献的意思。古文无享字,享献之享,亨通之亨,烹饪之烹,都用一个亨字。据《说文》,亨、享本是一字,故《易》中多互用。是亨是享,要视上下文而定,如这句爻辞的"公用亨于天子",分明是享献之意,若释作亨通之亨便不对了。公指九三,天子指六五。九三,作为天子之外臣诸侯,处富有盛大之时,能将其所有朝献于天子,是正当的,可取的,而小人则做不到这一点。

象曰:公用亨于天子,小人害也。

"小象"用"小人害'解释爻辞"公用亨于天子,小人弗克"。如果是小人当大有之时,处三的地位,就不会"用亨于天子"而要为害了。

九四,匪其彭,无咎。

彭字的意义,朱熹说不知道,程颐说"彭,盛多之貌"。程说根据《诗·齐风·载驱》"汶水汤汤,行人彭彭"和《诗·大雅·大明》"驷騵彭彭",可从。"匪其彭",盛多的反面,谦损的意思。九四已过中,在大有之时有过盛之象。过盛则极易发生问题。但是另一方面,九四以刚爻居柔位,能够谦损戒惧,警惕自己,不处其太盛,则可以无咎。

象曰:匪其彭无咎,明辩晢也。

人在方盛之时,能够看到盛极必得咎的前景,因而注意自我损抑,不使过盛得咎,是"明辩晢"的。"明辩",明智。"晢",也是明智。"明辩晢",明智又明智,非常明智。

六五,厥孚交如,威如,吉。

六五是大有卦的成卦之主,五个阳爻都归于它。它是阴爻,柔顺而居中,处在君位,能够虚己而与九二相应。它以孚信待下,下亦以信诚待它,上下以孚信相交通,可谓亲密相得,志同道合。这是大有之时,君臣上下关系的一个方面。六五虽是柔爻却在阳位,所以它有柔顺的一面,也有威严的一面。这就是"威如"。"威如"其实是指君之威仪而言。君要有君的威仪,让人看了畏惧。这是君臣上下关系的另一方面。大有之时,六五以柔居中处尊位,若能做到"交如"、"威如",必吉。

象曰：厥孚交如，信以发志也。威如之吉，易而无备也。

君臣上下孚信交如，你以孚信待我，我以孚信待你，但关键在君即六五这一方面。六五以自己的孚信启发带动了九二诸爻的孚信之志。九二诸爻响应六五，与之“孚信交如”，乃发于心志，并非出于勉强。

“威如之吉，易而无备也”，这一句各家解释不同。朱熹和程颐解释说，如果君上太柔，没有威严，那么臣下便不畏怕，不戒备了。孔颖达的看法与程朱相反，他以为是六五即君上“易而无备”，不是九二诸爻“易而无备”。六五之所以能够“威如”而得吉，不是因为它防范戒备臣下，恰恰相反，是因为它对臣下坦诚无私，推行简易，无所防备。看来孔氏之说较顺可从。

上九，自天佑之，吉无不利。

《系辞传》说：“佑者助也。天之所助者顺也，人之所助者信也。履信思乎顺，又以尚贤也，是以自天佑之，吉无不利。”程颐和朱熹说“履信思乎顺，又以尚贤也”是上九的事。其实不然。“履信思顺，又尚贤也”，说的是六五，不是上九。六五“厥孚交如”是履信；以柔居尊位，是思顺；以一柔而有五刚，上九独在它的上面，它能尚之，是尚贤。因为履信思顺又尚贤，所以能获得天之佑助，吉无不利。这是六五之德应该得到的结果，至上九表现出来。六五是大有成卦之主，它的结果实际上也就是大有全卦的结果。这种情况在《周易》中并不少见，已经成了通例。如小畜上九“妇贞厉，月几望，君子征凶”，离上九“王用出征”，解上六“公用射隼”，师上六“大君有命”等，均非指上爻而言。

象曰：大有上吉，自天佑也。

说“大有上吉”，是就全卦说的，说大有全卦最终吉无不利，不只说上九一爻。为什么说“自天佑”呢？古人把尚贤看得极重，以为大有之义莫大于尚贤，尚贤是最重要的。大有至六五还能尚上九之贤。大有发展到上九，已到极盛之时，盛极则衰，本来凶该降临了，但是因为六五尚上九之贤，所以竟得到了“吉无不利”的结果。这是天佑的缘故，似乎非人力所能为。不过这个天不是上帝神明，是事物发展的客观必然性。

〔总论〕

大有由下乾上离二体组成。一个阴爻居于五，为五个阳爻所宗，五个阳爻之所有都为六五所有，所以卦名“大有”，而卦辞曰“大有元亨”。元亨就是大亨。大亨当然是再好不过了。至于六爻的爻义也都很好。初九言“艰则无咎”；九二有大车之材，任重而行远，有攸往而无咎；九三讲奉献，故曰“公用亨于天子”；九四能够损抑自谦，所以得“无咎”；六五以柔居君位，既能“厥孚交如”又能“威如”，故“吉”；上九，盛大已发展到极点，本该衰败，但是由于六五“履信思顺又尚贤”，而得“自天佑之吉无不利”的结果。

大有这一卦经传都蕴含着辩证法思想。初九“匪咎，艰则无咎”，凡咎皆由自取。人在盛大富有之时极易得咎，若能居富思艰，则可无咎。九四“匪其彭，无咎”，人处在得势太盛的顺境，如能谦损自抑，亦可无咎。有咎可转化为无咎，无咎可转化为有咎。转化是有条件的。人的主观努力在转化中起重要作用。六五“厥孚交如，威如，吉”，既要讲信，又要有威，信与威兼备，在大有之时方可得吉。已经注意到了事物的两个方面。整个大有这一卦从初至终都有知艰则无咎的意向，尤其强调虑始慎终的问题。“小象”初曰“大有初九”，上曰“大有上吉”，其他各爻则不言“大有”。这是有意义的，说明大有全卦含有克艰于初然后有天佑之终，慎终如始而一以艰处的思想。

谦

䷎ 艮下坤上

大有之后为什么是谦卦？作《易》者如此安排并非偶然，是有思想内容的。《序卦传》说："有大者不可以盈，故受之以谦。"这是说事物发展有个限度，到了一定限度就要满盈；满盈就要发生变化，开始走向反面。在自然界，"日中则昃，月盈则食"；在社会人事方面也是如此，治极则乱，盛极必衰。唯一避免衰乱的办法就是经常保持谦虚。作《易》者于大有之后继之以谦卦，正反映他具有深刻的辩证法观点。他告诫人们，越是富有越是要谦。

什么是谦？程颐说"有其德而不居谓之谦"，朱熹说"谦者，有而不居之义"，都是对的。谦之为卦，上体是坤，坤为地；下体是艮，艮为山。山是高大的，地是卑下的。高大的东西却居于卑下的东西的下面，这不是"有其德而不居"吗？

古人极重视谦，谦最有益而无害。观 64 卦中别的卦都有悔吝凶咎，惟独谦卦下三爻皆吉，上三爻皆利，而且就全卦看，谦则亨，不必更有别的条件，就可以了解其大概了。

谦，亨，君子有终。

无论什么人，能做到谦巽以自处，都将亨通。所以谦则必亨，这是没有条件的。但是，一个人做到一时谦巽比较容易，能做到一生谦巽就难了。可是重要的恰恰是能一生谦巽。只有品德高尚的君子才能够安履于谦，终身不易。小人则不然。充其量只能勉谦于一时，而不能有终。君子为什么能够终生保持谦巽而不易呢？程颐说，君子"达理，故乐天而不竞；内充，故退让而不矜"，这种说法是对的。即越是精神贫乏的人越骄矜，越是内心充实的人越谦巽。

一阳爻五阴爻的卦有六，即剥、复、师、比、谦、豫。剥卦一阳在上，复卦一阳在下，象阳气之消长。师卦一阳在下体之中，比卦一阳在上体之中，象众之所归。谦卦豫卦之一阳在上下二体之际。一阳自上退处于下，居下体之上而在上体之下，便是谦。一阳奋出而上，居上体之下而在下体之上，便是豫。谦卦九三就是“君子有终”之君子。

彖曰：谦亨。天道下济而光明，地道卑而上行。天道亏盈而益谦，地道变盈而流谦，鬼神害盈而福谦，人道恶盈而好谦。谦尊而光，卑而不可逾，君子之终也。

“谦亨，天道下济而光明，地道卑而上行”，这是用卦之上下体的特点解释卦辞“谦亨”的含义。天道是指下卦艮中的阳爻而言。艮中的阳爻必居二阴爻之上，所以艮有光明之象。现在，在谦卦中，艮居下体，本应在上的天道竟屈居于下，这便有谦义。艮虽居下，却不妨碍它有光明之象。光明便有亨义。谦之上体是坤，坤是地道，地道本是卑的，卑也有谦义。地道卑，却升至上体，所以叫做“上行”。“上行”也有亨的意思。

“天道亏盈而益谦”以下，详尽论证谦的好处，讲天地人鬼都尚谦而恶盈。无论从哪个角度看，盈必招损，谦必受益。自天道看，月中则昃，月满则亏，损有余以补不足，是谦受益。自地道看，高岸为谷，深谷为陵，“变盈而流谦”将高处倾陷，而将多余的部分流注到低处。“鬼神害盈而福谦”，鬼神指造化而言，造化就是自然与人事的客观规律。盈满者往往得祸，谦损者往往得福。以上讲客观世界本如此，不以人的意志为转移。“人道恶盈而好谦”，自人类自身的情感而言，也是讨厌盈满而喜欢谦巽的。可见谦是至德，谦巽不自满的人有可能使自己立于不败之地。“谦尊而光，卑而不可逾”，谦巽对于无论什么人都是至关重要的。位尊的人谦巽不自满，其德更加光大，令人仰羡；位卑的人谦巽不自满，其德人们不能超越、企及。“君子之终也”，位尊也好，位卑也好，只有是道德高尚的君子才能久于其道，保持终身谦巽。谦既是重要的，也是艰难的。

象曰：地中有山，谦。君子以裒多益寡，称物平施。

这是“大象”。“大象”不是解释卦辞的。它是孔子观这一卦的卦象，学这一卦的卦辞之后，得出的心得体会，告诫人们学习这一卦应当如何推及于人事。“大象”的思想是孔子自己的东西，与《周易》本身无直接的关系。

“地中有山，谦”。地是卑下的，山是高大的。卑下的地蕴含着高大的山，外卑而内高，有谦之象。孔子认为，君子（天子、诸侯、公卿大夫有地者)统治国家人民应该依据此谦之象做到“裒多益寡,称物平施”。强调的不是君子自身如何谦巽,而是如何用谦的精神治理国家和社会。

裒,掊,取的意思。“裒多益寡”,裒取多者,增益寡者。“称物平施”,《汉书·律历志》:“权者,铢、两、斤、钧、石也,所以称物平施,知轻重也。”可见“称物平施”是以秤秤物。物有轻重,这是客观的存在。但是在以秤秤物的时候,能否做到平施即轻重持平,却全在人的掌握了。

统治者学了谦卦,要发扬谦卦的思想,治理国家应裒多益寡,称物平施,就是一方面损有余以补不足,一方面又使远近亲疏小大长短各当其分。这反映了孔子思想中的平均观念和等级观念。

初六,谦谦君子,用涉大川,吉。

初六以柔居谦之最下,有谦而又谦之象,所以称“谦谦”。真正能够做到谦谦的是君子,小人不能。凡事做过了头都不好,惟独谦不存在这个问题。君子而又谦谦,“用涉大川”亦吉,居常无事还能有什么不吉呢!“用涉大川”与“利涉大川”不同。“利涉”是强调有涉过险难的实力,此处言“用涉”,是强调君子有谦谦之德,居后而不与人争先,什么样的险难都可渡过。

象曰:谦谦君子,卑以自牧也。

牧,养。自牧,自养。君子何以能够谦谦其德?因为君子能够以谦卑之道自我修养,并且坚持不懈。

六二,鸣谦,贞吉。

鸣谦,谦见于声音颜色,表现在外面。九三是谦卦之主爻,谦卦之所以为谦卦,关键在于九三这一爻。自九三看,上六与它正应,六二与它相比。雄鸣雌应,阳唱阴和,所以六二与上六皆曰“鸣谦”。

谦之德本不应形之外,然而六二以柔居柔,居中得正,所以吉。贞,正。正则吉,不正则不吉。

象曰:鸣谦君子,中心得也。

“鸣谦君子”是“鸣谦君子,贞吉”的略语。谦而发于声音,本来是不好的,但如果是发自“中心”,是“中心得也”,非勉强而为,便可得吉。

九三,劳谦,君子有终,吉。

谦卦只有九三这一阳爻,其他五个阴爻都来尊它,它在谦卦中居重要地位，是成卦之主。所以九三爻辞与卦辞基本一致。卦辞说“谦亨，君子有终”，爻辞将亨字换成吉字，谦字前加一劳字。人既有大功劳，又能谦卑自处是谓劳谦。谦已属不易，劳谦尤为难能。劳谦一时，勉而为之，或不为难；若持久不变，劳谦终生，则非有大德之君子不行。是君子，方能终生劳谦则吉。《易·系辞》说“劳谦，君子有终吉。子曰：劳而不伐，有功而不德，厚之至也。语以其功，下人者也”。讲的正是谦卦九三这一爻的含义。

九三是成卦之主，一阳处五阴之中，为五阴所尊，本为有大功劳者，应该居上位，现在却止于下体，有劳而能谦之象。

象曰；劳谦君子，万民服也。

“万民服也”，解释爻辞“劳谦，君子有终，吉”。万，盈数，含有大的意思。万民，即广大老百姓。有大功劳而又不矜不伐，甘居下位的人，坚持终生如此，必受到广大老百姓的拥护。所谓“君子有终，吉”，就是这个意思。

六四，无不利，㧑谦。

㧑即挥。“㧑谦”，发挥谦德，亦即动息进退都表现出谦德来。“无不利，㧑谦”，无不利于㧑谦，㧑谦是无不利的。六四为什么举动施为必须充分表现谦德才无不利呢？因为四是多惧之地，它本该谨慎戒惧，更何况谦之六五是谦柔自处之君，九三是劳谦之臣，六四处于其间，对上必须恭敬事奉，对下亦当卑巽以让，充分发挥其谦德，不仅是应该的，也是有利的。

象曰：无不利㧑谦，不违则也。

㧑谦，充分发挥谦德，这在六四来说，是不过分的，合宜的，不违背法则的。

六五，不富以其邻，利用侵伐，无不利。

富，富有，在《周易》里阳被认为是实的，富的，阴被认为是虚的，贫的。以，用，能左右的意思。邻，亲近主人，引伸为臣下、群众。“以其邻”，能够左右臣下、得到臣下、百姓的拥护和信赖。《周易》以“富以其邻”为常，即阳爻居中处尊，能够左右其相邻之阴爻，如小畜之九五即是。谦之六五是阴爻居尊位而能“以其邻”，得到臣下、百姓的信赖、拥护，所以叫做“不富以其邻”。六五不富而能以其邻，属于非常情况。它以柔居君位，具有谦顺之德，能够接触臣下，臣下也乐归于它。但是六五毕竟是阴爻，属坤道；

坤道不足而不富，很可能有不服它的。有不服，可以征伐，征伐无不利；若无不服，自然不必征伐。谦之九三就与六五不同。六五阴爻不足不富，有不服的，可以征伐，征伐无不利。九三阳爻，有余而有终，万民皆服，根本无须征伐。

象曰：利用侵伐，征不服也。

为什么“利用侵伐，无不利”呢？“征不服”也。六五虽以柔居君位，有谦顺之德，但仍有不服的，谦德所不能服的，便用武力来解决。孔子说“利用侵伐，征不服也”，意思是说，人君应以文德治国，仍有不服，则可以诉诸武力。以武力征不服者，是正当的。“利用侵伐”并不妨碍统治者行谦之道。可见，孔子主德治，倡“导之以德，齐之以礼”，实不排斥必要时采取暴力手段。

上六，鸣谦，利用行师。征邑国。

谦卦中上六与六二皆曰“鸣谦”，其所以“鸣谦”，皆与九三有关。六二与九三相比，上六与九三相应。虽然都与九三有关，都叫“鸣谦”，但由于各自之处境不同，结果也就不同。六二谦德发于外，有谦德积于中做基础，所以贞吉。上六谦德发于外，而自身的处境不佳。以柔居柔，是顺之极。居谦之上，是谦之极。以至柔处极谦，谦而至于极，反为过甚，其实不好。它鸣谦，是想求应于九三，但九三是成卦之主，应于众阴，不想单独应于上六。无奈，上六只好通过“利用行师，征邑国”的办法把谦之道表达出来。“利用行师”，利在使用刚武，“征邑国”，征自己管辖的地域。意在自己解决自己的问题。这正是谦的表现。

象曰：鸣谦，志未得也。可用行师，征邑国也。

六二鸣谦是因为“中心得”，居中得正，内里充实。上六鸣谦是因为“志未得”。“志未得”，是说上六居谦之极，自己感到谦之不足。谦之不足，便要补足，补足的办法是“可用行师”，即使用刚武。使用刚武，也不可对外，仅仅能够“征邑国”，自己解决自己的问题。

〔总论〕

谦卦之下三爻皆吉。上三爻不如下三爻，但亦皆称利，全无凶咎悔吝。这是谦卦的突出特点。谦卦以谦为主，谦无论在什么情况下，都不会招致祸患。初六以柔居下，谦而又谦，百无一失，君子居此，虽涉大险，亦无患害。六二以柔居中得正，谦德充实于内而鸣于外，正而且吉。九三是成卦之主，有大功劳却又能谦卑居上体之下，君子处于此，必终身得吉。六四上有谦巽之君，下有劳谦之臣，处此多惧之地，动作施为，无所不利于㧑谦。谦德发挥得越充分越好。六五与上六居上体之高处，这在谦卦来说，是不好的。六五或有不服，故不言谦而言利用侵伐，上六无奈而鸣谦亦言利用行师。虽言侵伐，却也都为了行谦，所以皆利而无害。

孔子给《周易》谦卦作的《彖传》值得注意。孔子讲到天地鬼神和人都贵谦而反对谦之反面——盈。人道恶盈而好谦，天道、地道及鬼神与人道一样，也是背盈而向谦。谦好，盈不好。这反映出孔子的一个重要思想，即：人道与天道（地道、鬼神可以包含在天道之内，都是自然）是一致的，人道在天道里必有反映。其实这就是天人合一的观念。这一观念虽然十分质朴，却也是正确的。用今日语言说，就是人类社会的规律与自然的规律有其共同性，由两者抽象出来的认识，不就是哲学吗！不过应当指出，孔子的天人合一观念与后世汉人讲的根本不同。汉人讲的天人合一实质上是天人感应，以为天降灾异于人间，告诫人类去恶向善，视天为有意志的神明，具有鲜明的迷信色彩，而孔子则把人道、天道都看作客观的规律。

豫

䷏ 坤下震上

豫卦卦名的这个豫字，含义比较复杂。据古人的解释，它至少有三个不同但却相近的义项。逸豫，安逸休闲；和豫，和悦顺畅；备豫，事有豫备，见微而知著。逸豫与和豫，意义相近相通，都有乐（与忧相对）的意思。备豫，看来与乐似乎不相关涉，其实也是有联系的，因为备豫可以这样理解：凡事有豫备，极易获得好的结果；好的结果到手，自然可以安逸和乐了。由备豫而导致安逸和乐还可以有另外的解释。彼一代人创造条件，打下基础，此一代人只管承受就是了，不必劳苦，也会得到安逸和乐。即所谓前人种树，后人乘凉。

豫卦为什么次诸谦卦之后呢？《序卦传》说："有大而能谦必豫，故受之以豫。"生活富有，内心充实而能谦巽自处的人，必有安逸和乐的结果。

豫卦所以名豫，可从以下诸方面得到解释。从卦之德来看，外卦震，"震，动也"；内卦坤，"坤，顺也"。坤下震上，有顺动之象。动而和顺，所以名曰豫。此其一。第二，从卦之主来看，卦主九四以一阳统五阴，五阴都应于它，下面又有坤来顺承，动而上下顺应，所以名曰豫。还有，从卦之二象来看，"震为雷"，"坤为地"，雷出于地上。雷先潜闭于地中，待它动而奋出之时，自然发出声音，其中有通畅和乐之义，故名之曰豫。

豫，利建侯行师。

豫卦为什么有"利建侯行师"的意义呢？从卦之二体来看，豫之外卦是震，内卦是坤。震乃长子，有侯象。坤为众，有师象。所以卦辞言"利建侯行师"。屯卦有震无坤，所以言建侯而不言行师。师卦有坤而无震，所以言师而不言侯。又，从内外卦之卦德看，外卦震，震，动也；内卦坤，坤，顺也。震动于坤之上，动而顺，象天子在上封建诸侯，万民在下"顺从悦服"，有如周克商而大封同姓。坤顺于震之下，顺而动，象天子兴师征战，诸侯从征，民众顺合，有如汤征东西南北而天下不以为怨。

彖曰：豫，刚应而志行，顺以动，豫。豫，顺以动，故天地如之，而况建侯行师乎！天地以顺动，故日月不过而四时不忒。圣人以顺动，则刑罚清而民服。豫之时义大矣哉。

“豫，刚应而志行，顺以动，豫”，这是用卦体与卦德解释卦名。豫卦之所以为豫，是因为从卦体来看，“刚应而志行”。此卦只有九四一刚爻，它是一卦之主，上下众阴爻都来应它，顺它，它的志向得以实行，并无阻碍。天下如此，可致天下之豫；一国如此，可致一国之豫；一家如此，可致一家之豫。“顺以动，豫”，内卦顺，外卦动，上动而下顺，所以为豫。《彖传》行文有一个例，凡称卦德，皆内卦在先，外卦在后。豫卦是内卦坤，外卦震，所以《彖传》说“顺以动”，不说“动以顺”。二者之间使用的连词不同，文义也有区别。连词用“而”的，上下两词并重，如小畜《彖传》的“健而巽”，是既健又巽的意思；讼卦《彖传》的“险而健”，是既险又健的意思。两个词的意义轻重相等，分不出主次。连词用“以”的，则上下两词的意义便有轻重之分了。此卦之“顺以动”，是以“顺”字为重，强调的是“顺”而不是“动”。这一卦所以名曰豫，“顺”是重要的，或者说关键在于“顺”。倘若上动而下不顺，或者动而不以顺，也就谈不到豫了。

“豫，顺以动，故天地如之，而况建侯行师乎”。这是以卦德解释卦辞。“顺以动”，动必以顺为前提，凡人间事，尤其治国平天下之事，必须顺乎天理，应乎人心，亦即合乎规律，不得不动才动；若逆乎天理、人心、规律，轻举而妄动，事情没有不败坏的。自然界的天运地转也是因为“顺以动”才得以豫的。自然界尚且如此，何况人世间建侯行师这种关乎民众死活的事，岂可有违此理，不顺而动！

“天地以顺动，故日月不过，而四时不忒。圣人以顺动，则刑罚清而民服”。在《易》的作者看来，天地人三才的行动，都必须遵循一定的规律。所谓天地以顺动，其实就是遵循自然规律而动。日月不过与四时不忒不是两回事，是一回事。惟其日月之度不过差，才有四时之行的不愆忒。天地以顺动，统治者效法天地治国平天下，也要以顺动。法律所禁止的，应该正是人民所不想干的；法律所允许的，应该正是人民所想干的。这样顺着民心做事的结果，则刑罚清简而民服从。

“豫之时义大矣哉”，这是一句感叹的话，意在提醒人们对此卦之意义反复思考，加深认识。《易》64 卦都有时有义有用。孔子作《彖传》，只在

12 卦中言及时、义、用的问题，实际上是举例，不是说另外 52 卦便无时无义无用。《彖传》讲“时大矣哉”的有颐、解、大过、革四卦，讲“时义大矣哉”的有豫、随、遯、姤、旅五卦，讲“时用大矣哉”的有坎、睽、蹇三卦。其中讲“时大矣哉”的，重在时字。例如颐、大过、解、革四卦，都是大事大变，关键在时字，务必把火候把握好。讲“时义大矣哉”的，重在义字，如豫、随、颐、姤、旅五卦，都好像是细微浅事，但是含有深意。豫卦讲利建侯，屯卦也讲利建侯，但是二卦强调的重点是不同的。屯卦重在时，豫卦重在义。讲“时用大矣哉”的，重在用字，如坎、睽、蹇三卦本来全不是美事，若能掌握得当，因时而用之，则完全可能产生好的效用。

象曰：雷出地奋，豫。先王以作乐崇德，殷荐之上帝，以配祖考。

古人认为雷从地中出。地中阳气潜闭既久，一旦奋迅而出，阴阳相薄而成雷。雷有鼓动和气，发扬生机，通畅和乐的效用，所以坤下震上这一卦名之曰豫。“先王以作乐崇德，殷荐之上帝，以配祖考”，前一个“以”字作用字讲，后一个“以”字作而字讲。“殷”是盛的意思。“配”是妃、对的意思。先王用“雷出地奋豫”的现象作为样式，象其和之声，取其和之义，制作声乐，发扬光大自己的功德。在祭祀时将这声乐盛大地奏给上帝听，而又将自己的德与祖考相匹对。对上帝用“荐”字，对祖考用“配”字，其实是互文见义。荐之上帝，也包括荐之祖考。祭祀上帝奏乐，祭祀祖考也奏乐，规模都是盛大的。以德配祖考，也包括以德配上帝。总起来说，是讲豫卦的意义很深远，既荐之上帝，又配祖考，这样重要的“作乐崇德”就是受“雷出地奋豫”的启示而作出来的。

初六，鸣豫，凶。

初六以阴柔居初而与豫之主九四相应，象不中不正的小人处在逸豫之时，受到上峰的支持、宠爱，志满意得，忘乎所以，不胜其豫，乃至于发出声音，表现出一副十足的轻浅相。结果必凶无疑。

鸣是心中有感而发于声音，是感情的自然表达。然而感情的性质有所不同。谦卦上六的“鸣谦”是鸣，豫卦初六的“鸣豫”也是鸣，但是两个鸣的情状、意义是不一样的。谦之上六因感于九三而“鸣谦”，有不乐居上之意，是鸣而求谦，所以吉。豫之初六因感于九四而“鸣豫”，有耽于逸豫之意，是豫而自鸣，所以凶。

象曰：初六鸣豫，志穷凶也。

逸豫是好事，处理不好便是坏事。荒于逸豫是坏事，开始便荒于逸豫而又不知戒惧，尤其是坏事。“初六鸣豫”，在豫之初即鸣，可知器量已尽，志气已穷，怎能不凶。

六二，介于石，不终日，贞吉。

豫卦有一个特点，凡与卦之主九四有所系应即应、比的，不是凶就是悔，不是悔就是疾，都不好。如初六与九四应，凶；六三与九四比，有悔；六五与九四比，贞疾。唯六二特立于众阴之中，无系于九四，处豫乐之中而无迟迟耽恋之意。静则确然自守而坚介如石，处优越、顺利的环境不能动摇它的意志。动则善于见几而作，及早发现问题，把问题解决在萌芽状态。识断果决，去之迅速，早上该做的事情，绝不等到晚上。

六二为什么能够这样？因为六二居中得正，又无系应，有坚确自守之象。但这只是说六二在客观上有居中得正的条件，若要将可能性变为现实，真正获吉，必须在主观上努力做到贞，即守正不移。

象曰：不终日贞吉，以中正也。

六二之所以能够介然不动以静守，断然不疑以行动，全部问题的关键在于它以阴居阴，居中得正。

六三，盱豫悔，迟有悔。

六三的情况与六二大不相同。六二以阴居阴，居中得正，无系于九四，故介于石，不终日。六三则不然，六三阴柔居阳位，不中不正，且近比九四，故不是“介于石”而是“盱豫”，不是“不终日”而是“迟”。“盱”是张目企望向上看。“盱豫”，包含两层含义，一是一味取悦于上，不能坚持独立；二是下溺于豫，迟疑有待，优游无断。然而六三虽是阴柔却毕竟居于阳位，所以犹有能悔之意。悔的结果如何，要看它的主观上的态度了。若悔的坚决迅速，尚可将坏的处境变好；若悔的迟，则必又有悔了。古有又字通。“迟有悔”即“迟又悔”。

象曰：盱豫有悔，位不当也。

六三盱豫有悔，来自于“位不当”，即它所处之地位不中不正。

九四，由豫，大有得，勿疑，朋盍簪。

九四是豫卦的主爻，豫卦之所以为豫，就是由它决定的。它作为一卦之主，五个阴爻都来悦顺于它，通过它而得到逸豫。这是从爻的角度看。若从象的角度看，它是震之主，震为雷，天下万物莫不由雷以得豫。引伸到人事，它以阳刚承柔弱之后而主天下事，天下由它而致豫。“大有得”即《彖传》“刚应而志行”的意思，五个阴爻都顺附于它这个阳爻，它的志愿得以畅通而无窒碍。

但是，要把“由豫，大有得”变为现实，九四还必须做到“勿疑，朋盍簪”。由此我们再次看到，爻辞给人所指示的前途，都只是时势发展的一种趋向，一种可能性，无论是好是坏，是吉是凶，是悔是吝，都是有条件的，不是绝对的。《易经》总是强调人们应该如何努力争取好的结果，避免或者尽量减少坏的结果，它没有给宿命论留下任何余地。

九四欲为天下致豫，其责大任重，独力难支。为使同志同德者心悦诚服地来支持自己，它必须开以诚心，宽大待人，勿自生疑。勿生疑，则“朋盍簪”，志同道合的朋类，迅速地及早地聚合起来，团结起来。盍通合。簪，古人或训聚或训速，今从后训。

象曰：由豫大有得，志大行也。

此与《彖传》“刚应而志行”意同。解释九四所以能够“由豫”，能够“大有得”，其根本之点是九四以阳刚为五阴所应，其志得以大行。全卦唯九四一爻从宏观上考虑问题。其义与全卦之义大体一致。其余五爻则各述己义，比较具体，与卦义不尽同。

六五，贞疾，恒不死。

贞而有疾，常疾而不死。六五以阴居尊位，是柔弱之君。柔弱之君处在逸豫之时，必骄侈恣欲，本宜死于安乐而有余。然而有如孟子所说“入则无法家拂士，出则无敌国外患者，国恒亡”，九五没有亡，仅仅有疾而已，而且能够维持较长时间不亡，是由于有九四作为法家拂士来辅弼它，救正它。贞，正。这里的贞，不是自正于己，而是见正于人。“贞疾”，不是说受到人家的救正反而得疾，是说因受到人家的救正而得以恒不死，仅仅得疾而已。

象曰：六五贞疾，乘刚也。恒不死，中未亡也。

六五这个柔弱之君，处逸豫之时，本宜骄侈恣欲而亡，为什么竟仅仅有疾而未亡，因为它乘刚，有九四这个刚阳之臣在下边辅弼它，是正它，使它不敢溺于豫。疾则邻于死，然而“恒不死”，“中未亡也”。从爻象看，六五柔弱不堪，但居中之位还在。若以人体为喻，中气尚存，命脉还在，故不死。

上六，冥豫，成有渝，无咎。

冥，昏昧。冥豫，耽肆于豫，昏迷而不知返。上六以阴居上，不中不正，又在豫终之时，沉冥汩没，凶象已成，似无可改矣。然而“竟成有渝，无咎”，宜凶而未致凶，其中蕴含着极深刻的事物转化的思想。冥豫，看来似乎坏到了极点，不可救药，而其实正因为在豫之极，物极则反，才包含着变化的契机，反而有向好的方面转化而得无咎的可能。无论什么人处在冥豫的境地，只要改恶趋善，勇于补过，都可能变“冥”之凶为“渝”之无咎。

象曰：冥豫在上，何可长也。

孔子讲“何可长也”，似乎有两层含义。悦豫过甚以至于冥顽不知止，长此下去，必致凶无疑。这是强调问题的严重性。豫已至于极点，达到非变不可的程度。这是说变化的必然性。

〔总论〕

总的说来，豫卦反映出两方面的思想。卦辞与《彖传》的“利建侯行师”，“顺以动，豫”，“豫，顺以动”，从正面阐发致豫之道及致豫之盛。六爻之中只有作为卦之主的唯一阳爻九四表达了与卦辞及《彖传》一致的思想，其余五阴爻之爻辞及“小象”则根据它们在卦中的势位即与九四的关系，从反面说明享豫之凶，指示人们在豫之时趋吉避凶的途径。《杂卦传》所云“豫怠也”，正是此义。

豫是好事也是坏事。处理好了便是好事，处理不好便是坏事。社会不可无豫，人心不可有豫。所以卦中五阴爻越是与豫之主疏远就越好。六二与九四无比无应，最好。它能知几见微，迅速摆脱豫怠的境况。初六与九四正应，最不好。它沉溺于豫之始而不能自拔，结果必凶。另三爻处于中间状态。六三与六五皆与九四比，都不太好。六三应当速悔，若迟疑犹豫则必又悔。六五由于有人救正它，当豫之时而不得豫。上六居豫之极，豫怠已达冥顽不化的程度。但物极必反，如果此时能够顺势而变，可无咎。

随

䷐ 震下兑上

朱熹和清人查慎行都说随是从的意思。把随释作从，是正确的。引伸一步说，从就是通达时变，不拘守故常。但是，是己从物还是物从己，各家意见不一。程颐以为随的含义包括物从己和己从物两个方面。《周易折中》则认为随卦卦义主要在以己随物，物来随己不过是以己随物的反馈。这后一种意见是对的。事情很明白，由于你随人家，人家才来随你。物随己与否是由己是否随物决定的。

震下兑上这一卦为什么会有随的意义？从卦之二体看，下卦是震，震为阳为动；上卦是兑，兑为阴为说。阳下于阴，此动而彼说，有随的意义。从卦画来看，刚爻都在柔爻之下，也有随的意义。阳卦在阴卦之下，刚爻在柔爻之下，64 卦中这两种情况具备的，只有这一卦。这是这一卦取名为随的意义所在。阳下于阴，刚下于柔，联系到社会人事来看，象贵者下贱者，学问多的人问于学问不多的人，这正是随的意思。

《序卦传》说："豫必有随，故受之以随。"悦豫是好事，物必来随，所以豫卦之后次以随卦。这样讲，道理自然不是充分的，但它说明孔子已认识到 64 卦的排列并非出于偶然，他力图找出它们的规律来。

随，元亨，利贞，无咎。

随，以己随物，可以获致大亨的结果。但是，随是有条件，有原则的。该随的随，不该随的不能随。随，必须以贞正为前提，然后才能大亨而无咎。如果随不以正，便是诡随了。诡随，结果不会大亨，且要有咎。《左传》襄公 9 年记载穆姜曾占过随卦，有人劝他赶紧逃走，以免一死，因为随卦卦义是"元亨利贞无咎。"然而穆姜却认为自己即使占了随卦也不可能免罪，原因是他不具有元亨利贞四德。没有四德而随，必有咎。穆姜把随卦的元亨利贞理解为四德，是不对的。只有乾卦的元亨利贞是四德的意思，即四个字有四个含义；别的卦的元亨利贞则不可作如此解。但是穆姜强调随而无咎必须具有一定的条件，却深得随卦卦辞之意。

彖曰：随，刚来而下柔，动而说，随。大亨贞无咎，而天下随时。随时之义大矣哉。

“随，刚来而下柔，动而说，随”，这句话是解释卦名的。“刚来而下柔”句历来有两种解释。一种解释是卦体说。刚指下卦震，震是阳卦，所以称刚。柔指上卦兑，兑是阴卦，所以称柔。“刚来而下柔”是说震作为阳卦本应居阴卦之上，现在却屈居阴卦兑之下，正有以大下小、以贵下贱的意思，这就是随。另一种解释是卦变说。卦变说创于虞翻和荀爽。虞翻用卦变说解释“刚来而下柔”这句话说：“否，乾上来之坤初，故刚来而下柔，动震说兑也。”蜀才也说：“此本否卦，刚自上来居初，柔自初而上升，则内动而外说，是动而说，随也。”（均见李鼎祚《周易集解》）朱熹的《周易本义》说同。他们认为随卦是由否卦变来的。这种卦变说有违《周易》的原义，不可从。宋人苏轼阐释的卦变说是可以信据的，他说：“凡易之所谓刚柔往来相易者，皆本诸乾坤也。乾施一阳于坤，以化其一阴而生三子，皆一阳而二阴。凡三子之卦有言刚来者，明此本坤也，而乾来化之。坤施一阴于乾，以化其一阳，而生三女，皆一阴而二阳。凡三女之卦有言柔来者，明此本乾也，而坤来化之。故凡言此者，皆三子三女相值之卦也。非是卦也，则无是言也。”（见《东坡易传》贲卦《彖传》）。苏轼认为六子均由乾、坤交错而来，证之以《说卦传》“乾天也，故称乎父，坤地也，故称乎母，震一索而得男，故谓之长男，巽一索而得女，故谓之长女，”坎再索而得男，故谓之中男，离再索而得女，故谓之中女，艮三索而得男，故谓之少男，兑三索而得女，故谓之少女，苏说是对的。“刚来而下柔”的刚是乾卦的一个刚爻，它来把坤卦的初爻变为刚爻。这就叫做“刚来而下柔。”“刚来而下柔”有随的意义。

“动而说，随”，这一句是用卦德解释卦名。兑之德是说，震之德是动。由于下卦的动而引起上卦的说。此有所动，而彼无不说。动是随，说也是随。动之随促成说之随，包含说之随。动而说，都有随的意义。

“大亨贞无咎，而天下随时，随时之义大矣哉”，是解释卦辞的。《周易》很讲究这个时字。孔子对时字有更深的了解。孟子说“孔子，圣之时者也”，用时字概括孔子思想的特点，是十分恰当的。孔子作《易传》特别强调时字。随卦的关键问题是正，随而得其正，然后方可大亨而无咎。失其正则有咎,更谈不到大亨了。不过什么是正什么是不正?这没有固定的标准,须因时而定。所以说,“天下随时”。“随时之义大矣哉”这句赞语,强调“随时”的重要性。意思是说随,并不难,随而能各当其时则不易做到。

象曰:泽中有雷,随。君子以嚮晦入宴息。

泽中有雷,雷震于泽中,泽随雷而动,有随之象。君子观看此象,要“嚮晦入宴息。”意思是说,时间在不停地变化,白昼与黑夜交替出现。白天,要自强不息地工作,黑夜则应入内宴息,到什么时候做什么事情,这叫做随时。“嚮晦入宴息”这样的日常生活的事情,要讲随时,其他重大的事情更不待言了。嚮,向;晦,暗。嚮晦,天色要入黑夜了。

初九,官有渝,贞吉,出门交有功。

随卦六爻不论应否,只论近比,而且多取以下随上之义。初与二比,则初随二;二与三比,则二随三;三与四比,则三随四;五与上比,则五随上。

初九是阳爻,是成卦之主。阳为阴主,主谓之官。初九作为为主之阳爻,阴爻应该来随它,才是正常的。但是现在初九处在随之时,不可以主自居,而应知变从权,当随而随。这就是“官有渝”。“贞吉”,“官有渝”必须变而不失其正,故可以得吉。“出门交有功”,走出家门之外,与家族以外的人交,而不要与家族内的亲人交。“出门”是一种比喻,用以表明交的对象不是私暱,能够做到交必得正,交正则无失,无失则有功。交就是随。这里言交而不言随,是因为初九是成卦之主,它又是阳爻,阳为阴主。主不可以随人,所以称交不称随。

象曰:官有渝,从正吉也。出门交有功,不失也。

主变而随人,所从得正方能得吉。所从不正,必有悔吝。“出门”而交,非牵于私暱,其交必正。“不失”,不失其正的意思。

六二,系小子,失丈夫。

初九以刚随人,叫做随。六二以柔随人,叫做系。其实讲的都是随。小子与丈夫各指谁?小子指六三,丈夫指初九。《易》以阳为大,以阴为小。六三是阴,故称小子。初九是阳,故称丈夫。六二以阴柔而居中,有系人而不能自立之象。依它的本意,既要系小子又要不失丈夫,然而实际上办不到。从随卦的特点看，六爻不论应而论比，而且取以下随上之义，六二只能随六三。既随六三，便要失却初九，二者不可兼与。从事理上看，一个人处随之时，既随君子又随小人是不可能的。即便一时那样做，归根结蒂还是将随小人而失却君子。凡随之事，正邪善恶是非不能两从。从邪则失正，从恶则失善，从非则失是。六二既系小子六三，便不得兼随丈夫初九。

象曰：系小子，弗兼与也。

"系小子"应是"系小子，失丈夫"的省语。系小子六三则必失却丈夫初九，因为兼系小子与丈夫是办不到的。纵然主观上想要小子与丈夫两系，而结果也只能系小子而失丈夫。

六三，系丈夫，失小子。随有求得，利居贞。

随卦的特点是论比不论应，取上不取下，所以六三之"系丈夫"显然指九四，"失小子"显然指六二。六三既然已系九四，则必与六二疏远。有所得，必有所舍。

卦义以阴随阳为得。六三与九四近比，以阴随阳，极易投契，有求必得。可是六三与九四皆居不当位，非常可能借随的机会求所不当求，得所不当得。这时候在六三来说，重要的是"利居贞"，即守正为好。最好是守正而弗求。

象曰：系丈夫，志舍下也。

这是说，六三系了上边的九四，舍了下边的六二。情况与六二系了六三，失了初九相同。不同的是六二是"弗兼与"，六三是"志舍下"。"弗兼与"，六二本意想既系小子又系丈夫，达到君子小人两从的目的。结果是系了小子，失了丈夫。二者不可兼与。"志舍下"，六三本意就是系丈夫而舍小子，根本不想兼系丈夫和小子。

九四，随有获，贞凶。有孚在道，以明，何咎。

九四居九五之下，是近君之位。这样的地位本来就是十分危险的。现在九四又"随有获"，"随有获"谓得天下之心随于己。有可能使它的威望超过人君九五。这样的处境实在太危险。"贞凶"，即谓若守此不变，乃取凶之道。然而补救的办法是有的，那就是"有孚在道"，即所作所为所思所想能够既尽其诚，又合于道。而且加之"以明"，能做到这样的程度，自然无咎了。

象曰：随有获，其义凶也。有孚在道，明功也。

“随有获贞凶”这句话是说，其义是凶的，“其义凶”，从理论上说其致凶的可能性。如果主观上做出适当的努力，凶是可以避免的。关键在于能否“有孚在道”。“有孚在道”的意义是用实际的表现让人家理解自己的功劳。“明功”不是自我表功，相反，倒是使人了解我心光明洞达，正其义，不计其功。

九五，孚于嘉，吉。

嘉，善。孚，诚、信。孚字在此亦有随、从的意思。九五居尊得正而且中实，对六二、九四不嫌不疑，唯善是从。以一片至诚感天下人，天下人亦以一片至诚来随己。“孚于嘉”，就是随于善。随不迳言随而言孚，是因为随之时以得中为好，不宜随之太过，太过就不是“孚于嘉”。随之九五，以诚信中实随天下之善而不过，故称“孚于嘉”。

象曰：孚于嘉吉，位正中也。

九五能够“孚于嘉吉”，就是因为它既得正又居中。得正，使所随皆善。居中，使随善而不过。

上六，拘系之，乃从维之。王用亨于西山。

一般说来，《易》中凡外卦是说兑的，如大过、咸、兑诸卦，其九五与上六二爻，因为都是相说而动，所以都相比而不正。唯随卦不然。随卦以刚下柔为义，其九五与上六有相随之义，而没有不正的问题。

“拘系之，乃从维之”，意思是既拘系之，又从而维系之，说明随的固结如此。上六不说系小子也不说系丈夫，只说拘系之，这是因为上六所系者是九五，而九五是君是王。“王用亨于西山”，是九五作为王，也随上六，甚至把上六视作贤人，完全信任它，乃至于使之主祭，祭享山川上帝。亨古通享。西山，周之岐山。

象曰：拘系之，上穷也。

随至上六，已发展到穷尽的地步。穷就要变，就要由随变为不随。就人事说来，好像一个人表现出高亢绝世，往而不返的意向。然而随之上六与九五有相随之义，尽管艰难，它还是要克服绝世不随的倾向。所以别的阴爻只讲系，上六则讲拘系，讲乃从维之。看得出上六的随分外不容易。

〔**总论**〕

随卦上体是兑柔，下体是震刚，刚处于柔之下，六爻都是阴爻在上，阳爻在下，即也是刚在柔下，本来应当是柔在刚下，而今则是刚处柔下。刚而能下柔，则无所不能随，所以此卦名曰随。

随卦六爻，一半是阴爻，一半是阳爻。无论阴爻阳爻，都取相比相随而不取相应。同是随，而初九称交，九四称随，九五称孚，含义有一定的差别。初九出门交有功，强调随之始要无偏系私暱。九四随有获，告诫在随获成功的时候，应“有孚在道”防止使随由好事变成坏事。九五孚于嘉，说明随道已应中实，所随当善。

六二、六三、上六三个阴爻，皆称系而不称随。系实质上也是随。只是由于它们都是阴柔之才，在随的时候都不免有所系恋，与三个阳爻相比，属于下一等次。

蛊

䷑ 巽下艮上

《序卦传》说:“以喜随人者必有事,故受之以蛊,蛊者事也。”以喜说随人是好事,好事长久下去必生出坏事,所以随卦之后次以蛊卦。《序卦传》说蛊是事,其实蛊字不能训为事。蛊字是由无事而生出事的意思,而且生出的是坏事,很像木质的器物由于木气长期不得宣畅而生蠹,元气萎敝,积久而坏。一个人发生疾病,一个社会发生动乱,都属于这种情况,都是坏极而有事。蛊卦巽下艮上,山下有风,风在山下。风能够发舒万物,现在风受阻于山下,万物得不到风的发舒,必久而蛊坏,所以卦名曰蛊。又,从卦之二体看,艮阳卦在上,巽阴卦在下。从卦之六位看,艮与巽都是阳爻在上阴爻在下。阳卦与阳爻都在上,阴卦与阴爻都在下,64 卦中独此一卦。刚柔不交,上下不接,有久绝不通而生事之象,所以卦名曰蛊。

蛊,元亨,利涉大川。先甲三日,后甲三日。

蛊本来是积渐不通,久而生事的意思,为什么说“元亨”呢?这是因为物极必反。积渐不通达于极点,必然会导致大亨大通。就国家社会来说,乱是治的根源,蛊是饬的前提。既然已经乱了,治的局面总要出现的。

但是乱不会自动变为治,大亨大通不会自动出现,必须经过人的主观努力。客观的可能性和主观的能动性都是必要的。不植不立,不振不起。社会发生动乱,要经过修理整饬,渡过艰难险阻,方得大治。所以说“利涉大川”。

治蛊不是易事,必须足智多虑,认真对待,做到“先甲三日,后甲三日”方可。甲是事之始,事之端。“先甲”,在治蛊之先要分析研究致蛊的缘由,总结经验教训,制定正确的治蛊方针方法。“后甲”,在治蛊之后要分析研究事情发展的趋势,制定巩固治蛊成果的方针方法。三是多的意思。“三日”,是看的远,想的深。

彖曰:蛊,刚上而柔下,巽而止,蛊。蛊元亨而天下治也。利涉大川,

往有事也。先甲三日，后甲三日，终则有始，天行也。

“刚上而柔下”是解释卦名的。这句话可以理解为卦体问题，也可以理解为卦变问题。从卦体的角度说，艮刚体居上，巽柔体居下。艮之上九，刚爻居上。巽之初六，柔爻居下。上下不通，刚柔不交，故卦名曰蛊。从卦变的角度说，“刚上而柔下”，是说上卦本是坤，乾施一阳爻于坤之上，而为上九，于是柔卦变为刚卦而居上；下卦本是乾，坤施一阴爻于乾之初，而为初六，于是刚卦变为柔卦而处下。“刚上而柔下”，说的是致蛊之由，不是治蛊之道。艮刚居上，巽柔居下，上高亢而不与下交，下卑巽而不能救，上下隔绝不通，所以至于蛊坏。

“巽而止”，也是解释卦名的。巽，软弱柔顺，遇事进退不决，无奋迅有为之志，有苟且因循之习，又有艮止的阻碍，什么事情也干不了，什么问题也不得解决，积久而至于蛊，是必然的。

“蛊元亨而天下治也”，此句以下解释卦辞。元亨，是治蛊的方法。天下由蛊而至于乱，乱之终便是治之始。治的途径是大亨大通。大亨大通导致天下大治。

“利涉大川，往有事也”。天下处在蛊坏之时，有如大川滔滔不易逾济。这时应当勇于涉险，断然而往。当然往则必有无穷的艰险麻烦之事需要去做。须知流水不腐，户枢不蠹。社会处在蛊坏之时，要不怕麻烦和挑战，有所行动，方可济汹涌大川，使乱世转为治世。

“先甲三日，后甲三日，终则有始，天行也”。孔子把人之道与天之道合起来看。人世间的事情与自然界的事情是一致的。社会达到蛊坏的程度，必然告一结束，转入全新状态；旧的告终，便是新的开始。这种终则有始的规律，犹如斗转星移，四时交替，黑夜过去是白昼，冬日结束，春天接着就来临。

象曰：山下有风，蛊。君子以振民育德。

风吹至山下，为山所阻挠，不能畅达而回薄，摧败山木，有蛊之象。另一方面，风能振起万物，山能涵养万物。山下有风，又有振起、养育之象。君子处蛊之世，观此卦象，要振起民之心，培育民之德。

初六，干父之蛊，有子，考无咎，厉终吉。

东西久不用而生了虫子，叫做蛊；人长期沉湎于宴乐之中而生了疾病，叫做蛊；社会久安无为而生了弊端，叫做蛊。总之，蛊之产生，不是一朝一夕的事，往往需要一个世代的时间才能表现出来，所以蛊卦诸爻都以父子为喻。

爻辞有从时位的角度说的，有从才质的角度说的。此爻两方面意义都有。蛊之初六，是阴爻又处下，且无正应；论才能、实力，它不足以治蛊。若从时位的角度看，初六还有有利的一面。它当蛊之初，蛊以刚开始，蛊的程度尚不深，问题比较容易解决。所以说儿子干父之蛊，把父亲造成的蛊坏给治好。有了能治蛊的儿子，父亲可以无咎了。但是要知道，毕竟处在蛊的时候，危险还是存在，万不可以为蛊尚未深而疏忽大意。所以说“厉终吉”。

象曰：干父之蛊，意承考也。

儿子盖父之愆，如禹之于鲧，从表面上看，好像违背了父亲的意志，其实不然。儿子消除父亲的过错，使事功得以完成，实质上正是顺承父志的。考，父亲。

九二，干母之蛊，不可贞。

九二乃阳刚，上与阴柔之六五相应，有母子之象。干母之蛊，不同于干父之蛊。九二刚而不正，六五柔而居尊，刚阳的儿子干母之蛊，如果操之过急，约之过直，很可能把事情搞糟，所以爻辞有“不可贞”之戒。《易》没有不要求贞的，唯独此爻说“不可贞”。“不可贞”，意思是说不要固执己见，径情直行，而要以至诚之心，委曲周旋，做所能做到的，不做不可能做到的。

象曰：干母之蛊，得中道也。

“干母之蛊，不可贞”，是因为九二巽体而处中，以刚系柔，是得刚柔之中。

九三，干父之蛊，小有悔，无大咎。

九三刚爻居阳位，过刚而且不中，以此“干父之蛊”，不免“小有悔”。然而九三巽体，又得正，基本上能够完满地干父之蛊，即便是有小小之悔，终不至于有大过咎。

象曰：干父之蛊，终无咎也。

九三巽体得正，有刚断之才，在“干父之蛊”的过程中虽不免出些小问题,归根结蒂无大咎。

六四,裕父之蛊,往见吝。

“裕父之蛊”与“干父之蛊”,义正相反。干,抓紧去干,奋力去干,有如拯溺救焚,时不我待地去把问题解决。裕,宽裕,放松。即问题虽已严重,但它犹优游度日,不肯抓紧去解决问题。六四阴爻居阴位,爻与位俱柔,又居艮止之体。柔者儒,止者怠。儒而又怠,只能增益其蛊,而不可能治其蛊。持此以往,蛊将日深,故曰“往见吝。”

象曰:裕父之蛊,往未得也。

“往未得”就是“往见吝”,也就是说,裕父之蛊;不能解决问题,只能使问题日益严重。

六五,干父之蛊,用誉。

此爻对子干父之蛊或继世之君干先君之蛊,提出了更高的要求。六五居尊得中,具有干蛊之才;同时它又是阴柔之质,具有承顺之德。所以它既能干父之蛊,又能使父不失令名,是所谓“干父之蛊,用誉”。

象曰:干父用誉,承以德也。

六五干父之蛊,而归誉于父,既解决了蛊的问题,又维护了父亲的声誉。它这样做,表明它是以德承父,不是以才承父。

上九,不事王侯,高尚其事。

蛊卦上九爻辞比较特别,讲“不事王侯”,不讲治蛊,好像离了题,其实不然,它讲的还是治蛊的问题,不过着眼的角度与其他五爻不同而已。

上九在蛊卦之终,下无系应,处于蛊之外。犹如一个不当事的人,处在天下无事之时,似乎不能有所作为。爻辞曰:“不事王侯,高尚其事”。这个“不事王侯,高尚其事”的意思是说“不事王侯”的本身就是事。不过这个事不是一般的事,而是以“高尚”为事。昔人说:“桐江一丝,系汉九鼎”,其“高尚其事”之谓欤!

象曰:不事王侯,志可则也。

上九不事王侯,表面看来它很像是超脱现实的人,世事蛊坏的问题它不闻不问了。实际上它也在治蛊,它治的是人心之蛊,不是世事之蛊。它与道家的遁世主义根本不同。所以孔子作“小象”说“不事王侯,志可则也”，说明它的志是可以效法的。

〔**总论**〕

事情经过长久积弊而至于坏，就是蛊。凡物、人、社会都有蛊的问题。蛊卦之所以曰蛊，其道理就是《彖传》说的“刚上而柔下，巽而止，蛊”。“刚上而柔下”一句讲的是卦变问题。卦变的问题比较复杂，在贲卦里将详加说明。蛊卦卦义不在致蛊之由而在治蛊之道。蛊已成为事实，问题是如何治蛊。治蛊就要有所作为，所以《序卦传》说：“蛊者事也。”卦辞“蛊元亨，利涉大川，先甲三日，后甲三日”，讲的全是治蛊的问题。根据《彖传》的解释，卦辞的意思是说，社会既已乱，则必将变为治，像天行即自然规律那样不可避免，但人事的努力也是重要的，所以要涉大川，要先甲三日，后甲三日。蛊卦辞言“先甲三日，后甲三日”，《彖传》释以“终则有始”。巽卦九五爻辞言“无初有终，先庚三日，后庚三日”。应当注意二者的区别。甲是事情的开始。事情坏到蛊的程度，旧的已经告终，新的即将开始，故云“终则有始”，“先甲后甲”。庚即更改，是事情的变更。事情久了，必生弊病，但尚未至于蛊，进行改革即可。事之初不好，事之终必变好，故云“无初有终”，“先庚后庚”。巽卦九五言先庚后庚，无初有终，好像历史上的变法，蛊卦卦辞言“先甲后甲”，《彖传》释之以“终则有始”，好像历史上的改朝换代。

临

䷒ 兑下坤上

《序卦传》说："蛊者事也，有事而后可大，故受之以临，临者大也。"程传说："二阳方长而盛大，故为临也。"临卦由泽地二体构成，地下有泽便是临。地是至卑的，它本不能临物，然而还有卑于地的东西，那便是泽。泽上之地是岸，岸与水交际，泽为地所临。临，实际上是指事物的一种发展态势而言。临卦之六爻下二阳上四阴。在复卦只是初九一个阳爻，到了临卦则发展到初九、九二两个阳爻，正是阳刚盛大之时。阳刚盛大才谈得上临。

临，元亨利贞，至于八月有凶。

元亨即大亨，利贞即利于正。元亨利贞，说明元亨是有条件的，条件就是利贞。临卦以大临小，亦即以刚临柔，与复卦不同。复卦乃阴柔至极而阳刚初来，临卦则已来了两个阳爻进迫于阴，所以复卦卦辞只言亨，临卦卦辞则言元亨。但是复卦言亨不言利贞，临卦言元亨则言利贞。言亨不言利贞，因为复卦乃阳刚初来，亨是必然的，不存在什么问题。言元亨又言利贞，因为临卦是二阳浸盛，此时极容易放肆无忌，必守正方能保证元亨。

"至于八月有凶"，汉人京房据此句推出所谓十二辟卦之说。十二辟卦说即将复、临、泰、大壮、夬、乾、姤、遯、否、观、剥、坤等十二卦，依阴阳消长的规律与一年中的十二个月相搭配。复卦是阴至极而初生一阳，配以建子之月即十一月。然后二阳生是为临卦，配以建丑之月即十二月。然后三阳生是为泰卦，配以建寅之月即一月。至六爻全成为阳爻时，便是乾卦，乾卦配以建巳之月即四月。至此，阳长阴消变为阴长阳消，阳至极而初生一阴，是为姤卦。姤卦配以建午之月即五月。然后二阴生，是为遯卦，配以建未之月即六月。然后三阴生，是为否卦，配以建申之月即七月。如此阴长阳消直至六爻全成阴爻，便是坤卦，配以建亥之月即十月。这十二辟卦之说当是根据临卦卦辞“至于八月有凶”这句话推出来的。结合复卦“大象”说的“先王以至日闭关，商旅不行，后不省方”来看，则这种说法不能说没有根据。

“八月”是说自一阳生的复卦亦即建子之月十一月算起，算至二阴生的遯卦亦即建未之月六月止，凡历八个月。也就是说，八月是自十一月算起的第八个月，不是八月份的意思。

“至于八月有凶”，实际上是说至于遯有凶。至于遯为什么有凶？因为遯卦与临卦正相反对。临是二阳生，是二阳方长盛大之时，有元亨之义。至于遯的时候，情况发生根本变化，由于阴阳消长，二阳生变为二阴生，阳长阴消变为阴长阳消，所以有凶。不过，有凶不必凶至，有凶只是一种可能性，经过主观努力，有凶可以变为无凶。

自建丑之月的临卦起，至建未之月的遯卦止，其间除临卦之外，泰、大壮、夬、垢诸卦都有个至于八月有凶的问题，为什么“至于八月有凶”这句话仅仅见于临卦卦辞？这是因为临卦处于阳长阴消的盛大之时，这时候最需要知道事情将向反面发展的趋势，树立履薄临深的意识。复卦一阳初生，尚未达到盛大的程度，“至于八月有凶”的问题没有提上日程的必要。临之后的泰、大壮、夬诸卦阳长已过中，处境逐渐变坏，它们容易意识到发展趋势不好。况且这时候阳德满极而衰的征兆已经出现，到此时才提“至于八月有凶”，就太晚了。

彖曰：临，刚浸而长，说而顺，刚中而应，大亨以正，天之道也。至于八月有凶，消不久也。

“刚浸而长，说而顺，刚中而应”三句是解释卦名的。“刚浸而长”，从一卦的角度说明临之所以为临。浸是渐的意思。“浸而长”，不是暴长，是在不知不觉中渐渐地长。凡渐长的东西都充满着极强的生命力。复卦一阳生，临卦已积渐至二阳生，阳德向前发展壮大，骎骎然有莫之能御之势，所以叫做临。从卦之二体来看，兑说坤顺，说而顺。从兑说，是阳向前进，从容缓和而不迫；从顺说，是阴向后退，应合顺遂而不违。恰是以大临小之象。“刚中而应”是就九二成卦之主而言。九二以刚居中，阳德盛大，并且不过分盛大。九二又与六五正应，则上下相交，阴阳合德，有足够的力量临其所临。

“大亨以正，天之道也”这句话是孔子用以解释卦辞“元亨利贞”的。

孔子认为,“刚浸而长,说而顺,刚中而应,”必然“大亨以正”,这乃是天之道,亦即自然的规律。这天之道的实质就是阴阳消长。

阴阳消长既是自然规律,人便只能认识它,顺应它,不能违背它,更不能改变它。阳长则阴必消,阴长则阳必消,阳长阴消必转为阴长阳消,这是不能改变的规律。卦由复的一阳生发展到临的二阳渐长,这时阳德日盛,阴德渐消,人们最容易因现时的好形势而忽略阳长会变成阳消,阴消会变成阴长,好形势会变成坏形势。“至于八月有凶,消不久也,”孔子指出卦辞“至于八月有凶”的实质是“消不久”。“消不久”,阴消不会太久。现在是二阳渐长,四阴渐消。消到八个月,至遯之时,便不是阳长阴消,而是阴长阳消了。阴消消不久,至于八月必有凶。告诫人们处得意之时,勿忘远忧。孔子认为人之道犹如天之道,虽不可违抗,却可以预为之防,尽可能避免灾害。

象曰:泽上有地,临。君子以教思无穷,容保民无疆。

泽上有地,地下有泽,地与泽的关系是临的关系。临的关系用卦象表示,就是在上之地俯临在下之泽。以上临下则是它的简化说法。临的特点是地临泽,上临下,而不相反;相反便不是临了。地之所以能够临泽,上之所以能够临下,全在于势位。这是自然界的现象,即“天之道”。应用于世间人事上,即“人之故”方面,最大最典型的临是天子诸侯君临天下国家,即统治者统治人民。统治者统治人民实质上是势得位的问题。因为不论统治者如何宣布,阶级社会的国家实质是暴力统治。

但是孔子作为儒家学派的创始人,他另有一套主张。他主张德治,主张采取道德教化的办法感化人民,反对用行政命令和刑罚等强制手段治理国家。简言之,孔子主张以德服民,反对以力制民。他把自己的以德服民即教民保民的思想同《周易》临卦卦象联系起来,从中找到思维上的根据。

孔子为此对临卦泽上有地之象有更为深刻的理解。地是土,泽是水;土像统治者,水像人民。土与水总是相浸渍而亲密无间,统治者与人民亦该如此,就是说,统治者应该亲民,亲民也就是教民保民。具体地说,要“教思无穷,容保民无疆”。这从土与水的关系上可以进一步找到根据。水是天下至柔之物,土制水似乎不成问题,可是如果以险隘阻滞它,它必决溃四出而后已。事实上土地是宽厚的,它总是以自己宽厚的胸怀,给予水以广大之居处,使水成为受包容受滋润的泽。统治者对待人民就像土地包容、滋润水而使之成为泽一样。统治者受到土地与泽水滋润浸渍,亲密无间的启示,对人民“教思无穷”。“教思无穷”,在教民问题上,出自诚心,想得深远,无有穷尽。统治者受到土地以自己广大的身躯拥护着广大的泽水之启示,做到“容保民无疆。”“容保民无疆”,在保民的问题上,要像坤土那样大度包容,对于人民无所不容,无所不保,无有界限,无有止境。

初九,咸临,贞吉。

咸与感通。别的卦初爻与上爻不讲得位失位,而以初终之义为重,临卦则以初得位居正为重。临之初九处在阳长之时,又得位居正,与得位居正的六四相应,所以“贞吉”。初九不仅由于自己的势位面临六四;它临六四,更由于它与六四是阴阳相感的关系。它以德感六四,不以势逼六四,六四愿意为它所临。这样的临叫做感临。感临得贞吉是必然的。“贞吉”在《周易》里含义有三种情况,“贞吉”二字在此是并列关系,意思是既贞且吉。初九阳爻居阳位,其位得正,又与六四正应,是以又正又吉。

象曰:咸临贞吉,志行正也。

初九咸临贞吉,是因为志行正道。初九所以志行正道,是因为它以阳居阳,又与六四正应。

九二,咸临,吉无不利。

九二正当阳德盛大的时候,与居君位的六五相应,所以也叫咸临。九二咸临与初九咸临有所不同。初九以刚居刚得正而吉,九二则以刚中而应得吉。既然是刚爻居中,那么贞是不待言的。至于吉,与初九一样,咸临就意味着吉,吉是已然的。九二是刚中而应,处境优于初九,它不但已然得吉,而且如果有所施为的话,将无所不利。“无不利”是必然的。由此可见,《易》重视正,更重视中,尤其重视刚中。

象曰:咸临吉无不利,未顺命也。

“未顺命”不好理解。朱熹《周易本义》说“未详”,别人更有种种不同的讲法,都不得要领。今存疑。

六三,甘临,无攸利。既忧之,无咎。

卦辞和《彖传》讲临,重点在以刚临柔即以大临小。爻辞除初二两阳爻讲以大临小外，其余四阴爻皆以势位言临，即以上临下。六三以阴居阳，不中不正，又处下卦之上，居说体之极，有临人的位，无临人之德，只有以口舌之甘取悦于下，是为甘临。甘临，是无德之临；无德之临，自然无所利。不过，九三并非一点出路没有。它如果认识到初与二两阳在己之下，正渐长而上进的形势，持谦守正，知危而忧，则有咎可转为无咎。

象曰：甘临，位不当也。既忧之，咎不长也。

六三之所以“甘临”，关键的问题是“位不当”。

六三甘临必有咎，知有咎而能忧之改之，咎不至于长久，最终有咎会转变为无咎。

六四，至临，无咎。

六四以阴居阴，下应初九，得正又有应。又它在坤体之下，下与兑体最亲近，所以称“至临”。“至临”所以无咎。

象曰：至临无咎，位当也。

六三、六四虽然都无咎，但六三须忧而六四无须忧。原因就在六三位不当，六四位当。所谓位当，一指六四以阴居阴得正，一指六四处在上下之际，是临之最佳位置。

六五，知临，大君之宜，吉。

知读去声，是明知之知。五以柔居中，下应九二刚中之贤，任之以临下，如此善取天下之能，善任天下之聪明，正是人君所宜有之知。以此知临天下国家，岂有不吉之理。

象曰：大君之宜，行中之谓也。

《易》是贵中的。大君以众知为己知，善取臣下之知慧以临天下国家，重要之点是它能“行中”。“行中”谓行事得中，不刚不柔，既不宽纵废事，亦不以苛察为明。

上六，敦临，吉无咎。

敦临，谓以敦厚临下。这是上六的特点。上六与六三不同。六三在下体兑卦之上，兑终而悦，有小人之象，所以叫做甘临。上六居上体坤卦之极，坤终为厚，有君子敦厚之象，所以叫做敦临。又从刚柔关系的角度看，上六与初、二两爻虽没有应的关系，但是一般来说，阴柔必然求于阳刚。初与二两阳刚不必应于它,它却主动以尊而应卑,居高而从下,表现非常笃诚敦厚。本来阴柔在上不宜临;若临,亦必有咎。然而上六有敦厚的特点,它主动地以柔顺刚,所以得吉。得吉当然可以无咎了。

象曰:敦临之吉,志在内也。

"志在内"是指上六应初、二两阳爻而言。上六本无正应,而初、二两阳爻与它也无应的关系。由于它是阴爻,它却要主动与阳刚应。这叫"志在内"。阴柔主动顺应阳刚,敦厚诚笃,所以吉。

〔总论〕

临卦二阳在下四阴在上,是十二月建丑之卦,正是阳道向盛的时候。临有以刚临柔和以上临下二义。卦辞取以刚临柔的意义,它强调以刚临柔固然会元亨利贞,但是要特别注意到事物必向相反方面转化,即阳长阴消将转变为阴长阳消。

初九与九二两阳爻都是以刚临柔,与卦义是一致的。初九与六四正应,九二与六五正应。它们是阳刚浸长的时候,感动于阴。这个应比它卦的应更重一些,当然要得吉。不仅如此,得吉的原因还在于初九以阳刚居阳位得正,九二以阳刚居中。

其余四阴爻都取以上临下之义,但是四爻的情况又有不同。六三甘临,乃小人之临,知忧方可无咎。六四至临,由于所处位置优越,故无咎。六五知临,柔而居中处尊,善采众知为己知,所以吉。上六敦临,敦厚诚笃志在从乎初、二两阳,所以吉且无咎。

观

䷓ 坤下巽上

《序卦传》说:“临者大也。物大然后可观,故受之以观。”观卦的这个观字有两层含义,两个读音。一是自上示下,上边做出个样子给下边看,有如宫阙楼观,是让人们仰望的。卦辞取的就是这个意义。这个观字读去声。二是自下观上,下边观看上边做出的样子,或者上边观看下边的问题。六爻取的就是这个意义。这个观字读平声。

观卦坤下巽上,风行地上,普遍吹拂万物,有周观之象。又,观卦二阳在上,四阴在下。二阳居于尊位,为四阴所瞻仰,也是观的意思。这是卦名叫观的根据。

观,盥而不荐,有孚颙若。

卦辞的这个观字是自上示下的意思,读去声。为卦二阳在上,四阴在下;在下之四阴仰视在上之二阳,好像天子诸侯居于尊位,做出庄严恭敬的样子,以为臣民仪表,让臣民来观仰他,从中受到感化。那么怎样才能使臣民心悦诚服地受到感化呢?最重要的是要诚敬。卦辞用“盥而不荐”做比喻,是很恰当的。盥与荐是庙中祭祀的两个步骤。祭祀开始时,承祭人先盥手,心中精诚专一,严肃之至。荐是供献祭品。祭祀到了荐的时候,人心已经散慢,不似盥手时那样“祭如在,祭神如神在”了。“不”字在此应作“未”字解。“盥而不荐”是说君上为了给臣民做出庄敬严肃的样子,让他们观仰而受教育,自己必须保持类似祭祀中盥手而未荐时的那种诚敬专一的心境。

“有孚颙若”,是说臣民这一方面的事情。颙,仰望。在上之君像盥而未荐时那样庄严诚敬,则在下之臣民没有不尽其孚诚,颙然观仰的。

彖曰:大观在上,顺而巽,中正以观天下。观,盥而不荐,有孚颙若,下观而化也。观天之神道,而四时不忒,圣人以神道设教,而天下服矣。

“大观在上,顺而巽,中正以观天下”,孔子用卦体、卦德解释卦名。两个观字都读去声，都是为天下仪表而让天下观仰的意思。“大观在上”，指卦中两个阳爻说的。不过，说“大观在上”而不只说“在上”，其中是包括顺而巽及中正以为观在内的。“顺而巽”，下坤而上巽，能够顺而巽。中正指九五而言。九五以阳居阳，居中且正。“以观天下”，卦有在上、顺巽、中正之德，以为天下之观。

“观盥而不荐，有孚颙若，下观而化也”，是解释卦辞的。为君的人在上面尽诚尽敬，无声无响；为臣为民的人在下面至诚地观仰，从中受到感化、教育。有一种不动而敬，不言而信的妙用在里边。“下观而化”的观字读平声。

“观天之神道，而四时不忒。圣人以神道设教，而天下服矣”，进一步讲观之道。这个观字应读去声。天也有观之道，人间的观之道是根据天的观之道而来的，或者说，天的观之道与人间的观之道一致，并无两样。天的观之道为什么不只叫天之道而叫“天之神道”呢？神表现在天不言语而四时运行无有差忒上，不是宗教观念上的神。圣人是君主，是统治者。君主体会了天之神道，理解了天不言不语而四时运行，万物生长，无有差忒的奥妙，乃施行自己的德教，自己的观之道。这就是“圣人以神道设教”。圣人以此教天下之民，天下之民没有不诚服的。总而言之，统治者实行的观之道，是以神道设教的，即模仿天之神道，不言而信，不动而敬，使百姓不知不觉中受到潜移默化的影响。这里面反映了孔子的“道之以德，齐之以礼”的政治思想。

象曰：风行地上，观。先王以省方，观民设教。

风行地上，有无所不周之象。先王受此启发，乃巡省天下之四方，考察民情民俗，设教以为民之观。省方是为了观民的（此观字读平声），设教是为了做民之观的（此观字读去声）。

初六，童观，小人无咎，君子吝。

观卦之名观有两层含义。卦以观示为义，就是自己做出个一定的样子给人家观看。爻以观瞻为义，就是不是让人家观看而是观看人家。九五是卦之主，其余诸爻都来观它。因为是观嘛，自然是越近越好。近容易看清楚，远则不易看清楚。初六本身是阴柔之质，又处在离九五最远的地方，它看九五是看不清楚的。犹如儿童，蒙昧无知，视力稚弱，看不清事物一样，所以叫童观。小人童观还可以，因为小人（庶民）所见浅薄，不识天子诸侯的为观之道，是正常的事情。如果君子（统治阶级人物）童观，和普通百姓一样，看不清楚天子诸侯之为观之道，那就可鄙吝了。

象曰：初六童观，小人道也。

童观是小人之道，不是君子之道。小人卑下而无远见，小人而童观，是可以原谅的。君子应居高瞩远，君子而童观，是可鄙吝的。

六二，阚观，利女贞。

《说文》："阚，闪也。"是从门内向外偷看的样子。六二与九五正应，六二应当观于九五。但是六二阴暗柔弱，见识不广，九五的刚阳中正之道，它是看不甚明的。有如从门之缝隙向外看，虽可以看见一点，却不可能全看明白。不过六二阴爻居中得正，有顺从中正的特点，如果是女子，阚观，则不失中正而为利了。

象曰：阚观女贞，亦可丑也。

在《周易》之中，君子小人吉凶不同，男人女人吉凶也不同。恒卦六五"妇人吉，夫子凶"就是证明。这里的意思也是如此。意思是说，若是丈夫，对刚阳中正之九五只能阚观，见其仿佛，同女子之贞，那就可丑了。

六三，观我生，进退。

三不居中，二居中，所以一般说来，二好三不好。观卦的情况有所不同。观卦好不好主要看离九五远近，六三在下体的最上头，又在上体的下面。若论远，它远不过"童观"；若论近，它近不如"观国"。它处在上下之间，可进可退之地，它不必观五，它可以自观，观察自己的处境，时可进则进，时不可进则退。所以叫"观我生，进退"。

象曰：观我生进退，未失道也。

六三以柔顺处阳位，又在上下体之际，能够度量自己的德才与境遇而决定出处进退，是没有失进退之道的。此与《论语》之用舍行藏的思想相同。

六四，观国之光，利用宾于王。

观卦之五爻都以与九五的关系取义。初六阴居阳位而离九五最远，所观不明，所以称"童观"。六二以阴居阴而离九五亦远，所观亦不甚明，所以称"阚观"。唯有六四最切近九五而且得正，所观最明，所以称作"观国之光”。观国实质是观九五。九五是阳刚中正之君，为什么说观国呢？这反映了《周易》作者认为君可代表国家，国与君一体的思想。

“利用宾于王，”是说六四切近于君上，对君上的盛德光辉看得深切，它最适宜于“宾于王”。“宾于王”，即仕进于王朝，在王朝作官，为王朝效力。古代有贤能的人，则人君宾礼之，所以士之仕进于王朝谓之宾。

象曰：观国之光，尚宾也。

尚，志尚。尚宾，志愿仕进于王朝，以施展自己的抱负。六四是穷则独善其身，达则兼善天下的人，时无明君则已，如今遇上九五之明君，观见国家之盛德光华，必然要出来做官，以为国家和民众效力。这是六四的志尚。所以叫尚宾。

九五，观我生，君子无咎。

卦之其他四爻都观九五，唯六三与九五自观，故云“观我生”。九五阳刚中正居君之位，是观卦之主。天下人民百姓教化如何全是它影响的结果，民风之美恶，臣民之从违，是检验它自己所施德教好坏的尺度。九五作为刚阳中正之君，它欲观己，必先观民，观民方可观己。如果民俗淳正，有君子之风，那就反映九五作为阳刚中正之君施行的确是君子之道。施行君子之道，以德化天下，当然无咎。

象曰：观我生，观民也。

“我生”，由我所出，由我所生。民之风俗德行均由我所出我所生。观影可以知表，观流可以知源。欲观“我”之德行如何，观民之德行如何就知道了。“观我生”其实是“观民”。

上九，观其生，君子无咎。

上九这一爻说“观其生”，是承九五那一爻的话题接着讲下来的。九五居君位，是一卦之主，故云“观我生”。上九不居君位，却还要讲君道的问题，便不得云“观我生”，只可说“观其生”。“其”字指代九五。“观其生”，上九站在君位之外，观九五的问题。上九继续讲九五的问题，所以二爻爻辞一致，只差一个“其”字。“观其生”，是观九五之“生”；观九五之生，便是观民。

象曰：观其生，志未平也。

“志未平”犹志未安。“观其生”，有忧国忧民的意思。上九虽不居君位，但与九五同德同心，以九五之忧为己忧。九五观民以省身察己。民之风俗德行究竟怎样还很难说。九五自己“观我生”，上九要帮助九五“观其生”。这是因为国家治乱未定，盛衰难卜，上九中心忧虑，志意未平。

〔总论〕

观卦四阴在下二阳在上，本是阴盛阳退之时，然而卦不言凶咎；这是因为此卦取义不同。这一卦有阴盛的一面，也有九五阳刚居中得正的一面。卦从阳刚之君居中而当正位的一面取义，而不取阴盛之义。所以观卦卦义讲在上之人君如何中正庄敬而为天下之观的问题。

卦讲自上示下，爻讲自下观上。自下观上，以远近为义。离九五越近越好。越近，所见越大越清楚越亲切，所以越好。

观卦里面蕴含着诸如神道设教、用舍行藏、以德化民、轻视妇女等等思想。这些思想是《易经》固有的，是孔子把这些思想发掘了出来。如果不是孔子加以发掘，我们今日便不可能看得懂。而且我们发现，孔子所发掘的《易经》的思想与孔子在《论语》书中表现出来的思想完全一致。我们可以说，《易大传》的思想反映了孔子的思想。

这一卦里蕴含的思想极其丰富，其中最重要的是“神道设教”的思想。“神道设教”思想的实质是唯物论。这个思想是《周易》的，也是孔子的。在《周易》和孔子看来，神不是有意识的人格化的上帝。神是什么？“蓍之德圆而神”，“阴阳不测之谓神”，“天之神道，而四时不忒”。神就是无言无语的自然界的运动变化。这些变化是人的意志不能左右，有时甚至是不能逆料的。天地阴阳，变化多端，奥妙无穷，好像有一种什么意志在主宰，其实没有。这就是神。天有神道而四时不差忒。人君仿效天之神道，无声无形，尽诚尽信，以观感化物，以德教服民，施行神道于社会，这是以神道设教。统治阶级提倡祭祀，愚弄百姓迷信鬼神，以便驯顺接受统治，而统治阶级自己并不相信真的有鬼有神。这也是以神道设教。“神道设教”是政治上的统治手段，施行“神道设教”的统治阶级自己事实上是不相信鬼神。他们心中的神不过是自然以及自然界不言不语却又变化无穷的奥妙。“神道设教”的这个奥秘，孔子心中明明白白，只是由于时代的原因，他没能斩钉截铁般地揭破。到了荀子的笔下才分明写道：“君子以为文，而百姓以为神。以为文则吉，以为神则凶。”（《天论》）

噬 嗑

䷔ 震下离上

《序卦传》说："可观而后有所合，故受之以噬嗑。嗑者合也。"

噬，啮，咬。嗑，合。噬嗑，口中有个东西间隔着，梗塞着，咬之后才能合上，有噬而后嗑的意思。䷔震下离上这一卦所以取名噬嗑，是因为它确实有噬而后嗑之象。首先，它上面一个阳爻，下面一个阳爻，中间有三个阴爻。阳为实，阴为虚，初上两爻是实，中间是虚，极像一个人张着嘴的样子。其次，只是张着嘴，嘴中没有东西，那就是山雷䷚颐了。而噬嗑这一卦，四是个阳爻，很像嘴中梗塞着个东西，使嘴合不上。若要合上嘴，必须咬才行，所以叫做噬嗑。

作《周易》的人把口中有物，必噬而后合的道理推广应用到社会人事上来。天下之事为什么往往不得和合呢？就是因为有间在其中。人世间的大事小事都有这个问题，作《周易》的人在这里取大事加以发挥。他根据噬嗑这一卦的卦象，重点讲天下国家用刑狱除奸慝的问题。由此看出，《周易》作为儒家经典著作之一，它很重视刑罚问题。

噬嗑卦震下离上，有口中有物之象，与颐卦初上二阳，中间四阴不同。而与贲卦䷕离下艮上的情况极其相似，都是上下两个阳爻，中间有一个阳爻似乎贲卦也有口中有物之象。然而贲卦不曰噬嗑。这是因为凡噬者必下动，而贲卦无震，故不得为噬嗑。

噬嗑，亨，利用狱。

噬嗑包含两层意思，一是噬，二是嗑。口中有物梗塞，口不得嗑；不得嗑即是不亨不通。若要由不亨不通变为又亨又通，必噬之以除却口中之物。今既言噬嗑，就是说已经噬了已经嗑了。所以噬嗑这一卦本身就含有亨的意义。噬嗑而亨，由于消除口中窒碍梗塞之物亦即去间。就社会说来，去间的办法是"用狱"。"用狱"与用刑不同。"用狱"之中包括有究治情伪，判断是非的内容。卦不言用刑，爻却言用刑。六爻之象可分作用刑与受刑两部分。初与上是受刑的，中间四爻是用刑的。六五柔而居尊位，是“用狱”之主。

彖曰：颐中有物曰噬嗑。噬嗑而亨，刚柔分，动而明，雷电合而章，柔得中而上行，虽不当位，利用狱也。

颐中有物曰“噬嗑”，用卦体解释卦名，颐就是口。这一卦是䷔震下离上，象口中有个东西梗塞着，口合不上。若要将口合上，则必须噬而去之，所以卦名噬嗑。如果口中无物，那便是䷚山雷颐了。

“噬嗑而亨”以下数句解释卦辞。卦辞说“噬嗑亨”，孔子于此添一个“而”字，说“嗑噬而亨”，使卦辞的含义更加明确。口中有物则噬，噬则嗑，嗑则亨。

“刚柔分，动而明，雷电合而章”，说明这一卦三阴三阳，阴阳各半，刚柔相间而不相杂，故称“刚柔分”。阴阳各半而相间的卦不止噬嗑一个，为什么仅在噬嗑这一卦强调“刚柔分”呢？因为“刚柔分”有明辨之象，噬嗑是讲“用狱”的，而明辨乃是察狱之根本。又“刚柔分”与“雷电合”连系起来正构成“噬嗑而亨”的全过程。“刚柔分”是静态的，有上下未动，将噬未噬之象。“雷电合”是动态的，是下动上明，已噬已嗑之时。“刚柔分”，“动而明”，“雷电合而章”，完整地表达了由未噬而噬，由噬而嗑，由嗑而亨的全过程，为“噬嗑而亨”这一句卦辞指出了根据。

“柔得中而上行”，指的是六五。六五以柔爻居刚位，是为位不当。但是六五以柔得中而居尊位，这一点十分重要。用狱之事，过柔则失之宽，过刚则失之暴。六五不重柔不重刚，而是以柔居刚且得中，用狱最为适宜。《周易》柔下刚上是常例。若柔居上体，则言“上行”，若刚居下体，则言“来”。如讼、无妄、涣等，刚爻居下体，故《彖传》称“刚来”。如晋、睽、鼎以及本卦噬嗑，柔爻本应在下，今居五位，故《彖传》称“上行”。

象曰：雷电噬嗑，先王以明罚敕法。

按照《周易》常例，雷电应为电雷。蔡邕熹平石经就是作电雷的。程颐、朱熹也以为雷电当作电雷。电也就是火，电雷噬嗑就是火雷噬嗑。电有明，明可以照物；雷有威，威可以震物。统治阶级观察电雷噬嗑之象，应该效法其明与威，以明罚敕法。

言“先王”以明罚敕法，不言“君子”以明罚敕法，表明明罚敕法是属于立法方面的事情。"明罚",则事先将犯什么科,应定什么罪的罚例规定下来,并明确告知民众,令民众有所规避,不致于犯法受刑。"敕法",是公布于民众的法令制度,要严行告诫,使民众有所畏惧,尽可能不犯法受刑。明罚与敕法都是强调统治者在刑罚的问题上要把注意力放在事先的防范上,而不是放在事后的惩治上。这反映了孔子的思想。孔子主张德治,强调"道之以德,齐之以礼",但并不一般地反对使用刑罚。孔子对待刑罚问题,有两点值得注意。第一,孔子认为治国首先是靠德教,杀人绝不是好办法。所以季康子问他为政是否可以"杀无道以就有道"时,他说:"子为政,焉用杀。"第二,即便是不得已非用刑罚不可,孔子也力主先教后杀,他说:"不教而杀谓之虐。"孔子的这种思想可以代表整个儒家学派。儒家学派在刑罚问题上的观点与法家根本不同。不能因为荀子礼法并重就说他是法家。

初九,屦校灭趾,无咎。

初九在卦之初,处无位之地,象社会底层的"小人",亦即"礼不下庶人"的"庶人"。孔子在《系辞传》里对此文有解释。孔子说"屦校灭趾无咎"这一爻是针对小人而言,小人重视利害,不在乎仁义不仁义。小人有了过错,不给他一点厉害,他是不会改的。对小人的最好办法是"小惩而大诫",在他犯有轻微过失的时候,及时给予适当的惩罚,使之改恶迁善,不会过失发展到严重的程度。这样做,看来是惩治了他,其实是挽救了他,是小人之福。

校是木制的刑具。屦,鞋,这里作动词用。屦校,把校这种木刑具像穿鞋那样穿在罪人的脚上。灭,没,是遮没的意思,不能释作创伤。灭趾,刑很轻,刑具仅仅遮没了脚趾而已。有了小过,给予适当的轻微惩罚,使之不致于犯大罪,这对于受刑的人说来,是无咎的。

象曰:屦校灭趾,不行也。

"屦校灭趾",使罪人不得行走。这是表面意义。实质上是通过"屦校灭趾"这轻微的惩罚,警戒罪人勿在罪恶的路上走下去。

六二,噬肤灭鼻,无咎。

六二与六五有应的关系,六五是用狱之主,六二是用刑之人。六二以柔顺中正之德用刑,刑必当罪,不至于轻重失当,易于使受刑的人服罪。

“噬肤灭鼻”，是用刑深严之象。肤是禽兽身上与骨头不相连系的肉，如猪的下膪，这样的肉柔脆易咬，甚至嘴巴能咬进肉里，连鼻子也能没进去。“噬肤”，是说用刑很容易就达到了使受刑人服罪的目的。“没鼻”，是说用刑深严。因为六二有柔顺中正之德，刑必当罪，所以即便用刑深严，也是适宜的，不会有咎。

象曰：噬肤灭鼻，乘刚也。

六二以阴柔居于初九阳刚之上，故曰“乘刚”。爻辞说“噬肤灭鼻无咎”，指出六二因柔顺中正，具有用刑深严且容易使受刑之人服罪的可能性。“小象”说“噬肤灭鼻，乘刚也”，指出六二的用刑深，是由于乘刚的缘故。

六三，噬腊肉，遇毒，小吝，无咎。

腊读如息。古人将肉晾干，叫做腊。腊肉，一般指小兽整体全干，它的特点是坚韧难咬和味厚积久而往往有毒。“噬腊肉，遇毒”，咬坚韧不易咬并厚味有毒的肉，结果不但肉咬不动，还要多少中一点毒。六三的情况就是如此。六三是用刑之人，它以六居三，不中不正，刑人而人不服。不仅不服，反遭到受刑人的怨伤。不过问题不大，处在噬嗑的时代，总要噬而嗑之，总要用刑；用刑是必要的，纵然可吝，亦属小问题，归根结底是无咎的。

象曰：遇毒，位不当也。

同样是用刑，六三的情况不如六二；六二无咎，六三则小吝无咎。六三为什么小吝呢？关键的问题是它处位不当，不中不正。因为自己不中不正，所以不但不能顺利制服罪人，还要受到一点罪人的毒害。

九四，噬干胏，得金矢，利艰贞，吉。

就全卦而言，九四是口中梗塞之物，是社会中阻碍安定、和谐的消极因素，是噬的对象，应该除掉的东西。但是就爻位而言，它又是除间的人，是用刑者。《周易》卦之取象与爻之取象往往不同，可能是由于卦辞爻辞非一时一人所作的缘故。

九四是卦之中间四爻中唯一一个阳爻，以刚居近君之位，是最有能力治狱，最善于解决难案的人。它能够“噬干胏”，干胏是里边含着骨头，比腊肉更难咬的一种干肉。九四却咬得动它，所以它爻都说无咎，独此爻曰吉。九四所以能够咬得动“干胏”,办最难办的案,制服最难制服的罪人,主要是因为它有一个优越的条件:“得金矢”。“金矢”是刚直的意思。“得金矢”,具有刚直不阿的品德。光有刚直不阿的品德还不行,还要在具体的办案用刑过程中做到“利艰贞”,即不怕艰难困苦,敢于守正,坚持原则。

象曰:利艰贞,吉未光也。

九四具有“得金矢”之品德,刚直不阿,它有治狱用刑的能力和条件,它“噬干胏”可得吉。然而可能性不等于现实性。要在具体的办案过程中真正取得成功,得吉,也就是使“吉未光”变成“吉光”,还必须做到艰贞。

六五,噬干肉,得黄金,贞厉,无咎。

六二噬肤,六三噬腊肉,九四噬干胏,一节比一节难噬,至六五噬干肉反而变易了。为什么变易了呢?因为六五“得黄金”。“得黄金”是说六五具有某些优越的条件。黄,中色,表示六五居中得中道,且在君位。金,刚物,表示六五以柔居刚,且有九四阳刚之辅佐,六五虽然“得黄金”,具有处刚得中的好条件,但是它本身毕竟是柔体,要获致无咎的结果,尚须做到“贞厉”,即既要守正,又要心怀危惧,谨慎从事。

象曰:贞厉无咎,得当也。

这里的“得当”与六三小象的“位不当”所指不是一回事。“位不当”,是说爻位不当,此处的“得当”是说事情办得得当。六五本身是柔体,以柔治狱用刑,而能守正虑危,终得无咎,这是主观努力,办事得当的结果。

上九,何校灭耳,凶。

何字读去声,与荷字同,是动词,不是疑问代词。校是木制刑具,可能是戴在肩上的枷。上九与初九一样,是受刑的人。它的肩上荷着一个枷,枷着脖项。枷很大,竟将耳朵给没进去了。“灭耳”形容枷大没耳,不是割掉耳朵。割耳的刵刑在古代是轻刑,而这里的“何校灭耳”是重刑之象。

上九是受刑之人,它为什么受到“何校灭耳”的严重惩罚而得凶呢?是由于它“以小恶为无伤而弗去也,故恶积而不可掩,罪大而不可解”,完全是怙恶不悛,罪由自取。

《易》卦之初上两爻是始与终的关系,两爻之爻辞一般来说是互相照应的。此卦初九曰“屦校灭趾,无咎”,有小惩大诫之义,即有小过给以轻的惩罚,使它闻过而知改,把过失改正在初始状态。至上九,居卦之终极,罪发展到极点，噬亦发展到极点，罪大已不可解，恶积已不可掩，非处以重刑不可。

象曰：何校灭耳，聪不明也。

上九得到“何校灭耳”的重罚，责在它自己，在它自己“聪不明”。应当说耳不聪，何以说“聪不明”呢？“聪不明”其实是说它听之不聪，听不见人家的劝告，长着耳朵却未发挥耳朵的作用。聪字单用，包含明之义在内，这里说“聪不明”，聪与明并用，则聪字便相当于耳了，明是耳的功能。

〔**总论**〕

研究这一卦，应该注意卦中反映出的《周易》和孔子的法律思想。孔子在“大象”中提出“明罚敕法”的主张，可知孔子并不否认刑罚在治国中的作用。他虽然鼓吹“道之以德，齐之以礼”，力主以德治国，以为“道之以政，齐之以刑”不是好办法，甚至反对为政以杀，但是他并不一概排斥治国用刑的必要性。孔子的法律思想与法家迥异。法家唯法唯刑是用，孔子则强调“明罚敕法”，要求统治者将法与罚公诸民众，使之知，使之畏，使之尽可能不犯法不受刑。“明罚敕法”一语的要害在明不在罚，在敕不在法，在于防民教民，不在于制民刑民。应当说，明罚敕法，包含在孔子德治思想之内，是德治思想的一部分。

卦辞“噬嗑亨，利用狱”一语表明它的作者已经有了关于暴力统治的观念。口中有物，必噬之方得嗑，必嗑之方得亨。这个道理具有普遍性，在人类社会中可以说无所不在。父母、夫妻、兄弟、朋友诸关系中都有噬嗑的问题，然而《周易》作者却一下子抓住了国家生活中必用刑狱这个最大的噬嗑。这绝非出于偶然，说明已经有了明确的关于暴力统治的观念。

噬嗑这一卦反映《周易》法律思想中起主导作用的是人治主义，不是法治主义。例如它惩罚罪人，着眼点在人不在罪。初九是初犯，罚轻；上九不听劝诫，至于罪大恶极，刑重。从用刑的人看，问题就更加清楚。九四“得金矢，利艰贞”，六五“贞厉无咎”，所讲的全是用刑者个人品德修养问题。噬嗑卦的人治主义意向还表现在卦的构成上。噬嗑卦的上体是离，离的特点是明，明是治狱的基本要求。执事人员明与不明决定案件办得好与不好。明与不明也是道德问题。在法律实践中执事者单纯重视个人品德修养如何，必然是人治主义。

贲

☶☲ 离下艮上

贲，音毕。《序卦传》说："嗑者合也，物不可以苟合而已，故受之以贲。贲者饰也。"贲的含义是饰，饰也就是文。文与质相对待。质是指事物的本质，文是指事物的文饰。孔子说的"绘事后素"，很能说明质和文的关系，画画儿有了素白的底子，然后才能涂以彩色。社会人事也是如此。噬而合，合而亨；人群合聚了，必有等级名分，伦序行列。把等级名分，伦序行列表现出来的礼仪制度等等就是文。文对于社会来说是不可缺少的。社会处在合和状态的时候，必须有文以饰其本。所以噬嗑之后次之以贲。

离下艮上这一卦，就其二体看，下为离，离为火为明；上为艮，艮为山为止。山下有火，文明以止，有文之象。就卦变看，柔来文刚，刚上文柔，刚柔上下相错，亦有文之象，所以这一卦叫做贲。

儒家讲究贲之道，重视质与文的关系问题。儒家认为人类社会不可没有文饰；若质胜文，没有文饰或文饰不足，社会便不可能发展；若文胜质，即文饰过了头，本质被削弱了，社会也要出问题。荀子批评墨子"蔽于用而不知文"，就是以这个道理为依据的。道家主张法自然，见素抱朴，少私寡欲，一切人为的礼仪制度和道德观念都在坚决摈弃之列。显然这是违背历史发展的需求的。它在后世的政治实践中不如儒家文质的观念受到重视，是不足怪的。

贲亨，小利有攸往。

贲是讲文饰的。质与文是一个对立面，而质是主要的、基本的。质而有文饰，方可亨通。故曰"贲亨"。亨，应当"利有攸往"，而这里加了个小字，"小"的意思是说文不可太盛，文不可胜质。否则的话，屑屑于文饰而忽略了根本的东西，便会走向反面，亨要变为不亨了。

彖曰：贲亨，柔来而文刚，故亨。分刚上而文柔，故小利有攸往，天文也。文明以止，人文也。观乎天文以察时变，观乎人文以化成天下。

贲亨的亨字应是衍文。“柔来而文刚，故亨”一句是解释卦名的，故贲下不应有亨字。依王弼注“天文也”之前当有“刚柔交错”四字。

“柔来而文刚”，“分刚上而文柔”，这两句话涉及到卦变问题。卦变问题在《周易》里边是有的。但是什么是卦变呢？古今各家说多纷歧，而以苏轼《东坡易传》和程颐《伊川易传》之卦变说最可信从。《东坡易传》说：“易有刚柔往来上下相易之说，而其最著者贲之《彖》也，故学者沿是，争推其所从变，曰‘泰变为贲’，此大惑也。一卦之变为六十三，岂独为贲也哉！学者徒知泰之为贲，又乌知贲之不为泰乎！凡易之所为刚柔相易者，皆本诸乾坤也。乾施一阳于坤，以化其一阴，而生三子，皆一阳而二阴。凡三子之卦，有言刚来者，明其本坤也，而乾来化之。坤施一阴于乾，以化其一阳，而生三女，皆一阴而二阳。凡三女之卦有言柔来者，明此本乾而坤来化之，故凡言此者，皆三子三女相值之卦也，非是卦也，则无是言也。蛊之《彖》曰‘刚上而柔下’，贲之《彖》曰‘柔来而文刚，分刚上而文柔’。咸之《彖》曰‘柔上而刚下’，恒之《彖》曰‘刚上而柔下’，损之《彖》曰‘损下益上’，益之《彖》曰‘损上益下’。此六者适遇而取之也。凡三子三女相值之卦十有八，而此独取其六何也？曰圣人之所取以为卦，亦多术矣，或取其象，或取其爻，或取其变，或取其刚柔之相易，贲之类是也。夫刚柔之相易，其所取以为卦之一端也，遇其取者则言，不取者则不言也。”《伊川易传》说：“刚上柔下，损上益下，谓刚居上，柔居下。损于上，益于下，据成卦而言，非谓就卦中升降也。如讼，无妄云‘刚来’，岂自上体而来也？凡以柔居五者皆云‘柔进而上行’。柔，居下者也，乃居尊位，是进而上也。非谓自下体而上也。卦之变皆自乾坤，先儒不达，故谓贲本是泰卦。岂有乾坤重而为泰，又由泰而变之理！下离本乾中爻变而成离，上艮本坤上爻变而成艮。离在内，故云‘柔来’，艮在上，故云‘刚上’，非自下体而上也。乾坤变而为六子，八卦重而为六十四，皆由乾坤之变也。”

据苏程二氏的说法，所谓卦变，其主要之点是这样的，第一，64 卦中只有 18 卦有卦变问题，其余诸卦没有。这 18 卦的上体与下体由一个阳卦（或☳震，或☵坎，或☶艮）和一个阴卦（或☴巽，或☲离，或☱兑）组成，例如䷕贲，上体震是阳卦，下体离是阴卦；䷩益，上体巽是阴卦，下体震是阳卦。第二，阳卦原来是☷坤，由于乾卦施给它一个刚爻，化掉它的一个柔爻，而变成☳震，变成☵坎，变成☶艮。阴卦原来是☰乾，由于坤卦施给它一个柔爻，化掉它的一个刚爻，而变成☴巽，变成☲离，变成☱兑。所谓卦变的问题，实质上就是刚柔相易，亦即一卦上下体中阴卦的那个柔爻是乾卦经过坤卦的作用变来的，阳卦的那个刚爻是坤卦经过乾卦的作用变来的。如果一卦上下体都是阳卦或都是阴卦，或者有一体是乾卦或坤卦，就不存在卦变的问题。第三，卦变的所谓刚柔相易，是从成卦的角度说，指乾坤之刚柔相易，不是卦中刚柔升降，简单交换位置。䷕贲上体来自坤，刚爻上九得自于乾；下体来自乾，柔爻六二得自坤。䷕贲绝不是泰的上六与九二一升一降，互换位置的结果。第四，《易》中有卦变意义的卦虽有 18 个，但《彖传》认为实际取卦变之义的只有贲、蛊、咸、恒、损、益六卦。

“柔来而文刚”，在卦中有什么意义呢？刚为质，柔为文，柔来文刚，是在质胜的时间，恰好有文来调济它，使质文相当，所以卦辞言“亨”。“分刚上而文柔”的含义，不是刚去“文柔”，而是柔有了刚，文有了质，柔才成其为文，不然的话，没有质的文便不是文了。文太盛，须有质去调节；文不可太过，文太过必出问题，所以卦辞言“小利有攸往”。

总而言之，“柔来而文刚”，强调当质胜的时候必用文加以调济而后可通，故卦辞言“亨”。“刚上而文柔”，强调当文胜的时候必用质加以调济，绝不可使文太过，故卦辞曰“小利有攸往”。“刚上而文柔”之下应有“刚柔交错”四字。这四字有总结上文的意义。柔文刚，刚文柔，刚柔交错；质必有文，文不胜质，质文相当，是自有之理，故曰“天文”。这是从卦变的角度解释卦辞。

“文明以止，人文也”，是从卦德的角度解释卦辞。卦之下体是离，离为火为明，有文明之德；上体是艮，艮为山为止，有止之德。止有节制、限度的含义。“文明以止”，文明要有节制有限度。这个节制、限度要靠人来把握。把握得好坏如何，就看人的主观能动作用发挥得怎样了。问题决定于人为，当然只能叫做“人文”了。

“观乎天文，以察时变”，观天文既是观天象，也是观卦象。从卦象来看，刚必有柔，柔不胜刚，刚柔交错，质文适当，这是常；然而有时不免有过刚过柔，过质过文之变，人应随时观察而加以补救。

“观乎人文，以化成天下”，观人文即观“文明以止”。文明是重要的，但文明必以止，没有“止”加以控制，文明过度，是不行的。止，不是止文明，而是止文明之过度，文明之敝。观察“文明以止”，以教化天下，成天下之礼仪制度。

象曰：山下有火，贲。君子以明庶政，无敢折狱。

《周易》“大象”共有噬嗑、丰、旅、贲四卦论及用刑问题。前两卦以火雷雷火交互为体，讲用刑强调威与明两个方面。后两卦以火山山火交互为体，讲用刑强调明与慎两个方面。旅卦火在山上，是止而明的意思。慎而明，则办案及时，判决及时，不留狱。贲卦火在山下，明在内，止在外，明而止，则办案、判决都要谨慎，不得草率从事，亦即无敢折狱。折狱以得情实为要，而贲卦讲文饰，恰好与折狱的要求相反，所以孔子学了贲卦告诫人们说“无敢折狱”，治狱务必去文饰而求情实。一切舞文弄法，深文刻核，文致锻炼的作法，都应在反对之列。

初九，贲其趾，舍车而徒。

贲卦是讲文饰的，但卦中六爻情况有所不同。内卦三爻“柔来而文刚”，刚已经够了，主要是如何加柔的问题。外卦三爻“刚上而文柔”，柔足刚不足，所以重在刚。初九贲其趾，六二贲其须，九三贲如濡如，都重在柔，而初九由于处在贲之始初之时，贲的程度最轻。趾在人体的最下部，功能是走路。“贲其趾”，文饰表现在趾上，说明刚刚开始贲。“舍车而徒”，不乘车而徒步走，这在趾之行路这一点说来，贲的程度太轻了，几乎达到素而无文的程度。初九与六四正应而互贲，初九讲“舍车”，六四讲“白马”，意义相近。初九居一卦之下，其下无所乘，故云“舍车”。六四处上体之初，其下有所乘，故云“白马”。

象曰：舍车而徒。义弗乘也。

舍车不乘而徒步走，不是故作清高的一类，是发自内心的一种理性表现。人家以乘车为贲，我独以徒步为贲。

六二，贲其须。

须，其实就是胡子。胡子对于人说来，主要的用处是文饰脸面，使脸面美观。它不能自立，必须附丽于颐上。倘无颐存在，须亦无从立足，正所谓“皮之不存，毛将安傅”。

六二无应爻而与九三相比，九三亦无应爻而六二相比，相比则相贲。六二纯阴，是贲卦之主爻，贲卦的基本含义从这一爻能够看出来：文当从质，文饰其质，文不能变其质；文之动止全由其所附之质决定。须与颐的关系恰像文与质的关系。六二与九三相贲，六二是纯柔，柔为文；九三是纯刚，刚为质。六二与九三的关系是文与质的关系，六二随九三之动而动，随九三之止而止。所以爻辞曰“贲其须”。六二“贲其须，”其贲的程度亦即文饰的程度大于初九贲其趾。初九几乎以素为贲，六二则以贲为贲了。胡子尽管要依附于颐，但是它长在颐上，毕竟是真正的文饰之物了。

象曰：贲其须，与上兴也。

上是九三。兴是兴起，动作。六二依附于它的上爻九三，恰似须依附于颐一样，颐动须动，颐止须止。所谓“贲其须”，实际上是说文是质制约的，事物的善恶美丑决定于它的质，不决定于它的文，它的外在形式。

九三，贲如濡如，永贞吉。

九三处在六二与六四两个阴爻之间，下比六二，上比六四，它作为一个刚爻，受到两个柔爻的贲饰，可谓上下交贲。贲至此已达到很盛的地步，所以叫做“贲如”。事物发展到一定程度容易起变化，稍不留意，极其可能走向反面。贲饰太盛，未免有文灭质之患，所以又叫“濡如”。濡，谓贲饰之文采华丽鲜艳，润泽充盈。《周易》中凡说“某如某如”的，都是犹疑不决，两端难定之辞。“贲如濡如”，贲饰得挺充盈却又顾虑贲饰过分，致于文灭质。因此又说“永贞吉”。贞，正也。九三以阳居阳，不是不正，问题在于能否永久坚持守正。能永久守正，不为阴柔所溺，不至于以文灭质，那才是吉。

象曰：永贞之吉，终莫之陵也。

陵，侮，也有胜过的意思。“永贞之吉”，是质不为文所灭，刚不为柔所溺。这种吉要求长久坚持，到底不变。“终莫之陵”，终不可使文胜质。终字与永字相呼应。

六四，贲如皤如，白马翰如，匪寇婚媾。

皤，头发白色。翰，马白色。皤、白都有素、质的意思。六四处在上体艮止的开始，正是贲极该当返素的时候，所以爻辞说“贲如皤如”。“贲如”，六四在贲的时候，它当然要崇尚文饰了。“皤如”，但是六四处在离明之外，艮止开始的时候，又与初九刚爻正应，有崇质返素之心。既贲如又皤如，是一种两端未决的矛盾心态，而最终的意思是皤如，是无所文饰。下文“白马翰如”证明了这一点。“白马翰如”指初九，初九“舍车而徒”，与六四皤如之心相互照应，是六四的志同道合者，它“白马翰如”般地来了，它不是六四的寇仇，它是六四的婚媾。六四归根结底是以刚文柔，以质济文；是崇质返素，以朴素为贲。

象曰：六四，当位疑也。匪寇婚媾，终无尤也。

疑，两端不定。从大处看，六四是贲之六四，处在贲的时代，它理应“贲如”，重视文饰。从细处看，六四处在离明之外，艮止之始，正是由文返质的时候，它的处境决定它素以为绚。两种意向犹疑不定，最终它走向了“皤如”。走向“皤如”，没有问题，也无怨尤。何以知之？“匪寇婚媾”，初九与我志同道合，我“皤如”，它“舍车”，它来与我婚媾，哪里有什么怨尤。

六五，贲于丘园，束帛戋戋，吝，终吉。

丘园指上九。丘园是联合结构的词语。丘，古代城邑近处的丘坂。园，城邑外面距城邑很近的园圃。六五是柔爻，与上九刚爻相比。《彖传》说“刚上而文柔”，那么，上九应当文六五，六五要受上九的贲饰。上九是丘园，是安谧素朴之地，不是朝市，不象朝市那般热烈多文。“贲于丘园”，就是贲于上九，也就是六五受上九之贲。整个儿的意思是敦本，是崇素返质。束帛，礼物；戋戋，极少。束帛戋戋，上九给六五以极少的礼物，少到可以认为是吝啬的程度。吝啬是俭，礼与其奢宁俭，俭比奢好。吝啬，表面上看似乎不好，然而最终还是吉的。总之，贲卦外三爻讲的是贲极反朴，以质济文的问题。六五在这个问题上比六四更前进一步。

象曰：六五之吉，有喜也。

一个吉字包括了爻辞的全部意义。六五能够在文胜贲极的时候崇朴返质，是极难得之事，不是出自中心喜悦是办不到的。“有喜”，心中对于崇朴返质有所喜悦。所谓“知之不如好之，好之不如乐之”，与此正同。

上九，白贲，无咎。

上九已至艮止之终，《彖传》说的“文明以止”至此已达到最后阶段。崇本返质的程度远远超过六四与六五两爻。六四“贲如皤如”，贲与白毕竟不是一回事；六五“贲于丘园，束帛戋戋”，亦在反本的过程中。上九“白贲”，则白即贲，白与贲变为一回事了。贲至于极点，有饰变为无饰了。说无饰，其实不是无饰，是以无色为饰，以质素为贲。《杂卦传》说的“贲无色”，对贲卦的特点一语概括无遗。贲是五彩艳丽以文饰，白无色是素朴无文，二者截然对立，竟合而曰“白贲”，曰“贲无色”。相反而相成，两个对立之物连在一起，表明《周易》作者具有对立面统一的清醒的辩证法观念。

象曰：白贲无咎，上得志也。

白贲是无有贲饰或者说以质为文，上九处在贲的时代，却以质为文，无有贲饰，是不是行与时违而宜得咎呢？不是的，上九白贲，理应无咎。因为它处于贲卦之上，合该白贲；白贲是符合质与文辩证统一的规律，符合上九崇质尚实的心志的。

〔总论〕

贲卦讲文饰，文饰不可无质，所以贲卦实际上讲的是文与质的关系。上体与下体有所不同。下体“柔来而文刚”，以文为文，主下体之文的，是“柔来”之“柔”亦即六二。六二“贲其须”，须最是虚文之物，自己不能独存，必随九三之兴而兴，随九三之止而止，说明质要有文加以贲饰，然而文离不开质，文质不能分离。上体“刚上而文柔”，以质为文，主上体之质的是“刚上而文柔”的“刚”，亦即上九。上九“白贲”，以无文为文，以无色为贲。说明质与文不可或缺，不过质比文更根本更重要。从六爻看，有三爻不事文华。初九“舍车而徒”，不事文华；六五“贲于丘园，束帛戋戋”，亦不事文华，上九“白贲”，不仅不事文华，甚乃以质素为文。另外三爻，六四“皤如”而贲于初九，六二“贲其须”，必依附于九三，唯有九三之“贲如濡如”，是贲饰之盛，然而也有“永贞吉”之诫。看得出来，贲卦对于文饰的态度是十分谨慎的。在它讲究文饰的时候，强调的不是文饰而是本质。《周易》的这种思想方法值得注意。

但是，是不是《周易》在质文关系问题上要质不要文或者重质不重文呢？完全不是。道家才是重质不重文，要质不要文的。《周易》以及《易大传》的作者孔子都重质也重文，可谓文质并重。在儒家看来，质文相反相成，是对立面的统一，二者不可或缺而质是矛盾的主导方面。道家老子、庄子都熟谙辩证法对立统一的规律，他们的书中关于这方面的精彩命题比比皆是，唯独在文质关系上他们绝对鼓吹见素抱朴，回归自然，要“牛马四足”,不要“穿牛鼻络马首”,一切人为的文饰的东西一概摈弃,从而陷入形而上学的可悲境地。从社会历史发展的角度考察,道家要质不要文的主张有它无容置疑的反动的一面,实不足取,而《周易》及其传授者儒家学派的文质观则值根于现实之中,顺着历史发展的方向提出问题,思考问题,至少它的思想方法是光辉的。

剥

䷖ 坤下艮上

《序卦传》说:“贲者饰也。致饰然后亨则尽矣,故受之以剥。”贲卦是讲文饰的。事物发展到讲文饰,可以说是亨;发展到亨,就要向反面转化,所以贲卦之后是剥卦。剥是剥落的意思。事物衰落了,残谢了,都可以叫剥。不过剥卦所讲的,乃是阴剥阳的剥。阴自下生,逐渐成长,至今已达到盛极的程度,五阴消剥一阳,阳处在被阴剥落的时候,所以这一卦叫做剥。

剥,不利有攸往。

剥是阴剥阳的时代,阳代表君子,阴代表群小;群小得势,君子“不利有攸往”,亦即不宜有所前进。因为这时阴盛阳衰,小人壮而君子弱,天时与人事均于君子不利,君子宜藏器待时,勿有所往。

彖曰:剥,剥也,柔变刚也。不利有攸往,小人长也。顺而止之,观象也,君子尚消息盈虚,天行也。

剥卦是讲什么的?剥卦是讲剥的。剥就是阳被阴剥,阴渐长而阳剥落。从卦象来看,剥是“柔变刚”。“柔变刚”是刚为柔所变,为柔所取代,柔一步步把刚剥掉。原来是六个刚爻的纯乾之卦,一变而为天风姤,一柔在下,五刚在上;二变而为天山遯,二柔在下,四刚在上;三变而为天地否,三柔在下,三刚在上;四变而为风地观,四柔在下,二刚在上;五变而为山地剥,五柔在下,一刚在上,刚几乎被柔变尽,阴柔变刚阳,柔长而刚剥,所以这一卦叫做剥。夬卦五刚在下,一柔在上,《彖传》称之为“刚决柔”。剥卦与夬卦相对,《彖传》不说“柔决刚”而说“柔变刚”,其故在于易为君子谋不为小人谋。君子去掉小人,越痛快越好,所以称决不称变;小人剥落君子,是一个萋菲浸润的过程,所以称变不称决。

“不利有攸往,小人长也”,是说君子处剥的时代,应当巽言屈身避害,待时而动，原因是此时小人道长，小人得势，君子别无更好的选择。剥卦与复卦相反，复卦《彖传》言“利有攸往”，说“刚长”，剥卦《彖传》言“不利有攸往”，不说“柔长”而直接说“小人长”，是为了警告君子处在小人剥君子之时要保持清醒的头脑，切勿妄动。

“顺而止之，观象也”。剥卦坤下艮上，有顺止之象，君子观察顺止之象，处在小人剥君子的时代，务须坚贞自守，顺时而止。

“君子尚消息盈虚，天行也”。“尚”是尊奉的意思。“消息盈虚天行也”，是说“消息盈虚”是自然界变化的规律。世间人事的变化也和自然界的变化一样，是有规律的。君子应尊尚消息盈虚这个规律，不要反消息盈虚这个规律。

象曰：山附于地，剥。上以厚下安宅。

山本来是高起于地的，现在由于下不厚而颓下来附着于地，这是圮剥之象。圮剥必始自下，下剥则上危。统治者观剥之象，施诸政治，应该“厚下”，恩加百姓，以求得“安宅”。这与《书经》“民惟邦本，本固邦宁”的思想一致。

初六，剥床以足，蔑贞凶。

“剥床以足”，剥床之足。蔑，灭，没。贞，在这里应作固执讲。阴剥阳，小人剥君子，是自下往上剥。初六乃居下之阴柔小人，所以有剥床足之象。床是人藉以休息之物，常处人之下。床足是床藉以支撑之物，又在床之下。剥床之足，说明阴是先从最下部剥阳把床足给没了。君子处在这种时候，应顺时而止，不要固执而不知变，否则必凶。

象曰：剥床以足，以灭下也。

“剥床以足”仅仅是小人剥君子的开始，接着将渐及于上，所以叫做“灭下”。言外之意是说小人剥了君子之下以后还要继续向上剥。

六二，剥床以辨，蔑贞凶。

辨是床体中的一个部件，床藉以分隔上下。初六已经灭了床之足，现在又向上发展一步，灭到床之辨了。君子处此之时，以认清时势，不固执己见，随时敦尚为第一要义，否则必凶。

象曰：剥床以辨，未有与也。

“未有与”，没有应爻，亦即没有援助，惟其没有应爻，所以六二杂在群阴之中而为剥。六二阴柔居中得正，条件本来不错，完全可以脱离小人的行列，不剥君子，然而它“剥床以辨”，剥了君子，原因就在于没有阳刚来应它。六三虽不中不正，但有应与，情况与六二就大不一样了。

六三，剥之无咎。

六三在剥卦初至四四个阴爻中，它是无咎的。它为什么得以无咎？因为它与上九阳刚正应。尽管它仍然属于剥君子的小人行列，但与上九正应，并无剥害君子之意，实际上等于脱离小人一面而倒向君子一面了。

象曰：剥之无咎，失上下也。

六三恰在卦中五阴爻之中，上有二阴，下有二阴，而它独与阳刚正应，脱离了上下之同类，处剥之时而不为剥之事，故无咎。为什么不言吉而言无咎？六三虽已反正从阳，但是力量是孤弱的，能够无咎就算不错了，哪里可能得吉！

六四，剥床以肤，凶。

初剥床之足，二剥床之辨，小人一步步向上剥君子，剥至六四，达到极其严重的程度，已经“剥床以肤”，剥到床上人之肉了。对于受剥的君子来说，问题是严重的。爻辞不言贞凶而直言凶，说明凶是无条件的，绝对的。

象曰：剥床以肤，切近灾也。

《象传》指出问题的严重性。就卦爻说，上九是阳爻，六五是君位，阴剥阳剥到四这一爻，算是剥到了极点。就君子亦即人来说，剥床之足，剥床之辨，毕竟还未近身，现在剥到肉了，整个儿的身躯面临危险，已经构成灾祸了。

六五，贯鱼，以宫人宠，无不利。

六五与以下诸阴不同。六五以下诸阴讲的是如何剥阳，至六五则不但不讲剥阳，反倒讲如何承阳了。发生这一变化的原因在于：上九一阳在上屹然不动，六五想剥也剥不了。六五作为一个阴爻有阴柔之性，阴柔的特点是势盛则作威，计穷则顺承。现在它又切近于上九，与上九阳刚相比，既剥不了上九，便只好顺承上九了。

鱼，阴物，象征六五以下诸阴。宫人，宫中之人及妻妾侍婢之类，象征六五与上九的关系。六五居尊位，是众阴之长，它像贯穿鱼串那样将众阴统率起来，好像宫人侍奉人君那样以顺承上九，获得上九的宠信、庇护；在此阴剥阳的时代，它不剥阳反而顺承于阳，当然是“无不利”了。

象曰，以宫人宠，终无尤也。

尤，过失。“以宫人宠”是小人受宠，不是君子受宠。小人受宠本非好事，但是在阴剥阳的时候，六五能够率众阴以顺承阳刚，毕竟没有过失。

上九，硕果不食，君子得舆，小人剥庐。

当剥之时，诸阳已被剥尽，剩下上九一阳，像一只硕大的果实一样未被食掉。言“不食”而不言“未食”，说明剩下一阳还在，实非诸阴不想食或者偶然未食，是按照“消息盈虚，天行也”的规律，阳不能尽剥。就像树，虽然被剥了，果实还在，种子还在，春天一旦到来，它还要复生。“君子得舆，小人剥庐”是一个问题的两面观。剥卦发展到上九这个阶段。对于君子来说，是“得舆”。舆，车。此时众阴在下而宗阳，极似天下乱极，人心思治，众心愿载君子。对于小人来说，是“剥庐”。庐，屋。小人剥君子，若剥极于上，将君子全剥尽，那么它将自失所覆，不得安身之地。

象曰：君子得舆，民所载也。小人剥庐，终不可用也。

“君子得舆”，说明天下剥极之时，君子受到百姓的拥护和支持。“小人剥庐”，说明天下剥极之时，小人自食其恶果，它剥君子，实际上等于剥了它自己安身的庐。

〔总论〕

卦辞说“剥，不利有攸往”，是说在阴剥阳的时代，阳是凶的，阳的处境总的说来是不好的。而爻则不同，诸爻谁剥阳谁见凶，剥阳者是不好的。所以，六五以顺承上九，得“无不利”。六三与上九正应，得“无咎”，而初六、六二、六四以剥阳的缘故，均得凶。

剥卦里有君子与小人、上与民等概念，说明作卦爻辞的时期已经有了明显的阶级关系，社会早已进入文明时代。又从《象传》可以看得出来，《周易》作者没有上帝鬼神的观念，它认为世间人事的变化与自然界的变化，都受内在的、不以人的意志为转移的规律支配着。还有《象传》讲“上以厚下安宅”，“君子得舆，民所载也”，反映《易传》作者深知巩固统治的关键在厚下安民。它不信上帝鬼神而重民，这是虽素朴但很完备的民本观念。

复

䷗ 震下坤上

《序卦传》说："物不可以终尽，剥穷上反下，故受之以复。"阴阳消长是自然的规律，阴可以剥阳，但是不可能剥尽，剥至极处，阳便要复生了。阳被剥极于上，就要复生于下，其间不会有一忽的间断，所以剥卦之后次以复卦。

复是反本的意思。从卦来看，一个阳爻在五个阴爻之下，是阴极而阳反。从自然来看，夏正十月阴盛至极，至十一月冬至的时候，阳气反生于地中。从人事来看，阳代表君子之道。君子之道消至极点，就要复反，就要长了。

复，亨。出入无疾，朋来无咎。反复其道，七日来复，利有攸往。

"复，亨"，复则必亨。阳剥极而复反于下，虽只有一阳，看来势孤，但是它是初生的，向上的，前进的，犹如冬至时节阳气复生，万物即将萌发，其生生之势不可阻挡；在上的五阴虽众必然披靡消散，构不成在下一阳的障碍。

"出入无疾，朋来无咎"。出入谓生长，入谓复生于内，出谓长进于外。阳从内卦开始出生，然后向外卦长进。这与自然界的情况很相似，阳气自冬至起，自地内发生，逐渐向外长进。无疾，无害。复卦只有一个阳爻自下生出，力量是微弱的，但是众阴类侵害不了它。这是有"朋来"使它"无咎"的缘故。"朋"是诸阳，是初九的同类。咎，在自然界则为差忒，在人事则为抑塞。总之是遇到了阻碍。在复的时候，一阳自下而生，必有诸阳来同它协力战胜众阴，克服阻碍而得无咎。

"反复其道，七日来复，利有攸往"，"道"，阴阳往来消长之道，亦即阴阳交替消长变化的规律。"反复"，谓阴长则阳消，阳长则阴消。"反复其道"，是说阴阳往来消长，合乎规律地变化。"七日来复"，阴自姤卦始生，然后变为遯、否、观、剥、坤，乃至变为复卦。自姤卦一阴生起，阴渐长，阳渐消，经过七次变化而成复卦。在复的时候，阳进阴退，君子道长，小人道消，所以“利有攸往”。在剥的时候，阴进阳退，小人道长，君子道消，所以“不利有攸往”。

彖曰：复亨，刚反，动而以顺行，是以出入无疾，朋来无咎。反复其道，七日来复，天行也。利有攸往，刚长也。复其见天地之心乎！

“刚反，动而以顺行”，既释“复亨”又释“出入无疾，朋来无咎”。剥卦讲“顺而止”，复卦讲“顺而行”，君子处剥处复，或止或行，有所不同，但“以顺”是一样的。顺什么？顺乎自然，顺乎规律。最重要的是“刚反”二字，“刚反”指出了卦辞言“复亨”的根据和实质。天道运行至复的时候为什么能够亨通而了无障蔽？其根本的原因是阳刚消到极点则必来反，来反则渐长，则亨通。

“天行也”解释“反复其道，七日来复”。“天行”实际上是指天地阴阳运动的规律而言。阴剥阳尽，阴极阳反，一阳生而成复，乃是天地阴阳有规律地运动的结果。

“刚长也”与“刚反”讲的都是复卦一阳爻的运动，二者的区别在于各自所强调的重点不同，意义也不同。“刚反”强调剥之一阳穷而反于下，成为复，说的是复开始形成时的情况，由于刚自上反于下，剥终于变为复，其结果是亨。“刚长”强调刚既反之后一阳渐长，自下而上，说的是复形成以后的情况，“刚长”的结果是“利有攸往”。剥卦《彖传》言“不利有攸往，小人长也”，这里说“利有攸往，刚长也”，可见易为君子谋不为小人谋。

“复其见天地之心乎”！什么是天地之心？“心之官则思”，心是主思虑，主预谋，主宰形体的。天地无思虑无预谋，何以言“天地之心”？孔子讲“天地之心”不过是个比喻，天地本无心，但是天地间万物生生不已，阴息阳消，阴极阳长，消息盈虚，无有间断，像似天地有一颗心主宰着自己的意向和行为。孔子说“天地之心”并非真的以为天地有心，孔子只是说天地像似有一颗心。所谓“天地之心”，其实就是孔子在别的卦讲的“消息盈虚”，就是不以人的意志为转移的自然规律。

自然规律无时无处不在，为什么单在复卦见“天地之心”？因为“天地之心”在复卦见得最显明最亲切。阴剥阳，但阳无剥尽之理，一旦剥穷上，便要反下而成复。复的时候，一阳在下初生微动，处在潜伏之中却又生意油然，其生生之势纵然五阴积累压抑在上，也不能阻挡。阳看来被剥尽了，但不能剥尽；阳看来孑然一身，微弱得很，而其实却是强大无比，没有什么力量可以使它停止向上成长。在复的时候最能看清楚自然规律的客观性。别的卦则不然，例如泰卦，三阳之时，万物更新，这时只见物之蕃衍盛大，"天地之心"却不易见。

邵雍有诗云："冬至子之半，天心无改移。一阳初动处，万物未生时。玄酒味方淡，大音声正希。此言如不信，更请问包牺。"这诗作得好，它把"复其见天地之心乎"一语解释得极明白。天地之心年年岁岁月月日日无有一时间断改移，却唯有在建子之月，冬至之时看得最真切。因为此时一阳初动，意味着要大动，万物未生，意味着要大生。正如酒方在玄酒味淡时，音方在大音声希时。

象曰：雷在地中，复。先王以至日闭关，商旅不行，后不省方。

"雷在地中"，是阳始复之时。先王、后都是指统治者。统治者观复卦之象，应该顺应自然的规律，在冬至这一天采取安静持养的措施，闭上关卡，使商旅停止活动，自己也不省视四方。为什么选在冬至这一天这样做呢？这是因为按照《易经》十二辟卦即十二消息卦的思想，复卦是建子之月即十一月卦。十一月冬至这一天是一年之中阳气初生之时，阳气还微弱，需要以静养动，不使初阳受到侵害。

初九，不远复，无祇悔，元吉。

原来本有的东西后来失掉了，失掉之后又得到了，叫做复。原来本没有的东西，后来有了，不能叫做复。复卦是讲阳被剥掉之后，现在又来复于初的问题。复有远近早晚，复的近复的早，当然比复的远复的晚要好。初九处在复卦之初，是最近最早的复，所以"无祇悔"而得"元吉"。祇，抵。"无祇悔"是不至于悔的意思。就一个人来说，有了过错就能认识到，认识了就能改，甚至过错还未表现出来就改掉了，不至于达到悔的程度，这就是"不远复"。

象曰：不远之复，以修身也。

"不远而复"是君子用以修身之道。修身的问题主要是知过而速改，知其不善而速从善的问题。其中既强调改，又强调早改，快改。

六二，休复，吉。

休，美。休复，休美的复。复的休美，复的好，所以吉。六二为什么能够休复吉呢？因为六二处中得正而且切比于初九，有从阳之志。

象曰：休复之吉，以下仁也。

这里的仁应是人的同音假借字，与“井有仁焉”的仁字相同。下仁就是下人。“下人”与修身的意义连接一贯，“修身”是反躬修己。“下人”是指六二对初九能亲而下之。

六三，频复，厉无咎。

六三以阴处震之极，有躁动之象。一个人犯了错误能够及早改正，改了不再犯，是最好的。而六三不然，六三频复，犯了改，改了又犯，屡失屡复，不如“不远复”与“休复”，所以“厉”。“厉”是危的意思。但是“频复”也有可取之处。屡失屡复，毕竟强于不复不改。就它屡失这一点来说，当然是厉的，就它屡复这一点来说，则是无咎的。

象曰：频复之厉，义无咎也。

屡复屡失，虽为危厉，能复善改过总是好的。

六四，中行独复。

六四处于上卦之下，上下各有两个阴爻，而自己居在众阴之中，所以叫做“中行”。六四以阴爻居阴位得正，且正应于初九，所以叫做“独复”。六四处在群阴之中而独能复，说明它的主观愿望是好的。不过，若从客观条件来说，它毕竟是以阴居阴，所应的初九正在阳气甚微之时，不足给它以有力的援助，它实际上不能有所作为，所以爻辞不言吉，不言无咎。

象曰：中行独复，以从道也。

从道，从初九阳刚之善道、正道。强调六四“中行独复”是从道，表明它不是为谋利。

六五，敦复，无悔。

敦，厚。初九为复卦之主，六五与初九无系应关系，本当有悔，但由于它所处居中而且能复，所以无悔。六五的“无悔”与初九的“无祗悔”有所不同。初九“不远复”，是弃恶复善刚刚开始，故云“无祗悔”，六五“敦复”，是弃恶复善的行动已经积累很多，故云“无悔”。别卦爻辞讲敦的，都在上爻，如临卦上六言“敦临”，艮卦上九言“敦艮”，皆取积厚至极之义，而复卦于六五即言“敦复”，这是因为复卦上六是“迷复”，“迷复”是迷而不复。实际上复至六五已经达于极点。

象曰：敦复无悔，中以自考也。

自考，自成的意思。“中以自考”，是说六五以阴居中，能以其中德自成。自成什么？自成复。六二比于初九而复，六四应于初九而复，六五则与初九不发生系应关系而自成复。

上六，迷复，凶。有灾眚，用行师，终有大败，以其国君凶，至于十年不克征。

以阴柔居复之终，有迷而不复之象。迷而不复，昏迷而不知复。犹如一个人犯了错误不知悔改，在歧路上一直走到底，其凶是必然的。灾，是外来之灾；眚是自作之眚。有灾眚，外来之灾与自作之眚兼至。外来之灾也是由自作之眚招致的。问题出在昏迷而不知复。迷而不复，无论干什么都不行，动辄得咎。在这种情况下行师打仗，必以大败告终。在这种情况下治国，则君主必凶。十是数的终极。十年不克征，是说只要迷而不复的状况不改变，便永远“不克征”，永远“有灾眚”，永远“终有大败”，永远“以其国君凶”。

象曰：迷复之凶，反君道也。

复，合于道；迷而不复，与道相反。与道相反，凶是必然的。为什么说是反君道呢？因为爻辞讲“以其国君凶”所以小象释以“反君道也”。人君在上统治百姓，治理国家，本当复天下之善，现在却迷而不复，岂不是反君道！反君道是天下最大的迷复，小象讲“反君道”，其实包括了一切迷复。一般人的迷复，都由于反道而致凶。

〔总论〕

复卦《彖传》说“复其见天地之心乎”，这个“天地之心”极难理解。什么是“天地之心”呢？古人说法不一。有的说静是“天地之心”，有的说动是“天地之心”，有的则强调“天地之心”是天地生物之心亦即天地生生不已之心。所说的都有一定的道理，却都未说到中肯处。所谓“天地之心”就是天地之间万事万物中刚柔相摩，阴阳消长的规律，它无处不在。虽无处不在，却唯有在复的时候看见的最清楚。因为在复的时候，阳似乎已被剥尽乃又复生于下，表面静默不动，实际则蕴含一片勃勃生机，这比任何别的时候都更能说明阴剥阳消，剥极而复的客观规律。

复卦主爻是初九。初九不远而复，恰与上六相反，上六是远而不复。六五敦复，敦复是复的稳固，与六三相反；六三频复，频复是屡次反复，复的不稳固。六四独复，与六二休复相似；六四应于初九，六二比于初九。

无　妄

䷘ 震下乾上

《序卦传》说:“复则不妄矣,故受之以无妄。”无妄,没有虚妄。没有虚妄就是实的意思。在《易》里,阴是虚,阳是实。复卦是阴消之后阳又复长的时候,复以后便是实,所以复卦之后接着是无妄。无妄的构成是震下乾上。震,动也。遵循天之正道而动,可以无妄。若以非正道动,则不是无妄而是妄了。

无妄,元亨利贞,其匪正有眚,不利有攸往。

此卦辞应作一正一反两层意思看。“无妄,元亨利贞”,是从正面说。卦的上体是乾,乾本是天道,具备元亨利贞四德。卦的下体是震,震本是动。怎样动?应因天而动,不因人而动,亦即因顺自然而动,不因任人为而动。因顺自然而动,无往而不利,所以能够元亨利贞。“其匪正有眚,不利有攸往”,是从反面说。如果因人而动,不因天而动,亦即不因顺自然而动,而因任人的私意而动,那就不正了。不正则有眚,有眚则不利有所往。有眚是无妄的反面。据《说文》,眚是眼睛上长的翳。眼睛上长了翳,便失去光明,无妄便成为有妄了。

彖曰:无妄,刚自外来而为主于内,动而健,刚中而应,大亨以正,天之命也。其匪正有眚,不利有攸往,无妄之往,何之矣。天命不佑,行矣哉。

“刚自外来而为主于内”,说的是内卦震。根据《说卦传》“震一索而得男,故谓之长男”的说法,我们知道,震自坤变来,乾一索于坤,坤之初爻由阴变为阳,由柔变为刚,于是坤变为震。震之初九这一刚爻是来自外卦乾。正由于震初九是自外卦乾来,所以叫做“刚自外来”。又因为初九这一刚爻处于内卦,且为成卦之主,所以叫做“为主于内”。实际上是说,初九这一爻是无妄卦之主,是无妄之所以成为无妄的关键。孔子作《彖传》,在无妄卦提出了卦主的问题,并未涉及其他诸卦。王弼作《易略例》加以推衍，认为每一卦都有卦主。王弼的这一发现是正确的，无怪为后世学者所普遍接受。

“动而健”讲内外二体，“刚中而应”讲二、五两爻。内卦是震，震是动。外卦是乾，乾是健。内动而外健，亦即动而健。九五以刚居中得正，所以叫“刚中”。六二以柔居中得正，正应于九五，所以叫“而应”。由于无妄有“动而健，刚中而应”的本性，所以能够“大亨以正”。“大亨以正”，所说的实际上就是元亨利贞。“天之命”即天之道。天之道，用今日通行的语言来说就是自然规律。“大亨以正，天之命也”，与乾卦讲的“元亨利贞”同意，都是说“元亨利贞”是自然规律。

《彖传》讲“刚中而应”的有师、临、萃、升和无妄五卦，讲“大亨以正”的有萃、临、无妄三卦，讲“天之命也”的则仅有无妄一卦。无妄讲“天之命”，强调“大亨以正”，乃天道自然所致，绝非人力所能为。

“无妄之往，何之矣。天命不佑，行矣哉”，是解释“其匪正有眚，不利有攸往”的。就人来说，处在无妄的时候，重要的问题是守正，不要希望以非分的办法侥幸获福，也不要希望以非分的办法侥幸免灾。正确的办法是守正道而听自然，亦即不要有所往。处在无妄的情况下若有所往，则“何之矣”，即向何处去呢！无处可去。因为“天命不佑”。“天命不佑，行矣哉”，是说你做事不符合规律，怎么能行得通呢？

象曰：天下雷行，物与无妄。先王以茂对时育万物。

“天下雷行”，雷是依据客观规律运行的自然现象，春发冬收，并无差妄。“物与无妄”，万物随着雷的发生而发生，无论洪纤高下，飞潜动植，都依着自然赋予它们的所谓“性命”，生长、发展、运动，也并无差妄。统治者应该体会无妄这一卦的精义，把它用到治理天下上，“以茂对时育万物”。茂，勉励。对，针对，顺应。“时育万物”的“时”字十分重要。自然界万物发育生长，都是按照四时的规律进行，统治者统治人民百姓乃至对待草木昆虫之类，也要按照四时的规律进行，使各得其宜。古人极重视“时”，中国历史很早就实行朔政制度就是证明。朔政亦即月令，按季节安排活动，尤其农事活动，什么季节来了，做什么相应的工作。一切活动都不可违背天时。

初九，无妄，往吉。

初九是无妄之主，所谓“刚自外来而为主于内”。初九阳刚初动，动与天合，以此而往，必无不吉。初九爻辞所讲的与卦辞及《彖传》所讲的有所不同。卦辞讲了无妄的正反两个方面，强调守正则大亨，不守正则“不利有攸往”，《彖传》也说“无妄之往，何之矣”。就是说，就无妄全卦看，往的吉与不吉，利与不利，是有条件的，关键是看能否守正，亦即看它是动以天呢，还是动以人。动以天而往则利，动以人而往则不利。初九爻辞则不然，却说“无妄往吉”，意谓初九尽须往，往则吉，“往吉”是绝对的。

初九爻辞与卦辞及《彖传》讲的所以不同，在于卦辞及《彖传》讲的是整个无妄这个时代的问题。而初九所讲的仅是无妄这个时代的第一个阶段。因为它是无妄之主，以阳刚居初，它的本性就决定它动必以天，行必守正，因而无往而不得吉。

象曰：无妄之吉，得志也。

初九以阳刚居初，因顺自然，适应规律，不以私欲妄行，所以不论何所往，都将顺利无所窒碍，能够得志。

六二，不耕获，不菑畬，则利有攸往。

六二以阴居阴，有安分而无所期望之象。由于安分做事无所期望，所以是不耕获，不菑畬。不耕获，是不刚刚耕种就盼望收获；不菑畬，是不刚刚垦荒一年就盼望成为三年熟田。即但做眼前应当做的事，不期望尚未来临的事情的成功。能够如此，则利有所往。

象曰：不耕获，未富也。

富，利。未，非，不。不在耕种的时候就盼望收获之利。

六三，无妄之灾，或系之牛，行人之得，邑人之灾。

无妄卦六爻都是无妄，六三以阴柔居三，不中不正，所以有灾，是为无妄之灾。无妄之灾，是无故而有灾，自己没有过失，灾自外而来。比如邑里有人把一头牛拴在那里，行路的人牵牛以去，而住在邑里的人却倒了霉，受到诘问拘捕。这对于邑人来说便是无妄之灾。

象曰：行人得牛，邑人灾也。

行人把牛牵走，邑人无故受诬，这是邑人之灾。邑人之灾是无妄之灾。无妄之灾，自己没有办法躲过。自己求其无妄而已，祸福只可听其自然。

九四，可贞，无咎。

九四与初九相对应，二爻虽皆无妄，但各自处境不同，因而爻义也不同。初九以阳刚处动之初，行乎其所当行，故曰“往吉”。九四以阳刚居乾体，止乎其所当止，故曰“可贞无咎”。初九是往，往而得吉。九四与初九相反，不是往而是可贞。可贞是固守不动，不往不行。固守不动，不往不行，方得无咎。

象曰：可贞无咎，固有之也。

九四可贞无咎，乃由它自身固有的内在原因所决定，非自外铄而来。顺之以可贞，则无咎；逆之以不可贞，则有咎。人处九四的境地而有识于此，则当不往不行，于福不求幸得，于灾亦不求苟免，终必无咎。

九五，无妄之疾，勿药有喜。

“无妄之疾”与六三“无妄之灾”意义相似又有不同。九五爻辞说“勿药有喜”，是因为九五所处的地位好于六三。九五以阳刚居中得正处于尊位，可谓无妄已至无以复加的程度，是真实无妄，它本无致疾之由，然而却有了疾。此疾乃来自外而非生于内，是无妄之疾。无妄之疾对于九五来说不必怕，应以“勿药”为药，以不治为治，结果必“有喜”。“有喜”是疾病不治自除的意思。《周易》言“疾”又言“有喜”者有三处，此爻之外有损卦六四和兑卦九四，都在外卦，意义亦略同。

象曰：无妄之药，不可试也。

得无妄之疾，最好的办法是守正安常，泰然处之，疾将自然祛除。如果试之以药，则等于否定了自己守正安常的正确做法，从而破坏了自己正常的生命机制，不仅不能去疾，反而会招致更多的疾病。“无妄之药，不可试也”的道理应用到社会人事上也是如此。治国之人如果实践证明自己的某一政策是正确的，就该贯彻执行到底，纵然有人反对甚乃攻击诽谤，也不可动摇改图。否则，无异于以国试药，后果必然可悲。

上九，无妄，行有眚，无攸利。

上九这一爻不好，关键在一个行字。眚自行来。上九处在全卦之终，失位而居乾体之极，时已过去，宜静不宜动，宜止不宜行。在这种情况下还要有所前行，无妄便要变为妄了。即使是无妄之行，也会“有眚”，会“无攸利”。

卦辞言“有眚”，爻辞言“有灾”兼言“有眚”。灾与眚，后果相同，其缘由有别。灾是外来之祸，眚是自致之过。六三失牛，祸自外来，是灾，不是眚。上九轻举妄行，祸是自己造成的，最须警惕戒慎。

象曰：无妄之行，穷之灾也。

无妄之行犹《象传》所说的无妄之往。无妄之行本应是好的，但行不守正，或行不以时，则不好。上九的问题主要是正当乾之穷，处时不利，与乾上九“亢龙有悔”之义同，所以二小象都说“穷之灾也”。此爻爻辞言眚，是就主观意图说的，时穷不当行却偏要行，祸出于己，所以叫“有眚”。此爻小象言灾，是就客观时运说的，由于处时之穷而得祸，祸生于外，所以叫“灾”。

〔**总论**〕

无妄的根本意义是遵循规律，因顺自然。人在无妄之时，应该不妄求，不苟得，当行则行，当止则止，行止动静，一切依时而定。时的问题在无妄卦表现十分突出。无妄卦六爻皆无妄，然而各爻所处之时不同，其结果也就不同。初九得位，且是卦之主，当无妄之初，所以无往而不吉。上九失位，居无妄之极，时已过去，所以其行尽管无妄，亦不免“有眚，无攸利”。其余诸爻莫不如此。六二与初九类似，言“利有攸往”，处在当动的时候，所以动则吉，动则有利。九四言“可贞”，九五言“勿药”与上九言“行有眚”类似，处在当静的时候，所以动则“有眚”，不动则“无咎”，“有喜”。《周易》极重时的问题，在无妄卦表现尤为明显。

时的问题其实就是人如何处理主观与客观的关系问题。时变了，人的认识与行为也要变。人要审时度势，因顺自然，根据客观实际选择最佳的对策。在初九和六二的时候，动则得吉，有利，所以动。在九四的时候，不动则“无咎”，所以不动。在六三与九五的时候，不幸而遭遇无妄之灾、无妄之疾，非人力所能逆料避免，此时只能静观时变，别无他途。总之，人处在无妄的时代，最为要紧的是主观符合客观，客观变了，主观必须相应而变。

无妄卦还有一点值得注意。《周易》于内外爻的关系例以刚柔相应为好，而无妄则不然。初九与九四两刚敌应，敌应本不好，然而在此却好，初九往吉，九四无咎。六二与九五正应，六三与上九正应，正应本应该好，然而在此却不好，六三有灾，九五有疾，上九有眚。

大　畜

䷙ 乾下艮上

《序卦传》说:“有无妄然后可畜,故受之以大畜”。无妄是有实而无虚妄。有实而无虚妄,故可以畜聚。因此大畜次无妄之后。就卦象说,此卦乾下艮上,天藏于山中,有所畜至大之象。畜有止与聚两层含义。取天在山中之象,则畜为畜聚;取乾为艮所止之象,则畜为畜止。物止便可有所积聚,所以止也是畜的意义。

大畜,利贞,不家食吉,利涉大川。

此卦之所以名大畜,是因为卦之下体是乾,上体是艮。至大无比的天被包容在山之中,又乾健为艮所止,都有畜聚之象,而且不是一般的畜聚,是世界上最大的畜聚。就人自身来说,人的最大的畜聚是学问、道德的畜聚。学问、道德的畜聚除浅深多少之外还有一个正与不正的问题。学问、道德既充实又端正才有利于国家社会,所以卦辞曰“利贞”。学问、道德既充实又端正的人应效力于天下国家,此不仅是一己之吉,也是天下国家之吉。假若穷处而自食于家,结果将是吉的反面。学问、道德所畜极大的人,如能报效天下国家,且又显达遇时,肯定会济天下国家之大艰大险。所以卦辞曰“不家食吉,利涉大川”。

彖曰:大畜,刚健笃实辉光,日新其德。刚上而尚贤,能止健,大正也。不家食吉,养贤也。利涉大川,应乎天也。

“大畜,刚健笃实辉光,日新其德”,这是从卦之才德方面进一步解释卦名的意义。刚健是乾之德,笃实是艮之德。刚健,故无私欲;笃实,故不虚浮。上下两体交互影响、渗透,使刚健者愈刚健,笃实者愈笃实,辉光照映,日新又日新。为人能如此,则才德必能畜之不已,日益充实。这是大畜之所以名之曰大畜的根据。

“刚上而尚贤,能止健,大正也”。上九以阳刚居上,叫刚上。阳刚居上乘六五尊之柔，有尚贤之义。尚贤亦即畜贤。艮在乾之上，能止健。说“止健”，与说“健而止”不同，“止健”的止有畜的意义，“止健”的健应指贤者的德才而言。所以，“能止健”当与“尚贤”同义。为国家畜养贤能之人才，乃是“大正”，是意义最大的正事。孔子在此发掘出《周易》的人才思想。

“不家食吉，养贤也”，不要穷处而自食于家，要效力国家，食天子诸侯之禄。从国家的角度说，这是“养贤”即畜养人才的措施。孔子继续用人才观点解释卦辞。

“利涉大川，应乎天也”。国家畜养人才，必将使用人才，发挥人才的作用。从人才自身的立场看，他应该能够“涉大川”，济天下之艰险，为国家解决大问题。而这是“应乎天”的。“应乎天”，应之者是六五，六五是君。天是下体乾。六五应下体乾之中爻九二。这就是“应乎天”。应乎天而行，没有什么艰险不能渡过，没有什么问题不能解决。

象曰：天在山中，大畜，君子以多识前言往行，以畜其德。

天至大无比，然而却在小得多的山的蕴含中，没有比这更大的大畜了。君子观此卦象受到启发，乃不断充实畜聚自己的学问、道德。学问、道德虽为二事，却密不可分，均由学而至，由学而大。怎样学？“多识前言往行”，多多学习前贤往哲的言行，藉以修养畜成其德。大畜言畜德，小畜言懿文德，二者都讲畜德，但小畜之文德是小德。

初九，有厉，利已。

厉，危厉，危险。已，止。初九以刚居刚，又属于健体而处下，依它的本性来说，它是必然要上进的。但有六四在那里阻止它上进，如果它不顾六四的阻止，一定要上进，则必有危险，而且最终还是上进不了。最好的办法是自已，自止不进。

象曰：有厉利已，不犯灾也。

初九是刚健之才，其上进之心为六四所止，必急躁不能堪，非常有可能不顾一切地于不可进而强进。如果真的于不可进而强进，其犯灾是必然的。所以爻辞告诫“有厉利已”。意思是说，不止便要犯灾。

九二，舆说輹。

说同脱。輹是车下横木，车轴有它才能转动。车停止不行时，輹就脱下来。“舆说輹”,是说车停下不走了。不是被迫不走,是自行不走。九二有“舆说輹”之象,与初九有相同之处也有不同之处。都是阳刚之才,都为外卦之阴柔所畜止,这是相同之处。不同之处在于初九刚正而不中,九二刚中而不正。在《易》里最贵中。初九不中而受畜止,是有所畏而不得不止。九二居中而受畜止,是无所畏而见其不可过刚而自止。

象曰:舆说輹,中无尤也。

“舆说輹”,自止而不进。“尤”是过错。九二以刚得中,有中德,所以能够自止不前,没有冒进之过尤。

九三,良马逐,利艰贞,曰闲舆卫,利有攸往。

九三以刚居刚,乃纯乾,所以喻以良马。逐,奔驰前进,跑得极快。曰字据朱熹《周易本义》说,“当为日月之日”。闲,练习。舆,车。卫,所以自我防卫。“日闲舆卫”,经常练习车的使用与自我防卫之人。在大畜卦里,二爻相应则相止。初九为六四所止,九二为六五所止。九三与上九都是阳刚,不相应,所以不相止。而且九三与上九既然都是阳刚,便都是力求上进之物,二者有同志之象。九三欲上进,上九不但不加以畜止,反而与其合志而进。于是九三可以如良马驰逐一般上进了。然而事情都应从两方面考虑。越是在看来没有问题的时候越要艰难其事,小心戒慎。九三处乾体,刚健居正,且有上九与之应,所以爻辞告诫其知难而不失正,应“日闲舆卫”。若能如此,方可“利有攸往”。

象曰:利有攸往,上合志也。

九三之所以会“利有攸往”,关键的问题是上九不畜止它,而与它合志。别的卦刚柔相应为得,大畜卦刚柔相应则为畜止。别的卦刚柔相敌为不相与,大畜卦刚柔相敌则为合志。

六四,童牛之牿,元吉。

童牛,没有长角的小牛。牿,牛角前面放的横木,使牛不能用角顶人或触物。六四处在上卦,上卦艮,取止义。六四以阴柔居阴位得正而与初九相应,相应则相畜止。六四是畜止初九的。初九居全卦之下,是诸阳中最微弱的,六四容易畜止它。犹如改正错误,解决问题,在错误、问题处于萌芽状态时就及早加以改正、解决,必然容易而且有效。“童牛之牿,元吉”讲的道理正是这样。六四好比那个牿,初九好比童牛尚未露头的角。

未等牛角长出就采取措施加以防范，使它不至于顶人撞物，当然是再好不过，所以爻辞曰元吉。

象曰：六四元吉，有喜也。

六四畜止初九，畜止的对象小，畜止的时间早，畜止最易成功有成效，所以元吉，元吉所以有喜。

六五，豮豕之牙，吉。

豕，猪。豮，给猪去势。猪是刚暴的动物，它往往用自己锐利的牙齿伤人。六五居君位又得中，能以柔道畜止九二。但是不象六四畜止初九那样容易了，因为九二的刚暴之性已经长成，已经形成的问题再来解决，当然没那么容易。然而问题也能解决，办法是抓住关键。好比猪用它的牙伤人，治猪的牙不行，要治猪的性，给它去了势，刚暴变温顺，有牙也不再伤人。六五畜止九二，虽不容易，但毕竟可能成功，所以吉。

象曰：六五之吉，有庆也。

六五的情况与六四有所不同。六四畜止刚健于初始，从止物的角度看，是最好的，所以称元吉。六五则止刚健于渐长之时，从止物的角度看，不如六四好，所以仅称吉。但是从二者所处的位来看，六四不如六五好。六五居君位，为君者做事影响广大，所以称有庆。六四的影响限于己身，所以称有喜。

上九，何天之衢，亨。

何字音贺，义与荷同。衢，四达之路。天衢，比喻通达无碍。上九应与九三合看。别的卦多以刚柔相应为得，大畜卦初九与六四相应，九二与六五相应，相应却不相得而有止象。唯独上九不同，上九与九三虽为两刚相遇，却德同志合。九三要前进，上九也要前进。上九居大畜之终，畜止已至极点，该转为通了。上九又是大畜之主，它负荷尚贤之大任，遇应天行道之时，有如天衢荡荡，任其驰骋。集中地体现了卦辞“不家食吉，利涉大川”和《彖传》“刚上而尚贤”的养贤用贤的思想。在国家，是培养和使用人才的问题；在个人，则是为国家社会做贡献的问题。

象曰：何天之衢，道大行也。

上九可为贤人，亦可为养贤用贤之人。无论何人，其德已经蕴畜充分饱满，至此要发挥它的作用了。蕴畜在己身的叫做德，应用到国家社会，把己身蕴畜的德落实到实践上，就是道。上九身荷重任，遇大畜之时，当大畜之极，其作用将得以充分施展，有如“荷天之衢”，四通八达，毫无阻碍，可谓“道大行也”。

〔**总论**〕

根据孔子在《彖传》和《象传》里的解释，大畜卦的主旨是畜聚及畜止。卦辞、《彖传》及“大象”主要讲畜聚，爻辞及“小象”主要讲聚止。孔子又将大畜卦的卦义由抽象上升到具体，径直理解为养贤用贤的问题。

六爻主要讲畜止，但也关联着畜聚的意义，归根结底在说明着养贤用贤的问题。初九有厉，知难而止。九二得中，能脱輹而自止，知时之应止而止。九三与上九因敌应而志合道同，知时之宜进而进，进则如良马驰逐，但须有所限制，不可锐于进。六四童牛之牿，善将邪恶消灭在未萌初萌的状态。六五解决问题善于抓住关键，有如豮豕之牙。上九畜极而大通，畜道之行，无所阻碍，通达如天之衢。从尚贤的角度考察，有厉、脱輹，相当于“家食”，贤者为大川所阻，未得进用。牿牛、豮豕，不肖者受到及时的教育和根本上的救治。至良马逐，贤路渐开，虽仍有坎坷，但日闲舆卫，则贤者可进矣。到何天之衢的时候，大川已涉，险阻已去，贤路广开，畅通无碍。

颐

䷚ 震下艮上

《序卦传》说："物畜然后可养，故受之以颐。"物已经畜聚了，接着的问题是如何来养它，使它得以生息。因此大畜之后次以颐卦。颐卦震下艮上，中间四个阴爻，上与下各一阳爻。与噬嗑卦比，噬嗑卦中间多九四一个阳爻，像口中有物；将口中之物去掉，就像人的口。口的形象是中间虚，上下实，而且上止下动，极似人在吃饭。人口饮食，用以养人之身。养亦即颐，故卦名曰颐。但颐具有普遍性的意义。依孔子的理解，天地养育万物，君主养贤养万民以及人之养身养德，都在颐义的含盖之内。

颐，贞吉，观颐，自求口实。

颐之义尽管含盖广泛，然而归纳起来不过养人与自养两方面。观颐，观其所养。观其所养，不是观其所养的对象，而是观其所养之道即怎样养。自求口实，观其自养。观其自养，是观其养身养德之道即怎样自养。养人与自养，最重要的问题是看他养的正与不正，正则吉，不正则不吉。

彖曰：颐，贞吉，养正则吉也。观颐，观其所养也。自求口实，观其自养也。天地养万物，圣人养贤以及万民。颐之时大矣哉。

"颐，贞吉，养正则吉也"，养的问题关键是正与不正。什么是正什么是不正，《易经》只作了一般性的指示，具体的理解必须因时因人因事而定。儒家孔孟荀在这个问题上的观点也是极灵活的。一般来说他们重义轻利，他们赞赏伯夷、叔齐不食周粟的义，但对于普通百姓则主张把吃饭穿衣问题放在首位。孔子明确说百姓"富"了，"庶"了，方可进行教育。孟子更说百姓凶年"救死唯恐不赡"，哪有时间讲究礼义！

"观颐，观其所养也。自求口实，观其自养也"。观其所养与观其自养，是从两个方面说，归结起来还是一个养字。无论养人或自养，所要看的端在养之道正与不正。正与不正并没有一个一成不变的标准。养以道义或养以衣食，所谓正，以孰为先，全视所处时宜而定。

“天地养万物，圣人养贤以及万民。颐之时大矣哉”。孔子认为养的问题是个关乎天地自然，国家社会，生民百姓的大问题，把自然与社会两个方面全纳入养的问题中来。天地养万物当然是有一定规律的。雨露阳光的施与，四时阴阳的交迭，没有差忒就是正。圣人养贤以及万民，应与天地养万物一样，也是有规律的。圣人是统治者，统治者养人主要是养贤的问题。通过养贤，以养百姓。

象曰：山下有雷，颐。君子以慎言语，节饮食。

山下有雷。上止下动，有口颊之象。与口颊相关的事，一是言语，一是饮食。君子观颐之象，要慎言语，节饮食。祸从口出，病从口入；言语一出而不可复入，饮食一入而不可复出。所以，言语与饮食二事最应慎重对待。就个人说，言语就是言语，饮食就是饮食；就国家说，言语包括政策法令，饮食包括税收赋入。国家的“言语”尤须慎，国家的“饮食”尤须节，绝不可悖出悖入。

初九，舍尔灵龟，观我朵颐。

舍，弃。尔、我，你、我。灵龟，明智的龟。龟可不食而长寿。朵颐，口颊蠕动欲食甚乃垂涎的样子。初九与六四相应。初九是阳刚之才，论其才智完全可以像灵龟那样自养而不求养于外，但现在它居于动体，不免贪欲之心动而求养于外，结果阳反观阴朵颐，必凶。爻辞借用六四的口气讲话：“舍尔灵龟，观我朵颐”，你本来是灵龟，不需求养就活着，现在怎么舍弃了灵龟的特性，看到我就流口水？初九阳刚本应养阴，现在却要求养于阴，必凶。

象曰：观我朵颐，亦不足贵也。

初九是刚健明智之才，本来是可贵的。依孟子的说法，养其大体为大人，养其小体为小人。今初九以阳刚之才竟“观我朵颐”，企求小体之养，则其才亦不足贵了。

六二，颠颐，拂经于丘颐，征凶。

颠，颠倒的意思。拂经，违背常经的意思。颐卦六爻不是讲颠就是讲拂。讲颠的是求养于下，讲拂的是求养于上。六二因与初九比，乃求养于初九，但未达到目的，又违背常经越过六五往求养于上九，结果既触犯了六五，亦未得到上九之养，征凶是必然的。

象曰：六二征凶，行失类也。

失其类，六二失掉六五。六二与六五都是阴爻，为同类。

六三，拂颐，贞凶，十年勿用，无攸利。

拂颐，是求养于上九。六三与六二不同，六二比于初九，有初九可求；六三无它可求，只能求养于上九。上九与六三为正应，六三求养于上九是正当的，故曰“贞”。贞，为什么凶呢？这是由六三的本质决定的。六三以阴居阳，不中不正，且居动之极，乃履邪好动之辈，它为满足私欲，求养于人，必无所不至，凶是不可避免的。十，数之终。“十年勿用”，是说终不可用，无所往而利。

象曰：十年勿用，道大悖也。

“十年勿用”，问题十分严重。因为六三的过错不是一般的小问题，而是“道大悖”。颐卦卦辞说“颐贞吉”，此爻辞与之根本相反，说“拂颐贞凶”。所以说“道大悖”。悖，逆。“道大悖”，根本违背了养人或自养之道。易爻辞言“贞凶”的共八条，屯、师、随、巽、节、中孚，都在外卦，唯颐之六三与恒之初六在内卦。它们在外卦都有应爻，问题出就出在其自身阴柔不中不正上。

六四，颠颐吉，虎视眈眈，其欲逐逐，无咎。

六四以阴柔居大臣之位，既得正又与初九正应。自己阴柔，所以不能自养，更不足养天下，于是求养于在下之贤者初九。以上求养于下，叫颠颐。六四柔顺而正，初九必满足它的要求，所以吉。从初九的角度看，求养于六四则不好；而从六四的角度看，求养于初九则吉。又，同是颠颐，在六四吉，在六二则征凶，原因是六四在上体，颐之上体三爻所求在道，即求养大体，所以都吉；六二在下体，颐之下体三爻所求在物，即求养小体，所以都凶。

“虎视眈眈”，虎向下盯视一物而不他顾的样子。“其欲逐逐”，继继以求，不达目的不罢休。六四求养于初九，像老虎攫食那样，盯住一物则专一而不贰，继继而不歇，非达到目的不可，这是六四居上而求德又求养于下的正道。六四能如此，所以无咎。自养于内，不食而长寿，龟是最好的代表，所以初九取龟为象。求养于外，不专不恒则事不济，最好的代表是虎，所以六四取虎为象。

象曰：颠颐之吉，上施光也。

六四颠颐，居大臣之位，以上求养于下，得初九阳刚之应，达到了求养的目的，所以吉。“上施光”，光犹广、大。就国家来说，这等于君主通过养贤将德政广泛施于全国，解决了养贤以及万民的问题。

六五，拂经居贞吉，不可涉大川。

拂经，在下而求养于上。居贞，居守贞固，不宜有所行动。六五以柔居中处于君位。君本应是养人养天下的，但它自己是阴柔之才，养人养天下的问题只能靠臣下去办。六五与六二非正应，所以求养于上九。上九阳刚居上而下乘阴柔，能够解决六五委托它解决的问题。六五作为君主坐在那里贞固不动就可得吉。但是涉大川不行，遇到大艰大险的事情，还是依靠臣下去处理。

象曰：居贞之吉，顺以从上也。

六五拂经居贞之所以能够得吉，是因为它自己虽无阳刚之才却能以柔顺之德以从上九，借助上九的力量以养天下。其实这就是《彖传》所讲的“圣人养贤以及万民”之事。

上九，由颐，厉吉，利涉大川。

阳为实，阴为虚。实，养人；虚，求养于人。颐卦中间的四阴都求养于上下二阳，而二阳又以上九为主。上九是艮止的最上一爻，四阴爻都由它而得以养，所以叫做“由颐”。由颐当得吉。然而它毕竟是人臣，以人臣当养天下之重任，必须常怀危厉，戒慎恐惧，方可得吉，所以叫做“厉吉”。“利涉大川”与“厉吉”相联系。“利涉大川”里面包含着厉与吉两层意义。因为是要解决大艰大险的问题，所以危厉；因为能够解决大艰大险的问题，所以吉。

象曰：由颐厉吉，大有庆也。

“大有庆”，非一人之庆，乃天下之庆。上九之厉吉，不是它自己的功劳，是由于有六五对它的信任、依赖和顺从而获得的。这与六五“小象”的说法恰相对应。六五居贞之吉，不是它贞固自守得到的，是由于它“顺以从上”，借助上九的力量获得的。

〔**总论**〕

颐卦所讲的主要是养的问题。养的问题从人与人的关系来说，包括养人与自养两个方面；从养的内容来说，包括养德与养体两个方面。养人为公，是好的。养己为私，是不好的。养己又有养德与养体之分，养德为大，养体为小。这是就一般的情况而言，什么是好，什么是不好亦不可一概而论，要依具体的情况而定。例如卦中上体艮的三爻，一般说都是养人的，养人为公，好。然而六四却是求养于初九的，不是养人。不是养人为公为什么也得吉？这是因为六四有柔顺之性，以阴居阴得正。卦中下体震的三爻，都是不能养人而求养于人的。凡求养于人的都志在于物不在于德，所以都凶。卦辞讲"颐贞吉"，颐得正就好。六三以阴居刚，不中不正，是履邪好动之辈，合该致凶，可是初九以刚居刚得正，六二既得正又得中，理应得吉为什么却凶呢？这是由于它们所处的时不好。可见《易》里正与不正的标准不是死的，要依时而定。从而亦可见《易》的思维虽有模式却也十分灵活。《易》思维的灵活性反映了生活本身的复杂性。

大　过

䷛ 巽下兑上

《序卦传》说："颐者，养也。不养则不可动，故受之以大过。"世间万事万物都养而后成，成了则能动，动了就产生过的问题。所以颐卦之后次以大过。大过为卦巽下兑上，泽在木上。泽当润养于木，而今竟至把木灭掉，有大过之象。大过是阳之过。阳为大，故阳过称大过。推广开来，凡事超过一般的水平，达到非常的程度，比一般常见者大，都可谓之大过。大过的过不是"过犹不及"的过。"过犹不及"是说做事要求中，不使不及或过头。不及或过头都是不中，应当纠正，而大过强调的是大小强弱的大，不存在纠正的问题。

大过，栋桡，利有攸往，亨。

栋，屋脊檩木，用以承担椽木和瓦。桡，弯曲。大过是四阳之卦，《易》中四阳之卦共有十五个，独有此卦名大过，不是因为阳多于阴，是因为四阳集居于卦之中，二阴分居于卦之本末。初六为本，上六为末。两头太弱，中央过强。四阳是栋，两头寄托在本末之上。本末皆阴柔无力，不能担当重任，所以有栋桡之象。在此栋桡的时候，必须有所往，即有所作为方可亨。从国家政治生活方面看，大过是国家出现了危机，必须大有所作为，方可转危为安。

彖曰：大过，大者过也。栋桡，本末弱也。刚过而中，巽而说行，利有攸往，乃亨。大过之时大矣哉。

"大过，大者过也"。大者过就是阳过。卦中四阳集聚连接居于中央，其间二五两阳居中用事，二阴被摈斥于外，这是阳过，阳过即大过。

"栋桡，本末弱也"。刚过与本末弱是一个问题的两个方面。栋之所以桡，既由于刚过也由于本末弱。

"刚过而中，巽而说行，利有攸往，乃亨"。从六爻之象看，中四爻强，本末弱，有栋桡之象。从六爻之才看，问题是能够得到解决的。中四爻虽然刚过，但二、五两爻都得中用事，能以中道处理问题，初上两爻又以巽顺和悦而行，能得人心，具备这样两个条件，有所往，即有所作为肯定会亨的。

"大过之时大矣哉"。大过之时之所以大，由于大过之时必有大过之事。大过之事，如立君、兴国、改俗等等，不得其时不成，得其时而无其人亦不可成。大过之时，正是有大过人之人材发挥作用的时候。

象曰：泽灭木，大过。君子以独立不惧，遯世无闷。

泽本润养于木，而今竟把木给灭没，事情发展太过了，是谓大过。君子观大过之象，以立其大过人之行。所谓大过人之行，无如"独立不惧，遯世无闷"，即在处理国家事务时，能做到进则敢作敢为，天下非之而不顾；退则无怨无尤，举世不见知而不悔。

初六，藉用白茅，无咎。

《系辞传》说；"苟错诸地而可矣。藉之用茅，何咎之有！慎之至也。夫茅之为物薄而用可重也。慎斯术也以往，其无所失矣。"依据孔子这段话的解释，此爻的主旨是强调做事须小心谨慎。如做大事只有一般的小心谨慎还不行，非敬慎之至不能成功。初六处大过之始，阴居巽下，无犯于刚，做事至慎至谨，有如东西放在地上，已经可以了，却又于下面垫上白茅，使它百无一失。

象曰：藉用白茅，柔在下也。

"藉用白茅"是柔在下之象。初六以阴柔处于大过之下而与四正应，故云"柔在下"。柔在下对刚在上而言。高以下为基，刚以柔为本，初六虽弱，而敬慎善处，却可以支撑九四之栋不至于倾。

九二，枯杨生稊，老夫得其女妻，无不利。

稊字迄无确解，程颐训作根，近是。今从程说。九二这一爻处在阳过的时候。阳过了，不好。所以把它比喻为枯杨、老夫。但是九二处在刚过之始，得中而居柔，无应于五，而切比于初六，是刚过之人而能以中道与阴柔相济，恰似杨虽枯却能生稊，出现生机，夫虽老竟得女妻，能成生育之功。由于九二刚过而未至于极，又与初六相比，有老夫得女妻之象。它卦以刚居刚得位为善，大过则刚已过，须有柔来相济，所以大过刚爻皆以居柔不得位为吉。

象曰：老夫女妻，过以相与也。

九二阳过而与初六近比，有老夫得女妻之象，老夫乃阳之过，今得到女妻相济，遂有重新获得生育的功能。

九三，栋桡凶。

卦辞讲栋，指中间四个阳爻，至于爻辞则把栋落实到九三与九四两爻，而栋桡之象独归于九三，这是因为九三以刚居刚，过刚而不中的缘故。处大过之世，做出大事业来，必须有人支持、辅佐。九三过刚，有违中和，遇事不能与人和，没有人来支持、辅佐它。它胜任不了大过之重任，结果必如栋之桡，房倾屋败，凶。

象曰：栋挠之凶，不可以有辅也。

九三有栋桡之凶，关键的问题是它无辅，而且不可以有辅。自爻象看，九三本与上六正应，上六可来辅佐它，但是它处大过之时，不过而不中，居巽巽亦将变，与上六志不相从；上六无意来应它，它也无系上六的愿望。自事理看，栋当房屋之中，亦不可以加助；栋桡之凶，是不可避免了。

九四，栋隆吉，有它吝。

栋隆，栋隆起向上，义与栋桡相反。九四以刚居柔，能用柔相济，可担当大过之任，有如栋非但不桡，反而隆起向上，所以得吉。九四以刚居柔，刚柔相宜，已经够了。而它又与初六正应，牵系于阴柔，是谓有它；有它则使九四有累，虽不至于出大问题，也是可吝的。

九四与九三都在卦之中间，都有栋象，然而九三栋桡凶，九四栋隆吉。其原因有三：一，九三以刚居刚，九四以刚居柔。二，九三居下卦之上，下卦上实而下虚，下虚则上易倾。九四居上卦之下，上卦下实而上虚，下实则可赖以支撑。又九三居九四之下，九四在九三之上。在下故有栋桡于下之象，在上故有栋隆于上之象。

象曰：栋隆之吉，不桡乎下也。

九四之所以有栋隆之吉，原因在于它“不桡乎下”，不与初六相系应。如果它牵系于初九，桡曲以就下，便不会得吉而有吝。

九五，枯杨生华，老妇得其士夫，无咎无誉。

士夫，年轻之男子作丈夫。在大过卦里，刚虽过，若与柔切比便好。

九二与九五都与柔切比，所以都有生意。虽然都有生意，但生的势头却大不一样。九二当大过之始，得中而居柔，且所与者为初六，初六是本，生机方长，有枯杨生稊，老夫得女妻之象，往无不利。九五则不然，九五当刚过之极，且以刚居刚，所比又是上六；上六是过极之阴，是末，表明生机已至浅且竭的程度，故有枯杨生华，老妇得其士夫之象。枝头生出华来，解决不了树干已枯的问题，小伙子纵然年轻力壮，娶的是老妇人，生育依旧无望。它不像九三栋桡那样有凶，也不像九四栋隆那样得吉，它介于二者之间，无咎亦无誉。

象曰：枯杨生华，何可久也。老妇士夫，亦可丑也。

枯杨生出华来，说明枯杨尚有一线生机。然而华生于末，非但不能解决根本的问题，反而会使它仅存的些许阳气将迅速耗尽。它怎么可能长久呢！老妇指上六，士夫指九五。上六乃阴过之极，合称老妇，九五是阳过之极，何以称士夫，九五虽非少，与老妇比则为壮，故得称士夫。老妇不能生育，得其士夫依然不能生育。这对于九五来说，同枯杨生华一样，看上去挺好，其实不是什么美事。

上六，过涉灭顶，凶，无咎。

上六居大过之极，处无位之地，泽灭木之象由它这里表现出来，因此有过涉灭顶之凶。它是阴柔才弱之辈，又当阳过至极的时候，无它可做的事情。事情若由它主持，必遭灭顶之凶。这是一方面。从另一方面看，上六有上六的长处。它既是阴柔又是说之主，有从容随顺之德，在任何情况下都不会由于刚激而把已经不利的形势弄得更加不利。它的委蛇斡旋，在大过之极的时候，是无害的，人们不会怨咎它。

象曰：过涉之凶。不可咎也。

不是说过涉之凶不可咎，是说上六处在有过涉灭顶之凶的时候，以其有柔顺和说之德，善于斡旋委蛇，不至于把事情弄得更坏，不应受到怨咎。

〔总论〕

大过这一卦将古代社会政治生活中常见的刚过现象加以抽象，使之具有普遍的理论意义。卦辞的概括最为简炼明晰。栋桡可以理解为一种极危险的社会势态，君过强而臣弱，上过强而民弱，政治过强而经济过弱，都可以含盖于栋桡一词之中。冲破这外观还算平静实则充满危机、令人窒息的形势，将历史推向前进，出路只有一条，即卦辞指出的“利有攸往”，有所作为，有所行动。孔子在《彖传》里说：“大过之时大矣哉。”孔子已经认识到了大过讲的是关乎国家命运的大问题。他在《象传》里给政治家们指出了处大过之世的行动准则。即用则独立不惧，毅然前行；舍则遯世无闷，不见知而不悔，自守以待时。《周易》的这一深刻思想，甚至在现代我们还可以感觉到它的伟大活力。

大过卦还有一点值得注意。易卦诸爻有相应之例，如二与五应，初与四应，三与上应。大过则不然，大过六爻排列成上下对称的形式，即中间四阳爻，上与初二阴爻，它不以相应为象，而以中分反对为象。如三与四对，皆取栋象，四隆而三桡；二与五对，皆取枯杨之象，五生华而二生稊；初与上对，初取藉用白茅为象而强调慎，上以过涉灭顶为象而戒以凶。适用这一易例的，大过卦最为明显，另外还有颐、中孚、小过三卦。又它卦以阳爻居阳位和阴爻居阴位为得正；得正好，不得正不好。大过卦由于阳已经过了，若再以阳居阳，则更加过了，所以大过诸爻以阳居阴者皆吉，以阳居阳者皆凶。大壮卦诸爻取义与此略同。

坎

☵ 坎下坎上

《序卦传》说："物不可以终过，故受之以坎。"这句话反映作《序卦传》的孔子已具有关于事物发展到极限定向反面转化的明确观念。坎与大过意义相反。大过是阳之过，坎是阳之陷。一阳居二阴之中，有陷之象，所以坎也是陷。阳的发展也不可过，阳发展至一定程度便要变为坎陷。坎陷的意思也就是险难。卦名习坎，习字根据《彖传》"习坎，重险也"的说法，是重的意思。坎上加坎，险上加险，故称习坎。《易》纯卦八，七卦卦名都用一个字，唯独坎卦上加一个习字，其原因古人解释颇多歧异。有的说其余七卦如乾、坤、震、艮，其德是健、顺、动、止，都是好事，是正面意义的概念，独坎卦之德是险，险不是好事，是反面意义的概念，所以卦名加个习字，强调险之重，险之难，提醒人们特别注意，这样理解，也不无道理。

习坎，有孚，维心亨，行有尚。

孚，信，有孚，有信。坎为水，水的性质是流，向下流。无论在什么情况下，水向下流的性质是不会变的。这就是有信。有信是说水有信。"维心亨"也是说水"维心亨"。心，水之心。水本无心，说水有心，只是说水的行动总是不停地流向低处，像有心在支配它的行动一样。"维心亨"，水流向大海，经历千山万壑，形体常处在艰险之中，而心则是亨通的。也就是说，水的性质是不变的，永远奔流，亨通而不为险阻所止。"行有尚"，程传释为行"能出险有可嘉尚谓有功也"可从。

彖曰：习坎，重险也。水流而不盈，行险而不失其信。维心亨，乃以刚中也。行有尚，往有功也。天险不可升也，地险山川丘陵也。王公设险以守其国，险之时用大矣哉。

"习坎，重险也，"此句释卦名义。卦义是险。卦名所以叫习坎，是因为坎卦是两个坎重叠在一起。坎是险，习坎就是重险。

“水流而不盈，行险而不失其信。”此解释卦辞“有孚”。“有孚”表现在“水流而不盈”上。流与盈相反。流是说水就下而向前行，盈是说水满盈而不流。所以此处说水流而不盈，其实是水流而不止的意思。水按其本性说，它是永远流的。它纵然是在险难中也是不舍昼夜地流，“而不失其信”。

“维心亨，乃以刚中也”。是说“维心亨”是由于卦中九二与九五二爻都是刚而居中。在卦中，“刚中”是好的。坎卦“刚中”，所以“维心亨”，所以“有孚”。“行有尚，往有功也”，是说行险而不失其信，可以嘉尚，能够走出艰险，摆脱困境，取得成功。

“天险不可升也，地险山川丘陵也。王公设险以守其国，险之时用大矣哉”。这几句话是孔子作《彖传》时附带讲出的自己的体会，不是解释卦辞的。孔子作《易传》时很注意如何将《易经》的思想应用到现实政治生活中去。坎卦是讲险的，而且是重险，一般说对于人是不利的。但是孔子却看到险在一定的情况下也有有利的一面。即他考虑到险可用以守卫国家，防止外敌侵袭。从“王公设险以守其国”来看，这一思想肯定不是《周易》固有的，因为《周易》成书于殷周之际，那时候还没有“王公设险以守其国”的事情。例如武王伐纣，队伍从今日西安出发，很顺利就到了河南，一路上并没有设险阻碍它。到了春秋时代，秦穆公派兵向东扩展，袭郑回军在崤山遭遇晋军截击，结果全军覆没，匹马只轮不返。这主要是桃林之塞帮了晋军的忙。春秋以前不闻有设险守国的事情。孔子当时还是作为一个新问题提出来。至战国，设险已被普遍用于国家的防御上，各国不但修城，而且修长城。证明险在一般情况下是有害，而在特定的时候，它不但有用，而且有大用。所以孔子在此感叹说：“险之时用大矣哉”。

象曰：水洊至，习坎。君子以常德行，习教事。

洊，再，仍。坎为水，内坎至外坎又至，前水至后水又至，故习坎。君子观“水洊至”之象，要“常德行，习教事”。“常德行”，谓德行有常而不改。“习教事”，谓教育的事情贵在熟习而不间断。

初六，习坎，入于坎窞，凶。

习坎就是重险，初六以阴柔居习坎之下，而且没有应援，已入于坎险之中，无力出险，故曰凶。窞，坎中之陷处“入于坎窞，”进入险中之险。

象曰:习坎入坎,失道凶也。

初六为什么会进入坎中之陷处,又为什么入了险而不能出险?因为它以阴柔居初,不正。即不守正道,所以入了险便出不来。犹如小人遇险难,指望凭侥幸摆脱,而不依正道办事,结果只有越陷越深。

九二,坎有险,求小得。

九二陷在二阴之中,进入了险地,肯定是有险的。但是九二与初六不同,九二毕竟是刚中之才,虽不能出险,求得一点小济,解决一点小问题还是可能的。九二不要因为小而不求。大是由小积累而来的。

象曰:求小得,未出中也。

九二"求小得",是由于它未出乎中。君子处险而不为险所困,因为他能心安于险之中,不求大得,亦即从实际出发,求其小得,做现在所能做到的事。

六三,来之坎坎,险且枕,入于坎窞,勿用。

来,自上往下来;之,自下往上去。六三处在下坎之上,正是下坎之险已终,上坎之险将至的时候,上边是险,下边也是险。"来之坎坎",来也是坎,之也是坎,来之皆坎,进退皆险。处于这种境况,应姑且伏枕以待不要有所作为,否则将陷险益深,"入于坎窞"了。

象曰:来之坎坎,终无功也。

在"来之坎坎"的时候,不宜急躁求速出险,但六三以阴处阳,不中不正,必急于求速出险,结果肯定达不到目的。

六四,樽酒,簋贰,用缶,纳约自牖,终无咎。

樽酒,一樽酒。簋,盛黍稷亦即盛饭的器具。圆的叫簋,方的叫簠。缶,质朴无文的瓦器。贰,副。"樽酒,簋贰,用缶",放上一樽酒,附以一簋饭,而且以缶为尊,以缶为簋。这说的是古代燕享之礼,古代燕享之礼最讲究仪节和排场,而今却"樽酒,簋贰,用缶",简单之至,质朴之至。纳约,谓进结于君。牖,窗子。古人的居室一般是户在东,牖在西。牖是室内唯一的采光的地方,亦即唯一的明处。人的认识也有像牖一样的明处。若想使人弄明白一个不易明白的问题,也要从他的"明"处开导,从他的蔽处说是说不通的。战国时赵太后不同意让爱子长安君使齐做人质,谁劝也不听，触龙一说就通了。触龙没有别的妙法，只是赵太后关心的是儿子长安君的长久富贵，触龙就以如何使长安君长久富贵，必须令他出做人质进说。触龙进言抓住了赵太后思想上的明处，因而取得效果。“纳约自牖”就是说与人交结，使人信赖自己，要从他思想的明处，做他的思想工作。

六四这一爻取“樽酒，簋贰，用缶，纳约自牖”之象，是君臣关系问题。六四近君，居大臣之位，处多惧之地，又当坎险之时，它应该像宴会时只用“樽酒簋贰用缶”，那样质实无华，并以“纳约自牖”的办法，取得君上的理解和信任。这样做，终必无咎。

象曰：樽酒簋贰，刚柔际也。

际，交接，交际。“刚柔际”指九五、六四。刚柔际相交接。九五与六四之间的关系在爻位亦即君臣之间的关系。“樽酒簋贰”是六四爻辞的略语。“小象”意谓：爻辞所说的全部内容是讲刚柔际、君臣间的关系问题的。

九五，坎不盈，祗既平，无咎。

“坎不盈”，水因其流而不至于盈。祗，抵，适。“祗既平，无咎”，既达到平，乃得无咎。九五以阳居中，有刚中之德，所以能保持流而不盈的品德，虽尚未出险，却也终得无咎。

象曰：坎不盈，中未大也。

九五与九二都有刚中之德，而处境有所不同。九二坎有险，九五坎不盈。坎有险，意在强调险的存在。坎不盈，意在强调出险的途径。出险的途径是不盈，不盈亦即未大。九五阳刚居中得正，可谓大矣，但不敢自大。不自大方可保持水流而不盈的状态。

上六，系用徽纆，置于丛棘三岁不得，凶。

系，拘系。徽、纆，用以拘系犯人的绳索。三股曰徽，两股曰纆。丛棘，囚禁犯人的地方，其实就是牢狱。在周围土墙上插上带刺的东西，不使犯人跑掉，所以叫丛棘。“系用徽纆，置于丛棘”，用绳索拴上，投入牢狱。“三岁不得”，据《周礼·司圜》“收教罢民，能改者，上罪三年而舍，其不能改而出圜土者杀”的记载，是犯人被囚禁三年后仍不得免，最后被处死。这当然是凶了。三年，很多年，不必实指三年。上六为什么会有如此严重的凶象呢？因为上六自身是阴柔之辈，又处在坎险之极，已经陷入深险，没有出险的可能了。

象曰：上六失道 凶三岁也。

上六所以致凶，推原其原因在于失道。此“失道”系指上六以阴居险之极，所处时位不济而言。

〔总论〕

习坎这一卦为我们提出了险概念的普遍性意义和处险行险的一般性原则及其具体指示。险概念的最初的易象根据是阳陷，阳陷入二阴的包围、挟持之中。阳陷入困境，所以险。推衍开来，天有天之险，地有地之险，人世有人世之险。险必为害于人，有时也可能为人所用而有利于人。于是险概念又由抽象上升到具体，成为可以言状，可以分析的了。

《周易》取“水流而不盈”为象，指出人处险行险的可行性原则。人处险境时，应像水那样不顾一切地向前流去，即卦辞说的“有孚”和“维心亨”。人处险境，身困于险，心不可困于险。“哀莫大于心死”，心不死就有出险的希望。水在坎险之中总是就下而行，人困于险则应守正道，做应该做也能做的事，不存在一丝侥幸念头。

六爻爻辞不见一吉字，可见处险之险，出险之难。初上二爻处在二、五两阳爻之外，所以最凶，没有出险的希望。二小得，五不盈，弄得好，或可能出险。三、四情况介于初、上与二、五之间。三要善于等待，四要质实谨慎。如此方可无咎。

离

䷝ 离下离上

《序卦传》说:"坎者陷也。陷必有所丽,故受之以离。"据《说卦传》,"离,丽也"。离的性质是丽。丽是附丽的丽,不是美丽的丽。陷于险难之中,必有所附丽,所以坎卦之后次以离卦。离卦六爻,阴附丽于上下之阳,所以是丽。离卦二、五两爻是阴,阴为虚,有虚之象,离所以为明。离又为火,火的外部特征是虚,不能自成自生,必附丽于他物而明。

离,利贞,亨,畜牝牛,吉。

离即丽,附丽的意思。在现代汉语里离是附丽的反义词,为什么古人说离是丽呢?这与古人的语言习惯有关。古人往往一字两用,用它的正义又用它的反义。比如乱字,有时便当作它的反义词治字用。古人使用离字也是如此。

离,丽也。附丽是普遍现象。自然界和人类社会,万事万物都存在着此一物与彼一物,此一事与彼一事的附丽关系。就人来说,无论什么样的人,他生活在人世间,总要有所附丽。人事上要有所依靠,事业上要有所专攻,思想上要有所信仰,理想上要有所追求。这些都是人之所丽。人之所丽的问题,解决得好不好,能否亨通,首要的问题在于所丽的对象正与不正。其次则是自己如何做了。卦辞指示的做法是"畜牝牛",牛是温顺之物,牝牛则是温顺又温顺之物。就是说人在确定了正确的附丽的对象之后,要修养成如同母牛那样的温顺。牝牛般温顺的品格,绝非短时间所可成就,要有长期的磨炼才行。所以用一个"畜"字。畜即养,养则非一朝一夕事。

彖曰:离,丽也。日月丽乎天,百谷草木丽乎土。重明以丽乎正,乃化成天下,柔丽乎中正,故亨,是以畜牝牛吉也。

"离,丽也。日月丽乎天,百谷草木丽乎土,重明以丽乎正,乃化成天下”，这一段话是解释卦名的。离的含义是附丽，附丽的现象普遍存在于天地万物之中，日月附丽于天而动而明，百谷草木附丽于大地而生而长。这是人们极易看到的丽。卦名之离，所反映的就是这个意义。“重明以丽乎正”，进一步以卦之二体解释卦名。离为明，离卦上下二体都是离，所以叫重明。“丽乎正”，丽于正，正是卦之二五两爻，主要的则是六二，因为六二以阴居中得正，是成卦之主。自事理上说，“丽乎正”是说凡所丽的对象是什么可以不问，但必须是正，人应是正人，事应是正事，物应是正物，道应是正道。

“柔丽乎中正，故亨，是以畜牝牛吉”，这段话是解释卦辞的。卦辞讲“亨，”讲“畜牝牛吉”的根据是卦有“柔丽乎正”之象。柔指六二与六五两个阴爻，中正指二与五两个爻位。六五以柔居五，是柔丽乎中，六二以柔居中得正，是柔丽乎中正。《象传》言“柔丽乎中正”，把六二与六五都包括了。正因为是丽乎“中正”，所以亨；正因为是“柔”丽乎中正，所以“畜牝牛吉”。“柔丽乎中正”一语回答了两个问题，一是所丽的对象是中正，所以亨；二是丽者自身是柔，像牝牛一样温顺，所以吉。

象曰：明两作，离。大人以继明照于四方。

作，兴，起。“明两作”，同一个明出两次，是作而又作，有时间上的连续性。大人观离之“明两作”之象，受到启示，应用到政治上，乃“以继明照于四方”。大人一词就道德学问说是圣人贤者，就政治地位说是天子诸侯。继，相继不绝。统治者要把前人的明德，世世代代继承下来，发扬光大，并把它普照于天下四方。

初九，履错然，敬之无咎。

离卦下体三爻，初爻象早晨日出，二爻象日当中午，三爻象日过午后。履，践，藉。错然，交错，纷错，杂乱无绪。早晨起来，“履错然”，开始了一天的工作。工作的开始很重要，事情的结果如何，往往在开始的时候就已经埋下了根子。这时候最需要敬慎小心，敬慎小心可无咎，否则便要得咎。初九居离卦下体，有如日之初出，又是以刚居刚，极易锐意躁进，故有“履错”之象。但初九以刚处明体，也有明智聪察的一面，可能敬慎以处之，果能如此，可无咎。

象曰：履错之敬，以辟咎也。

履错然而欲动，却又敬慎不敢妄动，是为了避免得咎。初九以刚居刚而处下，有急于上进的一面，以刚居刚而处明体，又有敬慎不敢妄进的一面。

六二，黄离，元吉，

黄，东西南北中五种色中的中色。在古人的审美观念中黄是最美好的颜色。六二以阴居阴得正，且居离下体之中，是离卦的主爻。《彖传》说“柔丽乎”中正。“是以畜牝牛吉”，指的就是它。它在离卦六爻中自德言是至美至善的，德、时、位俱佳，没有一点问题，所以爻辞许以“元吉”，用最好的颜色中之色比喻它，说它是“黄离”。“黄离元吉”与坤卦六五“黄裳元吉”类似。

象曰：黄离元吉，得中道也。

黄是中色，爻辞用黄字概括六二的特点，主要是抓住了六二居中这一点。六二居中又得正，但中最重要。言中，正也就包含在内了。

九三，日昃之离，不鼓缶而歌，则大耋之嗟，凶。

离卦初为日出，二为日当中午，三为日昃。日昃，日已偏斜，是天将向晚的时候。就人生说，日昃好像进入老年阶段，最好的年华已经过去，生命将至垂暮。九三正是这样，它处下体之终，光明几近终点。就是说，它的处境很不好。更不好的是它以刚居刚，过而不中，就是说，它没有中德，不能正确地对待老和死的问题。它的心志慌乱了，以至于哀乐失常，“不鼓缶而歌，则大耋之嗟”。缶，瓦器。古人击缶而歌以乐。耋，垂老之人。嗟，哀叹。人到老年，正确的态度是既不以迟暮为忧，亦不以达生为乐。而六三却不然，它不是击缶而歌，不当乐而乐，便是兴垂老之叹，不当哀而哀。是以凶。

象曰：日昃之离，何可久也。

日倾了，人老了，这是自然规律使然。日倾了就要下落，人老了就要死去，怎么会长久！明者知于此，乃不乐生，不忧死，不歌不嗟，听其自然而已。

九四，突如其来如，焚如，死如，弃如。

九四阳居离卦上体之初，不中不正，过明过刚，其刚盛之势有如火之骤起，突如其来。其燥暴之气焰有如火在燃烧，所以有死如、弃如之象。

祸已至于死弃的地步，凶自不待言。

象曰：突如其来如，无所容也。

九四“突如其来如”，刚烈昏暴，造成焚、死、弃的结果，为天下人所不容。从根本上说，不是天下人不容它，是它自煎自焚，咎由自取。

六五，出涕沱若，戚嗟若，吉。

坎离两卦皆贵中。离卦六二与六五都居中，所以都得吉。但是六二辞安得元吉，六五辞危得吉。关键在得位不得位。六二以阴居阴处中又当位得正，六五以阴居阳处中但不当位不得正。六五由于不当位不得正，所以有危象。然而六五毕竟以柔居中，足以和济离卦之阳燥，所以能够居危而知危，忧盛而危明。其畏惧之深，至于出涕，其忧虑之深，至于戚嗟。所以得吉。

象曰：六五之吉，离王公也。

六五之所以得吉，还与它丽得王公之正位有关。它居于王公在上之位，又能明察事理，知忧知惧，所以得吉。

上九，王用出征，有嘉折首，获匪其丑，无咎。

上九以阳居上，承四五之后，在离卦之终，刚明已达到极点。唯其刚明至极，所以能够担当察邪恶行威刑的使命。王将派它征伐不义。它对它所征伐的对象一定会恰当处理，“有嘉折首，获匪其丑”。首，头头，首恶人物。丑，胁从，一般群众。只惩治首恶分子，对胁从的一般群众则不问罪，不伤害。这样做，必无咎。

象曰：王用出征，以正邦也。

王者之师出征，是为了正邦，正邦对于王者来说，也就是正己。所以，王者之师一般是征而不战，迫不得已才战；虽战，不过折其首恶而已，绝不伤残民众。

〔总论〕

离卦所讲的是附丽亦即社会中人与人之间的一种关系以及如何对待这种关系的问题。它借卦象爻象表达出来的关于附丽问题的思想极为丰富、深刻。离卦与坎卦共同的特点是贵中，不同的是，坎是阴险之卦，亟须刚来济之，而且坎为水，水性就下，以刚中则不陷，故坎之《彖传》说“维心亨，乃以刚中也”。是坎卦既贵中又贵刚。离卦是阳燥之卦，亟须以柔来和之，且离为火，火性炎上，中顺则不突。故离之《彖传》说“柔丽乎中正”，“是以畜牝牛吉也”。离卦贵中又贵柔贵正。不过离卦的贵柔是以柔济刚，刚柔相济，与老聃贵柔，以柔胜刚的主张，不可同日而语。

离卦更强调中。六二与六五两爻因为各居上下体之中，所以均得吉。离卦尤以柔、中、正三者兼具为最佳，是故六五以柔居中而不当位，只得吉，而六二以柔居中又当位得正，得元吉。六二是成卦之主，在离之时，一切美好的品德，都从它身上集中地表达出来。它“柔丽乎中正”，获得“黄离”的至美至善的称誉。卦辞“利贞亨，畜牝牛吉”的思想，可以说就蕴藏在六二这里。九四在离卦里则是最不好的一爻，它从反面强调了柔、中、正三者在处离之时的重要意义。九四刚躁而不中不正，其性似火之骤烈，不容天下人，亦不为天下人所容，落得个“焚如，死如，弃如”的后果，是必然的。《周易》经传作者于离九四所阐述的思想，具有极深刻的哲学意义，值得特殊注意。余如初九之警始观念，九三不乐生不忧死的意识，以及上九“有嘉折首，获匪其丑”的古老的军事思想，都是构成离卦多方面、多层次的丰富的思想网络中的重要部分，亦不应忽视。

周易下经

咸

䷞ 艮下兑上

《序卦传》说:“有天地然后有万物,有万物然后有男女,有男女然后有夫妇,有夫妇然后有父子,有父子然后有君臣,有君臣然后有上下,有上下然后礼义有所错。”依据《序卦传》的看法,上经 30 卦至离卦结束,从咸卦开始共 34 卦为下经。下经第一卦咸卦不是接着离卦而来的,它是一个新的开始。这样一来,《周易》全部 64 卦似乎有两个开始,第一个开始是乾坤二卦;乾坤二卦被看作易之缊、易之门。全部 64 卦都是由乾坤二卦产生的。咸、恒二卦是又一个开始,这个开始比起第一个开始来,是低层次的,它应该包括在由第一个开始展开的全部过程之中。《序卦传》用“有天地然后有万物”比喻第一个开始。天地比喻乾坤,万物比喻 64 卦。用“有万物然后有男女,有男女然后有夫妇”“然后礼义有所错”比喻第二个开始。用男女、夫妇比喻咸卦与恒卦,用男女、夫妇之后产生的父子、君臣、上下、礼义等比喻咸、恒之后诸卦。孔子这样比喻的本始目的无疑是要说明乾坤居全《易》之首,咸恒居下经之首,是有根据的,天经地义的。但是他却无意中明确地表述了他的朴素而实质上正确的宇宙观和社会历史观。

咸音义同感。古代的感当写作咸,心字是后世加上去的。咸卦的咸字取交相感应的意义。交相感应的问题,最直观、最常见、最容易被人理解和接受的表现是男女、夫妇之间的关系,而且夫妇关系是人伦之始,是文明社会一切现象之所以产生的最初契机,所以把咸卦咸字的感应意义用夫妇关系加以说明是再合适不过了。

从卦体看,咸卦兑上艮下。兑为少女,艮为少男。男女相感深,少男少女相感尤深。从卦德看,艮是止,艮笃实,止诚悫;兑是说。男子以诚实的态度与女子交往,女子说而应之,男女交亲,于是结成夫妇。

64 卦以乾坤为首,乾坤象天地,乾象天,坤象地,天地被看作二物。

下经以咸恒为首，咸恒象夫妇。但是，咸象一夫妇，恒也象一夫妇，夫妇被看作一事。不是咸象夫，恒象妇，咸恒在这一点上与乾坤情况不同。

咸，亨利贞，取女吉。

咸是感，不只是男女相感，世间万物，社会人群，都有相感与不相感的问题。例如君臣相感，上下相感，父子相感，亲友相感，等等，只要是相感了，那么，相感双方的关系必然和顺而亨通，什么问题都好解决。然而相感有个条件，必须“利贞”，即利在于正。相感而不以正，便不能亨了。“取女吉”，是说取女如是方能得吉。

彖曰：咸，感也。柔上而刚下。二气感应以相与。止而说，男下女，是以亨利贞，取女吉也。天地感而万物化生，圣人感人心而天下和平。观其所感，而天地万物之情可见矣。

“咸，感也”。这句话解说的十分明白，孔子的意思是说，咸就是感。在《周易》成书的时代只有咸字尚无感字，至孔子时则已从咸字中分化出了感字。

“柔上而刚下”。“柔上”指上六，柔爻在上体。“刚下”指九三，刚爻在下体。柔上刚下有阴阳交感的意义。咸卦之所以名咸，就是因为它有“柔上而刚下”的特点。咸卦上体是☱兑，两刚爻一柔爻，为什么不顾两个刚爻而单说一个柔爻？下体是☶艮，两柔爻一刚爻，为什么不顾两个柔爻而单说一个刚爻？这是因为这一卦有卦变之义，而就表现在上体那一个柔爻和下体那个刚爻上。上体☱兑本来是☰乾，由于坤卦施给它一个柔爻，化掉了它的居上位的那个刚爻，于是而成☱兑。下体☶艮本来是☷坤，由于乾卦施给它一个刚爻，化掉了它的居上位的那个柔爻，于是而成☶艮。就是说，此卦之所以为泽山咸，关键在于上体那个柔爻和下体的那个刚爻。《易》中有卦变意义的卦共18个，上下体都由一个阴卦和一个阳卦组成。《彖传》认为实际上从卦变取义的只有六卦。咸是其中之一。关于卦变的问题请参阅本书贲《彖传》解。

“二气感应以相与”，咸卦艮下兑上，艮为山，兑为泽，山泽通气。又咸卦内外六爻无不相应。山泽通气，内外相应，总起来说叫做二气相应。阴阳二气上下相交相感相应而和合，所以叫“相与”。

“止而说，男下女”。止是艮止，说是兑说。“止而说”是指咸的上下二体有笃诚相感之义。“男下女”,指艮少男在下,兑少女在上。总之是从上下二体的角度进一步讲二气相感应的问题。

“是以亨利贞,取女吉也”。是说由于“柔上而刚下,二气感应以相与”,又由于“止而说,男下女”,所以“亨利贞,取女吉”。

“天地感而万物化生,圣人感人心而天下和平。观其所感,而天地万物之情可见矣”。《彖传》的这一段话和坎卦的情况一样,是孔子在解释卦辞之后附带谈了自己的体会。孔子把感的意义推广到自然界和人类社会上来讲,而着眼点,则是在人类社会。《周易》是政治性很强的书,它讲大之道,讲民之故,最后总是落到民之故上。这里讲的圣人显然不是一般的人,是指统治阶级的王侯而言。因为圣人感天下人之心,所以天下人之心才和平安宁,老老实实接受统治。这是孔子当时的政治观点,这个观点是由当时的历史条件决定的。古代统治阶级能否感被统治阶级的心,这个问题要分析地看。至少孔子认为统治阶级应该如此,能够如此。天地万物之情是什么本来是不知道,孔子认为通过观其所感,就知道了。

复卦《彖传》讲“天地之心”,此卦以及恒卦、萃卦《彖传》讲“天地万物之情”。心唯言天地,而情则言天地万物。心只见于复一卦,情则所见之卦多。看来,所谓“天地之心”,讲的是阴阳消长,生生不已的自然规律。所谓“天地万物之情”,讲的是阴阳消长这个自然规律的几种外部表现。

象曰:山上有泽,咸。君子以虚受人。

泽在山上,山泽二物有相感相通之象。君子观山泽通气之象受到启示,于是“以虚受人”。“以虚受人”是虚其心以受人之感。所谓虚其心,是宽容大度,中无私主,不先存成见在胸,因而人愿意来感我。

初六,咸其拇。

拇,足之大指。“咸其拇”,是说初六在下卦之下,有其感未深之象。拇属于足,足不动,拇虽动也未足以进。

象曰:咸其拇,志在外也。

初六与九四正应,初六咸其拇,感于九四,九四在外卦,所以叫“志在外”。

六二,咸其腓,凶,居吉。

腓,小腿肚。人欲举步前进,足未动,腓先动。腓动,足才动。六二以阴居下体，上与九五正应，其处境与人体之腓相似，有躁动妄行，急于求应之象。如果它真的那样行动，必凶。不过六二毕竟柔顺中正，若能安居不动，以待九五来求，则吉。

象曰：虽凶居吉，顺不害也。

六二就其才说，居中得正又应于九五，本来很好。只是它处于咸的时候，容易先动以求九五。先动以求应则凶。若居则吉。居，不是绝对不动，只是不先动，不妄动。不先动不妄动也就是顺，就是顺理而动。顺理而动吉，不顺理而动凶。

九三，咸其股，执其随，往吝。

股，在身之下，在足之上，不能自由，乃随下而动。足动它也动，足止它也止。九三处下体之上，处境与股相类。九三以阳刚之才处在止体之极，本来宜静不宜动，但是九三“执其随”，看初、二两爻躁动，它也要随之而动。执，固执不变，一定要跟着初、二动。往必致吝。

象曰：咸其股，亦不处也。志在随人，所执下也。

不处，动。初、二两阴爻皆有感而躁动。九三自身虽是阳爻，看人家动，自己“亦不处”，即也随着动。阳刚之才，行为不能自主，反而志在随人，这种作法是很卑下的。

九四，贞吉悔亡，憧憧往来，朋从尔思。

《周易》爻辞言“贞吉悔亡”者计四卦，皆占在先而象在后。巽卦在九五，大壮、未济和本卦都在九四。九以阳刚居四，本来是不正的，不正则当有悔。“贞吉悔亡”，是说如果能正的话，则得吉而无悔。正与不正，悔与无悔，全就感上说。感而不以正则有悔，感而以正，则吉而无悔。四是人的心，四又处在上下之间，有往来之象。“憧憧往来”，“往来”应如孔子说是自然界“日往月来，寒往暑来”的往来，是自然界里此感彼应，彼感此应的现象。人对外界的人与物的往来感应亦如此，即顺应自然之理去感去应，不掺杂自己的私心。“往来”之前加上“憧憧”二字，就变成有私心的不好的往来，不是顺应自然规律的往来了。憧憧，为一己之私心私利而忙迫不安地去感应，去往来。今天给甲一点好处，以求感恩，明天又给乙一点恩惠，以求回报，把往来放在心上，切切不肯放下。“朋从尔思”，以私心去感，只感了少数人。这少数人成了你的朋友。这种朋友，其实就是朋党。

《系辞传》对咸九四这条爻辞曾作了说明，它说："《易》曰：'憧憧往来，朋从尔思。'子曰：'天下何思何虑，天下同归而殊途，一致而百虑。天下何思何虑，日往则月来，月往则日来。日月相推而明生焉。寒往则暑来，暑往则寒来。寒暑相推而岁成焉。往者屈也，来者伸也。屈伸相感而利生焉。尺蠖之曲，以求伸也。龙蛇之蛰，以存身也。精义入神，以致用也。利用安身，以崇德也。过此以往，未之或知也。穷神知化，德之盛也'"。孔子这段话是从正面批评了"憧憧往来，朋从尔思"的人。认为自然界的感应是无私的，有规律的。人的感应也应同自然界的感应一样，顺应规律，无有私虑，当感自然感，当应自然应。

象曰：贞吉悔亡，来感害也。憧憧往来，未光大也。

"贞吉悔亡，未感害也"，是说感而出自私心则有害，感而未有私心则未为害。无系私心于感，也就是守正，正则吉，则无悔。"憧憧往来，朋从尔思"是以私心相感。以私心相感其所感的面必窄，只有少数私朋而已，故云"未光大"。光，广。"未光大"，影响未能扩大，未能普及于天下人。

九五，咸其脢，无悔。

脢，后背上的里脊肉，正当心的背面，与心相背而不见。九五居尊位，应当以至诚感天下人之心，但是它下应于六二，又比于上，如果系二而悦上，那就把所感的面缩得太小了，不是天子诸侯应当做的。"咸其脢"，九五应当像背上里脊肉那样，与其私心相背，感它见不到的更多的人。这才是人君感天下之正道。这样做了，可得无悔。

象曰：咸其脢，志末也。

末，指上六言。爻辞讲"咸其脢"，告诫九五要背其私心，以至诚感天下人之心，所以这样告诫，是因为九五确实有问题。它"志末"，与上六近比，便总想感于上六而已。

上六，咸其辅颊舌。

辅，牙车，在口中。颊，腮。舌动则牙车也动，腮也随着动。三者配合着动，人就说出话来。本来用一个口字即可，却用了辅颊舌三个字，有厌恶的意思在内，犹如今日谓善巧辩的人讲话为摇唇鼓舌一样。上六阴柔居兑之上，为兑之主，而且处在咸之极，故不能以诚感人。光是用口舌感人，言而无其实，其结果是感而无应，其为凶咎不言而知。

象曰：咸其辅颊舌，滕口说也。

滕、腾通用。腾口说，发挥、腾扬口舌言说的作用。咸道已到了末端，别的办法没有了，只剩下口舌言语了。

〔总论〕

孔子《序卦传》在这一卦讲的话较多，全面表述了他的宇宙观和社会历史观。他说："有天地然后有万物。""天地"就是自然界，自然界是怎样产生的，自然界之前还有什么，孔子没有讲。就是说，孔子不认为自然界是由无变为有的，不认为自然界是被创造出来的。把这里的话同《系辞传》"易有大极，是生两仪"的说法联系起来看，孔子的宇宙观无疑是唯物论的。

孔子讲"有万物然后有男女，有男女然后有夫妇"，道出了人类早期历史中的一个基本事实，即人类曾经有个群婚阶段。一夫一妻制是在群婚制衰落之后产生的。孔子还发现了一夫一妻的个体婚制在原始社会向文明社会转变中具有关键性意义。他说："有夫妇然后有父子，有父子然后有君臣，有君臣然后有上下，有上下然后礼义有所错。"把国家的产生一直追溯到"有夫妇"，显然已经看到了个体婚制的确立最终导致文明时代的来临。甚至揭开了礼的秘密：礼与阶级社会同步产生，礼在它的华丽外衣里面包含着严酷的等级制度。孔子在《中庸》里讲"仁者人也，亲亲为大。义者宜也，尊贤为大。亲亲之杀，尊贤之等，礼所生也"，更进一步认定礼从阶级关系和血缘关系两个方面反映等级制度。孔子当然不知什么是历史唯物主义，但是他的关于古代历史的认识所达到的理论高度在他那个时代是无与伦比的，即便用今日马克思主义的眼光看，孔子的理论仍有相当大的意义。

《周易》中卦辞与爻辞讲的内容往往不一致，咸卦尤其明显。卦辞讲"取女吉"，以男女婚姻取象，从天地万物与人类社会宏观的角度讲感应的问题。六爻爻辞则根本不讲"取女吉"，更不讲男女婚姻之事。各爻都从人体取象，从微观的角度讲感应问题。初爻咸其拇，二咸其腓，三咸其股，五咸其脢，上咸其辅颊舌，感的都是人身的一个部位。用一个部位去感外界事物。四比较特殊，四居上下体之间，在咸卦里它是代表心的。它不讲咸其心。"心之官则思"，古人认为心是主思虑的，所以代表心的九四，主要讲人在处理与外界感应的过程中如何端正思想的问题。

咸卦以人身取象,情况与艮卦极相似。所不同者,咸卦讲感,艮卦讲止。感者动,止者静。咸卦诸爻不如艮卦吉多凶少。尤其上爻二卦大不同。咸卦上六咸其辅颊舌,不好。艮卦上九敦艮吉,很好。

卦辞与爻辞所说的往往不同,甚乃多少有一点矛盾,这是个值得注意的问题。它告诉我们,卦辞和爻辞很可能不出于一人之手。

恒

䷟ 巽下震上

《序卦传》说："夫妇之道不可以不久也，故受之以恒。恒者，久也。"咸卦讲的是夫妇之道，夫妇之道贵在长久，终身不变，所以咸卦之后次以恒卦。恒的含义是久常。恒卦何以有久常的含义？咸卦艮下兑上，少男在少女之下，以男处女之下，有男女交感的意义。恒卦则不然。恒卦巽下震上，长女在长男之下，男居尊，女处卑。又，恒卦震在外，巽在内，是男动于外，女顺于内。依照古人的观念，这是一夫一妻制家庭关系的常理，恒没有交感的意义而有久常的意义。

恒，亨，无咎，利贞，利有攸往。

恒是常久。常久之道，可以亨通，亨通则无咎。常久之道而不可以亨通，则必有咎。恒有二义，一是无咎的恒，一是有咎的恒。无咎的恒亦即不易之恒。这种恒因为是正的，所以无咎。有咎的恒亦即不已之恒。这种恒因为不正，所以有咎。前一种恒，"利贞"，宜守正而不移易；后一种恒，"利有攸往"，宜有所行动，有所改变。这两种意义的恒合起来看，才是全面的，正确的。任何只强调其中的一种意义而忽视另一种意义的理解，都是不对的。

彖曰：恒，久也。刚上而柔下。雷风相与，巽而动，刚柔皆应，恒。恒亨无咎，利贞，久于其道也。天地之道，恒久而不已也。利有攸往，终则有始也。日月得天而能久照，四时变化而能久成，圣人久于其道而天下化成。观其所恒，而天地之情可见矣。

"恒，久也。刚上而柔下，雷风相与，巽而动，刚柔皆应，恒"。这是解释卦名的。恒是什么？恒就是久。"刚上而柔下"，"刚上"指九四，"柔下"指初六。刚在上体，柔在下体，刚上柔下，这从名分上说，是正常的，正常就有恒久的意义。"刚上而柔下"是卦变的问题。上体震本为坤，乾以一刚爻施给坤，化掉坤的一柔爻，成为震。下体巽本为乾，坤以一柔爻施给乾，化掉乾的一刚爻，成为巽。“雷风相与”，这是从卦象说明问题。有雷则有风，雷风相须，交助成势，这是一种常道。“巽而动”，下体巽，巽是顺；上体震，震是动。顺而动，事物合乎规律地运动，是常久之道。“刚柔皆应”，恒卦六爻刚柔皆应，刚柔皆应，是正常的道理。由于这四方面都有常久的意义，所以卦名曰恒。

“恒亨无咎，利贞，久于其道也。天地之道，恒久而不已也。利有攸往，终则有始也”。亨而无咎的恒，必是正的。正的恒，才是久于其道的恒，天地之道就是恒久而不已也。“利有攸往，终则有始也”，是说恒不是一定不动不变的。天地间没有一定不动不变的恒，不动不变便不能恒了。事物穷则变，变则通，通则久，故随时变易，方是恒久之道，所以卦辞言“利有攸往”。“利有攸往”就是“终则有始”；“终则有始”就是变化。总之，恒中包含着“不恒”，“不恒”中有恒。

“日月得天而能久照，四时变化而能久成。圣人久于其道而天下化成”。这里从自然界讲到人类社会，亦即所谓“明于天之道而察于民之故”。讲“天之道”，是讲自然规律，讲“民之故”是讲社会历史，而归根结底重在“民之故”，重在社会历史。日月与四时都因变化而能久能成。社会也是如此，“圣人”能够“久于其道”，即恒而能变，变中有恒，坚持正确的恒久之道，有秩序的社会生活才能化育而成。

“观其所恒，而天地万物之情可见矣”。观“日月”、“四时”、“圣人”所行的恒久之道，“天地万物之情”便可以看得出来了。关于“天地万物之情”的理解问题，已详前卦。

象曰：雷风恒，君子以立不易方。

雷与风作为自然现象，表面看来，雷迅风骤，变化无常，然而看其实质，则有不变者存。一年之中，雷总是要起，风总是要发。雷起风发，雷迅风骤，雷风总是相须相与。君子学习恒卦，知道雷风虽变，必有不变的道理，自己做事便要立不易方。世间的事物虽然酬酢万变，妙用无方，而君子做人做事则要有所树立，有卓然不可移易之方。

初六，浚恒，贞凶，无攸利。

浚，深。贞，固。无攸利，利有攸往之反义。恒，久也。恒之道贵久。

天下事都有个日就月将积渐的过程。处在恒的时候，尤其应该注意及此。初六居恒之始，更当作常久打算。但是初六以柔居刚，体巽而性躁，于事求望太深太遽，想要一锹掘个井，故曰浚恒。固守这一条道走到底，必凶，必无所利。

象曰：浚恒之凶，始求深也。

浚恒之所以凶，要害在于始求深。恒贵久，久自渐中得。初六为恒卦之始，本应以渐为常，而它却遽求深入。欲速则不达，结果必凶。

九二，悔亡。

《周易》爻辞中有大壮九二言贞吉、解初六言无咎及本爻言悔亡，三条都只言结果如何而不论及其所以然，大概是因为爻象可以自明的缘故。悔亡，是本应有悔，由于某种原因，悔由有可以变为无。在恒卦，居得正位才是正常的。九二以阳居阴位，不得正，是不正常的，不正常应该有悔。但是《周易》最重视中，恒卦尤其贵中。九二以刚居中又与六五正应，是处得中，动也得中。能恒久于中，正也就包含在内了。九二中德之胜，足以亡其悔。

象曰：九二悔亡，能久中也。

九二以阳处中，能恒久于中，所以悔亡。六五虽也处中，但是以阴居中，所以有“夫子凶”之戒。

九三，不恒其德，或承之羞，贞吝。

九三位虽得正然，过刚不中，志从于上，不能久于其所，故有不恒其德之象。不恒其德，是变化无常的人。善的人可与共事，恶的人可不睬他，唯善恶无常的人不好办。当他表现善的时候，你方与之共事，可是不久他又变了，变坏了，你不得不承其羞。同不恒其德的人打交道，最好的办法是与之分手，若把同他的关系贞固下去，必吝。

象曰：不恒其德，无所容也。

有德而不恒的人，不但为人所不容，自己亦当有无所逃于天地之间的感觉。

九四，田无禽。

田，田猎。禽，统称飞禽走兽。“田无禽”喻如长期田猎，但没有捕到

禽兽，劳而无功的意思。九四以阳居阴位，既不得正又不居中。不中不正，纵然恒久，也不会有成就的，

象曰：久非其位，安得禽也。

九四不中不正，处非其位，比如田猎，纵然能守恒持久，亦将无所获。

六五，恒其德贞，妇人吉，夫子凶。

九二以阳居阴，六五以阴居阳，都位不当却又都得中。九二刚中，故悔亡。六五柔中，“恒其德贞”，是以柔顺为德，以柔顺之德为常。恒其柔顺之德，在妇人则为正，故吉。在丈夫则不为正，故凶。

象曰：妇人贞吉，从一而终也。夫子制义，从妇凶也。

六五恒其德贞，是妇人之贞，吉也是妇人之吉。为什么在妇人则贞则吉呢？这是因为妇人从一而终，从一个丈夫一直到死。六五恒其柔顺之德，以顺从为恒，恰似妇人从一而终。所以六五有妇人贞吉之义。恒卦的含义主要是常，常中也包含着变。九三偏于变，是不恒其德，六五偏于常，是恒其德。但是六五柔中，柔顺以为德，是妇人之德，不是夫子之德。夫子有制义之权，只宜妇人从他，若他从妇人，必凶。

上六，振恒，凶。

振，快速的动，抖擞的动。上六以阴居阴在上位，宜静不宜动。而今六处恒之极，又在震之终。恒极就要转变为不能恒，震终则动而不能止。不仅不能安静，其动甚至不能节制。以此为恒，就是振恒，振恒而致凶，实属事之必然。

象曰：振恒在上，大无功也。

处在恒的时期，以安静为宜。处在恒之上位，尤应以安静为宜。乃躁动无常，无事自扰，岂止无功，必大无功。

〔总论〕

《周易》贵中，恒卦尤其贵中。中就能恒，不中就不能恒。恒卦六爻没有上下相应的意义，其爻主要从居上体还是居下体，得中还是不得中表现出来。初六在下体之下，九四在上体之下，都未及于恒，泥于恒而不知变，所以初六浚恒，九四田无禽。九三在下体之上，上六在上体之上，都已过于恒，所以好变而不守恒，所以九三不恒，上六振恒。只有九二与六五比

较好，因为它们居上下体之中，最能把握恒的意义。六五以阴柔居阳位，以柔中为恒，所以只能是妇人吉，而夫子则凶。九二以阳刚居阴位，以刚中为恒，最得恒卦之义，但由于它位不得正，亦不能做到尽善尽美，只得悔亡而已。悔亡在恒卦里已是最好的爻辞，可见恒卦无完爻。咸卦六爻也是不凶则吝，最好的也不过悔亡而已。但是咸、恒二卦的卦辞在 64 卦中则是最吉的。卦辞与爻辞不一致的问题，古人已经注意到了。苏轼《易传》以为艮兑合而后为咸，巽震合而后为恒。二体合起来看，所以卦辞吉。六爻分开来看，见此而不见彼，咸、恒之义被肢解了，所以咸恒无完爻，最好的不过悔亡而已。这个问题尚可进一步研究。

遯

䷠ 艮下乾上

《序卦传》说："恒者久也，物不可以久居其所，故受之以遯。"遯者退也。恒是久的意思。什么事情久了，总要走向反面，久必变为退，所以恒卦之后继之以遯。遯的含义是退，是避而去之。卦由乾艮二体组成。乾为天，艮为山。天在上，是阳物，有上进的性质。山是高起之物，又是止之体，有上陵而止不进之象。一个要上进，一个上陵而止不进，乾艮相违遯，故卦名遯。又卦中二阴自下而生，是阴将长而阳渐消的时候，小人渐盛，君子当退而避之，也是卦名遯的根据，遯卦在十二辟卦中为六月之卦。

遯，亨，小利贞。

遯是阴长阳消的时候，小人渐得势，君子此时应当退避。身退道不能退。道不仅不能退，道还要进一步伸张。故云遯亨。小人道长，君子知几而退藏其用，不露圭角，也是遯。"小利贞"，小是大小的小。遯之时，阴柔虽长却尚未达到甚盛的程度，君子此时不可大利贞，但可小利贞，可迟迟致力，逊避善处，务在勤小事细行，举动不失正道，使小人无隙可乘。

彖曰：遯亨，遯而亨也，刚当位而应，与时行也。小利贞，浸而长也。遯之时义大矣哉。

"遯亨，遯而亨也"。卦辞言"遯亨"，《彖传》加个"而"字，变成"遯而亨"，说明"遯亨"是遯而后亨。君子遯藏起来了，还怎么能谈到亨呢？不是君子亨，也不是君子藏亨，而是君子遯藏之后，君子之道亨。

"刚当位而应，与时行也"。这句话还是解释卦辞"遯亨"的。"遯而亨"是说能遯而至于亨。这一句是进一步说明怎样遯而亨。九五以阳刚居阳位，居中得正，又下与六二以中正相应。以这样好的卦才，即便在遯藏的时候，君子还是可以有所作为的。可以随时消息，尽量做自己所能做的事。"与时行"不能理解为只是遯，遯了以后什么也不干。

“小利贞，浸而长也”。临卦二阳在下，《彖传》说：“刚浸而长。”遯卦二阴在下，《彖传》说：“浸而长。”不说“柔浸而长”，实际上是柔浸而长，二阴慢慢地长。君子在遯的时候，不宜大有作为，只可小利贞，原因在于群阴浸长，小人渐盛。

“遯之时义大矣哉”。这最后一句，是孔子加上的赞叹之语，意在告诫人们不要因为是“小利贞”，是细行小事，而不屑思，不屑为。“小利贞”往往会成为利贞的基础。将来的利贞，正是在此“小利贞”中包含着，准备着，所以说遯之时义大矣哉！

象曰：天下有山，遯。君子以远小人，不恶而严。

天下有山，山在下高起而又止，天在上，上进而相违，正是遯避之象。君子观遯之象，受到启发，知道了应该如何远小人的问题。在遯的时候，远小人的最好办法是“不恶而严”。恶读憎恶的恶。对待小人，不可使他知道你憎恶他，否则他必加害于你，你想远小人也远不了。但是与小人的界限要严格划清，在原则问题上绝不对小人让步，让小人知道你是不可侵犯的。“不恶而严”，亦即外顺内正，待彼以礼，自守以坚之意。

初六，遯尾厉，勿用有攸往。

自整个一卦看，初与二两个阴爻是代表小人的。就卦中六爻看，则六爻都代表君子，代表君子在遯的六种不同情况下的处境。在别的卦都以初为下为始。遯是讲往遯的，跑在前面的为先进，初在后面，当然就是尾了。在逃遯的时候，落在后面，做了尾巴，处境极危险。怎么办？与其继续向前跑，遇上灾难，不如停下来不动更有把握免灾。所以要“勿用有攸往”。初六以阴柔居下，位卑名微，不往也就等于遯了；若往的话，危厉就将更加严重。

象曰：遯尾之厉，不往何灾也。

发现问题的征兆而先行遯去，固然好。遯已落在后边，还要跟着往前跑，就危险了。往有危厉，不往而晦藏，还有什么灾呢！

六二，执之用黄牛之革，莫之胜说。

说读如脱，义同。黄，中色。牛温顺之物。革，坚韧之物。六爻中五爻皆言遯，唯六二不言遯。六二以阴居阴，得位处中，以中正顺应于九五。九五以阳居阳，得位处中，也以中正亲合于六二，六二与九五之间的合和亲密的关系，其牢固的程度有如它们之间用黄牛之皮执系着，谁也休想把它们拉开。

象曰：执用黄牛，固志也。

执用黄牛，是“执之用黄牛之革”的省语。固志，六二与九五以中顺之道相固结，其心志甚坚定，没有什么力量能够把它们之间拘系着的黄牛之革脱掉。

九三，系遯，有疾厉，畜臣妾吉。

在遯的时候，君子最好远去速去。但是九三系遯，有所牵系，不能远去速去，因而处境不好，就像得了疾病而有危险一样。九三系遯，系谁呢？它与上九非正应而与六二切比，是被六二牵系住而不得远遯速遯。九三与六二的关系是暱比不是正应，是君子与小人的关系，不是君子与君子的关系。九三对待小人怎么办好呢？可行的办法是：畜臣妾。臣妾是小人与女子。依古人的观念，惟女子与小人为难养，近之则不逊，远之则怨。九三在欲遯不能遯的情况下，应以畜臣妾的办法对待小人，不远亦不近，不恶而严。这样方可得吉。

象曰：系遯之厉，有疾惫也。畜臣妾吉，不可大事也。

在遯的时候，因有系累不能遯，其危厉是由困惫造成的，其困惫是由疾病造成的。九三处此困境唯一可行的办法是以刚自守，对小人畜之以臣妾之道。因为此时是不可以也不可能做大事的。

九四，好遯，君子吉，小人否。

好字当读上声，不读去声。九四与初六正应，与初六的关系很好，很亲密，但九四是刚健之君子，在遯的时候，虽有所好爱，亦能不为所系恋，毫不犹疑地毅然遯去。遯的时候，也能够从容无怨，心情舒展，不作忿戾之行。如此则必得吉。小人否，否是不的意思，不是泰否的否。君子能好遯，小人则不能好遯，纵然迫不得已而遯，也是悻悻然忿戾而行，不会是好遯。因此，小人不能得吉。

象曰：君子好遯，小人否也。

君子好遯，小人则做不到好遯。君子当遯便毅然遯去，不为所好爱者牵系。遯也从容无怨，绝不悻悻然形于色。小人则办不到。

九五，嘉遯，贞吉。

嘉，嘉美。嘉遯，嘉美的遯，比好遯更好的遯。九五阳刚居中得正，虽与六二有所系应，但六二也居中得正，在遯的时候，不会妨碍九五。九五以中正自处，时止时行，从认识到行动，它都能够对遯的问题做出最恰当最得体的处理。所以获贞吉。

象曰：嘉遯贞吉，以正志也。

思想正，行动才能正。九五之所以嘉遯贞吉，是因为它居中得正而与六二之中正相应，亦即因为它志正。人之行止，遯与不遯，处理得好不好，关键在于能否正其志。

上九，肥遯无不利。

肥，充大宽阔，绰绰然有余裕，疾惫的反义。上九以阳刚之才居外卦之极，在遯的时候，处这个位置好，它可以飘然远逝，无所疑滞。上九还有另一个优越之处，就是它无应于内，无牵无累，无所疑虑。居外处远和内无系应这两点，使上九在遯这个穷困的时候能够无挂无碍，无所疑虑，刚决而退，心志宽阔无比，绰绰然有余裕。如此之遯，无有不利。

象曰：肥遯无不利，无所疑也。

上九能够肥遯无不利，最重要的原因是它无所疑。在四个阳爻中，上九情况最好。九三切比于六二，九四应于初六，九五应于六二，都有所系；有所系则不能不自疑，至上九则毫无挂碍，一切疑虑全部消失。

〔总论〕

遯卦六爻四阳二阴，四阳渐退，二阴渐长，是小人浸盛，君子遯藏的时代。君子处在这种时代，遯而亨，虽不可为大事，但可小利贞。至于六爻，下三爻与上三爻的情况明显不同。下三爻属于艮，艮是止，所以初六不往，六二执革，九三系遯。上三爻属于乾，乾主于行，所以九四好遯，九五嘉遯，上九肥遯。上三爻越是无系应越好，越是远于二阴越好。九四好遯，但不如九五嘉遯。九四与九五虽好遯，嘉遯，但它们都有所系应，都有所疑于遯，也都与二阴不算最远，所以都不如上九肥遯。上九在卦外之极又无系无应，心无疑虑，超然而遯；虽当困穷之时，却能果断遯退，可谓心地宽阔，绰绰有余裕，是最善处遯的人。

遯卦表达的主要是政治思想。它明确地使用了君子和小人两个政治性概念。君子和小人不反映政治地位尊卑高下的差别,它们反映的是政治家们个人道德观念道德行为和政治主张上的对立。在小人逐渐取得优势的政治环境中,君子应当采取灵活的对策,遯藏的对策,即在坚持原则的前提下,或者对小人不恶而严,或者暂时遯去,以待时变。遯卦讲的遯,只是政治斗争中的一种灵活的策略思想,与道家追求出世,忘却尘俗的人生哲学根本不同。

大 壮

䷡ 乾下震上

《序卦传》说:“遯者退也。物不可以终遯,故受之以大壮。”遯是阴长阳遯,遯的意义是违去。大壮是阳的壮,壮的意义是强盛。事物衰则必盛,消则必长,既遯则必壮,所以遯之后次之以大壮。大壮卦下体是乾,上体是震,以刚而动,有大壮的意义。《周易》里阳刚为大,阴柔为小。此卦阳刚已达到四,过中了,有大者壮的意义。又卦有雷威震在天上之象,也是大壮的意义。

大壮,利贞。

大壮即是阳之壮,吉亨自不待言。但是大壮利于贞正,大壮而不贞正,君子做事而不循正理,便是一般的壮,不是合于君子之道的大壮了。大壮之时最怕的是自恃其壮,自恃其壮就不正了。卦中以阳爻居阴位为吉而以阳爻居阳位为凶为厉,正反映出卦辞“大壮利贞”的用意是大壮不可自恃其壮而过于壮。

64卦卦名有“大”字者凡四。除大有是五个阳爻外,其余大畜、大过、大壮三卦都是四个阳爻。四个阳爻而称大壮,这是因为卦中阴阳之势至三而平分,至四就算极盛了。大壮之阳爻已自初长至四,九四一爻是成卦之主,为卦又是乾阳在内,震动于外,所以叫做大壮。大壮在十二辟卦中是二月之卦。

彖曰:大壮,大者壮也。刚以动,故壮。大壮利贞,大者正也。正大而天地之情可见矣。

“大壮,大者壮也。刚以动,故壮”。解释以大壮名卦的意义。《易》中刚阳为大,阴柔为小。天地之间唯刚阳能壮,大者能壮,阴柔不能壮,小者不能壮。但是并非刚阳或大者在一切情况下都能壮,必须在“刚以动”的情况下才可谓壮。“刚以动”,为卦乾下震上,是刚体而且在动,所以称大壮。

“大壮利贞，大者正也。正大而天地之情可见矣”。此解释“利贞”的意义。大壮是大者壮，大壮利贞则是大者正。可见卦辞“大壮利贞”四字具有三个层次的含义。首先指出壮的主体是大，其次说主体之势是壮，最后强调大的静态特征是正。前两个层次的含义告诉我们，唯大者即刚阳能壮，小者即阴柔不能壮。大者只是在动的状态即刚以动的时候，方能壮。壮是从动态的角度看。最后一个层次的含义是说大者只是壮还不够，还不足说明问题，还要正。正是从静态的角度看。总起来说，“大壮利贞”一语的意义是体大，势盛而无邪僻。天地间万物万事大不必壮，大而不壮，并无凶咎。若大壮而不正，则凶必不免。暴君与强梁可谓大且壮矣，然而不正，贻人以祸患无穷。

正大亦即大正。天地乃大中之大，可谓至大。天地乃正中之正，可谓至正。大而且壮，大而且正，是天地之显著特点，是显而易见，有目共睹的。看见天地之正大，便看见天地之情了。“天地之情”是从静态从显处看天地之特点，而《彖传》说的“天地之心”则是从动态从隐处看天地之规律。又咸、恒、萃三卦之《彖传》皆言见“天地万物之情”，本卦只言天地，不涉万物，这是因为咸之所感，恒之所恒，萃之所聚，万物皆可与天地同，唯其正与大未可与天地同日语。

象曰：雷在天上，大壮。君子以非礼弗履。

雷奋迅于天上，乃大而壮之象。大壮，包含了“大者正也”的意义。也就是说，大壮，实际上含盖了大，大者壮，大者正三层意义。大、壮、正三者合为一体，便构成天地间一种伟大的力的体现。君子观大壮之象应当怎样落实到现实人生中来呢？孔子是主张反身修己的。他要求君子把最大的力量用在战胜自己上，战胜自己的最好办法莫过于“非礼弗履”。“非礼弗履”的思想与《论语》“克己复礼为仁”是一致的。

初九，壮于趾，征凶有孚。

趾，在身之下而主于行的东西。壮于趾，用壮于初，急于前进，结果必将得凶。有孚，有信，在别的卦里“有孚”的含义是正面的，在此则取反面意义。“征凶有孚”，有所前进，则致凶是肯定无疑的。初九以阳刚居阳位，处在大壮之时，本应无咎，何以“征凶有孚”呢？从全卦来看，大壮是阳刚之壮，以刚壮为义。而从爻来看却恰好相反。大壮各爻以用柔为好，用刚不好。初九自身是阳刚，所在乾体，也是阳刚，所居阳位，又是阳刚。大壮本是“刚以动”的，刚不可太过，而初九以刚居刚用刚，是过于刚而壮于行，故“征凶有孚”。

象曰：壮于趾，孚其穷也。

初九在下而居刚用刚，过乎刚而壮于行，其穷困而致凶，是必信无疑的。

九二，贞吉。

九二与初九同为阳刚，同处大壮之时，初九征凶而九二贞吉，两爻有根本上的差别，其原因在于九二刚柔得中，不过于壮。二，柔位；九，刚质。以刚之质居柔之位，刚柔相须，不过于壮。更重要的是九二居中。九二壮而处中，其动必正，犹如一人虽气质刚决猛厉，但因为能处中，遇事深浅有度，善于自裁其过而济其不及，没有不得正的。得正则吉。

象曰：九二贞吉，以中也。

九二之所以贞吉，最根本的一点是它处中。九二的贞，九二的吉，全从中上来。

九三，小人用壮，君子用罔，贞厉。羝羊触藩，羸其角。

九三以刚居阳而处壮，又在下体乾之终，过刚不中，是强有力的人。如果是小人当此，他将恃刚用壮，陵犯于人。就像刚狠强壮的羝羊一样，总要用它的角（亦即它的壮）去抵触它面临的任何藩篱，结果必以羸其角而告修。“贞厉”谓如此干下去而无反顾，则必如羝羊触藩羸角那样招致危厉。“君子用罔”，罔，勿，弗，不。如果是君子当此，便不会像小人那样恃刚用壮陵人。

象曰：小人用壮，君子罔也。

小人用壮，君子不用。爻辞“君子用罔”语意与遯九四“君子好遯，小人否也”同，都是君子小人并言而义相反之辞。孔子小象去一用字，迳言“君子罔也”，使爻义更为明白了当无疑。

九四，贞吉悔亡。藩决不羸。壮于大舆之輹。

九四与九二一样，都是以阳居阴，刚有柔来济，因而不至过于壮。但九四居四阳之终，也有容易过于壮的一面，所以爻辞说“贞吉”，守正道方可得吉。既“贞吉”了，则能从容以进，无有失误，所以爻辞又说“悔亡”。“藩决不羸，”是承前面九三爻辞“羝羊触藩，羸其角”而言。九三为前面的九四所阻，如遇藩篱，藩未破，角却羸了。九四的前面是二阴，二阴构不成九四前进的障碍，藩无须触已经决开，角羸之虞自然不会有。九四前进的道路既通，便有“壮于大舆之輹”之象。輹不同于辐，輹在轴，辐在轮。在轴之輹强壮，利于车行。“壮于大舆之輹”，谓车强无病，壮于进，利于行。

象曰：藩决不羸，尚往也。

至九四说“尚往”，“尚往”，其进不已的意思。爻辞在“贞吉悔亡”四字之后又说“藩决不羸，壮于大舆之輹”容易使人误以为九四居柔为不进，小象乃提示以“尚往”，告知人们九四“藩决不羸”是进，不是不进。

六五，丧羊于易，无悔。

六五用和易的办法把羊的刚很给丧失掉了。羊性刚，羊在这里象诸阳方长而并进。六五以柔居中，对于向上并进而来的诸阳，善于用和易的办法制服之，使诸阳无所用其刚，无所用其壮，这就是“丧羊于易”。六五如此则可以无悔。

象曰：丧羊于易，位不当也。

六五丧羊于易无悔，是由于位不当。位不当，在《易》中指爻位不当。以刚居刚位或以柔居柔位，是位当。以刚居柔位或以柔居刚位，是位不当。位当好，位不当不好。这是《易》之常。有的时候。即在有些卦里，位不当好，位当不好。这是《易》之变。大壮卦的情况属于后一种。大壮卦六爻凡位当的如初九、九三二爻都不好，一为“征凶”，一为“贞厉”。凡位不当的如九二、九四、六五三爻都好，不是“贞吉”便是“无悔”。六五位是刚而质为柔，以柔居刚，是位不当。位不当本来不好，然而在此，不好变成了好，因为正是由于以柔居刚，刚柔调济，使六五具有柔顺和易之德，才能帖然制服强壮并进之诸阳，“丧羊于易”而无悔。

上六，羝羊触藩，不能退，不能遂，无攸利，艰则吉。

上六所处是壮之终，动之极，一卦之穷，正是进无可进，退无可退的时候，很像羝羊之角挂在藩上，不能退也不能遂。处于这种困境的人，“无攸利”，什么也不能干，干什么也不行。但是“艰则吉”。所谓艰，乃知其艰而熟思深虑，不敢轻易以处之。如此则吉。

象曰：不能退，不能遂，不详也。艰则吉，咎不长也。

人之处事，以为易则粗心大意，以为艰则深思熟虑。上六过去因做事不详审而获咎，今知过而改，做事详审而不轻率，所以其咎不长。

〔**总论**〕

《杂卦传》说："大壮则止。"大壮是大者壮，大者壮即阳刚盛长。阳刚盛长正是阳刚当止则止的时候。阳刚正在盛长而要求止，并非易事。要把握好止的度，最为重要的是解决好正的问题。因此大壮卦辞只讲了"大壮利贞"一句话。爻辞的意向与卦辞一致。四个阳爻除初九有壮之累外，其余三爻都言贞。《彖传》对此认识得更深刻，它明确指出："大壮利贞，大者正也。"大正莫如天地，天地之正莫如刚柔相济。表现在大壮六爻之中，以刚处柔或以柔处刚皆利，而以刚处刚或以柔处柔都不好。爻位则不正好，爻位正反而不好。阳刚盛长之时所需要的正，恰是爻位之不正。唯其爻位不正，刚方可得柔之济，刚柔相济才是大壮所需之正。这一点于爻中表现最为明显的则是九二和六五。九二贞吉，但爻不当位，小象释之以"以中也"。六五无悔，小象释之以"位不当也"。以柔居刚，爻位不当。也正因为爻位不当，才得刚柔相济之正。

晋

䷢ 坤下离上

《序卦传》说“物不可以终壮，故受之以晋。晋者进也。”凡物既壮便有晋的趋势。晋必自壮来。物必壮方有向晋发展的可能。所以大壮之后次之以晋卦。晋与进同音同义，都是前进的意思。卦之所以名晋不名进，是因为晋字除进义以外，还包括明盛的意思。为卦下体是坤，上体是离，离在坤上，有明出地上之象，仿佛太阳冉冉自地平线上升起，越升越光明盛大。这一壮观景象恰好可用一个晋字表达出来。

晋，康侯用锡马蕃庶，昼日三接。

侯，诸侯，对天子称臣，对卿大夫又为君，具有君与臣两重身份。康侯，怀才抱势足以康民治国安天下之诸侯，用字在此无实在意义，只是个虚字。锡，义同赐。马及车是古代的重赐。蕃，息。庶，多。蕃庶，言所赐之马种类多，数量也多。晋是什么？晋就是能康民治国乃至平天下之诸侯，作为天子之臣，受到天子的恩宠，以至于天子赐之众多马匹，一日之中多次亲见他。赐之厚，宠之亲，达到了最高的程度。这是讲古代世间最大的晋，莫过于人臣有德有功受恩宠之晋。人臣受宠之晋，莫过于康侯之晋。康侯之晋将人世间的一切晋义全包括了。《易》中 64 卦卦辞以晋为特殊。它专以康侯为义而不及其他，然而言康侯之晋如此，其亨其利贞不言可知。

彖曰：晋，进也。明出地上，顺而丽乎大明，柔进而上行。是以康侯用锡马蕃庶，昼日三接也。

“晋，进也”，解释卦名晋的意义。晋，就是前进的进。晋除有进义之外还有明盛之义。合二义而言之，晋是进而盛的意思。

“明出地上，顺而丽乎大明，柔进而上行”，这段话从卦象和卦德两个方面解释卦辞。晋卦下体坤，上体离，离在坤上，有明出地上之象。“明出地上”一语主要是解释卦名的。“明出地上”，有明盛之象又有进象，所以卦名之曰晋。“顺而丽乎大明”，此以卦之德释卦辞。坤之德顺，离之德明与丽。坤附丽于离，以坤之柔顺附丽于离之大明。犹如顺德之臣上附于大明之君。“柔进而上行”，在64卦中，只有上体是离的卦，其《彖传》才有说“上行”的。在上体是离的八个卦中，也只有睽、鼎和晋三卦之《彖传》讲“柔进而上行”。“柔进而上行”指卦中六五以柔顺明丽之德居君位而言。“顺而丽乎大明”和“柔进而上行”两句都是讲卦辞康侯之德的。康侯，安国之侯，它柔顺而明，在自己的诸侯国内，作为一国之君，能康一国之民。在天子的统辖下，作为一方之侯，能顺附天子之明德，受到天子的宠信，所以它既得车马重赐，又一昼日之间三见接于天子。

象曰：明出地上，晋。君子以自昭明德。

日从地面上升起来，越升越明盛，但是日的光明是未出之前就有的，日出之后的光明与日出之前一样，并无增损。君子观此卦象，应该自己将自己固有之德即明德昭示出来。其实这与《大学》“明明德”的思想是一致的。64卦大象以君子自我口气讲话的只有乾与晋两卦。乾卦大象说“自强不息”，意谓我用我之强。晋卦大象说“自昭明德”，意谓我用我之明。

初六，晋如摧如，贞吉，罔孚，裕无咎。

晋如，升进。摧如，抑退。初六以阴柔居卦之初，晋之始，不以进退为虑，进亦可，不进亦可。可进则动而进，故晋如，不可进则抑而退，故摧如。无论晋如摧如，自己都坚守正道。能够如此，没有不获吉。然而初六毕竟处于晋之初，不易得到上下的理解和信任，当此之际，宜处之以宽裕，既不汲汲于进，也不悻悻于不进。雍容宽裕如此，自然无咎。

象曰：晋如摧如，独行正也。裕无咎，未受命也。

可进则进，宜退则退。得进不喜，见摧不馁，我行我正。“未受命”，初六尚未受命做官，无官守亦无言责，进退主动自如，绰绰然有余裕。

六二，晋如愁如，贞吉，受兹介福，于其王母。

晋卦初三四上四爻都刚柔相应，唯六二与六五无应。六二自身又是以柔居中得正，有中正柔顺之德，不是强于进之辈，所以不以进为喜，而以进为忧，有晋如愁如之象。六二能如此便是贞，贞则必得吉。从长远的角度看，六二会“受兹介福，于其王母”的。介福，大福。王母，祖母。六二虽无应援，自进有困难，但它具有中之正德，时间久了，人们了解它了，必有与之同德的人主动来请它出去，让它晋升，给它厚禄，使它享受大福。谁能对六二如此垂青，当然是六五了。六五即是“王母”。二与五如果是正应，便有君臣之象，如果不是正应，是以阴应阴，便有妣妇之象。妣妇之象，不说母而说王母，是根据古代昭穆制度而来的。孙妇祔于祖姑，不祔于姑。孙妇与祖姑相配。《易》以相配比喻相应，所以称六五为王母。

象曰：受兹介福，以中正也。

推原六二受福之由，只缘六二居中守正。唯其居中守正，才不求骤进而终得进。

六三，众允，悔亡。

六三以阴居阳位，不中不正，本当有悔，但六三处于下体坤之上，最为柔顺，且与上九正应，有上行之志。初六与六二二阴也都想上进，因而赞成六三顺乎上，并且同六三一起行动。对于六三来说，行动得到同志的拥护，既获众允，悔必亡矣。

象曰：众允之志，上行也。

六三与上九正应，其志在上行，获得初六与六二二阴的信赖和支持，还能有什么悔呢。初六罔孚，未获众允；六二受福，犹为有待；六三则志获众允，进而上行已变为现实了。

九四，晋如鼫鼠，贞厉。

鼫与硕同，鼫鼠犹《诗经》所云硕鼠，硕鼠之性，贪而畏人。九四以一阳居近君之位，从卦辞的角度看，它相当于康侯，然而爻辞却完全相反，不但不说它是康侯，反而说它有鼫鼠之象。这是因为卦义所主在柔，而九四以刚居柔，居位不当，时义亦相违。贪据高位，又失柔顺之道，对于下面势必上进的三阴存畏忌之心。处在晋的时候，九四如有持禄保位，固守鼫鼠一样的这些问题，其危厉可知。

象曰：鼫鼠贞厉，位不当也。

九四的根本问题是位不当。首先是以刚居柔，爻位不当。其次，以贪而畏忌之才居近君之位，是才不胜位，从事理上说，亦可谓位不当。

六五，悔亡，失得勿恤，往吉无不利。

六五以柔居尊位，本当有悔。然而六五是晋卦之主，《彖传》所说的顺而丽乎大明的康侯，指的就是它。它是大明之主，下皆顺附，所以其悔得亡。六五毕竟是柔顺之才，且在晋的时候，易有失得之累。六五作为大明之主应当注意这个问题。对于众人，尤其对于贤能之士，要推诚任用，发挥他们的作用；不要自任其明，忧得忧失。能失得勿恤，则往吉而无不利。

象曰：失得勿恤，往有庆也。

六五作为大明之主，推诚用贤，不忧失不忧得，如此以往，乃国家之福庆。

上九，晋其角，维用伐邑。厉吉无咎，贞吝。

角，兽类之角。邑，自己辖下的私邑。上九以刚居晋之极，情况很不好。因为晋卦如《彖传》所说，"顺而丽乎大明，柔进而上行"，主柔而恶刚，柔好刚不好，而且上九已至晋之穷，没有再进的余地了。所以象之以"晋其角"。"晋其角"是要进而无可进，无可进而又急躁要进，这样必有危厉。"维用伐邑"，是说唯独把急躁求进的气力和劲头用到伐邑上，则可以使危厉的处境变为吉，变为无咎。伐邑，是反身克己的意思，把注意力放到解决自己的内部问题上来，也就是知进也知退，变进为退。不过这样做，虽可以吉无咎，但是到底有失中正，无中和之德，严格地说，还是吝的。

象曰：维用伐邑，道未光也。

维用伐邑，既已得吉而无咎，又说贞吝，这是因为其道未光大。严格地要求，上九不中不正，于道未为尽善，纵然有以过刚退而自治之功，终不免于可吝。

〔**总论**〕

《周易》晋、升、渐三卦都讲进，而意义有所不同。晋卦之进如日出地上，明盛而进，其义最优。升卦之进如木之方生，其义不如晋。渐卦之进如木之既生而以渐高大，其义又不如升。晋卦之进是"柔进而上行"的，用柔而不用刚，柔进好而刚进不好。卦中六爻四阴二阳，阴多吉而阳多厉。下三爻皆柔顺而属坤体，初六、六二吉，六三悔亡。上三爻中九四、上九厉且吝，最为不好，因为它们是阳刚又不当位。唯六五以柔阴居尊位，正合《彖传》所说"顺而丽乎大明，柔进而上行"之义，是晋卦之主，所以是六爻中最好的一爻，往吉无不利。

明　夷

䷣ 离下坤上

《序卦传》说：“晋者进也。进必有所伤，故受之以明夷。夷者伤也。”夷是伤的意思，晋进不已，进到一定程度时，没有不受伤的。所以晋卦之后次之以明夷。明夷离下坤上，明入地中，与晋卦恰成反对。晋卦是明盛之卦，明君在上，群贤并进。明夷是昏暗之卦，昏君在上，明者受伤。明夷之时，日不是出于地上，而是入于地中，一则是明者伤，一则是昏而暗。

明夷，利艰贞。

夷，伤。《杂卦传》说：“明夷，诛也。”其实诛也是伤的意思。明夷，明入地中，就社会来说，是政治黑暗的时代，君子处在这样的时代，唯一正确的道路是知艰难而不失贞正，绝对不可随世倾邪，依人步趋。《周易》爻辞言“利艰贞”的有噬嗑九四、大畜九三，而以“利艰贞”一语作卦辞的，则只有明夷一卦。可见明夷对于君子来说是个忧患的时代。

彖曰：明入地中，明夷。内文明而外柔顺，以蒙大难，文王以之。利艰贞，晦其明也。内难而能正其志，箕子以之。

“明入地中，明夷”，用卦象解释卦名。本卦与晋卦都是《彖传》与大象同辞。

“内文明而外柔顺，以蒙大难，文王以之”。内卦是离，离有文明之象。外卦是坤，坤有柔顺之象。表明一个人内有文明之德而外能柔顺。昔日文王就是这样，文王在纣王暴虐的时代，由于内文明而外柔顺，故能蒙大难而免于祸患。

“利艰贞，晦其明也。内难而能正其志，箕子以之”。君子处在明夷这个黑暗艰险的时代，唯一可行的出路是利艰贞。利艰贞，包含两个层次的含义。一是处艰难要晦藏其明，二是处艰难要不失其正。箕子的行为可以说是“利艰贞”的典型表现。箕子处在殷纣之时，能够佯狂披发以晦其明，又能自守其志，为囚奴而不改其正，箕子是纣王近亲，纣王之难于箕子来说是家难，家难关系同姓一家之内，故曰内难。纣王之难对于文王来说关系天下人的命运，故曰大难。

象曰：明入地中，明夷。君子以莅众用晦而明。

君子观明入地中之象，认识到临民治众应用晦而明。用晦而明，是明藏在晦之中，表面上是晦，实际上是明。这是一条很重要的政治经验。后世政治家们常说的“水至清则无鱼，人至察则无徒”，与此义正同。

初九，明夷于飞，垂其翼。君子于行，三日不食。有攸往，主人有言。

初九以阳处明夷之初，距离明夷之受伤害还远着呢，但君子有见几之明，不待难作而及早遁避。遁避又尽量行动迅速，所以称“于飞”；既迅速了又尽量隐蔽不被人察觉，所以称“垂其翼，”即敛翼而下行。“君子于行”，一旦决定丢弃禄位而离去，便急速走开，宁可“三日不食”也不能停步，即使主人有非议，也在所不顾。

象曰：君子于行，义不食也。

君子见难将作，乃及早迅速离去。于飞、于行、攸往、不食，都是义所当然。

六二，明夷，夷于左股，用拯马壮，吉。

六二以阴居阴，居中得正，柔顺之至且为明之主，是善于顺时自处的君子，但是在明夷的时候也不免受到小人的伤害。“夷于左股”，伤害并不严重。“用拯马壮吉”，六二能够采取强有力的办法迅速、及时地加以拯救，可以避免伤害而得吉。吉只是避免伤害而已，不是说此时可以有所作为了。

象曰：六二之吉，顺以则也。

六二作为明之主，在明夷的时候能够避免伤害而得吉，主要因为它顺以则，即虽柔顺但不失其中正之则。

九三，明夷于南狩，得其大首，不可疾贞。

南，前方，也是明方。狩，狩猎以除害。南狩，前进狩猎以除害。大首，暗方的魁首。九三处明体之上，是至明在下而为下之上，而上六处坤之上，暗之极，是至暗在上而为暗之首。九三与上六正相敌应，为至明克至暗之象,“不可疾贞”,谓克获暗方的大首是首要的,至于整个社会和一般老百姓的问题,要有渐进的过程,不能遽革。这应是指武王伐纣事。

象曰:南狩之志,乃大得也。

南狩之志,谓除害安民,大得谓大得志。

六四,入于左腹,获明夷之心,于出门庭。

初九、六二、九三居明体,在暗外,均为明而见夷者。六四进入坤体。坤在全卦来说是暗。君子进入暗处,应当设法离去,以不受暗之伤害。六四有条件做到这一点。六四居坤之下,陷入暗地尚浅,而且柔而得正,不过“入于左腹”而已。这一爻讲的是商周之际微子去商适周的事。“于出门庭”,谓微子以纣王暴虐,覆亡在即,乃毅然行遯,离开自己的家族——商王朝而投奔周人。“获明夷之心”,谓微子所以这样做是由于获得了明夷之心。明夷之心,谓明夷之理,亦即君子处在明夷之时应当怎样办。

象曰:入于左腹,获心意也。

“入于左腹”是爻辞全文的略语。“获心意”即是“获明夷之心”。微子行遯,等于对自己家族的背叛,他要克服这种心理上的压力,就要有一种更为强大的信念作为他去商适周即弃暗投明的思想基础。

六五,箕子之明夷,利贞。

《易》一般以五为君位,但《易》重变动随时,有时五虽居君位但不是君。明夷就是以上六为君,六五为臣。上六以阴居阴,居于阴暗伤明之极,是明夷的主,很像商纣王。六五切近阴暗伤明之主,有直接被伤害的危险,很像箕子。箕子的处境极艰难,犹如明夷六五之于上六,正之则势不敌,救之则力不足,去之则义不可。箕子处理得很妥当,他既不正之,不救之,也不去之,他采取晦其明的办法,佯狂为奴以免于害,而内心却坚守正道不变。这就是“箕子之明夷”。爻辞说“箕子之明夷”,意谓箕子的处境及其解决办法如此。

象曰:箕子之贞,明不可息也。

“箕子之贞”的意义在于明是不可息的。箕子佯狂为奴,身体受辱,而明没有息灭,明指箕子在万难中未尝间断的希冀君心悔悟的耿耿一念。倘若箕子也像微子那样行遯,或者像比干那样死去,或者自己之明不晦,身不可保，那么，明也就息了。所以古人认为殷之三仁皆为之不易，而为箕子尤难。

上六，不明晦，初登于天，后入于地。

古人以为此爻所说的是商纣王亡国之象，从六五爻辞明言“箕子之明夷”来看，是可信的。上六居全卦之终，又为明夷之主，下五爻之明皆为其所夷，纣王之所为与此正合。下五爻爻辞皆曰“明夷”，唯上六曰“不明晦”。“不明晦”是不明而晦，外晦内亦晦，彻里彻外的晦，真正的晦。晦而明或者明而晦乃是外晦而内明，似晦而实明。登天，在位之象。初登于天，开始时即位为天子。入地，失位之象。后入于地，以亡国失位而告终。

象曰：初登于天，照四国也。后入于地，失则也。

纣王初为天子时居高而明，照及四方，还是不错的。后来变得昏暗无道，终致入于地，这是由于他“失则”了。“失则”亦即失道。上六之“失则”与六二之“顺则”相对应。顺则所以为文王，失则所以为纣王。

〔总论〕

《杂卦传》说“明夷，诛也。”诛也是伤的意思。明夷的夷字在此亦作伤解。明夷二字的意思就是明受到暗的伤害。这从卦象和爻象上是看得清楚的。明夷为卦离下坤上，离有明象，坤有暗象，日入地中，明受到暗的伤害。从爻象看，下三爻属于明体，都是明，这不成问题。六四与六五虽属于坤体，居于暗地，但从爻的角度看，这两爻本身也是明。明夷六爻，下五爻皆明，唯有上六一爻是不明而晦。上六是昏之主，六二是明之主。此与丰卦略相似。所不同者，丰卦是明中之昏，虽昏犹明；明夷是昏极而不复明。明夷之君不在五而在上，此与它卦也是不同的。明夷卦中主要显示明与暗的关系问题，亦即下边五爻各自怎样对待明夷，怎样对待上六这个昏君暗主的威胁。下五爻皆曰“明夷”如何，唯上六不曰明夷而曰不明晦。说明上六不明而晦，其余五爻都为它所夷。但是下五爻并未采取对抗的态度，它们的态度是明而晦。而各爻的具体表现又因时而异。六二力能救，则“用拯”以救之；九三力能正，则“南狩”以正之；六五晦其明，守其正，是谓箕子之明夷；初九与六四属于无责于斯世的那一类，处明夷之时，全身守正而已，故初九行不及食，六四于出门庭。上六则不明晦，以昏暗至极而终。

这一卦讲的显然是殷周之际文王与纣王的事。爻辞已经明确言及箕子，孔子的《彖传》更用文王事纣的特点说明卦内文明而外柔顺。卦中所表现出的政治思想主要有以下几点。对待昏君暗主，应采取外晦内明亦即如文王“三分天下有其二，以服事殷”及箕子佯狂为奴而内守其正的对策。君主统治国家，应自治用明，治民用晦。用晦而明，不尽用其明，宽厚大度以容物和众，纣王是反面的典型，他自治用晦，治民用明，发展下去则终于成为不明而晦的暴君，以至于身殒国亡。纣王理所当然地成为《周易》唾弃的对象。

家　人

䷤ 离下巽上

《序卦传》说："夷者伤也。伤于外者必反其家，故受之以家人。"家人即一家之人，亦即一般所谓家庭。在家庭诸多关系中，夫妇关系是根本。在社会诸多结构中，家庭结构是根本。为卦离内巽外，风自火出，风自内而出，有自家而及于外之象。古人所谓齐家治国平天下，似亦含有此义。自六爻观之，六二与九五，是女居中得正于内，男居中得正于外，有男女各得其正之象。因此，卦曰家人。

家人，利女贞。

贞，正。利女贞，是说家人之道，关键的问题是看家中主妇正不正，正则一家正，不正则一家不正。在这里只说"利女贞"而不及男人，并不是重视女人，恰恰相反，是表现出对女人的卑视。因为"利女贞"一语，是以男人为主体，女子不过是男人的附属物，意思是说男子齐家的基本问题是"女贞"。古人所说"修身齐家治国平天下"，亦全指男子言，女子（还有小人）是不包括在内的。"利女贞"是说男子要齐家，必靠女子贞。所谓女子之贞仅仅在男人统治的家中才有意义。

彖曰：家人，女正位乎内，男正位乎外。男女正，天地之大义也。家人有严君焉，父母之谓也。父父子子兄兄弟弟夫夫妇妇，而家道正。正家而天下定矣。

"家人，女正位乎内，男正位乎外。男女正，天地之大义也"。女指六二，六二以阴居阴，又居中得正，属于内卦，所以叫做"女正乎内"。男指九五，九五以阳居阳，又居中得正，属于外卦，所以叫做"男正乎外"。家人之道，真实就是家庭中男女夫妇关系的问题。女在内正，男在外正，家庭的问题就解决了。卦辞只说"利女贞"，没讲男子如何。《彖传》则男女都讲。因为《周易》所说的家庭是一夫一妻制的家庭，家庭必由男女双方组成，言及家庭，涉及男女两面是必然的。卦辞言女而不言男，乃男尊女卑思想的反映。实际上卦辞中包含着男子，只是未显现出来。卦辞的全部意思应是男子齐家，利女贞。“男女正，天地之大义也”，此言有两层意义：古人讲天人关系，认为天人一致，认为人间的事情在自然界全可以找到根据。《周易》也是如此，讲到男女夫妇，就联系到天地。这是一。第二，《周易》认为男女关系就是天地关系。天地关系即天尊地卑。男女正，正就正在男尊女卑上。卦中代表男子的九五在上在外，代表女子的六二在下在内，恰是男尊女卑之象。

“家人有严君焉，父母之谓也”及其以下诸句，是孔子作《彖传》时解释完卦辞之后另作的发挥。男女正是家人之道的根本。男女正，其余诸关系皆正。家正则天下定。定亦是正。治国平天下由家正开始，这种思想与“个体家庭是文明社会的细胞形态”的现代观念是可以接通的。

象曰：风自火出，家人。君子以言有物而行有恒。

君子观家人风自火出之象，知风化之本自家出，家之本自身出。修身是根本，修身主要表现在言与行两个方面，言必有物，行必有恒。物，事。恒，常。言有物，说话有事实根据，不讲空话假话。行有恒，做事要有一定的规矩，要有始有终，不能想干什么就干什么，也不可半途而废。

初九，闲有家，悔亡。

初九以阳刚居于家人之始。就初说，有闲的必要性，就九说，有闲的可能性。处在家人的时候，初九当闲也能闲。闲，防闲，如畜养牛羊以栅栏，不使跑掉。防闲应在开始时就做，亡羊补牢，毕竟为时已晚。治家，开始时就立下规矩加以教育、约束，可以免悔。如果一开始就放任自流，伦序搞乱了，子弟变坏了，将不堪收拾。

象曰：闲有家，志未变也。

在问题尚未出现时就加以防闲，使之根本就不能变坏。一旦志变了，再去防闲，所伤已多，后果不好。

六二，无攸遂，在中馈，贞吉。

六二以阴居阴，处中得正，在夫妇关系中它代表妇亦即家庭主妇。遂，自专。《公羊传》“大夫无遂事”的遂字即自专的意思，与此遂字义同。大夫出国参与聘问会盟诸事，须依国君之命而行，不得自作主张，擅行其事。家庭里的妇人也是如此。妇人的职责是主中馈，主持一家人的饮食和筹办祭祀。“无攸遂”，是说什么都要听丈夫的，不能自作主张。妇人“无攸遂，在中馈”，才贞才吉。

象曰：六二之吉，顺以巽也。

六二以阴居阴，居中得正，所行之贞是妇人之贞，所得之吉，是妇人之吉。妇人之吉，由它顺从而卑巽得来。

九三，家人嗃嗃，悔厉吉。妇子嘻嘻，终吝。

九三以阳处刚，得正但不居中，又居下体之极，有一家之长治家过严之象。过严过宽都不好，应以适中为宜。然而在不可得中的情况下，与其过宽不如过严。过严虽使家人嗃嗃叫，有悔有厉，但最终还是吉的。若过宽，虽可令妻子儿女一时嘻嘻高兴，而终究是吝。悔者自凶而吉，吝者自吉而凶。吝的结果是凶。

象曰：家人嗃嗃，未失也。妇子嘻嘻，失家节也。

治家与其过宽，使妇子嘻嘻高兴而失家节，不如过严而未为甚失。过于严必有所失，但未为甚失。过于宽则失家节，知和而和之，不知以礼节之，后果是不会好的。

六四，富家大吉。

《易》中爻辞言富的多为阳，如小畜九五；言不富的多为阴爻，如泰卦六四，无妄六二。家人六四为什么阴爻取富象？这是由于四在它卦为臣道，在家人卦为妻道的缘故。在一家之中，父是主教的，负责一家的礼仪表率；母是主食的，负责一家的收藏撙节。富家的职责当然落到六四身上。富家不免聚敛，从而招致怨尤，六四却能富家而得大吉，主要因为它以柔居柔得正又在巽体。家人卦中六爻，六二与六四两个阴爻是代表家庭主妇的，它的事情一是主中馈，一是富家，到此已经全备了。

象曰：富家大吉，顺在位也。

六四在巽体，故曰顺；以柔居柔，故曰在位。顺，可协调内外之情。在位，能安排家中诸项生计。因为顺而在位，故能富家又得大吉。

九五，王假有家，勿恤吉。

假与格古字通用，有感格之义。九五以阳刚中正居尊位，为家人之主,《象传》所说的“男正位乎外”,即指九五而言。因九五居尊位,故以王言格。王假有家,家长以自身的模范行为感格他的家中人,使家中父父子子兄兄弟弟夫夫妇妇各安其分,以相敦睦,无须忧劳费力就可得吉。

象曰:王假有家,交相爱也。

王假有家,从感情上把一家之父子兄弟夫妇长幼和谐起来,使他们莫不相爱。

上九,有孚威如,终吉。

上九以阳居上,处卦之终,治家之道到了完成的时候,揭出治家之根本在于反身修己。治家最要紧的是有孚有威,威自孚来,孚从反身来。治家者以身教,方可联属一家人之心,取得一家人之信;联属一家人之心,取得一家人之信,方可为一家人所敬畏。故云“有孚威如”。有孚威如,得终吉。言终吉,知其始未必吉,然而归根结底必吉。

象曰:威如之吉,反身之谓也。

“小象”强调上九之威不是自己作威,是人家敬畏。敬畏不是靠声色严厉求得的,敬畏得之于反身修己。治家须威严,威严当先行于己。不先行于己,则人不服。可见,治家之道在于反身修己而已。

〔总论〕

家人卦主要是讲夫妇关系的。卦中六爻有男女之异而无君子小人之分。代表男子的四爻,初九曰闲,九三曰厉,上九曰威,九五王假有家,都以刚严为正。代表女子的两爻,六二在中馈,六四富家,皆以柔顺为正。

卦中明显地反映出男尊女卑思想。男人是主体,女人只是作为男人的附属物而存在。女人的价值仅仅表现在它对男人和家庭所作的贡献上。它们在家庭中的职责是主中馈,协调家庭成员间的关系,并尽量使家庭生活变得宽裕富有。然而论及权利,则丝毫没有它们的份。它们“无攸遂”,它们贞正可以导致家庭的顺利和兴旺。“女正位乎内,男正位乎外,男女正”,依照孔子的思想来看,这是“天地之大义也”。

在家庭之中,丈夫是一家之长,拥有极大的权力,但是它必须用反身修己的方法沟通与家庭成员间感情上的联系,它不能将威严强加到家庭成员的头上,这使我们知道,《周易》经传作者所反映的家庭观点,尽管有男人对女人的压迫,却不见有奴隶身份的人在其中。

《周易》有一个极其不凡的思想一再使我们惊叹不已。这就是关于一夫一妻制的家庭与文明时代几乎同时产生的观念。咸卦经传已经有明确的表述,至家人卦又有进一步的说明。《彖传》"正家而天下定"和"男女正,天地之大义"的说法实际上等于发现了个体婚制的家庭是社会的细胞形态的真理。

睽

䷥ 兑下离上

《序卦传》说："家道穷必乖，故受之以睽。睽者乖也。"睽的意义是睽乖离散。家道必有穷日，家道穷则必睽乖离散，所以家人之后次之以睽卦。睽之为卦上离下兑，离为火，火炎向上；兑为泽，泽润向下。一个在上且向上，一个在下且向下，有二体相违之象。又离为中女，兑为少女，二女虽同居，但毕竟要嫁到不同的人家，也有相违之象。因此这一卦名曰睽。

睽，小事吉。

小事吉是说处在睽的时候，事情已经睽了，不合了，不应以忿疾之心强为之合睽，应当采取温和柔顺的办法，周旋委曲，慢慢解决问题。

彖曰：睽，火动而上，泽动而下，二女同居，其志不同行。说而丽乎明，柔进而上行，得中而应乎刚，是以小事吉。天地睽而其事同也。男女睽而其志通也。万物睽而其事类也。睽之时用大矣哉。

"睽，火动而上，泽动而下，二女同居，其志不同行"，解释卦名曰睽的意义。睽卦上体离，下体兑，火向上而泽向下，虽在同一卦中而所为却不同。离为中女，兑为少女，二女虽住在同一室中，各思其归，所想却不同。二事有同的一面，同时又有不同的一面，不同的一面还很明显很深刻，这就是睽。睽乖的两个事物必须有同为前提，根本不相干的两个事物无所谓睽。

"说而丽乎明，柔进而上行，得中而应乎刚，是以小事吉"，此以卦才解释卦辞。从卦体看，"火动而上，泽动而下。二女同居，其志不同行"，讲的是事物动而相睽的一面。从卦才亦即卦德看，讲的是事物有睽而必合的一面。兑说而附丽离明，有利于睽而合，"柔进而上行"，有利于睽而合，"得中而应乎刚"，也有利于睽而合。睽而不合，天地万物便要停止发展，便要息灭。睽而必合，主要是柔在起作用。因为是柔的作用而得吉，所以叫小事吉。

“天地睽而其事同也，男女睽而其志通也，万物睽而其事类也。睽之时用大矣哉”。在从卦体和卦才两方面讲完事物动而相睽和睽而必合的关系之后，孔子接着进一步阐发睽的普遍意义和应用价值。睽，看来不是好事，而实际万事万物没有睽是不行的。睽的用处大着呢。天地是最大的睽，天在最上，地在最下，正是因为有天地之睽，才有四时变化，才有万物萌生。男女是最显著的睽，正是因为有男女之睽，才有阴阳交感，才有人的生育蕃衍。世间万物千差万别，是最普遍的睽，正是因为有万物之睽，万物才能有类，有类才能有合。假若没有睽，则将是天地浑沌，男女不分，万物无殊，合也就无从谈起。

象曰：上火下泽，睽。君子以同而异。

君子观睽之象，应用到实际生活中，要以同而异。睽卦提示的道理是事物睽而合，有睽必有合。也就是说，事物同是以异为前提的。没有睽的合，没有异的同，是不足取的。所以告诫说：以同而异。君子处于世上，要同中求异，保持自己的个性和特色。“以同而异”与《论语》“和而不同”的说法一致。没有异的同要不得，犹如无五音之分的音乐一样，听不得。

初九，悔亡，丧马勿逐自复，见恶人无咎。

初九以阳刚居卦之初，是以刚动于下之象，所以有悔，然而初九又与九四敌应，敌应在睽的时候属于同德相与而相遇，所以可以亡其悔，使有悔变成无悔。初九处睽之初，是睽而未深的时候，这时求合睽的最好办法是安静以俟，不急于求同。好像马跑了，越追马越跑；索性不追它，它反倒容易自己跑回来。还要宽裕从容，不轻率立异。好像与我交恶的人欲来见我，我忿激不见，往往隔阂益深，甚至永远不得合睽；一见则睽情可立释而得无咎。

象曰：见恶人，以辟咎也。

初九处睽之始，睽违刚刚开始，还不深刻，这时恶人主动来与我合，我应逊而见之，以不使睽违加深而得咎。

九二，遇主于巷，无咎。

按照《春秋》书法，礼仪齐全的会见叫会，礼仪简约的会见叫遇。巷是贴近宫墙的小路。君臣宾主相见，升堂由庭不由巷。九二与六五正应，

《彖传》所谓“得中而应乎刚”即指此二爻的关系。九二要与六五相见相合的愿望十分迫切，以至于“遇主于巷”。与主相见，礼仪简约不备而且升堂由巷不由庭，循墙而走，态度是谦逊又谦逊，谨密又谨密，有卦辞所谓小事吉的意思，无咎是必然的。

象曰：遇主于巷，未失道也。

九二遇主于巷，虽谦逊谨密，极尽委曲，但并不是违背正道的诡遇。

六三，见舆曳，其牛掣，其人天且劓，无初有终。

六三与上九正应，有与上九相合之志，但是受到严重的阻碍，前有九四牛掣之阻，后有九二舆曳之牵。六三虽是阴柔，但处刚位，处刚而志行，它要强力前进，结果“天且劓”，首受髡，鼻被截，受了重伤。尽管九三如此不顺利，它到底与上九是正应，睽到了极点，必然会合，所以无初有终。开始受九四、九二的阻隔，是无初；最后终于与上九合，是有终。

象曰：见舆曳，位不当也。无初有终，遇刚也。

“见舆曳”，六三欲与上九合而受阻，是因为六三所处之位不当。六三之位不当，一则它以阴爻居阳位，二则它处九二之上，是乘刚。无初有终，六三虽初受阻，为上九所疑，可是最终必得到上九的理解，与上九相遇而合。这是因为六三所遇到的是刚明之才。

九四，睽孤，遇元夫，交孚，厉无咎。

孤，无应援。元夫指初九。阳爻居初，故称元夫。交孚，双方以诚相见，信任无疑。九四处在睽离之时，居二阴之间，下无应援，处境危厉有咎。九四也有有利的一面，它与初九不是正应，但都是阳爻，都在一卦之下，地位相应，在睽离的时代，它们同德相亲，以至诚相见相合，没有什么危厉不能度过，纵然有危厉，也可无咎。

象曰：交孚无咎，志行也。

九四与初九至诚交孚而得无咎，交孚无咎则睽可以合，孤可以有朋，这是由于九四与初九求合之志得行的结果。

六五，悔亡，厥宗噬肤，往何咎。

六五是阴爻，当睽的时代，居尊位，应当有悔。但它以柔居中，有九二与之正应，其悔可以亡。厥宗，指九二。六五把九二看作自已的宗而与之亲近。六五与九二以中道相应，说明它们之间的睽离微浅而易合，有如肌肤柔脆易咬，一咬便深入。厥宗来噬肤，九二积极来与六五合睽，六五也前往与之合，于是睽将不睽了。悔亡了，还有什么咎？

象曰：厥宗噬肤，往有庆也。

六五与九二阴阳正应，九二既来如噬肤，六五亦往与之合，岂止无咎，还必有庆。

上九，睽孤，见豕负涂，载鬼一车，先张之弧，后说之弧，匪寇婚媾，往遇雨则吉。

上九本来有六三与它正应，实在不孤。爻辞说睽孤，是上九自睽孤。它居睽卦之终，是睽之极；阳刚居上，是刚之极；在离之上，又是用明之极。睽极则乖戾，刚极则暴躁，明极则多疑。乖戾、暴躁、多疑的特性促使它对自己的亲党六三妄生疑端。它看六三仿佛是一头肮脏的猪，又背负着泥巴，非常可恶。进而又怀疑六三“载鬼一车”，是个罪恶很大的人。鬼本无有，而见载之一车，说明上九已经虚妄、猜疑到了极点，以至于张弧欲射。然而物极必反，疑极则释，仔细一看，原来不是负涂之猪，不是载鬼一车，不是寇仇，而是婚媾，乃脱弧，放下已经张开的弧。“往遇雨则吉”，比喻怀疑解除了，睽极而合，自今以往，阴阳和畅，一向的疑心完全消失，所以得吉。

象曰：遇雨之吉，群疑亡也。

爻辞说的见豕、见鬼、张弧，全是猜疑。疑则睽，睽则孤。现在猜疑都解除了，如同阴阳合和畅通，雨终于下了一样，不睽也不孤了。

〔总论〕

睽卦六爻都是先睽后合。内卦三爻都是睽而有所待，外卦三爻都是反而有所应。就是说，在内卦，三爻还都是睽，至外卦三爻就发展为合了。初九丧马勿逐，有所睽离，至九四则遇元夫，合了。九二委曲求遇，还处在睽离状态，至六五则厥宗噬肤，合了。六三舆曳牛掣，欲合不得合，至上六遇雨吉，合了。综观睽卦六爻的变化，从中可以看出一个重要的道理，就是世间事物睽久必合。久睽固然可以，但不能终睽。这是客观的规律。就主观上的态度说，睽离双方应当遵循卦辞小事吉的思想，推诚守正，委曲宽宏，去私去疑。如此则睽必合。

蹇

䷦ 艮下坎上

《序卦传》说："睽者乖也，乖必有难，故受之以蹇。蹇者难也。"处在睽乖的时候，必有蹇难，所以睽卦之后次之以蹇卦。蹇的意思是险阻，是难。蹇卦坎在上而艮在下，坎险在前，艮止在后，不能前进，所以这一卦叫蹇。

蹇，利西南，不利东北，利见大人，贞吉。

处在蹇的时候，去西南有利，去东北不利。西南、东北只是比喻，不是说人处蹇时要一直往西南走而不可去东北。根据《说卦传》所说，坤是西南之卦，艮是东北之卦。坤为地，艮为山。坤是顺易之地，体顺而易，走起来容易。艮是艰险之地，体止而险，不容易从险境中走出来。"利西南，不利东北"，实际上是说，处在蹇的时候，要顺处平易之地，切勿止于艰险之中。"利见大人，贞吉"，国家处在蹇难之时，最需要有圣贤亦即伟大人物出来济难。而济难最重要的一点是坚守正道，万不可入于邪滥。守正道则吉，入于邪滥，即使苟免于难，亦不足取。

象曰：蹇，难也，险在前也。见险而能止，知矣哉。蹇利西南，往得中也。不利东北，其道穷也。利见大人，往有功也。当位贞吉，以正邦也。蹇之时用大矣哉。

"蹇，难也，险在前也。见险而能止，知矣哉"。此解释卦名蹇的含义。蹇训难，屯亦训难，虽都训难，但意义并不相同。屯卦的难是屯难，即事物刚刚开始而未得通畅的难。险在前面，后面是动，动乎险中。蹇卦的难是险阻艰难的难，险也在前，但后面是止，止乎险中。蹇卦与蒙卦也有相似之处，都由坎与艮组成，但艮止在外在内不同。蒙卦险在内而止于外。止于外，是心欲进因受阻而不得进，故曰蒙。蹇卦险在前而止于内。止于内，是见险而能止，有所见而不妄进，故《象传》称知。

"蹇利西南，往得中也。不利东北，其道穷也"。自此以下解释卦辞。

在蹇的时候，处平易之地容易济蹇，有利。西南是坤方，坤为顺易，故曰“利西南”。利西南，其实是说利于顺处平易之地。为什么“利西南”呢？由于“往得中”。“往得中”指九五而言。九五刚阳居中得正，是往而得处平易之地。问题是九五处在上体坎险之中，怎么能说是处平易之地？这是因为蹇卦上体坎本来是坤，经乾之一爻再索而得中男，变为坎。坤之所以变为蹇，关键在九五这一爻，而九五的特点是“往得中”。卦辞言“利西南”的根据正是九五往得中这一点，至于九五处坎险之中的问题便不予考虑了。卦辞为什么说“不利东北”？因为在蹇之时如果选择东北方向，便等于走向绝路。东北是艮方，艮体止而险。当蹇难之时更止于危险之地而不知变，岂不等于蹇上加蹇。蹇已至极，不易克济。

“利见大人，往有功也。当位贞吉，以正邦也。蹇之时用大矣哉”。“利见大人”说的是九五。天下国家处在蹇的时候，最需要圣贤人物出来救济。从卦上看，这个圣贤人物就是九五，它能够完成济蹇的伟大功业，并且可以同时将社会治理好，使国家走上正路。实现此任务的唯一途径是行大正之道。蹇卦具备这个条件，它的六爻除初六外，其余五爻皆当正位，所以得贞吉。即便初六，虽以阴居阳位，但阴而处下，也算是得正位。蹇是处逆境，不是处顺境，但是在蹇的时候，如果有杰出人物出来行济蹇之道即顺时而处，贞正而行，则可以有功，可以正邦。蹇之“时用”不是很大吗！

象曰：山上有水，蹇。君子以反身修德。

山有险阻之象，水有险陷之象，上下都是险，所以叫蹇。君子观蹇难之象，受到启发，乃反身修德。人在外界受到艰难险阻，一时不易克济，最好的办法是反求诸己而加强自我修养，寻找并克服自身存在的问题。自身没有问题，就加勉加励以待时。后来孟子说的“行有不得者，皆反求诸己”，义与此同。

初六，往蹇来誉。

往，向上进。来，止而不进。往蹇，初六居蹇卦之始，以止而不进为好，若往上进，就将更加深入于蹇了。来誉，若止而不进，则有美誉。那么初六到底往蹇还是来誉呢？初六肯定不会往蹇的，因为初六处止之初，去险最远，具有独见前识，能够见险而知止以待其时。

象曰：往蹇来誉，宜待也。

往蹇来誉，往不好，止而不往好。不往又怎样出蹇呢？最好的办法是待时。现在是往蹇之时，应见几而止，时未可往则不往，待时可往而后往。

六二，王臣蹇蹇，匪躬之故。

王臣指六二而言。六二柔顺中正，与九五正应，是为中正之君所信任之臣，故谓王臣。王臣蹇蹇的两个蹇字，一个说九五，一个说六二。九五处在坎险之中，正在蹇难之时，是一个蹇字。六二不顾自己虽中正却是阴柔之才的弱点，犯难济君王九五的蹇难，是又一个蹇字。王臣蹇蹇，六二济君王蹇难之中的行动，实际上是以蹇济蹇，不易取得成功，但是它“匪躬之故”，不是为了自己，是为了匡救王室，即便达不到目的，而其志意毕竟可嘉。

象曰：王臣蹇蹇，终无尤也。

无尤，没有过错。六二其志在济君之蹇，虽然不能成功，亦不为过错。蹇卦之初六、九三、六四、上六四爻，皆根据其去险远近，其势可否，确定或往或来，唯独六二正应于九五，二者有君臣关系，所以不计去险远近，不管其势可否，不讲往也不讲来，只说蹇蹇而已，而且不以为六二不知。六二为君王九五济蹇，非为自己。只此一点就够了，无论成败均无过尤，更不必问吉凶得失。

九三，往蹇来反。

往蹇，往则蹇。九三与上六为正应，然而上六阴柔而且无位，没有力量应援九三，九三若在实际上没有应援的情况下进入与自己相邻比的坎险之境，必蹇，故曰往蹇。若九三不向上进而来反，情况便不同了。九三以阳居阳得正位，处于下体之上，下面的初六、六二两个柔爻必附依于九三。来反，就是下来而不向上去，还归自己的原位置。九三这样做，既可不上往而蹇，又能得到初六、六二二阴爻的喜欢和亲附。

象曰：往蹇来反，内喜之也。

内卦艮之三爻，九三一阳处二阴之上，是内亦即在下二阴爻所依赖的力量。在蹇的时候，阴柔不能自立，所以它们喜爱九三，亲附九三。

六四，往蹇来连。

往蹇，往则入于坎险更深。来连，来则与在下诸爻相连合。往蹇不好,来连好。来连,能与众爻连合,是处蹇的最好办法。下面众爻为什么会与六四连合呢?九三与六四相亲相比,初六、六二两爻与六四同为阴爻,有同类相与的关系。而且六四得正,在下三爻也得正,初六虽以阴居阴,但阴柔而处下,也可谓得正。可见六四与在下三爻同志,下三爻都从附于它,与它连合。

象曰:往蹇来连,当位实也。

当位实,即是当位正。正不曰正而曰实,是因为这里讲上下之交;上下之交,诚实最为重要。当位实,表现在两方面。首先表现在六四上。六四居上位,不向上进而来下,与在下诸爻同志,足以得众,又以阴居阴,是为当位实。其次表现在在下三爻得正上。九三以阳居阳,六二以阴居阴,是为当位实。初六虽不得正,但以阴居下,也为得其实。诸爻共处蹇难,能够相交以实,所以六四来下才能使诸爻连合起来。

九五,大蹇朋来。

诸爻都以往为蹇,意思是不要有所往。当国家社会处于蹇难之时,大家都不往,便无法度过蹇难。六二与九五在君位臣位,它们应当往,所以六二曰蹇蹇,九五曰大蹇。为什么叫大蹇?九五居君位,君在蹇难之中,是天下之大蹇。九五当蹇之时又处在坎险之中,也是大蹇。有这两层原因,所以曰大蹇。朋来,指有贤臣来相辅佐。六二在下以中正相应,对于九五来说,正是其朋来助。当天下方蹇之时,九五之君得六二中正之臣辅助,为什么不言吉?因为大蹇必须有刚阳中正之臣来辅方可济,六二虽居中得正但身为阴柔,无力济天下之蹇,赞助而已,不能成大功。易中凡六五与九二相应的,多助而有功,如蒙、泰之类。凡九五与六二相应的,则其功多不足,如屯、否之类。

象曰:大蹇朋来,以中节也。

九五履中得正,不改其节,进止得宜,有同志之贤臣来辅,故曰朋来。

上六,往蹇来硕,吉,利见大人。

上六处在全卦之极,不可能再往了,对于它来说,不来就是往。犹如初六处全卦之最下,不往就是来一样。上六若处在蹇极之地不来,便要坏事,便要永远蹇下去,得不到克济。如果上六来从九五,求九三,得到二刚阳之助,阨塞穷蹙就要变成硕了。硕是硕大宽裕的意思。硕大宽裕只是蹇的程度得到缓解而已，还不是彻底摆脱蹇境。因为上六乃阴柔之才，不是刚阳中正，是出不了蹇的。尽管出不了蹇，在蹇极之时能得到一定的缓解，也就算吉了。大人指九五，利见大人指上六见九五。上六从于九五，是因为它们有相比的关系。九五自身不说有济蹇之功，甚至需要六二来辅助，到了上六反而显示出九五的作用来了，这是为什么？这是因为各爻地位、处境不同，取义往往也不同。九五居坎险之中，无刚阳之助，它济不了蹇。但是从上六的角度看，九五是有大德之人，若获到它的帮助，便有济蹇的可能。一卦之中各爻取义不同的情况比较多，如屯卦初九志行正，而六二则视之为寇。

象曰：往蹇来硕，志在内也。利见大人，以从贵也。

利见大人，以从贵也，无疑指九五说的。上六与九五是一阴一阳，一卑一尊，说“以从贵”，是为了明确指明爻辞所说的大人肯定是九五，不是别爻。“志在内”的内指谁，前人说法不一。或以为指九五，或以为指九三，或以为指九三和九五。看来以指九三和九五两爻为可取，因为九三在内卦又与上六正应，上六不能没有它的应援，九五与上六切比，更是上六求助的对象，讲到上六之志，不应抛开九五。小象下文再提“利见大人，以从贵也”，又讲九五，看来重复，其实不重复。“志在内”指九三和九五两爻，“以从贵”再讲九五，意在使九五的作用突出出来。又，《易》中爻辞言“利见大人”的，除乾卦九二和九五外，只此一爻。而且诸卦上六遇九五的，凶吝者多而吉者绝少，此爻却得吉，这一点是值得玩索的。

〔总论〕

蹇卦卦辞与爻辞意义比较贴切。卦辞有见险而能止的思想，也有处险亦当进的思想。这两方面的意思在爻辞中也有反映。六爻除六二与九五外，皆以往为蹇，就是说，往不好，来好，亦即进不好，止好。初六距离险境最远，其止最先，有独识先见之明，《象传》称其知。九三往蹇来反，以往为蹇，以来为反，赞许其处蹇而得其所，得其众。六四往蹇来连，往则蹇，不往则得与在下三爻相连合，为众所从附。上六虽处蹇卦之极，身为阴柔之才，但是只要它来而不往，则蹇可纾，吉可得。处险亦当进的思想表现在六二与九五两爻上。六二与九五不言往来，讲蹇蹇、大蹇，意思是应当往。九五曰“朋来”，六二曰“匪躬”，二者是君臣的关系，相与济蹇，是它们义不容辞的责任。犹如国家处在蹇难之时，别人可以不往，君王和大臣怎么可以不往呢。它们的往有一定的条件，就是居中得正。这个思想与卦辞说的“利西南”、“利见大人，贞吉”是一致的。还有卦辞讲“贞吉”，诸爻除初六外都得正，上六得吉，其余诸爻亦皆不言凶咎。总而言之，蹇卦是处逆境的卦。处于逆境之中最要紧的是见险而能止，但是有止亦必有往，处蹇世之君臣就当担起济天下国家之蹇的重任。卦辞讲利见大人，爻辞也讲利见大人，正是这个意思。蹇卦看来并不怎么好，不过如果统治者能够把握好蹇卦之“时用”，把蹇卦的思想恰当地应用到政治上，其用处是不可忽视的。

解

䷧ 坎下震上

《序卦传》说:“蹇者难也。物不可以终难,故受之以解。”解字读谢音。事物总要变化,蹇难发展到一定程度,必然要散。解就是散,所以解卦放在蹇卦之后。解为卦上边是震,下边是坎。震是动,坎是险。震在外,坎在内,动于险外,有出乎险而患难解散之象。又震为雷,坎为雨,雷雨已作,阴阳已和,问题已经解决,也有解之象。解卦是天下患难解散的时代。

解,利西南,无所往,其来复吉。有攸往。夙吉。

西南乃坤方,坤宽大简易。在天下刚刚摆脱患难,进入解的时候,国家宜静不宜动,应实行宽大简易的政策,不要无事找事,无事求功,即所谓“无所往,其来复吉”。如果真的有了问题,那就要及早抓紧解决,不可等到无可挽救甚至出了乱子的时候才处理,即所谓“有攸往,夙吉”。简而言之,处于解的时候,无事宜静不宜动,有事宜速不宜迟。

彖曰:解,险以动,动而免乎险,解。解,利西南,往得众也。其来复吉,乃得中也。有攸往夙吉,往有功也。天地解而雷雨作,雷雨作而百果草木皆甲坼。解之时大矣哉。

“解,险以动,动而免乎险,解”。这是解释卦名。坎为险,震为动。险在内,动在外,所以叫险以动。险以动包括险与动两个方面。没有险则无所谓难,没有难则无所谓出难。有难而不动则不能出难,有难而不出,便不是解。险以动,动而免乎险,亦即动而出于险外,才是解。解卦从卦画看,与蹇卦相反,从卦体看,与屯卦相反。三卦比较起来,蹇是止于险下,不如屯动乎险中,屯动乎险中又不如解动乎险外。

“解利西南,往得众也。其来复吉,乃得中也。有攸往夙吉,往有功也”。这是解释卦辞。西南是坤方,《说卦传》说坤为众。“往得众”,是说九四往入坤体,使坤变成了震。“得中”与“有功”皆指九二。解是蹇之反,解之九二相当于蹇之九五，解之九四相当于蹇之九三。蹇之九五为得中，解之九二为得中。解之九二居中而不动，用九四之动以免乎险。

“天地解而雷雨作，雷雨作而百果草木皆甲坼，解之时大矣哉”。上边已将卦辞解释完毕，这里进一步推阐解卦蕴含着的深刻意义。孔子用自然现象讲解的道理。冬天天地否结，阴阳不通，春天来临，天地否结之气交通而解散，于是雷雨作。雷雨作就是自然界中最大最明显的解的现象。由于雷雨作而接着出现的百果草木甲坼，萌动生长，也是一种解的现象。人类社会和自然界一样，也有解的现象，而且同样具有规律性。到了应当解的时候，必须解。

象曰：雷雨作，解。君子以赦过宥罪。

这个君子有司法权力，显然是统治阶级。统治阶级观解卦雷雨作之象，从中悟出一个道理来，天地尚有解散而雷雨作以致使百果草木甲坼的季节，对人民的刑罚怎可没有轻缓的时候。君子要赦过宥罪。过，过失；罪，罪恶。赦谓释免，宥谓宽宥。是过失，可以赦免不罚，是罪恶亦当宽宥轻罚。这反映了古代的一种法律思想。古代司法讲究赦宥，如《周礼·司刺》掌赦宥之法，有所谓三赦三宥然后用刑之说。

初六，无咎。

初六居解卦之初，正是患难既解的时候，又以柔居刚，以阴应阳，具有柔而能刚的特点。柔而能刚，又处在患难已解的好时候，安静无事，自处得宜，所以无咎。《易》中恒九二悔亡，大壮九二贞吉，解初六无咎，爻辞只有二字，言简意赅，象已在爻中，故不再言象。

象曰：刚柔之际，义无咎也。

初六与九四正应，是谓刚柔相济。在患难已解，天下无事的时候，处理问题刚柔得宜，其义无咎。

九二，田获三狐，得黄矢，贞吉。

这一爻讲在解的时候君子如何除去小人的问题。田是田猎，田猎在古代有除害的意义。获，捉获。引伸开来，捉获也就是除掉。三狐，三只狐，指卦中三阴爻而言。三阴爻是代表小人的。黄，中色。矢，箭，其特点是直。黄矢，中而且直，是九二亦即君子的优秀品质。天下国家的患难，从政治上说，莫不由小人造成。要解天下国家之患难，必须有除掉小人的适当办法。柔不行，刚而过也不行。九二以刚居柔，是刚而不过于刚，刚中有柔，是直而不过于直，是中直。君子有中直的品质，能够除掉狡猾的狐即小人，以此得吉。

象曰：九二贞吉，得中道也。

君子除小人，固然要以直去邪，但是直而不中，过于直，则往往坏事。九二之所以能够获三狐，得吉，关键在于它得中道。

六三，负且乘，致寇至，贞吝。

《系辞传上》对这一爻有解释，它说："子曰，作《易》者其知盗乎。《易》曰'负且乘，致寇至'。负也者，小人之事也。乘也者，君子之器也。小人而乘君子之器，盗思夺之矣。上慢下暴，盗思伐之矣。慢藏诲盗，冶容诲淫。《易》曰'负且乘，致寇至'，盗之招也。"意思是这样的，小人背负，君子乘车。今小人背负着东西立在君子乘的车上。盗一见君子之器竟被小人占据了，就要下手抢夺。这从国家或者君上的角度说，把君子之器给了不该给的小人，无异于慢藏诲盗，冶容诲淫，教唆人们觊觎他们不该得到的东西。这样做的结果是"致寇至"。致寇至包括两方面含义，一方面是小人而乘君子之器即"负且乘"，必招致盗寇来夺。另一方面是国家或君上慢藏其名器，不辨贤否，使小人得居君子之位，必招致寇戎来伐。六三为什么有"负且乘"之象呢？六三是阴柔之小人居君子阳刚之位，极像本应背负东西步行的小人乘了只有君子才能乘的车，背负着东西又乘在车上。

象曰：负且乘，亦可丑也。自我致戎，又谁咎也。

可丑，是就负且乘的小人说，又谁咎，是就上慢下暴的国家说。小人而窃据君子之位，小人以为荣，君子以为耻。国家而慢藏其名器，令小人居高位，招致寇戎来伐，完全是咎由自取，谁也勿怨。

九四，解而拇，朋至斯孚。

解是去小人之卦。九四是阳爻，在卦中是代表君子的。它的责任是解去小人，引进君子。小人不去，则君子不进。"解而拇"即解去小人。解去小人，方可"朋至斯孚"。"朋至斯孚"，君子之朋不但来了，而且能够彼此取得信任。"解而拇"的"而"，是"你"的意思，指九四自己。拇，脚之拇趾。拇居人体之下，地位卑微，在此卦中指初六而言，象征小人。

象曰:解而拇,未当位也。

九四以阳居阴,不中不正,而且应于初六,比于六三,所处极为不当,容易被小人所附丽。因此它必须特别注意“解而拇”,解去小人,方可“朋至斯孚”。

六五,君子维有解,吉,有孚于小人。

六五居君位,是解卦之主,就人事说,六五是人君。不过它不是阳刚之君,而是阴柔之君,所以应特别注意分辨君子小人的问题。在用人方面,要用贤勿贰,去邪勿疑,使“君子维有解”,君子所亲者必君子,所解去者必小人。让大家都知道,君子为所用,小人必为所解,没有空子可钻。不仅有孚于君子,更要“有孚于小人”。使小人相信不改邪归正是没有前途的,从而去掉侥幸之心。

象曰:君子有解,小人退也。

君子果真有解,即君子见用,小人解去,则小人也相信小人吃不开,小人没有出路,是或改恶从善,或自行退去.

上六,公用射隼于高墉之上,获之,无不利。

《系辞传上》对此爻有解释,说:“子曰,隼者禽也。弓矢者器也。射之者人也。君子藏器于身,待时而动,何不利之有。动而不括,是以出而有获,语成器而动者也。”解卦主要讲怎样去小人的问题。处上六这个阶段,去小人要采取怎样的办法?孔子认为爻辞里有两点意思。一个是藏器,一个是待时。用今语讲就是条件成熟,抓准时机。条件成熟,抓准时机,则动而不括,行动起来没有阻碍,“获之无不利”,一定能够射获那个隼。隼是鸷害之禽,在此指上六而言。狐和隼都是说小人。狐说小人柔邪的一面,隼说小人凶狠的一面。上六以阴柔居一卦之上,解已达于极点,而尚未被解去,说明上六是个顽强的小人,不易去掉。墉,墙,高墉即高墙。上六阴鸷而居高,解已达极点,是射隼而获之的最好时机。君子之器已成,又能抓住这个最好时机,捉获、除掉上六这个小人是没有问题的。公用之“公”非指上六,是指人世间居公位的人,它在解上的时候应以射隼的办法除掉小人。

象曰:公用射隼,以解悖也。

悖,较大的乱子。乱子归根结底是由小人造成的。解悖,实际上是解去小人。“公用射隼”就是解小人。小人解则悖解，悖解则国家安宁。

〔**总论**〕

解卦经文又一次提出君子与小人的概念。古人讲君子、小人，有时指剥削者与劳动者即统治阶级与被统治阶级，有时则指道德意义上的不同的两种人，即道德高尚的人、善的人和道德卑劣的人、恶的人。道德意义上不同的两种人都属于剥削阶级即统治阶级，特别是在政治上有权有势的一类。解卦讲的君子与小人的划分就是道德意义上的。解卦的主旨是讲在政治上如何解去小人的问题。六爻除初六外，其余五爻都有去小人之象。九二“田获三狐，得黄矢”，阳刚君子以直去小人之邪，然而居中不正，是中直又不过乎直，恰是解去小人的最佳办法。六三“负且乘，致寇至，贞吝”，从国家或最高统治者的角度说，最重要的问题是不要慢其名器，不辨贤否，使小人窃据君子之位。九四“解而拇，朋至斯孚”，是务必去小人，小人不去，君子不来。六五“有孚于小人”，人君应任贤勿贰，去邪勿疑，使小人也知道为恶没有前途，促使枉者直而不仁者远。上六“公用射隼”，实际上是说对待强有力的小人要藏器于身，待时而动，一旦时机成熟，立即下手去之，绝不迟疑。此爻与卦辞“有攸往夙吉”一语相当，而前四爻与爻辞“其来复吉”大体一致。但是爻辞之义与卦辞也有不同之处。卦辞强调无所往，即强调静，所云是患难既解之后的事情。爻辞反复讲如何解去小人，似乎尚有小人未去，患难还未全解。

损

䷨ 兑下艮上

《序卦传》说："解者缓也。缓必有所失，故受之以损。"解卦与损卦之间好像没有明显的内在联系，《序卦传》讲的损次解后的道理的确有些牵强、肤浅。然而这并不妨碍我们说《易经》作者将64卦按照一定的原则加以排列，其中包含着深刻的辩证法思想。因为他具有事物互相联系的思想，才去努力寻求导致卦与卦之间互相联结的那个必然性。卦与卦之间的必然的亦即内在的联系是存在的，但是它的排列毕竟由人为完成，其中有牵强、肤浅之处实无足为怪。孔子作《序卦传》，发现了64卦顺序的深刻用意，并且将它揭示出来，他在哲学上的贡献，与《易经》作者比，有过之而无不及。

此卦之所以名损，主要因为它是损下益上。按照卦变的规律，此卦内卦可以看成乾，外卦可以看成坤，乾的第三爻上去放到坤的第三爻的位置上，坤的第三爻往下来放到乾的第三爻的位置上。如此乾坤交错，损下益上的结果，便形成了损卦。损与益相反，损是损下益上，益是损上益下。损上损下都是损阳刚之有余，补阴柔之不足，何以损下益上曰损而损上益下曰益？从政治上说，下边老百姓血汗被剥损、搜刮到上边统治者那里去，看来是损下益上了，而实际上上边也受损了。因为民为邦本，本固邦宁，百姓受损无异于统治的根基受损。

损，有孚，元吉，无咎，可贞，利有攸往。曷之用，二簋可用享。

卦名曰损是专指损下益上而言，卦辞"有孚元吉无咎可贞利有攸往"，是就一般的损而言，不专指损下益上。什么人的损，什么样的损，只要是应当损的，都在它的范围之内。卦名得自损下益上的特殊意义，卦辞则转为适用于任何方面的一般意义。

卦辞中"有孚"一语最为关键，其次"二簋可用享"也重要。"元吉"等十个字，是由“有孚”决定的。如果你的损合乎时宜，损所当损，为多数人所相信，符合人心，便可以得元吉，可以无咎，可以为正，甚乃无往而不可。那么，损而有孚“曷之用”？损而有孚将怎样表现出来呢？回答是“二簋可用享”。用“二簋可用享”比喻损要损过而就中，把浮末的、有害的部分损掉，留下事物之根本的、必要的部分。用享祀之礼最能说明损的道理。享祀之礼，繁文缛节最严重，外表的文饰极容易超过内心之诚敬，文饰一旦超过诚敬，诚敬便成为虚伪。把过分的文饰损掉，方可保存诚敬。诚敬就是享祀之礼的根本。说“二簋可用”，意谓享祀之礼不在供物多少，只要心存诚敬，即便最简约的二簋，也可用以享祀“上帝鬼神。”簋是用来盛稻粱黍稷的器物。享祀之礼，最多的用八簋，一般的用四簋，最少的用二簋。

彖曰：损，损下益上，其道上行。损而有孚，元吉无咎可贞利有攸往。曷之用，二簋可用享，二簋应有时，损刚益柔有时，损益盈虚，与时偕行。

“损，损下益上，其道上行”。道，损之道。损之道自下向上行。也就是说，下损，上也跟着损。损下益上的结果并非下损而上益，而是下损上亦损，所以卦名曰损。假若下损而上益，卦名就不该曰损了。

“损而有孚”，比卦辞“损有孚”增加一个“而”字，含义更加明白无误：损必须有孚，得到人们的信任，方可得“元吉无咎可贞利有攸往”。孔子重点解释“曷之用，二簋可用享”二句，特别强调时的问题，连用三句话，从具体到一般，一步深似一步地指出，在损的时候，能否掌握准时候是至关重要的。孔子无论思想还是行动，都十分重视时的问题，所以孟子说“孔子圣之时者也”。《易经》也特别强调时的问题。卦辞文字简直，但内里蕴含着时的思想，孔子发掘出来，写进《彖传》里。“二簋应有时”，享祀用二簋，损去繁文浮饰，以求厚本损末，但是损要有界限，必要的文饰不可损。文饰未过而损或者损之过甚都不对。正确的办法是看准时候，时当损则损，时不当损则不损，时当重损则重损，时当轻损则轻损，万万不可拘泥。“损刚益柔有时”。刚为有余，可损；柔为不足，不可损。损是“损刚益柔”，益也是“损刚益柔”。损也罢益也罢，都必须依时而行。不当时不可损，不当时也不可益。讲损把益包括进来，使时的普遍性意义加深一步。接着讲“损益盈虚，与时偕行”，或损或益，或盈或虚，都依时而定。损益之外又言及盈虚，实际上是把损益应当有时的问题由人事方面扩展到自然界。前云“有时”，此云“与时偕行”，意在指出损益盈虚有时既是主体应遵循的准则，也是客体自身存在的客观规律。至此，时的问题具有了最一般性的意义。

象曰：山下有泽，损。君子以惩忿窒欲。

山在上，泽在下，水气或向上润或向下浸，都有损下之象。君子观损之象，落实到修身方面，最为切要的莫过于惩忿窒欲。忿，忿怒，情感冲动失控。人往往因一时之忿而坏大事，造成终身遗憾。所以有忿应当惩，应当止息。苏轼《留侯论》说："匹夫见辱，拔剑而起，挺身而斗。此不足为勇也。天下有大勇者，卒然临之而不惊，无故加之而不怒。"所云正是惩忿的意思。欲，各种私欲。一切恶端往往自私欲产生。窒欲，把私欲闭住，不使它发挥作用，导致危害。儒家学派不是禁欲主义者，儒家仅仅主张寡欲，而不一般地反对人欲。此处讲窒欲，里边也有个"时"的问题。窒欲是以一定的时间条件为前提的，不合时的欲要窒，合时的欲不可窒。

初九，已事遄往，无咎，酌损之。

已，竟。已事，竟事，做完了事。遄，速。遄往，速往。损必须是损刚益柔又损下益上。初九与六四是正应的关系。六四以阴柔居上位，初九以阳刚在下；初九应当损自己去益六四，六四也依赖初九来益它。这是没有问题的，问题在于初九是否因自己益了六四而居功自美。如果能够"已事遄往"，事情做完就迅速离去，不居其功，则无咎。否则，若自享成功之美，便不是损己益上，也不符合为下的本分，就要有咎了。六四阴柔，依赖初九来益它，初九应当加以斟酌，适度地损己以益六四，不使过与不及。

象曰：已事遄往，尚合志也。

尚与上通，上指六四，六四依赖于初九，初九益于六四，二者志同道合，所以初九已事遄往无咎。

九二，利贞，征凶，弗损益之。

九二以阳刚居中，处在损刚益柔的时候，处境对它不利，它居柔位而在说体，又与六五阴柔之君正应，极容易失掉其刚中之德。九二在这种情况下，最好的办法是贞，贞即是守其中。如果有所征，有所前行，则离中失正，必凶。"弗损益之"，九二作为一个处下的阳爻，它本当损下益上，损刚益柔，但是它的情况特殊，它若自损，则反倒不能益上，只有它不自损，方能益上。就人事方面说，人处在损之九二这种时候，应自守而不妄进，看来好像无益于君上和国家，而从根本上说，它自守不妄进，会造成尊德乐道的风尚，对国家带来的益处往往更大。东汉的严子陵垂钓富春江，不给光武帝作官，似乎未给皇家做出什么贡献，然而实际上贡献极大，正所谓桐江一丝，系汉九鼎，帮了刘秀的大忙。这是“弗损益之”的一个极好例证。

象曰：九二利贞，中以为志也。

九二以阳居阴位，本来不正，爻辞为什么说九二利于正呢？小象解释说九二“中以为志也”。“中以为志”即以中为志。九二虽不正，但居中位。《周易》最重时，其次重中，再次重正。都是说，中重于正。九二既志存于中，那么正也就包含在内了。一般说来，正不必中，而中则正。

六三，三人行，则损一人。一人行，则得其友。

下卦本是乾，乾三画都是阳爻，损去其中上边一个阳爻以益上卦。上卦本是坤，坤三画都是阴爻。现在由于下卦损一个阳爻来益它，它的上边的一个阴爻变为阳爻，下卦上边的一个阳爻变为阴爻。这就是“三人行则损一人”的意思。简单说来，“三人行”即下卦三阳爻，“损一人”即三个阳爻损去一个。这正符合卦义损下益上，损刚益柔的要求。“一人行，则得其友”，指全卦六爻两两相与的关系。初九与九二，同德相比，六四与六五，也是同德相比；六三与上九虽非同德相比，却是正应。这些都是两两相与的关系。两两相与，亦即“一人行则得其友”。涉及六爻的问题，为什么在六三爻辞表达出来？因为六三正是当损之爻。此卦所以为损，是由它决定的。

“三人行则损一人，一人行则得其友”这两句爻辞所云是天地间最大也最明显的损益，具有极大的抽象意义。孔子作《系辞传》，对此作过哲学意义上的说明。《系辞传》说：“天地絪缊，万物化醇；男女构精，万物化生。《易》曰‘三人行则损一人，一人行则得其友’，言致一也”。这里强调的是二。天地是最大的二，男女是最明显的二。天地、男女，泛指阴阳两仪。天地也好，男女也好，既是一阴一阳，势必絪缊交密，精气交构，以致精醇专一，化生万物。也就是说，天地万物莫不合二而生一。在万物生成、发展过程中，追求的是一，经由的是二。没有二便没有一，二必发展为一。二自何来？是三必损一，是一必得一，结果都是二。二自损益来。损益是自然界和人类社会的普遍性规律。

象曰:一人行,三则疑也。

一人行则得友而成为二,三人行则必损一人也成为二。成二方可致一,致一方可生生不息。三不必是三,三可概指二以上的任何数。二以上的任何数都要损去其余部分而留下二。因为二则相与,三则相疑。什么是疑?一对一,相与并无疑问。一对两个一,就有疑问了。另外两个一中究竟哪一个一与这个一相与,不能确定。不能确定就是疑。怎么办?“三人行则损一人”,将三损去一,变成二。

六四,损其疾,使遄有喜,无咎。

疾,疾病,或者说缺点错误。六四阴柔与初九阳刚正应。初九损刚而来益六四。益六四,就是损六四之柔而益之以刚,把六四的毛病、缺点、错误全损掉,故曰“损其疾”这是“损其疾”的一方面含义。“损其疾”还有另一方面含义。六四以阴柔处上,与初九阳刚正应,当损的时候,又应于阳刚,它能够自损阴柔以从刚,即自损其不善以从善。“遄”字指初九。“使遄”,六四自损其疾的行为,促使初九迅速前来益它,共同合力损六四之疾。初九损下益上,损刚益柔,行动来得迅速,六四自损其阴柔之疾也来得迅速。两方面都迅速,所以有喜;有喜,所以无咎。

象曰:损其疾,亦可喜也。

《周易》多言“有喜”,此处言“亦可喜”,似乎有所不同。此“亦可喜也”很可能站在初九的立场说。意谓六四不吝其疾,主动自损之,以受初九之益,与初九配合得很好。这在初九看来,是可喜的。

六五,或益之,十朋之龟弗克违,元吉。

或,不一定之辞,来益者很多,不能确指。“十朋之龟”,最值钱的元龟、大龟。古代以贝为货币,两贝为一朋。朋是货币单位。古代货币种类不一,而单位称朋的,唯贝一种。据《汉书·食货志》,龟宝有四品,第一品元龟岠冉长尺二寸,直二千一百六十,为大贝十朋。六五以顺居中而且处尊,与九二之阳刚正应,有人君虚中自损以顺在下之贤者之象。六五既受天下众人损己以来益,又能虚中自损,而且决心很大,纵然给它最值钱的“十朋之龟”,它也不会动摇,不会拂违众意。因此得元吉。

象曰:六五元吉,自上佑也。

上指上九。佑,福佑。六三与上九正应,六三是要损己益上的。又因为上九与六五比，所以它将受益于六三的东西归诸六五。是谓“自上佑也”。

上九，弗损益之，无咎，贞吉，利有攸往，得臣无家。

上九以阳刚居损之终，损至于极点，应当变为不损了。这时对于上九说来，面临两种选择：一是阳刚居上以损削于下，是一条得咎的道路；二是能损但不行其损，变而以阳刚之道益于下，是一条无咎得正得吉因而利有攸往的道路。上九选择的是后一条道路。居上却能“弗损益之”，故能“得臣无家”。“得臣”谓得天下人心归服。“无家”谓归服的人很多，不分远近内外。“得臣无家”与“四海为家”的意思相似。大意是说，上九能得到众多天下人的臣服。

上九和九二爻辞都有“弗损益之“句，用辞完全相同，而指却不一样。损卦下体三爻皆取自损以益于人之义，所以九二的“弗损”，谓弗损自己，“益之”谓益于人。九二处下体，本应损己益人，由于它特殊，所以它能够益人却不必损己。上九的“弗损”谓弗损人，“益之”谓益自己。它能够益己却不必损人。

象曰：弗损益之，大得志也。

上九居上位，居上位而“弗损益之”，正是君子应当做的。君子之志就在于不损人而益之。“弗损益之”，君子之志得以实现。

〔**总论**〕

损，减损，剥损。损卦之所以名损，是根据此卦有损下益上之象。损下益上，表面上看是损了下边益了上边，其实是既损了下又损了上。犹如垒土，取下之土以增上之高，下危上亦危，下损上亦损。从政治上说，损下益上，剥民奉君，统治者盘剥人民以肥已，其结果也是下损上亦损，人民受到损害，归根结底统治者也必然受到损害，不会稳固。这是卦名曰损的意义。卦名的损，含义完全是反面的、不好的。

然而卦辞的损，含义则极灵活，所有的损都包括在内，不专指损下益上。国家、社会、个人，上上下下，方方面面皆可用损。损在卦辞里主要的是正面含义。损是好事，不是坏事，前提是损所当损。怎样才算损所当损？首先内心要“有孚”，内心孚诚，依理办事，不以主观好恶决定损与不损。其次，损要“有时”，主观的愿望必须符合客观的时。时当损则必损，时不当损则必不损。损而有孚、有时,损就是好事,就会元吉无咎可贞利有攸往。

损卦有一个突出的特点:六爻皆应,爻辞也与卦辞应。这在 64 卦中实不多见。六爻之中,初九与六四,九二与六五,六三与上九,两两皆正应。每爻之义都可在卦辞中寻到根据。初九小象曰“上合志”,九二小象曰“中以为志”,上九小象曰“大得志”,与卦辞所说“有孚”意合。九二爻辞曰“利贞”,上九爻辞曰“贞吉”,与卦辞“可贞”有关。六四爻辞曰“无咎”即卦辞之“无咎”。六五爻辞曰“弗克违,元吉”与卦辞所云“元吉”意义一致。还有,初九爻辞之“遄往”,六四爻辞之“使遄”以及上九爻辞之“攸往”,皆当源自卦辞之“利有攸往”。六爻爻辞中,上九爻辞与卦辞尤为贴切。所云“无咎,贞吉,利有攸往”,与卦辞同。虽不言“有孚元吉”,但云“弗损益之”,“得臣无家”,知其“有孚元吉”之义实尽在不言中。就 64 卦之大多数看,爻辞与卦辞往往不搭拢,说明卦辞、爻辞大约非出自一人之手。那么损卦之卦辞、爻辞何以如此通贯和谐?说作爻辞的人对损卦卦义体会特深,有深刻的实践经验,可能是恰当的答案。

损卦包含着极其重要的政治思想,它提出了怎样处理好君臣上下的利害关系问题。其中卦辞赋予损以抽象的意义,它指示任何阶级、阶层和个人运用损的手段为自己开辟道路的最为一般的途径,这个途径是:损而有孚,内心至诚而且为人所理解所信赖;损而有时,时当损则损,时不当损则不损。损不能一般地说好或不好,损要因时而定。六爻爻辞则进一步把损的意义由抽象上升到具体,从五个方面展示损之道的具体内容。初九之益六四,九二之益六五,六三之益上九,是自损以益人。六四损其疾,六五或益之,是损己以从人。初九以自损益人而又酌损,是损之损。九二与上九弗损益之,是不损之损。六三损一人而得友,是损之益。

益

䷩ 震下巽上

《序卦传》说："损而不已必益，故受之以益。"损的反面是益，损发展到一定程度必转变为益，故益卦继损卦。震下巽上为什么名曰益呢？从象上看，雷与风是相益的关系，风骤则雷迅，雷激则风烈，两相助益，所以叫做益。从义上看，益卦与损卦相反，损卦是损下益上，故曰损。益卦是损上益下，故曰益。为什么损下益上曰损，损上益下曰益？上与下利害本来相关，下为上之本，损下则伤本。损下益上，实际上是下损上亦损，上下通一损，故曰损。益下则本固，本固则枝荣。损上益下，实际上是下益上亦益，上下通一益，故曰益。

益，利有攸往，利涉大川。

益，增益。益卦卦辞与损卦卦辞有相似之处。卦名曰损专取损下益上之义，而卦辞所讲却是损的最一般意义，凡是损所当损，不论君臣上下谁对谁的损，都在它的包括之内。益卦也如此，益卦卦名曰益，专取损上益下之义，而卦辞所讲却是益的最一般意义，凡属有益于天下国家人群之事，不论君臣上下谁对谁的益，都在它的包括之内。"利有攸往，利涉大川"，利于有所往，有所作为；利于济大难，图大事，做大事情。别的卦言利往则不言利涉，益卦兼言之，是由于益卦强调兴利的缘故。"利有攸往"里本已含有"利涉大川"的意思，此处言利往又言利涉，意在告诫人们天下事往往有因主动争取方可获益的情况，一旦遇上济变之机会便当奋力以求，争得有益的结果，切不可坐失时机。

象曰：益，损上益下，民说无疆。自上下下，其道大光。利有攸往，中正有庆。利涉大川，木道乃行。益动而巽，日进无疆。天施地生，其益无方。凡益之道，与时偕行。

"益，损上益下，民说无疆，自上下下，其道大光"，这四句是解释卦名的。益与损相反，损之兑下艮上反过来变为益的震下巽上。自卦变的角度看，损是损下益上，即三之阳爻上行至上，上之阴爻下来至三，损在下之刚益在上之柔。益是损上益下，即四之阳爻下来至初，初之阴爻上行至四，损在上之刚益在下之柔。自政治的角度看，损于上而益下，人民得到益处，人民欢悦无有穷尽。“自上下下”，语意承接“损上益下”来，含义是一致的，只是程度又加深一步，说明统治者不仅能够实行益之道，而且能够发扬光大。

“利有攸往，中正有庆。利涉大川，木道乃行”。此四句解释卦辞。益卦六爻皆应，与损卦相同。唯损卦九二与六五居中不得正，益卦适得其反，九二与六五变为六二与九五，既居中又得正，此益卦不同于损卦之处。又中又正，以之益天下，天下必受其福庆。如此则无往而不利。不仅寻常无事之时天下得益于它，而且越是处在天下有大险大难的境况，越能显示出它的巨大的济变的作用。越是危险艰难，越是益道大行之时。因为益卦上体巽，巽为木，木可济川，有“利涉大川”的效用。

“益动而巽，日进无疆。天施地生，其益无方。凡益之道，与时偕行”。解释卦辞之后，进一步赞誉益道之伟大。“益动而巽”二句就卦德讲益在政治上的意义。震动，振作有为；巽顺，深入有渐。所以功业日益发展，无有限量。“天施地生”二句就卦义讲益在大自然中的表现。“天施”犹言“大哉乾元，万物资始”，“地生”犹言“至哉坤元，万物资生”。“其益无方”，恰如春夏时节，品物咸亨，其益的作用广大无穷，无所不在。“凡益之道”二句合人事、自然两方面言损上益下之道唯在一个“时”字，时当益则益，时当损则损。在自然界，春不至不生，夏不至不长；在人事上，岁不歉不与，时无灾不赈。总而言之，益之道“与时偕行”讲的是规律问题。益有规律，在天道，气候既至，不会不益；在人道，时候正当，不可不益。

象曰：风雷益，君子以见善则迁，有过则改。

风与雷有相益的关系，有迅疾的特点。君子效法风雷相益的关系，迁善改过，益莫大焉。君子效法风雷迅疾的特点，见善则即迁，知过则速改，不可犹豫。两个则字用得极恰当，看得出孔子着眼于迁善改过须雷厉风行，及时奋迅，无所疑贰这一点上。

初九，利用为大作，元吉，无咎。

益卦同于损卦，爻辞之义与卦辞之义有贴切的一面。益卦成卦之义在于损四益初，故初九是成卦之主，它的爻辞的内容与卦辞的内容意义相同。“利用为大作”，作大益于天下之事，与卦辞“利有攸往，利涉大川”大致同义。问题是初九毕竟位卑处下，它作大事业必须六四予以辅助，不能独力进行。它必须把事情做得尽善尽美，得元吉，方可无咎。行不至善，不得元吉，则不但自己有咎，还要累及六四亦得咎。《易》中凡言吉无咎，意思都是说得吉而后可以无咎，这一条爻辞尤为著明。

象曰：元吉无咎，不厚事也。

厚事，大事，大的事情，大的事业。初九在一卦之最下，本不当干关乎天下利害的大事业，大事情，由于有六四信任它，支持它，它才能干大事业。因此它必须完全干好，得元吉，支持它的六四才算知人，它自己才算胜任。不然的话，则六四得咎，初九自己亦得咎。

六二，或益之，十朋之龟，弗克违，永贞吉，王用享于帝，吉。

益卦是损卦之反。损卦之六五倒过来便成为益卦的六二，所以两爻的取象相同。损六五在上体，是受益者，因为损卦卦义是损下益上。益卦六二在下体，也是受益者，因为益卦卦义是损上益下，都是受益者。所以爻辞都说：“或益之，十朋之龟，弗克违。”天下很多人都来益损之六五和益之六二，纵然给它们最值钱的“十朋之龟”，它们也不会拂违众意，不与来益者合作。两爻不同之处是损六五得元吉，益六二得永贞吉。损六五称“元吉”，是因为六五以柔居刚。柔能虚受，刚可固守，是最理想的求益的条件。益之六二称“永贞吉”，是因为益之六二尽管居中而体柔，有虚中之象，容易得天下人来益之，又有九五刚阳之应，然而它有一个弱点，它以柔居柔，爻与位皆阴。它若要获吉，应特别注意永守不变，常久贞固。享于帝，祭祀上帝。“王用享于帝”，是极大极严肃的事情。六二虚中柔顺而能永贞，是受益之臣，王即便用它享上帝，犹当得吉，更无论其他了。

象曰：或益之，自外来也。

六二中正虚中，天下人都愿来益之。这对于六二来说，是不召而至，不是它中心之所期望。六二本无求益之意，而益自来。说“自外来”指外卦九五来益六二未为不可，因为九五与六二正应，九五来益六二是自然的。但是爻辞既云“或益之”，“或”字意谓来益者众，定非一人，就说明“自外来”者是包括九五在内的许多人。“自外来”有非中心所望，不期而来之意。

六三,益之,用凶事,无咎。有孚中行,告公用圭。

“益之用凶事无咎”,六三阴柔不中不正,不当得益于人。然而六三处于下体之上,相当于统治百姓的郡守县令之类的官员。六三以阴居阳位,与上九阳刚正应,又处在震动之极,有刚决果敢,居民之上而能为益于民之象,所以能用凶事,无咎。“凶事”,凶荒札瘥之年,官府守令开仓赈济百姓。“用凶事”,在益的时候,六三采用岁饥而赈恤的办法实现损上益下。凶岁能够赈济百姓,当然是无咎的。不过,要“有孚中行”,要“告公用圭”。有孚是有诚信,既有信于上,也有信于下。只是有诚亦不可,还要中行,中行即行中道。六三在下体之上本不居中,何以曰“中行”?从一卦之上下二体看,二与五各居中,从一卦之全体看,三与四并居中,故益卦三与四两爻皆曰“中行”。有人把此“中行”一词同春秋时代晋国的中行氏联系起来,以为这里的中行就是中行氏,是没有根据的。“告公用圭”,圭是古代用作传递信息的证物,大夫们对外或对上打交道,在比较正式的场合,要拿着圭作为本人身份的凭证。“公”于此卦指六四。六四是近君的大臣。六三居下卦之上,并非无位,但它不可专行,它要赈济百姓,须向六四请示报告,即所谓“告公用圭”。获致批准方可开仓济民。

象曰:益用凶事,固有之也。

损上益下“用凶事”,荒歉之年官府开仓赈灾以益百姓,所用之粟米本是取之于民的,是民间固有之物,不须另外求益。

六四,中行,告公从,利用为依迁国。

益卦与损卦相反。益卦六四恰当于损卦六三。损卦六三反映损卦损下以益上的思想,益卦六四爻辞与损卦六三相类,反映益卦损上以益下的思想。益下,从政治角度说,莫大于益民,而在古代,最大最重要的益民举动莫过于迁国。六四怎样实现迁国呢?六四在卦中主于益下,但它不在君位,做事不得自专,迁国大事尤须告公,请示君上同意。由于六四与六三在全卦里居中,有中行之德,所以它能够得到公的信从、支持。“利用为依”,用是用六四,与六二“王用享于帝”的用字义同。为依的依字可按《左传》隐公六年“我周之东迁,晋郑焉依”的意义理解。古代诸侯迁国,或依王室或依大国,必有所依。无所依不利,但有所依必须以益民顺下为前提。迁国而不益民顺下，纵然有依，亦不利。六四由于有中行之德，这两条都具备。

象曰：告公从，以益志也。

六四按它的本性说，是以益民为志的。以益民为志，所以告公而获从。

九五，有孚惠心，勿问元吉。有孚惠我德。

有孚，心存至诚而为人所信。惠心，惠民之心。惠我德，民惠我之德。九五以刚阳中正居尊位，又有六二中正与它相应，以如此之德、才、位，心存至诚地惠益天下之民，天下之民受其恩惠，其得元吉自不待言。前一个"有孚"是九五孚于下民，后一个"有孚"是下民孚于九五。上下皆有孚，上感而下应，上下相通。九五有一个至诚的惠民的心；反馈回来，民则惠九五之德。这里的心与德是一回事，在九五自己看来是心，自民的角度看来这心即是德。损卦六五受下之益而得"元吉"，益卦九五仅仅有一个惠民（即益民）的心，未必已付诸施行，便得"勿问元吉"，元吉而勿须问，比单说元吉更高一个层次。这说明《周易》已经有了重民思想。

象曰：有孚惠心，勿问之矣。惠我德，大得志也。

"勿问之矣"有孚惠心得元吉肯定无疑，勿用置问。孔子特别把"勿问"一语提出来加以强调，表明他认为人君有无惠民之心是极端重要的。民反过来惠君之德，对于君来说，是大得志，亦即最大的成功。得志，成功，在哪一点上呢？不在于民"惠我德"，而在于君上能够有办法获致民"惠我德"。

上九，莫益之，或击之，立心勿恒，凶。

上九处在益卦的极点，本身又是阳刚，求益过甚而无厌，结果走向反面，不唯不能受益，反而必遭损。没有人来益它，倒是有人来击它。为什么会如此？关键的问题是它立心勿恒，必凶。勿同无。立心指立益下之心，勿恒指益下之心无恒。损卦讲损下益上，损下是一时权宜之计，不可恒久。益卦讲损上益下，益下乃千古不易之规，贵在恒久。益卦上九，处在益下的时候，本该坚持益下，但是它做不到，它以阳刚居益之极，求益过甚，益下变为损下，益下之心不恒久。此理应用到政治上，统治者对民取而不与，侵夺之，刮削之，民心不仅不益它，还要反抗它。

象曰：莫益之，偏辞也。或击之，自外来也。

偏辞，《经典释文》说“偏音篇，孟作徧，云周匝也”。徧字可以写作偏，偏辞就是徧辞。徧辞其实就是逻辑学上说的全称肯定判断或全称否定判断。“莫益之”是个全称否定判断。所有的人都不益它，无一例外。自外来，不期而来。心里不期望它来，而它偏要来。来是必然的，不可避免的。六二小象“或益之，自外来也”，上九小象“或击之，自外来也”。二小象除益与击意义正反不同外，其余是一样的。

〔**总论**〕

益卦作为卦名的益字取损上益下为义，而在卦辞里面益的内涵则扩大了。不仅仅损上益下，凡是兴利的事情都在它的范围之内。“利有攸往，利涉大川”适用于君臣上下国家个人等等一切方面，它强调做大事，济大难，干大事业；在干的过程中要抓住时机，主动行动，不坐以待时。

诸爻爻辞与卦辞有有联系的一面，如初九爻辞“利用为大作”即卦辞之“利有攸往，利涉大川”之意。但也有联系不大的一面，其余诸爻讲的都是如何益下的问题，与卦辞几乎无涉。确切一点说，爻辞着重阐发统治者怎样益民及民怎样受益的思想。六二或益之，六三益之用凶事，六四为依迁国，九五有孚惠心，上九莫益之，或击之，从正面和反面阐述恤民、利民、从民、益民的深刻意义。后来早期儒家的德治仁政主张可能与《周易》此卦的启示有一定的关系。

益卦三、四两爻爻辞提出“中行”一词，值得注意。“中行”很可能是当时常见的一般用语，其义当为履正奉公，言行合乎中道而不悖。有人以为中行指春秋晋国的中行氏，没有任何根据，不可信。

夬

䷪ 乾下兑上

《序卦传》说："益而不已必决，故受之以夬。夬者决也。"夬训决。《说文》，"决，行流也。"段注改作"下流"水流前行，对于任何阻碍有必去之之势。在夬卦里，决是决去的意思，讲阳如何决去阴，君子如何决去小人。从卦来看，乾下兑上这一卦之所以名曰夬，是因为五个阳爻在下，一个阴爻在上，诸阳继续长进，就要把一个阴爻决去了，这正是君子道长，小人消衰将尽的时候。为什么夬卦次于益卦之后，是因为益之极必决而后止，所以益之后次夬。

夬，扬于王庭，孚号有厉，告自邑，不利即戎，利有攸往。

夬之为卦下五刚而上一柔，在十二辟卦中是三月之卦。卦辞在讲阳怎样决阴，君子怎样决小人的问题上，着重强调警戒危惧，谨慎行事。"扬于王庭"一句是主要的。它说明在夬的时候，五阳去一阴，似乎并不难，但是实际上很不简单，小人（指上爻）正在君侧用事，要把它决去是不容易的。必须认真对待。首先把小人的罪恶"扬于王庭"，使小人无地自容，使君上和众人认识它的真面目。纵然如此，君子仍不可掉以轻心，还要"孚号有厉"，即以至诚之心号召众人而又心存危惧。那么是否对小人诉诸武力呢？不，不可诉诸武力，要"告自邑，不利即戎"。告，告戒。自，从。即，从。从自己所居的邑开始，由近及远，去告诫人们警惕小人，但不可从戎尚武，从戎尚武是不利的。"不利即戎"，却要"利有攸往"，有所作为，有所前进，抓住五阳逼一阴的时机，决去小人。君子不采取主动行动，小人是不会自行决去的。

彖曰：夬，决也，刚决柔也，健而说，决而和。扬于王庭，柔乘五刚也。孚号有厉，其危乃光也。告自邑，不利即戎，所尚乃穷也。利有攸往，刚长乃终也。

"夬，决也，刚决柔也。健而说，决而和"。解释卦名的含义。夬的意义是决，夬就是决。卦中五阳在下，一阴在上，阳长阴衰，有刚决柔之象，所以卦名曰夬。“健而说，决而和”，是两句赞语。《彖传》在解释完卦名之后又加上两句赞语，一般是为了给下文解释卦辞做准备的。这赞语往往起承上启下的作用。“健而说，决而和”，以上下二体讲卦才。下体是乾，乾是健，上体是兑，兑是说。健而能说，亦即决而能和。决而能和，是夬的最佳状态。刚既要决柔，君于既要决小人，又要方法得当，不至于因为做法有所失误而把事情搞糟。

“扬于王庭，柔乘五刚也。孚号有厉，其危乃光也”。自此以下解释卦辞。扬于王庭，把小人的罪过宣扬于王朝大庭。小人的罪过是什么呢？小人的罪过是柔乘五刚。小人居君子之上，乘势欺凌君子。“孚号有厉”，君子心存危厉，唯其心存危厉，君子之道方可光大。

“告自邑，不利即戎，所尚乃穷也”。君子决去小人，应采取“告自邑”的和缓手段，不宜从戎尚武。如果君子专用威猛，以尚武取胜，便是决而不和，便是其道穷矣。

“利有攸往，刚长乃终也”。复卦卦辞说“利有攸往”，《彖传》释为“刚长也”。夬卦卦辞也说“利有攸往”，《彖传》则释为“刚长乃终也”。刚自复卦开始长，至夬卦时，刚长至五，阴只剩一了。阳再前进一步决去一阴，卦就变为纯阳而为乾了。变为纯乾，刚长的全部过程乃“终”，才算完成。复卦“利有攸往”，犹如平地始起一篑，孔子喜其进，所以说“刚长”。夬卦“利有攸往”，犹如土累九仞，尚亏一篑，孔子恐其止，所以说“刚长乃终也”。

象曰：泽上于天，夬。君子以施禄及下，居德则忌。

需卦讲“云上于天”，云上于天为需，泽尚有待。今夬卦讲“泽上于天”，泽上于天，一旦决注便成雨，雨施而滋润天下。君子观此象，要以之施禄，不要以之居德。居德与施禄，意义相反。居是吝而不施，积而不散。德在此处有恩泽、恩惠的意思。君子最忌“居德”不施。“施禄及下”，把恩泽、好处散施给下民，是最为可取的。

初九，壮于前趾，往不胜，为咎。

凡爻辞言趾的，多在初爻。夬卦与大壮有相似之处，夬五阳一阴，大壮四阳一阴，只差一画。大壮初九曰“壮于趾，征凶”，夬卦初九曰“壮于前趾，往不胜，为咎”，两卦取象一致，爻义基本相同。都是说初九以阳刚居乾体，本属在上之物，而今身居卑下，不免使任壮往之气，壮于趾或壮于前趾，锐意前进而上除君侧之小人，其实力量相去悬殊，必败无疑。夬卦初九多一个“前”字，前进的意思更加重一些。“前”字在此作动词用，“前趾”意谓将脚趾向前迈，也就是前进。“壮于前趾”即壮于前进。“壮于趾”和“壮于前趾”，都是躁动的表现。说“往不胜，为咎”，强调“不胜”，强调“为”，意在指出初九之败实非时势造成，完全是咎由自取。

象曰：不胜而往，咎也。

“不胜而往”，讲的是一种心态。夬卦告诫人们，在决的时候，最重要的是无论在怎样的情况下都要保持着一种危惧感，即便有胜利的把握，也切切不可掉以轻心，更何况“不胜而往”！咎自何来？咎是自己做成的。夬之时，胜心不可有，知其不可胜而妄想取胜之心尤不可有。

九二，惕号，莫夜有戎，勿恤。

九二在夬卦六爻中是最好的一爻。九二爻辞完全体现了卦辞“孚号有厉”，“不利即戎”那种强调君子决小人应时刻不忘危惧警戒的精神。“惕号”，心怀警惕而外孚号同志，戒备严密，处无事若有事，虽有小人阴谋，必无所伺隙。“莫夜有戎，勿恤”。莫，暮。小人乘夜晚举兵来袭，亦不足忧虑。此处有事若无事。君子欲决小人，必戒备小人，有了戒备方可无患。因为能惕，所以勿恤，因为能处无事若有事，所以处有事时若无事。犹如征战，平素无事却终日钦钦如临大敌，及临阵则志气安闲，仿佛不欲战。

象曰：有戎勿恤，得中道也。

“有戎勿恤”，不是故意表现遇事不慌，安闲自在，是说明它临事不忧，居中制胜，胸中自有它的道在。从爻象看，九二以刚居柔，刚而不过，有似老成，与初九以刚居刚，少年喜事好胜者不同。但是九四也是以刚居柔，何以九四不如九二？关键在于九二居乾体之中，得中道。《易》贵中，九二虽不正，但因为得中，位不正，义也正了。夬九二与大壮九二情况略同，故都称得中。

九三，壮于頄，有凶，君子夬夬，独行遇雨，若濡有愠，无咎。

此爻大意谓君子决去小人主要看其内心是否坚决，内心若坚决，虽暂时与小人和合共处，受到同志的误解、责难，也没有关系，只要最后把小人决去，就无咎。《彖传》所说“决而和”，亦即此意。

頄，颧骨。“壮于頄”，九三以刚居刚，居乾体之上，刚亢外露，心中欲决去小人的意向，悻悻然表现在脸面上。其结果必凶，“壮于頄，有凶”，是九三的一方面情况，一种可能性。九三还有另一方面情况，另一种可能性。九三作为一个君子，有坚决决去小人的夬夬之志，然而表面表现缓和。它独与上六这个小人正应，有“独行遇雨，若濡”之象。雨指上六，上六是兑卦的主爻，泽上于天，故称雨。九三应于上六不是出于本心，故称遇。濡也是表面现象，不是真濡，故称若。九三看来好像被上六这个雨濡染了，与之同流合污了，而其实是和而不同，“君子夬夬”之志坚定不移。众君子不免误解它，甚至“有愠”于它，但这是暂时的，最终必无咎。

象曰：君子夬夬，终无咎也。

开始时“若濡”，“有愠”，似乎与小人有了私爱的关系，甚乃同志者也愠怒于它，而最终却是无咎的。因为它有“君子夬夬”之志，迟早它要把小人决掉。

九四，臀无肤，其行次且。牵羊悔亡，闻言不信。

九四以阳居阴，不中不正，虽有决去小人之志，但其刚壮之性使它急于前进而不知处之以缓。所以有“臀无肤，其行次且”之象。臀部没有肉，坐不下；坐不下，就必须走。走起来又次且（与趑趄同）难行，前进不得。处境是很艰难的。怎么办呢？唯一的办法是“牵羊”，羊指九四自身，牵羊是九四自牵其羊。羊的特性是善触，不把角触坏不罢休。九四如果能自牵其羊，把自己的羊一般的狠性制止住，就可以无悔了。不过这只是一种可能性，能否实现，要看九四能否闻言而信。九四很可能“闻言不信”。因为人在无所忧虑畏惧的时候，警戒之言不易听进去。

象曰：其行次且，位不当也。闻言不信，聪不明也。

九四的一切问题都由它的位不当即不中不正来。由于以刚居柔，位不当，所以才“臀无肤，其行次且”，不能前进而一定要前进。“牵羊”之言是忠告，它也难以听进去。孔子作“小象”，惋惜之，激励之，说：“聪不明也！”“聪不明”《易》中凡两见，除此爻外还有噬嗑上九。聪不明，听之不聪之意。聪本来是说耳聪，明本来是说目明。两字结成“聪不明”句式时，聪字充当主语，相当于耳听，而明字便具有了聪义。

九五，苋陆夬夬，中行无咎。

苋陆，马齿苋，一年生草本植物，感阴气多和柔脆易折是它的特点。

“苋陆夬夬”之象，说明九五切比于小人上六，受阴气的影响较大，作为决阴之主，竟与众阳要决的小人关系密切，有咎是当然的。另一方面，九五刚阳中正居尊位，有夬夬之志亦有夬夬之力，能够断绝与上六的关系且把它决掉。夬夬，重夬，夬而又夬。夬的对象是上六。九三应于上六，九五比于上六，为避免不能夬的嫌疑，所以都连用两个夬字，以加重九三、九五决去小人的坚定感。九五能够以中行之道即中道解决好与上六的关系，即决之又不过暴，故可无咎。

象曰：中行无咎，中未光也。

因为中未光，所以要贵于中行。不是说虽已中行而犹未光。什么是“中未光”？“中未光”是中心未光，亦即思想上还有问题。九五以阳刚近比于阴柔，思想感情上不可能没有系累，这就非常需要注意在实际行动上力行中正之道。

上六，无号，终有凶。

夬卦发展到上六这一爻，阳长至极点，阴消到尽头，正是众君子得时，小人失势之际，小人被消尽的形势已定，小人无须号咷畏惧，终必得凶。

象曰：无号之凶，终不可长也。

号读平声，不读去声。小人至此已经必然消亡，形势无可改变，不可能再长久。虽号也无济于事。但是，不可长久的是小人之道，决去小人之道，不必决去小人之人。

〔总论〕

夬是阳决阴，君子决小人之卦。为卦五阳在下盛进，一阴在上衰退。君子得时，小人失势，小人被消尽的形势已定，不过时间早晚的问题。然而卦辞爻辞却不因此而稍为懈怠，相反倒是以警戒危惧为诫，深切丁宁，无所不至，以为越是容易成功的事情，做起来越要谨慎小心。卦辞“有厉”，九二“惕号”，九四“牵羊”，莫不强调这一思想。夬卦五阳决一阴，与四阳逐二阴的大壮略相似，都有刚壮过甚之虞，以阳居阳者为尤甚，初九之“壮于趾”，九三之“壮于頄”之类即是。所以作《易》的人于夬之诸爻谆谆告戒阳决阴，君子决小人要自制其刚壮之性，做到“决而和”，既要决之又要和之，既要和之又要决之。九二与九五两爻更要决之以中道、中行。

姤

巽下乾上

《序卦传》说:“夬者决也。决必有遇,故受之以姤。姤者遇也。”《经典释文》、马王堆帛书《易经》以及《杂卦传》,姤均作遘。姤即遘。遘训遇。遇是不期而遇的意思。古代诸侯会盟,期而会叫会,不期而会叫遇。姤卦为什么次于夬卦之后?夬是决,决是分。姤是遇,遇是合。物合而未分,谈不到遇。只有分开的东西才有相遇的可能,所以夬卦之后次之以姤。姤卦巽下乾上,巽下乾上为什么名曰姤?一则巽下乾上有风行天下之象,风行天下,接触万物,有遇的含义。二则为卦一阴生于下而与刚阳不期而会,有遇的意思,所以卦名曰姤。

姤,女壮,勿用取女。

姤卦一阴始生,接着将是二阴生,三阴生,四阴生,发展的趋势是阴长阳消,阴将盛长壮大,这是“女壮”的表现。按照《周易》作者的观点,女壮不是好事是坏事。因为女壮必男弱,女壮而男弱,则男尊女卑、夫刚妻柔的关系将被颠倒。所以在姤的时候,“勿用取女”。人在主观上要注意努力避免任何有利于加强阴柔或女子的作法。

象曰:姤,遇也,柔遇刚也。勿用取女,不可与长也。天地相遇,品物咸章也。刚遇中正,天下大行也。姤之时义大矣哉。

“姤遇也,柔遇刚也”,解释卦名。姤的含义是遇。此卦所以名姤,是因为柔遇刚,而不是刚遇柔。柔遇刚何以称姤?夬卦五阳在下一阴在上,阳再长一步,一阴决去则为纯乾。乾是四月之卦但不可次夬。夬之后是五月之卦姤,姤一阴生于下,不期而猝然遇于刚。因此孔子揭示出姤的实质是遇,遇的实质是柔遇刚。

“勿用取女,不可与长也”,解释卦辞。长应读长久之长。一阴既然已生,其势必逐渐盛大。阴盛则阳必衰,这渐盛之阴将要把阳胜过,把阳消尽。对于这个阴，不可长久相与，犹如一个气质、性格盛过男人的女人，男人不可娶她组织家庭，与之长久生活，所以卦辞曰“勿用取女”。“勿用取女”反映《周易》经与传的作者有着深刻的男尊女卑、崇男抑女的思想。

“天地相遇，品物咸章也”，解释完卦名、卦辞之后，孔子对姤卦的时义加以推阐。阴遇阳，柔遇刚，不好。然而从整个宇宙的角度看，阴遇阳，柔遇刚，又很好。阴遇阳，就是天地相遇，天地交感。天地相遇相交感的效用是极其伟大的，它生出万物，万物彰明畅茂。

“刚遇中正，天下大行也”，刚指九五而言，九五以刚阳居中得正，故曰“刚遇中正”。“刚遇中正”，从政治上说，天子有刚阳之德又中正居尊位，于是姤之道大行于天下，是什么阻力也阻挡不了的。

“姤之时义大矣哉”，姤是坏事也是好事。究竟是坏事还是好事，界限怎样划，关键在于一个时字，时宜则姤是好事，时不宜则姤是坏事。好事坏事全在判断、掌握。朱熹说“几微之际，圣人所谨”，正是此意。

象曰：天下有风，姤。后以施命诰四方。

天下有风，风行天下，普遍接触万物，与万物相遇，这就是姤。后是什么？《尔雅·释诂》：“林、烝、天、帝、皇、王、后、辟、公、侯，君也。”这里的后就是王。后体察了姤之象，应用到政治统治上，就要“施命诰四方”，把自己的命令下达到四方，使天下所有的人，所有的角落都知道，都照办。姤卦“大象”与观卦相似，但也不尽相同。姤卦天下有风，风无处不吹，后的命令无处不到，而观是风行地上，先王亲自出巡，所到之处有限。

初六，系于金柅，贞吉。有攸往，见凶。羸豕孚蹢躅。

初六是姤卦之主，姤卦之所以为姤卦，就在此一爻。卦辞讲“女壮”，是就全卦而言，此爻辞讲一阴如何微弱，所指只初六一画。爻辞之意是强调阴虽处在微弱之时，但它是要渐长的，君子此时最要注意设法制止它，不使它向前长进，一旦它壮大起来，就不能制了。全部爻辞分两截说，“系于金柅贞吉”是一截，以下又是一截。柅是止车之物，即车上的制动器。柅即可制动，使车停止不前，且柅又是金子做的，其制动的效果可谓百无一失。这还不算，金柅之外又以绳索系之，牢而又牢，固而又固，车是不可能前进了。初六一阴生于下，力量微弱，最易被人忽略，任其发展下去，将来必成大害。君子察之于先，及早“系于金柅”，制止之使其不得前进。如此可得“贞吉”,此“贞吉”是静止吉,不是正吉。爻辞的下一截讲的是另一面意思,假如君子不“系于金柅”而“有攸往”,任初六一阴前进,则必“见凶”。最后一句用猪的形象和行为比喻初六,进一步告诫君子要见微知著,防患未然。“羸豕”,瘦弱的猪,将来必肥壮,故从其发展看,瘦弱的猪亦可畏。“孚蹢躅”,虽瘦弱,但也跳跃蠢动,急于前进。初六就像一只阴躁的瘦猪,君子要在它还是个瘦猪的时候就制住它,不让它肥壮。

象曰:系于金柅,柔道牵也。

理解初六小象,牵字很关键。《易》里凡是用牵字的,从小畜九二“牵复吉”至此,都是牵制的意思,即往回拉,牵制着使之不得前进,而不是往前拉。这里的“柔道牵也”,是把柔道往回拉,使它不能前进。阴柔之道必须有所牵制,使它不至于盛长。

九二,包有鱼,无咎,不利宾。

鱼是阴物。“包有鱼”的鱼指初六。是九二包初六这条鱼。九二阳刚居中,与初六亲比,既有“包有鱼”的责任,也有“包有鱼”的能力。“包有鱼”的意思主要是制阴,制止阴柔之道发展。其次还有一个容阴的意义。什么是容阴?九二居中,能够恰当地处理与小人的关系,对人采取兼容的态度,不使矛盾激化。制阴之义和容阴之义都通过这个包字表达出来。制阴之义是主要的,根本的,容阴也是为了制阴,两层含义实不抵触。“不利宾”,即不利于外。初六阴柔之鱼已为亲比之刚中九二所包所止,外人得不到鱼了。

象曰:包有鱼,义不及宾也。

九二“包有鱼,”首先把始生于下而其势渐长的初六一阴制止住,不使前进,以义言之,不可使遇于宾。

九三,臀无肤,其行次且,厉,无大咎。

此爻爻义与夬卦九四大体相同。“臀无肤,其行次且”,臀部无肉,坐不下;坐不下就必须走,走起来又次且难行,行动不得,处境十分艰难。九三为什么这样呢?因为它过刚不中,处在姤的时候,有求遇初六即制止初六的愿望。这制阴的愿望促使它虽艰难也要行动,然而它所处的位置又决定它不该求乎初六之遇,制乎初六之阴,仅凭着自己的主观愿望一定要那样做,是危险的。不过也没有大问题,九三毕竟是刚阳得正,不至于迷惑到底，假若它能认清自己的处境，不妄动，则可以无大咎。

象曰：其行次且，行未牵也。

牵，还是牵制的意思。九三“其行次且”，行动艰难，说明它不应该也不可能牵制阴柔之初六。初六“小象”“柔道牵”，是说可以把阴柔之道牵制住。此爻小象“行未牵”，意义相反，是说九三牵制阴柔之道的愿望实现不了。

九四，包无鱼，起凶。

九四与初六乃正应，本应起到制阴的作用，但它实际上制不了初六之阴柔。这固然是由于九二亲比初六，已将初六制止住了，九四已无阴柔可制，不过若从九四自身检查，也存在着严重的问题。九四以刚居阴，不中又不正，它不能容阴也不能制阴，与九二“包有鱼”之义相反，故云“包无鱼”。此与夬卦九三爻义相似。夬九三当决阴之任，却“壮于頄”，恃刚壮而怒形于色。此爻当制阴之任，却“包无鱼”，疾恶小人而远离之。两爻都缺乏包容之度量，更无制服阴柔小人之好办法，所以一个“有凶”，一个“起凶”。“起凶”即生凶，与“有凶”意义相同。

象曰：无鱼之凶，远民也。

无鱼之凶，主要是由于九四不中不正因而对于小人不能包而容之造成的。不能容之便不能制之。不能容民亦不能制民，民则远于我。其实不是民远我，而是我远民。

九五，以杞包瓜，含章，有陨自天。

九五与初六无比也无应，即无遇阴的机会，不遇阴便难于制阴。然而九五阳刚中正，它是有办法制阴的。“以杞包瓜”，九五象木高叶大的杞树，初六象在地之瓜，九五象高大之杞包在地之瓜一样把初六包住。包住不等于解决。解决尚须时间，尚须等待。“含章”就是这个意思。含蓄不露，不动声色，静以待之，总有一日会“有陨自天”，瓜熟而蒂脱，落到地上。初六一阴终被制服。

象曰：九五含章，中正也。有陨自天，志不舍命也。

九五之所以能含章，含蓄不露，善于等待，因为它阳刚中正。非阳刚中正是做不到的。志，人的主观意志。舍，违背。命，客观的规律。“志不舍命”，人的主观意志不违背客观的规律。姤卦一阴始生于下，阴长阳消，是客观的规律。客观的规律不可违背，但九五有制阴的坚强意志，它顺应规律，采取“含章”的途径，使初六一阴像瓜熟蒂落一样被制服。瓜熟蒂落，自然而然，合乎规律，正是“有陨自天”。“有陨自天”既是规律也是九五的意志所致。因此小象说“有陨自天，志不舍命也”。后世荀子所云“制天命而用之”，义与此同。

上九，姤其角，吝，无咎。

上九刚而居最上，像一个角长在头上，等于姤卦之角，故云“姤其角”。姤卦与夬卦相反，夬卦初九反过来就是姤卦上九。夬卦初九“壮其前趾”，姤卦上九“姤其角”，都距离阴爻最远。夬卦初九不能决阴，即便它一定要前进，也不能成功，且必为咎。姤卦上九不能遇阴，故不能制阴，是可吝的。但是有一点与夬卦初九不同。夬卦初九既居初，就要有所前进，而姤卦上九居上，不可能再前进了，制阴已不是它份内的事，故无咎。很像一个隐居世外的人，世上出了乱子，它既不能救，也不参与，没有功也没有过。

象曰：姤其角，上穷吝也。

姤其角，君子处姤之极，不遇阴不制阴，虽然没有过咎，也是可羞可惭之事。这是因为它处于姤卦穷极的缘故。

〔**总论**〕

姤卦反映出来的思想宜从两方面看，卦辞是从宏观方面讲的意义，诸爻爻辞是从微观方面讲阳制阴即君子制小人的原则。姤的意义是柔遇刚，阴渐壮，阳渐消，所以姤之事不是美事，姤之名不是美名。但是在有的时候，有的情况下，姤又是美事又是美名，甚至自然界和人类社会不可没有姤，例如天地是阴阳相遇，君臣是阴阳相遇，男女是阴阳相遇，阴阳相遇即是姤，有了姤才有万物的生长，社会的稳定，人类的繁衍。就是说，阳刚好，然而没有阴柔不行；阴阳相须相得才有世界。问题在于阴与阳的关系永远处在变动之中，阴长阳消，阳长阴消，盛衰消息，无有尽头。于是就产生了人类如何掌握、控制、利用阴阳消长规律的问题。人要明察阴阳变化的几微，审慎行动，尽可能使变化朝有利于自己方面发展。

怎样明察几微，审慎行动，使阴阳变化有利于自己，这个问题主要反映在六爻爻辞上。姤卦爻辞把阴阳的关系具体地落到人世间君子与小人的问题上来。在小人渐盛,君子渐衰的形势下,君子如何制小人,不是简单的事情。六条爻辞中九五的思想最为深刻重要。君子对待得势的小人,要像杞叶包瓜那样先把它包住,然后含而不露,等待“有陨自天”,瓜熟蒂落。其中含有既重规律又不放弃人事,既重人事又不违规律的义蕴。其余如九二“包有鱼”强调君子欲制小人必先善于容小人,九四“包无鱼”从反面说君子包容小人方能制服小人的道理,九三“臀无肤”讲制小人之艰难不易,初六“系于金柅”,告诫君子勿以为小人势力尚微,就不重视它,要趁它还很微弱的时候就加以制之,使不得发展,这些都深刻地表达了一种思想:阴柔小人自有它存在发展的理由和根据,阳刚君子亦当有它制服阴柔小人的适宜办法。任何简单化的态度都将引来无穷尽的凶咎。上九“姤其角”这一爻远离小人,不能及也不能制,不能与乱亦不能救乱,俨然世外君子。看来似乎与姤卦之义无涉,其实生活中恰恰不乏这等人这等事,《易》作者写进来,尤能表明他思想的细致、全面、周密。

萃

☱☷ 坤下兑上

《序卦传》说："姤者遇也。物相遇而后聚，故受之以萃。萃者聚也。"萃的意义是聚。物相会遇必成群，成群即萃聚，所以姤卦之后次之以萃。

萃，亨，王假有庙。利见大人，亨，利贞。用大牲吉。利有攸往。

第一个亨字是衍文。各本卦名下原无亨字，唯独王肃本有，王弼本因之。孔子《彖传》就没有亨字。假音格，作至讲。"有庙"就是庙。有字如有虞氏、有夏氏之有，没有意义。"王假有庙"即王至庙。王至庙干什么？祭祀。古代国家有大事如出征打仗等，天子诸侯必至庙祭祖考，表示他决定要打仗，是秉承或者符合先人意志的，用此把人们的思想统一起来，聚合起来。萃卦卦辞的主旨就是讲如何将天下人聚合起来，而古人认为萃聚天下人的最大最有效的办法莫过于入庙祭，所以卦辞说"萃，王假有庙"。欲萃聚天下人，除"王假有庙"外，还须"利见大人"，还须"利贞"。大人指天子诸侯最高层的统治者。人聚则乱，物聚则争，作《易》者认为天下萃聚了，不可没有王公大人的统治，否则萃聚就要变为乱和争。萃聚也还必须正。萃聚不以正，便是苟合悖聚，是不巩固的。"用大牲，吉"，此接上文"王假有庙"来。萃是万物盛多，国家富有的时代。这时期祭祀应该用大牲，不用小牲，即对待鬼神要丰厚，不可吝啬。古代以祭为国之大事，所以，虽说的是祭享，实际上一切事情都包括了。当天下国家富有之时，一切事情都应从厚不从薄。天下国家民富物丰，最是有为之时，所以"利有攸往"。

彖曰：萃，聚也。顺以说，刚中而应，故聚也。王假有庙，致孝享也。利见大人亨，聚以正也。用大牲吉，利有攸往，顺天命也。观其所聚，而天地万物之情可见矣。

"萃，聚也。顺以说，刚中而应，故聚也。"萃训聚。以下从卦德卦体角度讲所以能聚的原因，而未进一步解释卦名萃的内涵。为卦坤下兑上，坤之德顺，兑之德说，故曰“顺以说”。又九五阳刚处中正之位，而下边有六二的应助，所以能够萃聚。

“王假有庙，致孝享也”，王于庙中祭享，对待先人要在思想上表现出最大的孝心来，在物质上拿出最大的贡献来。总之要有至诚之心。王者萃聚天下人之心，自己要像祭祀时对待先人那样有至诚之心。用在庙中祭祀先人那样的至诚之心来对待天下人，从而把天下人萃聚起来，是没有问题的。

“利见大人亨，聚以正也”，大人指统治阶级，不是一般人。只有统治阶级能够把天下人萃聚起来。如果不是统治阶级而萃聚天下人，就要闹乱子了。由王公大人萃聚天下人，是萃以正道，否则就是萃以邪道了。

“用大牲吉，利有攸往，顺天命也”。物丰的时候，其用宜厚，物乏的时候，其用宜薄。萃是物资丰富的时代，在萃的时代，人们的消费享用要相应地充足一些，祭祀也要用大牲。萃既是富有的时代，当然也就是有可为的时代，在这时候，利有攸往，有所作为，有所行动。这是“顺天命”的。“天命”，宋人理解为天理，其实就是规律。

“观其所聚，而天地万物之情可见矣”。这是孔子解释卦辞之后自己所做的发挥。《彖传》言“天地万物之情”的共有三卦，咸卦说“观其所感”，强调的是情之通；恒卦说“观其所恒”，强调的是情之久；萃卦说“观其所聚”，强调的是情之同。三卦虽各有特点，但是各有自己的规律在起作用却是共同的。萃卦讲天地万物之聚。物聚的规律是同，王弼说的“方以类聚，物以群分。情同而后乃聚，气合而后乃群”，正是这个意思。

象曰：泽上于地，萃。君子以除戎器，戒不虞。

为卦坤下兑上，有泽上于地之象。泽既上于地，则水必聚，所以名曰萃。君子观萃之象，应用到治国上要“除戎器，戒不虞”。除，整治、修缮。“除戎器，戒不虞”，整治兵器，加强武备，以防范国家出乱子。孔子把萃聚与“除戎器，戒不虞”联系起来，其作为中间环节的思想是：物聚人盛，必有争，争必乱，为防争防乱，必须豫为之戒备。

初六，有孚不终，乃乱乃萃，若号，一握为笑，勿恤，往无咎。

初六与九四正应，本该与九四相萃聚，只是由于上卦有九四和九五两个阳爻,使初六对九四的信赖发生动摇,以至于疑乱不一,既想萃于九四又要萃于九五,与九四有孚而不终。其结果必“乃乱乃萃”。两乃字不一样。前个乃字是虚字,无义。后个乃字训你。你(初六)有孚不终,就要乱了你的萃聚的步调。不过这也没有大问题,只要初六以至诚迫切之心,号咷着求萃于九四,九四一定会高高兴兴地来与之应,即与之萃。如此,则“一握为笑”。手一握的短暂时间,就可变号咷为欢笑,得萃其所当萃。所以初六“勿恤”,不要怕。要大胆前往。大胆前往,必无咎。

象曰:乃乱乃萃,其志乱也。

初六面对九四、九五两阳,疑乱不一,不能抉择,根本的原因是初六的心志乱了,思想乱了。

六二、引吉,无咎。孚乃利用禴。

引,援引。孚,诚。禴,简薄的祭祀。六二以阴居阴,履中得正,与九五正应。九五是中正之君,六二是中正之臣,六二理应萃于九五,但须有九五来援引它,它自己不宜主动前往。因援引而不是因自荐萃聚于九五,才可以得吉而无咎。“孚乃利用禴”,说六二与九五相萃聚,以诚信为根本,犹如祭祀,只要中心诚敬,仪节无论怎样简,祭品无论怎样薄,都可以。

象曰:引吉无咎,中未变也。

六二居中得正,自持中道而不变。所以与九五萃聚需要援引,而不自进;即便经援引而与九五之君聚合了,也依然守中道不变。

六三,萃如嗟如,无攸利,往无咎,小吝。

萃的时代利见大人,大人是九五,六三与九五非应非比,欲求萃而不得,不免发出嗟叹之声。形势对于六三无所利。不过出路还是有的,六三与九四亲比,若往求萃于九四,九四会接受的。萃聚于九四,亦可无咎。但是六三无正应而亲比于九四,毕竟所聚非正,所以有小吝。

象曰:往无咎,上巽也。

萃卦下体三阴,初六、六二都与上体之阳相萃聚,唯独六三不中不正,无所应与。尽管如此,处在萃的时代,总是要萃的。六三在下欲萃于上,上亦欲来萃于下之六三。六三既能往求萃于上,虽小吝但可无咎。“上巽也”之上指九四,九四居说体,故曰上巽。

九四,大吉,无咎。

九四只有得大吉方可无咎。萃卦与比卦相似,比卦五阴都比九五一阳,萃卦四阴都萃聚于九五、九四二阳。九五与九四又有不同,九五得尊位而九四无尊位。无尊位而得众心,下体群阴都来萃聚于它,其实并非好事,极易得咎。若想无咎,必须大吉。犹如益卦初九,在下位而任大事,也必得无吉而可无咎。大是周遍的意思,做事无所不周,无所不正,达到至善至美的程度,谓之大吉。

象曰:大吉无咎,位不当也。

九四得大吉方可无咎。为什么对九四要求如此严苛呢?因为九四位不当。《易》里凡言"位不当",表面上都是说爻位不当,其实往往是借爻位当不当发明时位之当与不当。此爻之位不当,说的是以阳刚而迫近于君。

九五,萃有位,无咎,匪孚。元永贞,悔亡。

九四的问题是无位,九五的问题是有德无德。九五是萃卦之主。处在萃的时代,作为萃卦之主的九五,重要的是有其位,更重要的是有其德。有其位而无其德,则天下之人必有许许多多不信我,不服我,这就叫做"匪孚"。天下人好像在说,在上之君就其位说,他要萃我们,而就其德说,他并不想萃我们。这对于九五很不利,要有悔的。怎么办呢?唯一的办法是反身修己,做到"元永贞"而后可能悔亡。元,善,长,是为君的一种德性。元,又加上永恒贞固,这三条是作为君上的人极为重要的修养。

象曰:萃有位,志未光也。

光,广,大,全面。九五有其位而无其德,天下人"匪孚",不信服于它,它的王者之志未能全面实现、光大。

上六,赍咨涕洟,无咎。

赍咨涕洟,嗟叹哭泣。上六为什么嗟叹哭泣呢?因为上六处在萃卦之极,当萃极将散的时侯,欲萃而不得萃。很像受贬斥在外,不得君父亲近的放臣屏子,心中既充满怨艾,又有一腔求萃之热情,自然而然地嗟叹哭泣。求萃的心志坚定不移,最终还是能得萃的,所以无咎。

象曰:赍咨涕洟,未安上也。

上即外,放臣屏子身在外但心未安于外,赍咨涕洟,哓哓号泣,求萃于君父之心，一日未尝止息。

〔**总论**〕

萃卦与比卦有相似之处。比卦坤下坎上，一个阳爻五个阴爻。萃卦坤下兑上，两个阳爻四个阴爻。两卦都以九五为主。比卦五个阴爻都与九五比。萃卦情况要复杂些，它有九五和九四两个阳爻，四个阴爻有的萃于九五，也有的萃于九四。对于四阴来说，主要的问题是如何萃于九五。对于二阳来说，主要的问题是如何萃于众阴。九四居臣位而得众心，大吉方可无咎。九五萃有位，刚阳中正居尊，以此萃天下固然无咎，但是关键是看它有德无德。由此可见，萃卦有很强的政治性。它讲萃聚问题是有前提的。它不提倡人际之间任何情况的萃聚，它要求的是下对上的萃聚，臣民对君上的萃聚，萃聚的核心是王公大人。以王公大人为核心的萃聚是正，不以王公大人为核心的萃聚则为不正。卦辞说"王假有庙，利见大人"，《彖传》解释说"利见大人，聚以正也"，正是此意。

萃卦还有一显著的特点，六爻无论有应无应，当位不当位，皆云无咎。这其实并不奇怪，方以类聚，物以群分，凡人或物，情性相同，自然相聚合。在或聚或散的时候，最能表现天地万物之真情。这就是萃。当萃之时，曰号，曰笑，曰嗟，曰咨，曰涕洟，欢欣悲戚，都是真情的表露，所以六爻一概无咎。萃卦强调聚合，与老庄鼓吹孤独截然相反。《周易》思想不同于老庄，于此可见一斑。

升

䷭ 巽下坤上

《序卦传》说:“萃者聚也。聚而上者谓之升,故受之以升。”物积聚起来,必然增高,增高必向上,所以萃卦之后次之以升。升的含义是前进而上。升之为卦巽下坤上,巽为木,坤为地,木在地下,必萌发生长而向上增高,有升之象。

升,元亨,用见大人,勿恤,南征吉。

64 卦卦辞只说元亨而别无他辞的有大有和鼎两卦,说元亨也有他辞但无戒辞的有升一卦。就是说,64 卦中唯大有、鼎,升三卦讲元亨而不加任何条件,不加任何限制,突出地强调元亨,别的卦都不如此。虽比卦与大有相似,井卦与鼎卦相似,但是比与井二卦所云都是普通百姓的事情,而大有与鼎二卦所云则在养贤,尚贤。渐卦与升卦也相似,升是向上,渐也是向上;升所云是贤者之升,渐所云也是贤者之渐。渐不言元亨而升言元亨者,是因为渐是贤者有所需待而进,升是贤者得时,无所阻碍而登。“用见大人,勿恤,南征吉,”当升的时候,自己的才智、道德的修养成熟了,还要用以见大人,得到大人即王公圣贤的提携。不必忧虑志不得遂,尽管南征就是了。南征是前进的意思。前进得吉。

彖曰:柔以时升。巽而顺,刚中而应,是以大亨。用见大人勿恤,有庆也。南征吉,志行也。

“柔以时升”,这一句是解释卦名的。升的含义就是升,但是是怎样的一种升呢?是这样的一种升:其起点是初六,初六居下体巽之下,阴自此始生,然后向上发展以极于上。犹如一棵树,自根部开始滋生,生长向上,以至于枝叶繁盛。这种升有两个特点。一、是柔升不是刚升;二、是以时而升,不是躁进。“柔以时升”的柔所指显然是初六,不是六四、六五,也不是上体坤。

“巽而顺，刚中而应，是以大亨”，这几句是解释卦辞的。“大亨”应为“元亨”。“元亨”作为卦辞，必与卦名有联系。就是说，卦名曰升，升之中已经包含了“元亨”的意义。《彖传》又从卦德卦体两方面进一步发掘“元亨”的底蕴，但也不出乎卦名之中。“巽而顺，刚中而应”两句连解释卦名升并以解释卦辞的元亨。这可以与无妄对照看。升卦与无妄相对，无妄“动而健，刚中而应”，升卦“巽而顺，刚中而应”。一个是“动而健”，下动而上健，九五刚中应于六二，顺乎自然，应乎规律，是谓无妄，无妄而元亨；一个是“巽而顺”，下巽而上顺，九二刚中正应于六五，能巽而顺，其升以时，所以元亨。

“用见大人勿恤，有庆也”，有庆犹今语所谓好事。“用见大人勿恤”，得见大人，则升是肯定无疑的，勿庸忧虑了。这对于个人来说，升路已开，了无阻碍，是好事，对于天下人来说也将是好事。凡事不仅于己好，于天下人也好，谓之有庆。

“南征吉，志行也”南通常是所面对的方向，南征即向前方行进。向前进即可实现其升的志愿，取得成功。

象曰：地中生木，升。君子以顺德，积小以高大。

升卦巽下坤上，下边是木，上边是地，有木生于地中之象。木生于地中，由幼小细嫩之芽长成枝叶繁茂的大树，是一个日积月累、从容积渐的过程。其间不可躁，不可逆，不可助长，宜顺理而进，以时而行。君子观升之象，应用到修养和政治上，要念念谨慎，事事谨慎，日日谨慎。德行与政绩都要积小以成高大，切不可幻想一朝成大事大名，而弃小善不为。

初六，允升，大吉。

允，信。升之为卦巽下坤上，巽好像木，初六巽主居下，好像木之根。木之根在地下，有地中养料和水分的滋养，其向上生长而成为大树，是没有疑问的。升卦之所以为升卦，关键在于下卦巽，有地而无木何以升；巽之所以为巽，关键在于初六，木而无根何以为木。升卦初六最为重要。《彖传》谓“柔以时升”之柔即指初六，所以卦中六爻唯初六曰大吉。与升相对的无妄，情形与此类似。其《彖传》云“刚自外来而为主于内”的主亦指初爻而言，初爻的地位极重，故无妄六爻也唯初九曰吉。

象曰：允升大吉，上合志也。

上指上体三阴。初六居下，柔进而上，与上体之三阴同志；它要升，三阴也要升；它的升受到众同志的信赖和配合，所以允升大吉。

九二，孚，乃利用禴，无咎。

孚，诚信。此爻辞与萃六二相似。萃六二因中虚而孚，上与九五相应，此爻因中实而孚，上与六五相应。二爻虽虚实不同，而有孚于上，却是一样的。萃六二有孚于上是为了求萃，此爻有孚于上是为了求升。前者以柔应刚，后者以刚应柔，刚柔所居不同，其以至诚相感则不殊，因而《彖传》都说："刚中而应"。"孚乃利用禴"的孚字很重要，表明必孚乃利于用禴，若不孚则不利于用禴。禴是简质无文的祭祀。"利用禴"比喻阳刚之臣事柔弱之君，以至诚之心相感通而不用文饰，方可无咎。当升之时，本来以柔为好，九二以阳刚得无咎，主要是因为它居中。可以说，初六大吉以柔，九二无咎以中。

象曰：九二之孚，有喜也。

有庆是好事，有喜也是好事，而含义略有不同。前者意谓已有福庆而又及于别人，及于天下，它涉及的面较广；后则只关自己，不关涉别人，所谓有喜，是就事情本身而言，事情是好事，把好事办成却又不损失什么不妨碍什么，甚至还会带来另外的好处。九二以至诚求升于上，是处升之时最好的为臣之道，不唯无咎而已，还可以行刚中之道，把自己的事情办好。故云有喜。

九三，升虚邑。

九三升虚邑，无凶咎之辞，亦无吉利之辞，总的说来有好的一面，也有不够好的一面。什么是升虚邑？阳为实，阴为虚，当升的时候，九三以阳刚之才进临于坤，如入无人之邑。说如入无人之邑，不过是比喻，比喻九三勇于前进，无所畏忌。在升的时候，如此上进，是不至于有凶咎的。然而九三以刚居刚，过于刚，毕竟不适合升卦重柔的要求。九二、六五居中，它不居中；初六、六四柔顺，它不柔顺。所以诸爻言吉言无咎，而九三独无。

象曰：升虚邑，无所疑也。

九三过刚，勇于前进，如入无人之邑，果敢而无所犹疑。吉凶如何不可定，结果将取决于九三自身的主观努力。

六四，王用亨于岐山，吉，无咎。

亨宜读享。《周易》言"王用享"者共三处，随卦上六"王用亨于西山"，益卦六二“王用享于帝”，本爻“王用亨于岐山”，句式大体相同，都是说王用如此爻之人，以亨于上帝山川，不是说王就是此爻。一般说，王是指五。升卦此爻之王亦当指五。六四上承六五，是近君之臣，处境其实不好。好在六四以阴居阴，是柔顺之才，上顺君之升，下顺民之进，而自己则止于其所，很有点像“三分天下有其二，以服事殷”的周文王。周文王居诸侯之位而继续求升的心计和办法，是不一般的，极有典型意义。六四再要上升，便是要取六五之王位而代之了，那就要像周文王那样做。然而做起来实难，所以只有做到“王用亨于岐山”方可得吉，得吉方可无咎。那么，“王用亨于岐山”是什么意思？王指六五，六五用六四祭岐山，说明六四表现十分驯顺，十分诚敬，也十分纯洁，以至于六五对它信赖无疑，竟用以祭亨山川。

象曰：王用亨于岐山，顺事也。

谁顺事？六四。顺事谁？六五。怎样顺事？“王用亨于岐山”，即“三分天下有其二，以服事殷”。

六五，贞吉，升阶。

升阶就是已经升到阶之上而至于堂了，升到高处了。升到高处，居于尊位，下有九二刚中之应，可能得吉，但必须贞。贞字在此当固讲。六五乃阴柔之质，它必守贞正，方可得吉。如果不贞正，犹疑多变，对于贤者，今日信之用之，明日不信不用，信而不笃，用而不终，绝不会得吉。

象曰：贞吉升阶，大得志也。

自初六始升，至六五升到了极处，故初六小象说“上合志”，六五小象说“大得志”。

上六，冥升，利于不息之贞。

“冥升”与豫卦上六“冥豫”，意思相同。豫乐到了极点，以至于昏冥，故云“冥豫”，升进到了极点，以至于昏冥，故云“冥升”。“冥豫”和“冥升”都不是好的意思。“冥豫”、“冥升”与晋卦上九“晋其角”的意义亦同，都是知进不知退，能进不能退。晋上九是阳爻，故称“角”，豫、升上六是阴爻，故称“冥”，这是它们的不同之处。

“利于不息之贞”，是说上六还有好的一面，它能够自省自治，不以盛满自居，所以虽“冥升”却无凶咎。

象曰:冥升在上,消不富也。

“消不富”,消而使不富的意思。“冥升在上”,势位满盛,应自我消损,尽力使之不富,不满盛。

〔**总论**〕

《易》中升卦与晋卦、渐卦意义略同,都是进的意思,而进的程度有所不同。晋卦是明出地上,有如太阳升起,明盛向上,是最好的进。升如木由始生而终成大树的过程,依时而长,并无阻碍,义虽不如晋优,但也算挺好。渐是木既生之后渐渐高大,有一个需待的问题,义不如升好,更不如晋好。

升有地中升木之象,所以所谓升实际上是柔之升,不是刚之升。柔之升,特点是以时升。以时升则必从容渐进,顺势而行,故卦辞曰元吉。而六爻爻辞亦尽善,并无凶咎悔吝之语。这在 64 卦中是不多见的。六五贞固坚定,初六与之合志,九二有喜,九三无疑,六四顺事,上六居卦之终,虽冥升,却也有消不富的自知之明。整个说来,升卦表现出一种上下和谐的势态,就政治上说,好像人们同朝共事,同心一德,已上者不抑下,未上者不袭上,绝无尔猜我疑之事。

困

䷮ 坎下兑上

《序卦传》说："升而不已必困，故受之以困。"升是自下往上升。自下往上升须用力气，如果上进不已，必力竭气乏而困，所以升卦之后次以困卦。困是疲惫困乏的意思。为什么坎下兑上这一卦名为困？因为，若水在泽上则泽中有水，今水在泽下，是泽中干涸无水之象。泽中应有水而无水，正是困乏的表现。又，兑阴在坎阳之上，上六阴爻在九四、九五二阳之上，九二陷在初六、六三二阴之中，都是阳刚为阴柔所揜蔽，在人事则是君子为小人所揜蔽，君子处于受困之时。

困，亨。贞大人吉，无咎。有言不信。

困，穷厄委顿，道穷力竭，本是亨的反义，而卦辞竟以亨释困，不是说凡是在困的时候都能亨。困而亨是有条件的。困穷的处境可以激励人的心志，磨炼人的毅力，促使人出困求通。困能够逼迫人把困转变为亨通。不过，"贞大人吉，无咎，"只有守正道的大人君子才能变困为亨，才能得吉而无咎，寻常百姓是办不到的。"有言不信"，在困的时候，说话没有人相信。自己申辩，往往结果更坏。

彖曰：困，刚揜也。险以说，困而不失其所亨，其唯君子乎。贞大人吉，以刚中也。有言不信，尚口乃穷也。

"困，刚揜也"。此解释卦名为什么叫困。答曰："刚揜也"。从卦画的角度看，困就是刚揜。刚揜，兑为阴在上，坎为阳在下；上六在二阳爻之上，九二陷在二阴爻之中。总之，刚为柔所揜蔽，阳刚君子为阴柔小人所揜蔽。

"险以说，困而不失其所亨，其唯君子乎"，自此以下以卦德解释卦辞。这几句解释卦辞中那个亨字。困与亨意义相反，卦辞却说"困亨"，"困亨"即《彖传》说的"困而不失其所亨"，既处困境，又能亨通。困卦为什么能够如此？因为它由下坎上兑组成，坎之德险，兑之德说，为卦“险以说”，由于处险，而能致说，开始困而后得亨。是不是无论什么人都能够因困而亨，始困终亨呢？不是。君子处困之时，能亨；小人处困之时，不能亨。君子能“险以说”，小人不能“险以说”。孔子所说“君子固穷，小人穷斯滥矣”，正是这个意思。

“贞大人吉，以刚中也”。刚中，指卦中九二与九五而言。九二与九五都是刚爻而且居中，故曰“刚中”。《易》极重视刚中，刚代表君子，中表示君子处困境尤善守正道。因为卦中有“刚中”，所以卦辞才说“贞大人吉无咎”。“有言不信，尚口乃穷也”，人处在困的时候，任凭你怎样会说，人家也不会相信你。摆脱困境的最好办法是靠行动而不是靠口说。你若一定靠口说，即“尚口”，那就要“穷”，犹如走入死胡同，不能亨通。

象曰：泽无水，困。君子以致命遂志。

《彖传》用“刚揜”解释卦名困，而大象则把困解释为“泽无水”。说明大象看问题的角度与《彖传》不同。不仅困卦如此，全《易》64 卦都是这样。大象的思想与卦辞、《彖传》从根本上说当然是一样的，而谈问题的焦点却又有很大的差异。可以认为全部 64 卦大象有自己的独特的体系。大象说困就是泽无水，那么人处在泽无水般困境的时候，应当怎么办呢？大象回答说：“君子以致命遂志”。豁出性命，实现夙愿。当生命与信仰不能兼得的时候，要杀身成仁，舍生取义，不可苟且偷生。三军可夺帅，匹夫不可夺志，可做“致命遂志”的注脚。

初六，臀困于株木，入于幽谷，三岁不觌。

初六的处境很不利，它几乎没有摆脱困境的希望。人走路用脚趾，坐下来用臀。走则趾在最下，坐则臀在最下。株木是没有枝叶的树。幽谷，深谷，低洼的河谷。觌，见。初六以阴柔之质处在最卑下的地位，又居坎险之下，自己无力走出困境，需要有九四来援助它，庇护它。可是九四以阳居阴，不中不正，自己还受到阴的揜蔽，哪有可能支援初六以济困！因此，初六的处境极端艰难，很像坐困于无枝无叶的株木之下，毫无庇护，而且已经进入幽谷，以至于“三岁不觌”，长时间看不见“其所亨”。就人说，一个人在卑暗穷陋之中，陷而不能拔，坐而不能迁，一困到底。

象曰：入于幽谷，幽不明也。

初六陷于深困而不能拔，是由于它自己昏暗不明造成的。

九二，困于酒食，朱绂方来，利用亨祀，征凶，无咎。

困有身之困有道之困，小人之困是身之困，君子之困是道之困。小人的困是吃饭穿衣亦即维持生存的问题。初六的困就是小人之困。君子的困表现在道不能通，志不能行上。在困卦中三个阳爻代表君子，它们的困是君子之困。九二是阳爻，九二之困是君子之困，亦即道困，与初六小人困于株木不同。

酒食，好饭好菜。有好饭好菜吃，表明生活水平很高。绂是蔽膝，用在膝前的东西。朱绂是蔽膝中高贵的一种。是诸侯或天子三公才能使用的。“朱绂方来”，表明九二是个地位极高的大官。有酒饭吃，有朱绂用，这在小人应该是够亨通的了，而在君子却适成为困。“困于酒食，朱绂方来”，意谓一个大官陷入困境。这种困是道困。比如他的政治主张得不到天子诸侯的理解和支持，或者遭到政敌的阻碍和反对等等。处于这种困境的九二该怎么办呢？办法不外乎两方面，一是“利用享祀”，利于用享祀。祭祀上帝鬼神，求得神明的理解和保佑。古代的统治阶级自己并不真信鬼神，他们祭祀上帝鬼神，不过是寻求精神寄托以达到心理平衡罢了。二是征凶，行动就要凶；反过来说，不要行动，即可无咎。

象曰：困于酒食，中有庆也。

同样是困，困于酒食毕竟生活不成问题，比困于株木要好。这是因为九二居中，有中德。因居中有中德所以有庆。

六三，困于石，据于蒺藜。入于其宫，不见其妻，凶。

石指九四，蒺藜指九二。九四阳爻像个坚硬的石头阻挡着六三，使之不得前进。九二像带刺的蒺藜一样使之坐不下，退不得。由于前有九四后有九二，六三进不得退不得，进退维谷，陷于困境。“入于其宫”的宫是三，“不见其妻”的妻是六。伤于外者必反其家。六三妄行在外而取困，回到家里呆着总可以吧，也不行，回家又见不到妻子。出困出不去，处困处不得，名辱身危，死期将至，凶。困卦三阴爻中，六三的处境最坏，几乎无可挽救。

象曰：据于蒺藜，乘刚也。入于其宫，不见其妻，不祥也。

据于蒺藜，谓六三乘九二之刚。在《易》里，乘刚是很严重的事情。“据于蒺藜”，等于坐在刺上，是不能安稳的。小象只言“据于蒺藜”，不言

“困于石”,是举重包轻,说了重的,轻的就包括了。不祥,不好的征兆。“入于其宫,不见其妻”,是走上厄运的开始,丧身亡家之不幸将接踵而至。

九四,来徐徐,困于金车,吝,有终。

九四是阳刚之爻,在这一卦里显然与九二一样,是个有官在身的人,它的困是道困不是身困。“来徐徐”,来得迟疑徐缓。《易》中所谓往,是自下向上去;所谓来,是自上向下来。九四与初六是正应,九四为了摆脱困境,想要取得初六的配合、帮助,但是不可性急,所以初六告诫它说:“姑且徐徐而来!”“困于金车”,金车不是一般老百姓乘坐的,有金车的人必是大人君子,所以“困于金车”不同于困于株木幽谷,是君子之道困,不是小人之身困。九四与九五二阳刚同为上六阴柔所揜,是不大得志的时候,只可沉潜养晦,从容以俟。处此困境虽可吝,但是“有终”,结果还是好的。

象曰:来徐徐,志在下也。虽不当位,有与也。

九四位在上,而其心志则与初六相应,它不是孤立无援的。九四以阳居阴,是不当位。不当位不好,但是九四“有与”,“有与”弥补了“不当位”的弱点。“有与”是有朋友,有同道者。“有与”指谁呢?指九五,九五与九四近比,二者处境相同,利害一致。九四因为有九五之与,所以才“有终”。

九五,劓刖,困于赤绂,乃徐有说,利用祭祀。

理解这一爻,劓刖两个字很重要。古人对这两个字的解释分歧很大。王弼的本子用的是劓刖这两个字,宋人程颐、朱熹沿袭王弼,也用这两个字,解为截鼻和刖足。这样解释劓刖二字,当然是对的,但是放在整个爻辞里就显得勉强难通。《周易》原文究竟是不是劓刖这两个字呢,应该研究。《经典释文》说荀王肃本“劓刖”作“臲卼”,云“不安貌”,又引郑玄说“劓刖当为倪伆”。清人惠栋作《周易述》,将劓刖改作倪伆,释作不安貌。这是根据字音确定的。卼、刖可能同音,《庄子·德充符》说:“鲁有兀者王骀。”称刖足者为兀。可见困卦九五劓刖应该是臲卼。臲卼二字写法又有不同。《尚书·秦誓》说“邦之阢陧”,“阢陧”即“臲卼”。宋人不重视文字,沿袭王弼的错误,把劓刖二字释作截鼻刖足。清人重汉学,讲究文字考据,因此惠栋把这两个字弄明白了,是可取的。“乃徐有说”的说字,历来有悦、说、脱几种读法。这里应当读如脱。赤绂与九二的朱绂是同一种东西，是蔽膝，赤绂比朱绂的等次要低。“利用祭祀”与九二的“利用祭祀”义同。

这样一来，九五爻辞的含义就比较清楚了，大体与九二相似。九五虽阳刚居君位，但在困卦里不取它的君象，把它作为一般的爻对待，取象同于九二，与九二不同之处是它位高而益困。九五与作为居高位着赤绂的大人君子，在政治上陷于困境，到处得不到理解和支持，形势极为严峻，终日处在阢陧不安的状态。它别无他途，只有“乃徐有说”，在沉稳坚定，从容不迫的奋争中寻求解脱。至于精神方面，既受困于人，就当求感于神，“利用祭祀”，在与鬼神的感通中寻求精神支柱。

象曰：劓刖，志未得也。乃徐有说。以中直也。利用祭祀，受福也。

开始之时为小人所揜，上下无与，阢陧不安，正是不得志的时候，以后“乃徐有说”，慢慢地得以济困。九五之所以能够济困，因为它中直，中直即中正，居中得正的意思。中正而云中直，是为了与下面的福字叶韵。“利用祭祀，受福也”，君子为人所困，乃寻求神明的感知，从中获得精神力量，获得好处。

上六，困于葛藟，于臲卼。曰动悔有悔，征吉。

全卦六爻中九二、九四、九五都不言吉，初六、六三以阴柔而不免于困，唯上六得吉，这是什么缘故？从客观的形势上说，上六困于葛藟的缠束之中，处在阢陧危动的高险之地，已不是初六困于株木，入于幽谷，三岁不觌的那种安然不动的境况了。上六受困已至极点，物极必反，困极就要通了。从上六主观的努力看，它应该因势而行，争取出困。“动悔有悔”，前一个悔字指事言，意谓上六当困极之时，动辄有悔，时时处处事事受困。后一个悔字指心言，是说上六能够自觉地认识到自已的艰难处境，动辄有悔，而不动更有悔。越知有悔越能悔，能悔则往而出于困，故爻辞断之以“征吉”。

象曰：困于葛藟，未当也。动悔有悔，吉行也。

上六困于葛藟缠束之中而不能变，是因为它暂时还没掌握困极以出困的道理，因此处之未当。但这只是暂时的，一旦它“动悔有悔”，采取主动行动，必出困而获吉。为什么能出于困而获吉？关键在于行动。若如初六那样坐困，怎能出困获吉！

〔总论〕

困的基本含义是刚揜，即阳刚受阴柔之揜。困卦讲的困有两类：寻常百姓的困，表现在生存问题上，是为身之困。大人君子的困，表现在政治斗争上，是为道之困。困已经存在，已经成为现实，因此困卦的着眼点是怎样处困出困的问题。困卦站在阳刚亦即大人君子的立场上讲话，卦辞明确说："困，亨。贞大人吉，无咎。"困而能亨，但必须是大人君子。在被统治阶级小人则不可能得吉而无咎。在九二、九四与九五三个阳爻里就如何摆脱困境的问题上，有两点是值得玩味的。"来徐徐"，"乃徐有说"，强调阳刚受困时一定不能急躁，要从容不迫，徐图出困之计。这是一。二是强调"利用享祀"，"利用祭祀"。表面上看这好像是鼓吹迷信，其实是提出了一个受困者需要精神支柱的重要问题。受困者在人间得不到理解，自然求诸鬼神，求诸鬼神，与其说是对鬼神的信仰，还不如说借以表达自己坦诚的心迹，寻求精神寄托和自我安慰。另外还有一点值得注意，困卦卦辞讲"有言不信"，告诫人们处困出困勿靠口说，要重视行动。行动与否则须因时而定。时不宜动不可躁动，九二"征凶"即是。时当动不可不动，上六"征吉"即是。

困卦初六、六三、上六都不是善于处困境的人，初六最下，坐而困，没有出困的可能，也没有出困的愿望。六三处境最坏，进退维谷，处出皆凶，一派困死之象。唯上六可获吉，亦因困极必变，形势有利。这是因为这三爻全是阴柔，阴柔在困卦中代表平民百姓，而平民百姓属于"穷斯滥矣"的一类，他们做不到《象传》所谓"困而不失其所亨"。困卦扬大人君子抑平民百姓的思想倾向，表明《易》作者的阶级观念是鲜明的。

井

䷯ 巽下坎上

《序卦传》说:"困乎上者必反下,故受之以井。"这话是承上卦困"升而不已必困"讲下来的。事物不能永远上升。上升不已就是困,困的结果必然反于下。古人认为世间之物以井为最处下,所以井卦次之于困卦之后。《序卦传》这种说法是有些牵强的。可见《序卦传》对 64 卦的排列次序的理解,在总体思想上是正确的,但不是每一卦都讲得贴切。井卦巽下坎上。坎为水,巽为木且有入义。巽木下入而坎水上升,恰有井之象。

井,改邑不改井,无丧无得,往来井井。汔至亦未繘井,羸其瓶,凶。

"改邑不改井",人们居住的邑落一般说不易变动,但有时候也不免要变动,而井一旦打成便绝对不能变动了。邑落变了,人们迁徙了,井还是依旧在那里。"无丧无得",井水是恒久稳定的,你汲它,它也不见少;你不汲它,它也不见多。"往来",来来往往的人们。"井井",前井字是动词,后井字是名词。"往来井井",来来往往的人们都使用这个井。井是大家共用的。这三句话是讲井的特点的。"改邑不改井"、"无丧无得"两句讲井的恒久性,"往来井井"一句讲井的效用的周遍性。

"汔至亦未繘井,羸其瓶,凶"。汔,几。繘,绠,即汲水用的绳子。羸,败,坏。瓶,汲水用的陶罐。用绳子拴着陶罐汲水,水到几乎要汲上来但还未汲上来的时候,陶罐坏了,水没有汲上来。事情做到接近成功的时候却没有成功,这不是凶吗!

彖曰:巽乎水而上水,井。井养而不穷也,改邑不改井,乃以刚中也。汔至亦未繘井,未有功也。羸其瓶,是以凶也。

"巽乎水而上水,井"。巽,入。入乎水而上水,有井之象,故卦名曰井。

"井养而不穷也",井之出水,义在养人。井水无得无丧,往来皆所取给，其养人是没有穷尽的。

“改邑不改井，乃以刚中也。汔至亦未繘井，未有功也。羸其瓶，是以凶也”。这几句话是对卦辞的解释。卦辞“无丧无得，往来井井”两句意与“改邑不改井”句同，故不复出。《彖传》只讲“改邑不改井”一句，实际上另两句也包含在内了。“改邑不改井”以下三句卦辞都是讲井有恒久的性质的。井之所以有恒久的性质，是有根据的。根据就在于井卦二、五两爻皆以刚阳居中，有刚中之德。因为有刚中之德，所以能够恒久。井的功用是出水。虽汲水将成，但毕竟未成而中途失败，水终于未汲上来，这与根本没把绳子下到井里，结果是一样的，都是无功。井未起井的作用。为什么中途失败，未获成功，即为什么凶呢？因为汲水用的陶罐坏了。

象曰：木上有水，井。君子以劳民劝相。

井卦巽下坎上，木在下而水在上，有如水本在井底，却能汲上来供人饮用，有井水上行之象。君子观察井卦之象，根据井水上行养人的道理，实行劳民劝相的政治。劳民，养民。劝相，劝诱百姓相助相养。

初六，井泥不食，旧井无禽。

初六以阴柔居下，上无应援，无上水之象。井是供人汲水饮用的，而今为什么无上水了呢？因为人不来食用它的水了。人为什么不来食用它的水了呢？因为井底有泥秽沉滞，久不渫治，井水污浊不可食。井泥不食，久而久之便成了无水的旧废之井了。旧废之井，人既不来汲水，水不复上，则鸟兽也不来光顾了。

象曰：井泥不食，下也。旧井无禽，时舍也。

初六有井泥之象，人不来食它，它成了无用之物，原因就在于它最在井底，处井卦之下。人所不食，鸟兽也不光顾，成了旧废之井。爻辞讲“旧井无禽”是什么意思呢？是说初六一时为人禽所共弃舍。

九二，井谷射鲋，瓮敝漏。

井的功用是水上出而养人，有水上出好，无水上出或有水不能上出不好。井卦因此也是向上好，在下不好。九二是阳刚之才，这一点是好的。但是九二居下卦而且上无应爻而比于初六，这一点极不好，使它在下而不能向上。爻辞用“井谷射鲋，瓮敝漏”两句话说明它在下而不能向上的不利处境。井谷是井底出水的穴窍。井底有出水的穴窍，能出水，说明不是泥井。不过水不多，其功仅仅够射鲋的。射，注。鲋，或以为鲫鱼，或以为蛤蟆。鲫也罢，蛤蟆也罢，都是井底之阴物。“井谷射鲋”，是说自井的角度看，九二像井谷之泉，下注于鲋而已，不能上出。若就人在井上汲水而言，则九二好像“瓮敝漏”，有人用瓮来汲水，似乎水可以上出了，然而无奈翁是坏的，漏水的，水还是汲不上去。就是说，井中之水无论如何也上不去，井发挥不了井的作用。九二是阳刚之才，本可以养人济物，然而不能养人济物，关键的问题是它上无应援。

象曰：井谷射鲋，无与也。

无与，无应援。九二是阳爻，九五也是阳爻，故九二无应援。井以上出为功，九二是阳刚之才，本可济用，但由于它居下卦而上无应援，只能落个“井谷射鲋，瓮敝漏”的境地。假若它有应援即有与的话，那就会汲引而上成井之功了。

九三，井渫不食，为我心恻，可用汲，王明，并受其福。

渫，治。“井渫不食”，井已经渫治，脏物清除掉了，水清洁可食了，但是还是无人用它食它。“为我心恻”，人们在心里怜恻它。以下是怜恻的内容。这井里的水是清洁可汲可食的。如果王若明的话，定会起用九三这个贤才，那将对大家都有好处。九三以阳居阳得正又志应于上六，是有用之才。可是它居井下之上，有才而未得其用，犹如井水清洁可食而无人食。

象曰：井渫不食，行恻也。求王明受福也。

小象的意思是说，井水干净而不汲用，多可惜！行恻，行道之人皆以为恻，非指九三自以为恻。行道之人都“求王明”，任用九三这个贤才，使我们大家都受福，都得到好处。

六四，井甃无咎。

甃，砌累，修治。井甃，井修治了。六四之爻象有两个特点，一是以阴居阴，处得其正，二是阴柔才弱。这两个特点决定它但能修治自守而无济物之功。就井来看，恰像坏了的井经过修治，不至于废弃，虽无大功，亦可免咎。

象曰：井甃无咎，修井也。

小象指出井甃无咎的实质是修井。井经过修治，虽不能起多大的作用，但毕竟可用，不至于废弃。不至于废弃，仅能免咎而已。

九五，井洌寒泉食。

洌，甘洁。井泉以寒为美，甘洁之寒泉，出来的水清凉甜美，可为人食，人们也喜欢食。井达到这个程度，可谓尽善尽美了。九五以阳刚中正居尊位，其才其德，完备无缺，正当井洌寒泉之象。九五与九三都是洁泉，为什么九五言食而九三言不食？因为九三居井甃之下，乃未汲之泉，所以说“不食”。九五是已汲之泉，所以说“食”。又，“井洌寒泉”既是井之尽善尽美者，何以不言吉？因为井以上出为成功，而九五毕竟未至于上，“井洌寒泉”可食而未及于食，故不言吉。

象曰：寒泉之食，中正也。

“寒泉之食”乃“井洌寒泉食”的省语。九五有“井洌寒泉食”之象，完全由于它阳刚居中得正，德与位皆善。就井泉而言，中正则泉源常裕而寒，无物可污。就人事言，刚阳中正，必为有利于众人。

上六，井收勿幕，有孚元吉。

收是汲水，幕是井盖。从井中汲水，水汲上来之后，不要把井口封闭盖死，好让别的人随便来汲水。井是公共的，大家都可使用。卦辞所谓“往来井井”就是这个意思。有孚即有信，在此有信亦即谓井水源出不穷，久汲不见少，不汲不见多，正是卦辞说的“无丧无得”。元吉，大善之吉，再好不过了。井以上出为用，越往上越好。上六居井卦之最上，水已汲上来了，大功告成了，所以言元吉。64 卦大多数至卦终时为极为变，情况不怎么好，唯独井卦与鼎卦，至上爻而有功成业就的意义，称元吉、大吉。

象曰：元吉在上，大成也。

别的卦，元吉不在上爻。上爻不得元吉。井卦上爻却得元吉，元吉竟在上爻，这是因为井道以上出为用，至上爻，井道大功告成的缘故。

〔总论〕

井卦六爻三阳三阴，三阳象井泉，三阴象井。九二“井谷射鲋”，九三“井谍不食”，九五“井洌寒泉”，讲射讲谍讲洌，恰是泉之象。初六“井泥不食”，六四“井甃无咎”，上六“井收勿幕”，讲泥讲甃讲收，正是井之象。如果依次排列，又各泉有各泉的特点，各井有各井的特点。初六“井泥不食”，似方掘之井；六四“甃无咎”，似已修之井；上六“井收勿幕”，似已汲之井。九二“井谷射鲋”，似始达之泉；九三“井渫不食”，似已洁之泉；九五“井洌寒食”，似可食之泉。若以两爻为一例，则初六、九二都在井之下，为泥为谷，全是不见于用的废井。九三、六四都在井之中，为渫为甃，都是将见于用的井，井之道至此已经完备。九五、上六皆在井之上，为洌为收，是已见于用的井，井的功用已发挥了出来，井道至此大功告成。

64卦里有些卦爻辞与卦辞并不贴切，而有些卦的爻辞与卦辞则相关甚密。井卦上六爻辞言“井收勿幕”，意义与卦辞“改邑不改井，无丧无得，往来井井”完全吻合，井卦显然属于后一种类型。

革

䷰ 离下兑上

《序卦传》说："井道不可不革，故受之以革。"井这种东西有个特点，它一经掘成便常久存在，所谓"改邑不改井"是也。唯其常久存在，必然需要清理、修治，亦即需要革。所以井卦之后次之以革卦。这个革字，用现代的眼光看，就是改革、革命。这一卦对我们将有很大启发。革之为卦离下兑上，泽中有火，火水是两个相灭相息之物，现在处在一起，水灭火，火涸水，有相变革之象，故卦名曰革。革卦是水在上而火在下，水之性向下，火之性向上。在上者性向下，在下者性向上，二者相就相剋相变革。假设性向上的火在上而性向下的水在下，二者相违行，那么就不是革而是睽了。

革，已日乃孚，元亨，利贞，悔亡。

已字应读作已(yǐ)，不应读作巳(sì)。孚，信。革，变革旧的事物。变革旧的事物不是轻而易举的事情。人们对旧的事物早已习惯了，适应了，你一下子要变革人们早已习惯，早已适应的东西，人们是绝对不会马上理解、接受的。变革要取得人们的理解和信服，需要一定的时间。"已日乃孚"即是这个意思。

元亨，大亨，大通。事物旧了，坏了，亦即穷了，才要变革。变革的目的是旧变新，穷变通，所以革之而可以元亨。贞，正。利贞，利于正道。变革旧事物是极难的事情，必须遵循正道去做，倘若任意胡来，则一定失败。能够坚持正道去进行变革，纵使时间久，险阻多，最终也将成功，成功则悔亡。

象曰：革，水火相息，二女同居其志不相得，曰革。已日乃孚，革而信之。文明以说，大亨以正，革而当，其悔乃亡。天地革而四时成。汤武革命，顺乎天而应乎人，革之时大矣哉。

"革，水火相息，二女同居其志不相得，曰革"。一般说来，《象传》包括释卦名、释卦辞和孔子自述体会三部分。这句话照例是解释卦名的。革卦离下兑上，由泽与火组成。泽为水，水在火上，火在水下，水火相息相灭而不相容，有革的意思。但是离下坎上也是水在火上，何以不相息，不曰革？这是因为坎之水是动水，火不能息之；泽之水是止水，止水在上而火炎上，能息之。泽火曰革，还有另一层含义。革卦下体是离，离是中女。上体是兑，兑为少女。中女与少女在一起，有二女同居其志不相得之象。不相得即相克相息，这也是卦名曰革的一个根据。

“已日乃孚，革而信之”，这句话以下至“其悔乃亡”，是解释卦辞的。“已日乃孚”的已字应当怎样读怎样讲？这个问题古人的看法从来不一样。有人读作已经的已（yǐ），有人读作戊己庚辛的己（jǐ），还有人读作辰巳午未的巳（sì）。读已经的已（yǐ）是对的。“已日”就是“浃日”，“浃日”就是十日。古人用天干地支纪日，天干共十个，叫做日；地支共十二个，叫做辰。天干循环一周共十日，叫“浃日”，地支循环一周共十二辰，叫“浃辰”。“浃日”、“浃辰”都是一周的意思。这里的“已日”也是过了一周即十日的意思。但是这里用“已日”，只是个象征性的说法，不是说仅仅十天，是说一个周期，一个历史阶段。“已日乃孚”，革命或者改革要得到人们的理解和拥护，需要经过一段时间，甚至需要经过整整一段历史时期，绝对不可以把革命或改革看作一朝一夕即可告成的事情。

“文明以说，大亨以正”。离为文明，兑为说。文中两个以字各有侧重。上句重在文明，是说在革的过程中能够做到文明，则事理周尽，以此而顺人心。“文明以说”，文明是根本的。下句重在正，革以正行之，则无不亨通。“大亨以正”，正是根本的。《彖传》凡用以字连接的两个词语，无论正倒，皆可互用。例如“顺以动”，反过来说“动而以顺行”，意义是一样的。两个词语中必有一个是重点，孰为重点，当视前后文义而定。

“革而当，其悔乃亡”。这句话是解释卦辞“悔亡”的。“悔亡”本身无须解释，要解释的是革卦为什么“悔亡”。卦辞讲“元亨利贞悔亡”，利贞而元亨，利贞而悔亡。利贞是元亨的根据，也是悔亡的根据。“利贞”如何是“元亨”的根据，上文“大亨以正”一句已经解释过了。现在要说明“利贞”是“悔亡”的根据，为不使用词重复，乃云“革而当，其悔乃亡”。其实当即正，正即贞。“革而当，其悔乃亡”，与说“利贞，其悔乃亡”意思相同。革是艰难的，极易有悔；革必至当，方可无悔。

“天地革而四时成。汤武革命，顺乎天而应乎人。革之时大矣哉”。这几句话是孔子对革的意义的体会和发挥。孔子用一个在当时看来最典型、最有代表性的事例即“汤武革命”来说明人世间的革，是顺乎天而应乎人，亦即适应客观的规律而进行的，并非任凭人的主观意志随便而为。革有个时间的问题，不到革的时候不能革，到了革的时候不能不革。孔子对革的这一段体会，有两点是重要的。第一，孔子讲到天的时候所指的确是自然界和自然规律而不是上帝和鬼神。即说天地革而形成春夏秋冬四时交替变化，便排除了上帝的任何意义。这证明孔子不是有神论者。第二，孔子第一次提出了革命的概念。指出成汤放桀、武王伐纣是顺天应人即合乎规律，合乎时宜的革命行为。孔子研究革卦能够想到革命的问题，赞美革命的行为，看到社会历史发展到一定的时候要发生变革，发生革命，实在是很伟大的。

象曰：泽中有火，革。君子以治历明时。

泽中有火，水火相息，是为革，革即变。古人首先看到的最大、最显著、最易理解的变化是春夏秋冬四时的交替。因此孔子认为君子观察四时变革，应当从中悟出个治历明时的道理，做好历法的工作。治历明时，不是说历法应当改革。

初九，巩用黄牛之革。

革是大事，不可轻易为之。革要得其时，在其位，有其才，审虑慎动，而后可以成功，可以无悔。初九不具备革的条件。论时，初九居初，不是当革的时候；论位，初九在下，不是可革的地位；论才，初九阳刚且处离体，有躁动的特点，没有适应革的才能。总之，初九处革的时代却不可革。它应该以中顺之道巩固自守，不可轻举妄动。巩，包束。黄，中色。牛，顺物。革，皮。“巩用黄牛之革”，初九应当以中顺之道，用坚韧的牛皮将自己包束起来，不使妄动。《易》中言“黄牛之革”者，除本爻外还有遯卦六二。遯卦六二居中有应，欲遯而不可遯；革卦初九在下无应，当革而不可革。两爻旨意不同，而所用“黄牛之革”一语的意义却是一致的。

象曰：巩用黄牛，不可以有为也。

“巩用黄牛”系“巩用黄牛之革”的省语。爻辞讲“巩用黄牛之革”，以中顺之道，用坚韧的牛皮将自己包束起来，巩固起来，不使轻举妄动。小象说这实质上是说初九当革之初始，不当有所作为，即不当革。

六二，已日乃革之，征吉，无咎。

已读作已经的已(yǐ)。“已日”与卦辞讲的“已日”是一样的。都是指一个过程，一个历史阶段而言。不过卦辞讲“已日乃孚”，此爻辞讲“已日乃革之”，两句话中“已日”的具体含义有所不同。卦辞讲的“已日”系指革之前的一段时间，“已日乃孚”是说革之后需要有一段时间才能取得人们的理解和信任。此爻辞讲的“已日”系指革之前的一段时间，“已日乃革之”是说革之前要有一个过程，使革的形势达到成熟，不革人们便不能照旧生活下去的程度，这时才能采取革的行动。六二柔顺而中正，又为文明之主，有应于上，革的条件具备了，可以革了。如果它能够做到“已日乃革之”，不失时机地实行变革、革命，那么一定“征吉，无咎”，取得胜利。

象曰：已日革之，行有嘉也。

经过“已日”即一段时间的发展，证明旧的东西非革不可，那就应当果断地采取革的行动。爻辞说“征吉无咎”，小象进一步称作“行有嘉”，指出“已日革之”必有嘉美之功。

九三，征凶，贞厉。革言三就，有孚。

九三自身的条件与六二不同。六二以阴居阴，居中得正；九三以阳居阳，过刚而且不中，乃躁动之才。如果九三以过刚不中之才躁动以往，结果必凶。那么，九三贞固自守可以吗？也不可以。九三处在当革的时候，贞固自守不采取行动，也是危厉的。采取行动则凶，贞固自守则厉，那么应当怎么办？唯一的办法是“革言三就，有孚”，亦即革，但必须十分小心审慎，得到人们的理解和信任之后方可行动。“革言”，关于革的言论。三，多。就，成，合。“三就”，对革的言论，须经过多次反复的研究，审慎周密的考虑，证明确实合理可行，没有问题，并且“有孚”，得到人们的信任，这时就可以革了。

象曰：革言三就，又何之矣。

革言已经三就，事已做到至审至当，还往哪里去呢？哪里也不要去，走革的路是对的。

九四，悔亡，有孚改命，吉。

下三爻处在当革未革，欲革难革之时，必当小心审慎从事，力求革命稳步发动，一举成功，故三爻辞皆明著革字。明著革字，表明革命能否成功还是问题。至于上体九四，革道已成，不再明著革字，而唯言“悔亡，有孚改命，吉”。这时，革命成功了，“悔亡”了，“有孚”了，人们理解了，满意了。“改命”实际上就是革命。《左传》宣公三年王孙满答楚庄王问鼎说：“周德虽衰，天命未改。”旧朝代还在，就叫天命未改；新朝代已立，就叫天命已改。所以，“改命”其实就是改朝换代。天命不是上帝旨意，天命是孟子说的“莫之为而为”，“莫之致而至”的自然规律。天命改与不改，什么时候改，不依人的主观愿望而转移，是有像自然规律一样的客观规律决定着的。王孙满答楚庄王说“天命未改”，意思就是正告他，周朝尚未到垮台的时候，你想夺权夺不了。

在古代，周代殷是人们最熟悉因而最典型的改命。周代殷包含两部分内容，一是武王伐纣灭殷，建立周政权，取得天下。二是周朝建立之后，周公制定新的典章制度，取代殷朝的典章制度。旧政权换新政权，旧制度换新制度，旧朝换新朝，就是改命。改命即《彖传》讲的“汤武革命”的革命，

从爻象解释九四爻辞，九四以阳居阴，合当有悔。可是九四阳刚，有革之才；卦已过中，当水火之际，处革之时，刚柔相济，不偏不过，有革之用。九四既具备这些优越条件，革之必当，有悔也将无悔，故曰“悔亡”。

象曰：改命之吉，信志也。

信志即有孚之谓。小象曰“信志也”，意谓革的根本问题是有孚，上上下下都心向往之，则可以改命而得吉。

九五，大人虎变，未占有孚。

九五阳刚居中得正在尊位，是大人。大人是变革的主体，以大人之道进行变革、革命，肯定是顺乎天应乎人，至当至美的。以大人之道进行变革、革命，有一个更重要的特点，即大人之变是“虎变”。大人之变，文明可见，事理炳著，没有阴谋可疑之事，天下人看得清清楚楚，知道大人之变顺天应人，大公至正，无须占卜就完全信任了。大人之变为什么称“虎变”？因为虎（还有龙）有大人之象，也因为大人之变，事理明著，犹如虎身之文炳然易见。

象曰：大人虎变，其文炳也。

大人进行的革命已经成功，这时候发号施令，简而明了，正像虎之斑

文，大而疏朗。

上六，君子豹变，小人革面，征凶，居贞吉。

上六不同于九五。九五言大人言虎变，上六言君子言豹变，九五是革命创制之时，上六是革命成功之后继世守成之时。以周朝建国为例，大人虎变是文王武王革命创制，事理明著，犹如虎变之文采彪炳。君子豹变，是成王康王继体守成，润色鸿业，犹如豹变之文理细密。君子既是统治阶级人物，那么小人便是被统治的庶人百姓了。庶人百姓处在治于人的地位，不掌握文化，对于革命由于缺乏认识、理解，往往是“革面”不革心。“革面”，表面上赞成革命，而内心则未必有认识，更谈不上心悦诚服。

“征凶，居贞吉”。至上六之时，革道已成，最宜安静守正，若居而守正则吉。天下之事，未革的时候，主要的问题是革。条件一旦成熟，则“征吉”，采取行动是吉的。革道已成之后，主要的问题不是革而是守了，这时候最重要的事情是“居贞”守成。九三与上六皆曰“征凶”，而九三“贞厉”，贞有危厉；上六“贞吉”，贞而得吉，这是因为什么？因为二爻所处之时不同。九三是革命之前，上六是革命成功之后。九三处革命之前，“征凶”是戒其条件不备不可妄动，“贞厉”是戒其既处当革之时，不可不动。上六处革命已经成功之后，“征凶”是戒其不可复革；继续革命，不断革命，势必致凶。“居贞吉”是说革命已成功，重要的是如何安静守成，故居贞则吉。

〔**总论**〕

总的说来，革卦讲的就是革命的问题。卦辞“革，已日乃孚，元亨，利贞，悔亡”，指出革命的胜利前途及其必备的条件。“元亨”，“悔亡”，革命一定取得成功。革命成功应有三个条件，一是“乃孚”，革命之后要努力取得人们的信任；二是“已日”，革命后要有一段相当长的时间才能做到“乃孚”，急躁是不行的；三是“利贞”，革命不可失于正道，革命不失正道，方可“乃孚”、“悔亡”。这些观点都是很重要的。六爻的爻辞，思想与卦辞一致，不过所讲的问题比卦辞更深入。下体三爻讲革命之前的问题。初九“巩用黄牛之革”，革命的时机尚不成熟，条件还不具备，不可轻举妄动。六二“已日乃革”，条件已具备，可以革了，但不可遽革。九三“革言三就”，革命要审慎小心，考虑周到。上体三爻讲革命之后的问题。九四“有孚改命”，革道已成。九五“大人虎变”，革命创业之时，所为著明，天下晓然。

上六“君子豹变”，此继体守成之时，所为安静守正，深邃遒密。经过“虎变”又“豹变”，结果天下大变，革道大成。

孔子的《彖传》对革卦的思想作了深刻的理论阐释。孔子说的“天地革而四时成，汤武革命，顺乎天而应乎人，革之时大矣哉”这段话有极深刻的哲学意义，既是对革卦含义的开掘，也是自我思想的发挥。他把天地四时的变化变革看成是没有任何主宰的自然运动，而人类社会的发展与自然界的运动在具有客观性这一点上，是一致的。这里，孔子没有给上帝留下一点余地。指出“汤武革命”这一新鲜概念并且指出革命的合理性，更加证明孔子是一位伟大的智者。

革卦关于大人、君子是发动革命的主体，小人只能“革面”，顺从大人、君子革命的观点，看上去似乎有问题，其实是完全正确的。因为历史事实的确如此。古代的革命和改革是在统治阶级内部进行的。奴隶们从未形成为独立的自觉的阶级，不曾用胜利的起义推翻过旧政权、旧制度。他们总是在统治阶级发动的斗争中不是扮演政治上的附庸就是充当军事上的小卒。

鼎

䷱ 巽下离上

《序卦传》说："革物者莫若鼎，故受之以鼎。"这个说法是有问题的。我们知道，革与鼎两卦意义相对应，革是去故，改变旧的事物；鼎是取新，建设新的事物。《杂卦传》讲"革，去故也；鼎，取新也"，是正确的，可取的。鼎卦之所以名鼎，既取其象也取其义。取其象，从全卦来看，很像一种器。最下一爻是阴爻，象器之足；二、三、四三爻是阳爻，阳为实，中实而容物，象器之腹；上二爻，一象器之耳，一象器之铉。器而有足有腹有耳有铉，正是鼎之象。从上下二体来看，上体中虚，下体有足承之，也是鼎之象。取其义，则巽下离上，木入于火，有燃烧之义，燃烧而假之以器，故有烹饪之义。有烹饪之义，便是鼎。64卦以实物名卦者唯井与鼎而已。

鼎，元吉亨。

吉字是衍文，原文应为"元亨"。卦辞除元亨外别无它辞，唯有鼎与大有两卦。元亨即大通的意思。革卦卦辞也讲元亨，但多有戒辞，就是说，革卦之元亨，是有条件的，不按条件要求去办，不得元亨。鼎卦之元亨没有条件，这是因为鼎取新，是建立一个新社会，所以元亨，大通，而革是革故，是革去一个旧社会，施行起来十分复杂，所以没有"已日乃孚"、"利贞"诸条件不可能得元亨。

彖曰：鼎，象也。以木巽火，烹饪也。圣人亨，以享上帝，而大亨以养圣贤。巽而耳目聪明，柔进而上行，得中而应乎刚，是以元亨。

"鼎，象也。以木巽火，烹饪也"。此两句解释卦名。鼎卦之鼎字取自实物鼎，是根据实物鼎之象而来的。就是说，鼎卦象鼎，有了鼎才有鼎卦；不是鼎象鼎卦，有了鼎卦才有鼎。鼎依其用途可分为两类。一类是重器，用以象征权力，如夏铸九鼎的鼎，不是寻常日用之物，不能用以烹饪。另一类是寻常日用的，用以烹饪之鼎，古人吃牲肉，先用镬将肉煮熟，然后放入鼎里，加进佐料，鼎下烧火，令五味调和。吃时将肉取出置诸俎上。鼎卦所象之鼎即这后一类鼎。鼎卦巽下离上，巽为风，离为火，火风鼎，恰象鼎下升火，用以烹饪肉类。故鼎卦名鼎。

"圣人亨，以享上帝，而大亨以养圣贤"。解释过卦名之后，接着以享帝养贤两句指明卦义之所在。鼎卦卦义与井卦有相似之义。井卦主养民，鼎卦主享帝养贤，而归根结底是养贤。鼎的功用是烹饪，烹饪的意义在于享神和养人。享神养人之中最大也最重要的是享上帝和养贤。而享上帝与养贤是有区别的。享上帝只用一个享字，而养贤则曰"大亨"。这是因为"享帝贵诚，用犊而已"(朱熹语)。郊天用特牲，只杀一个其角才茧栗般大的小牛犊，用鼎亨(即烹饪之)，然后奉献上帝。仅仅亨一个茧栗小牛，故曰亨不曰大亨。养贤之礼贵丰，燕享宾客用太牢不用特性，即用牛、羊、豕三牲。三牲具有，且牛之角尺，可谓丰厚之极，故曰大亨。

"巽而耳目聪明，柔进而上行，得中而应乎刚，是以元亨"。这是解释卦辞元亨的。鼎卦为什么可致元亨呢？鼎卦下体是巽，巽有顺义。上体是离，离有明义，明而中虚且在上，有目明之象。卦中无耳聪之象，言耳聪者，乃因言目明连类而及。六五是柔爻，柔本应居下，而今进而上行至尊位，居尊处中，下与九二刚阳正应。这样，鼎卦就下体看，巽顺于理，卑巽下贤，就上体看，聪明睿智，柔而应刚，得乎中道，是以可致元亨。

象曰：木上有火，鼎。君子以正位凝命。

鼎有端正安重之象，君子观鼎之象要以之正位凝命。凝命，凝其所受之命。革卦讲改命，鼎卦讲凝命，改命是革掉旧政权，凝命是巩固新政权。凝字意义与荀子《议兵》说的"兼并易能也，唯坚凝之难焉"的凝字义同。

初六，鼎颠趾，利出否。得妾以其子，无咎。

爻一般一爻取一象，此爻一爻取两象。"鼎颠趾，利出否"是主要一象。"得妾以其子"是对前两句的比拟，可谓象中之象。初六处鼎卦之下，象鼎之趾。鼎之趾在下是正常的，而现在初六上应九四，有颠趾之象。鼎而颠趾，是不正常的，不好的。但是，鼎颠趾，鼎趾在上，鼎口在下，可以"利出否"。否，恶物。鼎中陈积之污秽之物可以一泻而出有利于鼎之去故纳新，泻恶受美。这又是正常的，是好的。"得妾以其子"，是比拟"鼎颠趾，利出否"的。二者说法不一样，但含义相同。妾是贱人，子是贵者。妾有两方面的特点，她是低贱之人，但在一定的情况下她可以为君子生下一个奉祭祀承先祖的儿子。君子不应当进御妾，进御妾是不正常的，不好的。但是进御妾能使妾生下贵子以承君子的宗绪，这又是正常的，好的。此爻辞告诫人们，看问题不仅看它坏的一面，还要看到它的在坏的一面中包含着的好的一面。“鼎颠趾”与“得妾”，不好。不好中却又有好。“鼎颠趾”可使鼎致洁取新，“得妾”可使妾生贵子。所以，看似有咎，实则无咎。

象曰：鼎颠趾，未悖也。利出否，以从贵也。

“鼎颠趾”，鼎趾在下支持鼎身，是正常的，不悖的。现在鼎趾颠而在上，是不正常的，有悖的。然而实际上“未悖也”，因为鼎可以因此将陈积的否恶污秽之物倾出，有利于致洁纳新，有悖之中包含着未悖。“利出否，以从贵也”句中省了“得妾以其子”。“从贵”是初六应于九四。“以从贵也”是对“利出否”和“得妾以其子”两句的解释。“利出否”，可以取新；取新便是“从贵”。“得妾以其子”，得妾可生子；生子亦即“从贵”。

九二，鼎有实，我仇有疾，不我能即，吉。

九二以阳刚居中，乃鼎中有实之象。仇，配，与“君子好逑”的逑字义同。疾，妒害。初六阴柔而与九二相比，阴阳相比则相从，相从则有阴柔妒害阳刚的可能。自九二的立场说，“我仇有疾”，我的对立面初六乃阴柔小人，它近比于我，势必要妒害我。我应该怎样对待呢？“不我能即”。我要以刚中自守，不恶而严，使之无隙可乘，不能即我。如是则吉。

象曰：鼎有实，慎所之也。我仇有疾，终无尤也。

鼎而有实，好像一个人很有才干。“慎所之也”，一个有才干的人应当慎于所行，万不可把方向搞错了。搞错了方向就要犯错误。九二做得很好，它能不暱于初六而上从六五之正应，这正是“慎所之”的表现。尤，过尤，怨尤。九二既能刚中自守，慎其所行，则初六虽有妒害之心，终因九二无隙可乘，无过尤可指，其怨尤之念也就自消自灭了。

九三，鼎耳革，其行塞。雉膏不食。方雨，亏悔，终吉。

鼎三与井三象虽有异而意大体仿佛。它们都居下体之上而未为时所用。井卦九三以阳刚居得其正，有济用之才，犹如清洁之泉居井之下，未为人们所用。鼎卦九三，以阳刚居巽之上，刚而能巽，有济务之才，亟须五来赏识它，重用它。然而三与五根本不存在应的关系，二者是不易相通的，犹如“鼎耳革，其行塞”。鼎耳指六五，革，变革。鼎要用铉贯耳方可移动，今鼎耳发生变革，不能举移，五的行动受到阻塞，不能通于九三。就九三自身来说，其处境正像“雉膏不食”，鼎中盛着美食佳肴，可为人食，人却不一定来食。然而这仅是一方面，问题还有另一方面，即“方雨，亏悔，终吉”。六五是文明之主，九三上承文明之体，且善于刚正自守，六五终究会来求九三。毕竟六五是阴，九三是阳，阴阳正和而成雨。九三开始虽有不遇之悔，最终却当有相遇之吉。

象曰：鼎耳革，失其义也。

《象传》所云义，一般是道或理的意思。失其义，就是失其道。此云“失其义”，不是说鼎九三之行为失其道，而是说鼎九三之爻象失其道。怎么失其道了呢？《易》卦中诸爻一般讲比应乘承的关系。此爻言“鼎耳革，其行塞”，说的是九三与六五的关系，而九三与六五既非比非乘非承，亦非应，故云“失其义”，“失其义”即失其道。

九四，鼎折足，覆公馀，其形渥，凶。

此爻之意孔子作《系辞传》已有极明确的说法。《系辞传》说：“德薄而位尊，知小而谋大，力少而任重，鲜不及矣。《易》曰：‘鼎折足，覆公馀，其形渥，凶。’言不胜其任也。”鼎九四为什么会有折足，覆馀，形渥，即不胜其任之象呢？这是因为：第一，鼎卦以九二、九三、九四三阳爻为实，而九四恰是处在鼎实满盈的地位，有倾覆之象；第二，九四以阳刚之才，居上体之下又反应于初六，即承于君又施于下，是它力所不能及的。况且九四应于初六，初六已颠趾，岂有不折足覆馀之理！第三，就人事说，九四是居大臣之位，任天下之事的人，而它不求贤智之士辅助自己，却应于初六，任用不可任用的阴柔小人，说明它不胜其任，必将把事情弄糟，也有“鼎折足”之象。鼎之九四有这些不利的情况其实并不奇怪，在易爻中，凡九四应于初六，一般都有损而无助。“覆公馀”的馀怎么讲？古人的意见很分歧。《左传》昭公七年记孔子先人正考父之庙中鼎铭说：“饘于是，鬻于是，以糊余口。”鬻亦作粥。粥即饘，饘即馀。据《左传》，知鼎中所盛之馀不是别的，就是或稀或稠的粥饭。九四近君居大臣之位，故曰公馀。渥，沾濡。“形渥”，鼎折足，倒下了，里边的粥饭流淌出来，浇得九四浑身汁沈淋漓，十分难堪。辱至其身，灾及其身，故凶。

象曰：覆公餗，信如何也。

九四作为当天下之任的大臣，不称职，不胜任，弄得个折足覆餗形渥的结果，哪里还有信可言呢！

六五，鼎黄耳，金铉，利贞。

鼎的作用欲发挥出来以利天下，关键的问题在于能够举措移动，否则虽有实而无所施用。欲使鼎能够举措移动，必有虚中之耳与可贯之铉。这两个条件六五是具备的。六五本身在鼎卦之上，受铉以举鼎，有鼎耳之象。上九在鼎之外，贯耳以举鼎，有铉之象。耳不是一般的耳，是黄耳。黄是中色。中色之耳亦即虚中之耳。虚中这一点是重要的，耳不虚中，铉是贯不进来的。上九是阳爻，故曰金铉。金铉也不是一般之铉，是坚强之铉。虚中之耳，纳以坚强之铉，举鼎是不成问题的了。但是这仅是六五已有的客观条件；六五毕竟以阴居阳，位不得正，它欲使黄耳受金铉由可能变为现实，还要努力守正，故爻辞在黄耳金铉之后更曰利贞。

象曰：鼎黄耳，中以为实也。

《易》以阴为虚，阳为实，鼎之六五是阴爻，阴爻无实德。但是《易》更贵中，鼎之六五以中为实，它之所以为鼎卦之主，得鼎之道，完全由于它居中，得中道。

上九，鼎玉铉，大吉，无不利。

鼎卦与井卦爻越往上越好。井之用在水，水汲而出井方为用，故井上六曰元吉。鼎之用在食，食烹而出鼎方为用，故鼎上九曰大吉无不利。鼎上九，乃一阳横在鼎耳之上，有铉象。同是上九一铉，自六五之柔看来，它是阳刚，是金铉；而自上九自身而言，以阳居阴，刚而能温，它又是玉铉。玉铉的特点是刚柔适宜，动静不过。鼎上九处在功成致用的地位，只要善处就好。恰好玉铉的特点适应这一要求，所以大吉无不利。

象曰：玉铉在上，刚柔节也。

为什么称上九为玉铉？因为上九“刚柔节”。什么是“刚柔节”？上九体刚履柔，刚柔适宜而不过，与乾卦上九之亢龙不同，是谓刚柔之节。

〔总论〕

64 卦中鼎与井二卦直接取器物为象，井卦总体象井，鼎卦总体象鼎。

井和鼎的各个构成部分都可以在各自的卦中找到相应的爻。鼎有足在下,故鼎卦之初为足。鼎之腹大而居中,故鼎卦之二、三、四为腹。鼎之上有耳,外有铉,故鼎卦之五为耳,上为铉。而诸爻爻象则莫不与鼎之相应部位的功用有关。鼎足在下支承鼎身,故鼎卦初六曰颠趾。鼎腹大而居中,有盛物之功用,故九二曰有实,九三曰雉膏,九四日公餗。鼎耳在上,故六五曰黄耳。鼎外有铉,故上九曰玉铉。卦中有足有腹有耳有铉,合起来正是一个完整的鼎的形象。鼎之各部分是相互作用的,鼎卦之各爻也相互作用。如鼎卦九四是腹不是足却曰折足,是因为九四正应于初六,九四所谓折足之足系指初六。鼎卦之六五是耳不是铉却曰金铉,是因为六五比于上九,六五所谓金铉之铉,系指上九。又,六五为耳,九三亦曰耳,是因为九三与六五不存在应的关系,而有鼎耳革之象。

就卦义来看,鼎卦与大有有惊人的相似之处。大有卦辞直曰元亨,鼎卦卦辞也直曰元亨。大有上九曰吉无不利,鼎卦上九亦曰大吉无不利。这是因为这两卦都以尚贤养贤为义的缘故。而且卦中尚贤养贤之义全表现在上九与六五两爻的关系上。上九刚德为贤,六五尊而尚之,是为尚贤。两卦卦辞所谓元亨,其意义全在上九吉无不利或大吉无不利上表现出来。大有与鼎卦还有一个与别的卦不同的共同特点,两卦之“大象”皆曰天命。大有“大象”说“顺天休命”,鼎卦“大象”曰“正位凝命。”一个说顺天命,一个说凝天命。两个天命都是莫之为而为,莫之致而至的客观必然性,即事物变化发展的规律,不是超自然的上帝之旨意。顺命凝命都是适应规律而尽人事的意思。

震

䷲ 震下震上

《序卦传》说："主器者莫若长子，故受之以震。"震卦继鼎卦之后，是因为鼎是器，器要有主器之主。在古代实行宗法制度的情况下，最有资格主器的是长子。据《说卦传》"乾，天也，故称乎父。坤，地也，故称乎母。震一索而得男，故谓之长男"的说法，震为长男。长男有主器之义，所以鼎卦之后次之以震卦。震卦一阳生于二阴之下，动而上进，有震动之象，故为震。震亦即动，动而不曰动而曰震，是由于震不仅有动而惊惧之义，且有雷的震奋之象。

震，亨。震来虩虩，笑言哑哑，震惊百里，不丧匕鬯。

震卦卦辞讲的是人的一种心态和涵养。是什么心态和涵养呢？简言之，是惧和不惧。惧和不惧是对立的两种心态和涵养，怎能合在一起？惧和不惧其实是一种心态和涵养的两个方面，不能分开。人遇事能惧，能惧必至于能不惧，不惧由于能惧。能惧又能不惧，故亨。

"震来虩虩"一句讲人有事能惧。"震来"在人的心中，不在人的心外。"震来"是人心中的一种恐惧感。"震来"其实就是惧。虩音隙（xì）。虩虩是形容"震来"的。"震来"与"虩虩"是同步产生，同步存在的同一心态。"震来"是惧，"虩虩"是指示这惧的状态、程度和性质的。整个"震来虩虩"这句话的意思是，恐惧得周环顾虑，不敢自宁。这种恐惧是小心、戒慎、不敢掉以轻心，绝非胆小怕事，畏葸不前之谓。

"笑言哑哑，震惊百里，不丧匕鬯"，三句讲平时遇事知惧即能够"震来虩虩"的人，一旦猝然遇上重大事故，反而能不惧。不惧到什么程度呢？"笑言哑哑"。大事当前，仍能言笑和适，镇定若素，有事犹如无事，这是一种常人难为的非凡气度。"震惊百里，不丧匕鬯"二句既进一步补足"笑言哑哑"之意，又指出身负重任的人尤当有此涵养。

"震惊百里，不丧匕鬯"，天上打着响彻百里的雷，人们无不为之震惊，然而正在主祭的人却身闲气静，不动声色，乃至手中拿着的匕和鬯不因为雷惊而失落，祭祀照常进行。雷震是瞬间事，不容人们经过思考再作反应。人们对雷震的反应几乎是出自心理本能。因此古人认为它最能考验人的修养。匕，祭祀时用的木制器具，用以升鼎中之牲肉至俎上。鬯，用秬黍酒和郁金香调制而成的一种高级的有香气的酒。祭祀时所做非止匕牲和荐鬯二事，然而唯此二事由祭主亲自做。卦辞用“震惊百里，不丧匕鬯”一语做比喻，说明人无论遇上什么危厉之事都要从容不迫，尤其主祭的天子、诸侯以及贵族家族中的大宗子、小宗子，更该做到“震惊百里，不丧匕鬯”，纵然天崩地裂也无所畏惧的程度。古人极重视人的这种涵养。《书》云“纳于大麓，烈风雷雨弗迷”，《孟子》说大丈夫“威武不能屈”等等，无不强调对社会对人民负有责任的人在大事难事乃至危事面前必须有所不惧的涵养。

彖曰：震亨。震来虩虩，恐致福也。笑言哑哑，后有则也。震惊百里，惊远而惧迩也。出，可以守宗庙社稷，以为祭主也。

此《彖传》未对震卦卦名作解释，但举卦辞“震亨”二字原文而已。“震亨”，说明人有事由惧而得亨，更无他义。

“震来虩虩，恐致福也”，人遇事而有恐惧之心，反躬修己，审慎为之，则必因恐惧而反致福。“笑言哑哑，后有则也”，人对待事情，无论怎样轻而易举，也要有所恐惧。这只是一方面，另一方面，无论怎样艰难、危厉，也应无所畏惧，言笑从容，镇定自若。则，法，常。有则，出处语默皆不失常态。“震惊百里，惊远而惧迩也”，惊指雷而言，惊远，雷惊的面很远很广。惧指人而言，惧迩，人惧在近处。人遇“震惊百里”之雷，势必恐惧，但是作为人君继承人的长子却不可因遇“震惊百里”之雷而恐惧，他应该“不丧匕鬯”。“不丧匕鬯，出可以守宗庙社稷，以为祭主也”，(《彖传》脱“不丧匕鬯”四字)出是继世而主祭的意思。作为人君的长子，有“震惊百里，不丧匕鬯”的修养和气度，先君去世，他便可以出而继世而主祭，挑起领导国家的重任了。

象曰：洊雷震，君子以恐惧修省。

洊，再。洊雷，上下皆雷，两个雷。君子观洊雷威震之象，做到既恐惧又修省。恐惧修省是君子的“洊雷”，是君子应具有的素养，它们自在君子的心中，不是平时不知恐惧，遇有雷震而临时恐惧。君子存恐惧之心，是有一个雷一个震，因有恐惧之心而有修省之行，是又有一个雷一个震。既恐惧又修省，洊雷自在其中。

初九，震来虩虩，后笑言哑哑，吉。

震初九爻辞同于卦辞，只多后与吉二字，小象又同于《彖传》，这在全《易》384 爻中是独一无二的。初九爻辞之所以同于卦辞，是因为震卦之卦义是讲人的一种心态和涵养的，它的主旨是说人遇上难事危事的时候，问题再小，也要心存恐惧，修省自身，审慎而为之；同时，问题再大，也要从容镇定，无所畏惧。人的这种涵养，宜初时就有；初时没有，待到出了事情，临时想要恐惧修省，是办不到的。所以做爻辞的人把体现震卦卦义的爻辞系诸初九。再者，震卦之用在下，而初九居下体之下，有阳明之德，是震卦之主，它最能体现震卦卦义。

爻辞中后与吉二字值得注意。有了这两个字，“震来虩虩”，“笑言哑哑”的两句话的关系显得十分清楚。“震来虩虩”，有遇事知惧之心，能恐惧修省，然后方能“笑言哑哑”，即遇事言笑自如，和适安详而能不惧。能惧而后能不惧，不惧由于能惧。能惧而又能不惧，得吉。“震来虩虩”即能惧与“笑言哑哑”即能不惧相比，前者是首要的，根本的。

象曰：震来虩虩，恐致福也。笑言哑哑，后有则也。

此与《彖传》同。

六二，震来厉，亿丧贝，跻于九陵，勿逐，七日得。

六二以阴居阴，既有中德又得正，是善处震的人。震来厉，当震之来而危厉。此“震来”意义与卦辞相同，是恐惧的意思，是自我心中的一种恐惧感。六二乘初九阳刚之上，处境不利，其恐惧感格外严重，甚至达到危厉的程度。但是实际上没有什么问题，六二有中德，它能够恰当地处理它所遇到的问题。亿，猜度，估量。亿丧贝，六二知道自己目前处境不好，非暂时损失掉宝货即至关重要的东西不可。必须失掉的，就让它失掉，不吝惜。跻，升。九，多。陵，高冈。跻于九陵，升到高高的九陵之上，意谓飘然远举，失掉的东西任它失掉而“勿逐”，不去追它。“七日得”，到了一定的时候，失掉的东西，还会重新得到。“七日得”，除此爻外还见于既济之六二。为什么都以七日为期呢？王引之《经义述闻》说：“盖日之数十，五日而得其半。不及半则称三日,过半则称七日。欲明失而复得多不至十日,则云七日得”。王说可取。

象曰:震来厉,乘刚也。

初九是刚爻,乘刚是乘初九。小象言“乘刚”的,除本爻外还有屯六二、豫六五、噬嗑六二、困六三。困六三之“乘刚”是乘坎之中爻,其余诸爻“乘刚”都是乘震之初。“乘刚”之爻一般都是不好之中有好,或者暂不好而最终转为好。

六三,震苏苏,震行无眚。

六三以阴柔居阳位,所处不正,有震苏苏之象。苏苏,精神失落,意气沮丧。平时尚且如此苏苏不振,今六三所处不正,又当震之时,其有眚可知。眚,过失。震行与苏苏相对。六三倘能反其沮丧失落之气,因震惧而奋往前行至九四,去不正而就正,则可变灾为福,变有眚为无眚。

象曰:震苏苏,位不当也。

震惧当虩虩,不当苏苏。虩虩是好的,苏苏是不好的。六三为什么震苏苏,苏苏缓散呢?因为它以阴柔居阳位,所处之位不中又不正。

九四,震遂泥。

泥,滞溺。遂,无反之意。遂泥,陷入滞溺的困境,不能自反自拔。震遂泥,震亨的反义。自卦爻之象看,震则动,动则通;自人事看,震则既恐惧修省又勇敢振奋,亦通。震遂泥恰是震亨的反面,处震却不能恐惧修省以自守,欲动又不能勇敢振奋以前行,震之道已丧失殆尽。犹如一个人正当困心衡虑之时,纵有无限抱负,竟不得寸步施展。九四为什么会有如此艰难的震遂泥之象呢?因为九四虽与初九都居震之下,都有决定震之所以为震的意义,而且都不居中,但是初九以一阳动乎二阴之下,得震之本象,故其辞得与卦辞合,而九四既以刚处柔,失刚健之道,又陷于四阴之间,更不能振奋自反,故其辞适与卦辞悖。

象曰:震遂泥,未光也。

光,广。未光,未得广大。九四震遂泥,由于其处境不好,既失刚健之道又陷入重阴之中,故其志气不得施展,不得广大。

六五,震往来厉,亿无丧有事。

六五与六二有相似之处。二与五的震厉是相同的,都是说能够以恐惧之心对待事物;二与五在居中,有中德,因而能够亿度事理这一点上也是相同的。不同之处是,六二在下震之上,故称震来厉,六五在重震之上,故称"震往来厉"。往亦厉,来亦厉,多一个往字,表示六五在任何情况下都能保持恐惧修省的积极审慎心态。二与五还有一点不同,二者都以居中,有中道取胜,然而表现不一样。六二"丧贝",六五"无丧有事"。"有事"指祭祀,"无丧有事"指不失祭祀宗庙社稷的权力。六二居下位,有的是宝货;宝货可以失,失亦可复得。六五居君位,守的是宗庙社稷,宗庙社稷不可失,失而不可复得。

象曰:震往来厉,危行也。其事在中,大无丧也。

"震往来厉",讲的是一种恐惧的心态,意思是说,六五时刻心存恐惧,无时不在忧患之中。"危行",心存恐惧,不忘忧患,表现在行动上,能够事事自危。"其事在中",六五的关键问题在于居中。《周易》最贵中道。二与五居中,纵然其位不正,往往也是好的。三与四其位虽正,因为不中,往往也是不好的。中则不违于正,正不必中,这是《周易》的一条重要原则。六五居中,有中道,所以能够无丧有事,能够坚守宗庙社稷为祭主。"大无丧也",大作动词用,意谓以"无丧有事"为大,大其得中能"无丧有事"。六五关键的一环是得中,有中道,六五首要的问题是"无丧有事"。后者是由前者决定的。

上六,震索索,视矍矍,征凶。震不于其躬于其邻,无咎。婚媾有言。

索索,消索而几近不存。矍矍,慌乱而几近不固,震索索,恐惧过甚,以至于志气殚索。视矍矍,恐惧过甚,以至于视瞻徊徨,心神不固。上六之所以震索索,视矍矍,是由它以阴柔之质,居不中不正,又处震动之极决定的。一个震索索,视矍矍的人,最宜控制自己的行动,使震索索、视矍矍的情况不再发展,否则必凶。躬,上六自身。邻,近于身者。上六的问题是恐惧过甚,解决的办法是未雨绸缪,在尚未过甚的时候就采取措施使之不至于过甚。"震不于其躬,于其邻",在震恐邻近其身而未及其身之时,先行控制,使不至于极,这就可以无咎了。婚媾,指与自己亲近的同道者。这是些识见凡俗的人。它们目光短浅,只知相诱以安乐,不知祸患之将至,看到作为它们首领的上六如今见几而豫为之图,就"有言"纷纷。上六则当为所当为,对于婚媾之"有言",完全不必理睬。

象曰:震索索,中未得也。虽凶无咎,畏邻戒也。

上六恐惧过甚,乃由于过中,未得中道。过中而不得中道,本来是凶的,但是毕竟可以无咎,原因就在于它能见邻戒而知惧,在未极之前先行改变态度,使不至于因恐惧过甚而索索、矍矍。

〔**总论**〕

震卦之卦象卦辞与诸爻之爻象爻辞关联极为紧密。卦的本象是雷是震,爻的本象也是雷是震。卦辞讲人遇事能惧和能不惧的心态、涵养问题,诸爻辞也莫不如此。初九是震卦的主爻,初九爻辞与卦辞同,初九小象又与《彖传》同,这在全易 384 爻中是独一无二的。震卦由两个三画震卦重合而成,初与四两个阳爻是成卦之爻,震之所以为震,全在于它们。但是初与四在卦中的地位大不相同,初九一阳动于二阴之下,最得震之本象,最当震之始,最知震之来,最先知恐惧修省,最能反映卦之义。九四虽也是一阳居二阴之下,无奈它以阳处阴,不中又不正,且陷于四阴之间,滞溺难反,处震不能守,欲动不能奋,恰似一个人志气未遂,困心衡虑,处在进退难决的矛盾心态之中。因此震卦之亨在初九,不在九四。二与五都是阴爻,二得正,五不得正;二得正固然好,五不得正也无妨,《易》多以中为美,中比正为重,既有中德,正也就含于其中了。二、五都有中德,然而二居下,五处尊位,故爻象又有不同。二有中德,所以贝丧而可复得;五有中德,则所守者宗庙社稷根本不能失,不可失。合观震卦六五爻辞和卦辞以及《彖传》,知《易》不仅为君子谋不为小人谋,更为人君谋不为百姓谋。六三以阴居刚,所以不正,故其象不如六二,六二勿逐即可复得,六三必行方能无眚。上六以阴柔处震之极,索索矍矍,一派惊慌失措,志殚气竭的消极气象,不如六三之"震行无眚",尤不如六五之"无丧有事"。还有一点务须明了,震卦揭示的是心理不是事理,是心境不是处境,是心态不是事态。一言以蔽之,震主人之心,不主物之理。

艮

䷳ 艮下艮上

《序卦传》说："震者动也。物不可以终动，止之，故受之以艮。艮者止也。"事物之动止总是相因的，动则必有止，止则必有动。震即是动，艮即是止。所以震卦之后次之以艮卦。艮即是止，而卦名艮不名止，是因为艮除止义之外还有山之象，有安重坚实之意。这是止义不能包括的。又，艮一阳居二阴之上。阴性静，二阴在下静止不动。阳性动，但是一阳既已至于上，则性动也不能动了。下静上止，故为艮。艮止，畜亦止。艮止与畜止有所不同，艮止是自我安止，畜止乃外力制止。

艮其背，不获其身，行其庭，不见其人，无咎。

这四句话中，"艮其背"一句是主要的，根本的。以下三句是由它决定的，也是说明它的。如果把全部卦辞加以简化，那么说成"艮其背，无咎"也是可以的。艮的意义是止，止可以无咎，但有一定的条件，不是任何情况下的止都可以无咎。"艮其背"方可无咎。"艮其背"是说止应当止在恰当的地方，止其所当止，止得其所。说止的场合要恰当，实际上也包括止的时机问题在内了。为什么取"背"为象说明止其所当止之意呢？因为"背"是人体中唯一止而不动且又自身不得见的部位，是最理想的止处，其他任何部位都不兼有这两个条件。卦之所以以背为象，从卦体和爻位上都可找到根据。自卦体看，二阴在下，一阳在上，阴阳各止其所，屹然不动，止而不交，有相背不见之象。"不获其身"就是进一步强调这种相背不见之象的。止于其背，连自身的身体都不获见，说明背得相当严重。自爻位看，艮是八纯卦之一，上下各爻峙而不应，互不相与，也是相背不见之象。"行其庭，不见其人"就是进一步强调峙而不应，互不相与这种相背不见之象的。诸爻同在一卦，近在咫尺却各不相与，就像人们同行在一个院庭里却谁也看不见谁一样，更说明背得严重。

彖曰：艮，止也。时止则止，时行则行。动静不失其时，其道光明。艮

其止，止其所也。上下敌应，不相与也。是以不获其身，行其庭不见其人，无咎也。

“艮，止也。时止则止，时行则行。动静不失其时，其道光明”。这一段话解释卦名艮的意义。艮就是止。但是止的意义并不简单，不能以为停止不动才是止。其实止还包含着行的意义在内。这一点一般人不易领会，所以孔子特殊加以说明。止于止是止，止于行也是止。我们坚持不懈地干一件事情，就是止于行的止。后来我们发现情况变了，这件事情必须停止，不宜再干了，这就是止于止的止。坚持干什么，是止于行；坚持不干什么，是止于止。两种止实行起来都要看场合，要止在恰当的场合，就是要“艮其背”。这个场合不仅是空间上的场合，也是时间上的场合，而且归根结底是时间上的场合。“时止则止”，时要求止于止，就止于止。“时行则行”，时要求止于行，就止于行。或止于止，或止于行，时是决定性的因素。《易》贵时，孔子也贵时。时的观念在全部儒家哲学中占有重要地位。“其道光明”，是孔子对止之道的赞语。自卦象看，艮之体明确、显著、笃实，有光明之义，所以《易》言光明多在艮体。从社会心理看，什么事情有了一定的准数，人们心中有了底，就感到光明。艮是止，止是定，定则明。比如今日中国之改革，人民看到中央态度坚决，政策稳定，决心止于改革，要将改革坚持不懈地进行到底，就像吃了定心丸，心中托底有定，所想所见自然光明。

“艮其止”以下解释卦辞。卦辞言“艮其背”，此《彖传》改曰“艮其止”，可见背即止。“艮其背”即“艮其止”，接着用“止其所也”一句解释“艮其止”，说明背乃止的场合，“艮其止”就是止其所当止的场合。上文已言及，所谓止其所当止的场合，主要是说止要止在恰当的时候上。“上下敌应，不相与也”，卦之上下体地位相当的两爻有应的关系。一阴一阳谓之相应，相应则相与，相与则有交往。若同为阳或同为阴则不相应，不相应谓之敌应，敌应则不相与，不相与则不相交往，不相交往即各止于其所；各止于其所，所以“不获其身，行其庭，不见其人”，所以“无咎”。

象曰：兼山艮，君子以思不出其位。

艮卦上体下体都是山，故为兼山。两雷两风两水两火两泽都有互相交往的可能，唯独两山并立不可能有往来，各在各的位置上而不相干涉，有止之象。君子观察艮卦兼山各止其所，互不干涉之象，“以思不出其位"。这里,思与位是关键性的字眼。思是"心之官则思"的思,亦即思考、思虑、思想的思,与行相对应的思。位当与《象传》所谓"止其所"的所字同义,即场合、时候的意思。"思不出其位",思是主词,"不出其位"是谓词。全句回答思应当是怎样的。如果以为思是谓词,"不出其位"是宾词,全句是回答思什么的,那就错了。思应当是怎样的?思应当不出其位,思所当思。思也要止在恰当的场合,恰当的时候,勿过勿不及。用现代语言说,就是思想要切合实际,过了就是空想,不及则陷于保守。

初六,艮其趾,无咎,利永贞。

"艮其趾",艮之于脚趾。脚趾居人体最下,人动趾先动,趾动是人动之始。人事之止不外乎两种情况:止于行,即应当做的事坚持做;止于止,即不应当做的事坚持不做。什么事当做,开始就要做;什么事不当做开始就不做。如此方可无咎。做什么或不做什么,止于始尚且往往不能止于终,何况连止于始都做不到呢!初六艮其趾,是能够止于始,因而得无咎的。但是初六阴柔之才,止于始之后是否能止于终还是问题,所以要求它"利永贞",常久坚持,贞固到底,切勿半途而废。

象曰:艮其趾,未失正也。

看爻象,初六以柔爻居刚位,本不为正,但是观爻义,事当止又能止于始,又未为失正。

六二,艮其腓,不拯其随,其心不快。

六二居中得正,是懂得并且掌握止之道的;什么事情应当坚持做,即应当止于行,什么事情不应当坚持做,即应当止于止,它是明白的。然而它处在下位,上与六五不应,行动要受卦之主爻九三的制约,没有自行其是的便利,故有"艮其腓"之象。腓是腿肚,腿肚自己不能动要随股之动而动。"艮其腓",意谓六二对于艮止的问题,孰当止于行,孰当止于止,自己心里清清楚楚,但是实行起来自己不能做主,要受制于它人。它人指九三,九三虽为一卦之主,是主乎止的,但它刚而失中,且居下体之上,自己既不晓得止道之宜,又不肯降而下求于六二。六二虽有中正之德,也得不到它的信从。结果六二"不拯其随"。拯救不了九三的错误主张,只好违心地随着九三的意见去做,表面上委曲妥贴,无形迹可见,内心自然是不快的。

象曰：不拯其随。未退听也。

听，从。退听，从下。六二不拯九三的错误而采取随和九三的态度，是由于九三不听它的，不得已而为之。

九三，艮其限，列其夤，厉薰心。

九三以刚居刚，正而不中，而且处在下体之极，上下之际.它对于止道的实质，对于止道的根本精神，是不理解不掌握的。止道贵时，一件事情是坚持地做还是坚持地不做，顺依据时间的变化，灵活掌握，有进有退。彼时当坚持地做，就坚持地做，此时当坚持地不做，就坚持地不做，一切依时间条件为转移。九三则不然，它把止的问题看得很死，很确定，很绝对。它止在一件事情，一个问题上，就一止到底，不再变化。有如一个国家由于某种必要的原因与别国中止交往关系，在当时是自然的，合理的，因而也是有益的；然而它不顾时间的变化，永远与别国不相往来，结果与世暌绝，自己把自己孤立起来，封闭起来，合理就变成不合理，有益就变成有害了。九三的这种态度，如果用人体部位做比喻，就叫做“艮其限”。限，人体上体与下体交际的地方，即腰胯。止于腰胯这个部位，等于把上下体隔断，使不相从属，不相通融。“列其夤”是“艮其限”的引申和补充。列，裂绝。夤，膂，是连结上下体的东西，把夤裂绝了，人体将分离为二。“厉薰心”，说明“艮其限”的后果严重。厉，危厉。薰，烧灼。“厉薰心”，危厉烧灼其心。九三过刚不中，处在止的时代，以为欲止就求绝对的止，欲静就求绝对的静，不知道动静行止应随时，一味固执地求静，结果反招致危厉烧灼其心，使之坐卧不得静。

象曰：艮其限，危薰心也。

九三“艮其限”的要害问题是时不当止而强为之止，时当变止为不止而强为之不变，结果心欲静而反招致危厉烧灼其心，使躁动不得静。这是由于九三无中德的缘故。

六四，艮其身，无咎。

六四虽亦无中德，但以阴居阴，纯是静体，在止的时代能够做到心静身安，行止以时，情况要比九三艮其限为好，故云“艮其身，无咎”。六四称“艮其身”，是因为六四在卦之下体之上，上体之下，恰像人体腹上膈下即身的部位。自爻象看如此，自爻义看则“艮其身”可有两层意义。第一，六四既已进入上体，便不存在九三“艮其限”那样把上下体分隔开的情况了。“艮其身”有不分部位，能够总止其身，不为躁动的意义。第二，“艮其身”也有自止其身，反躬修己的意义。人之自身的问题不外乎言行二事，六四艮其身，能够时当言则言，时当行则行，时不当言当行，则不妄言妄行。总而言之，能够止之以时。六四能够总止其身，不为躁动；自止其身，止之以时，故无咎。

象曰：艮其身，止诸躬也。

“止诸躬”就是“艮其身”。将“其”字换成“诸”字，是在于强调“艮其身”是止之于身，是自己解决自己的问题。

六五，艮其辅，言有序，悔亡。

辅即口，是人说话的器官。六五居上位，与口的位置相当，故云“艮其辅”。“艮其辅”，是止之于口。止的意义根本在一个时字，时当止则止，时不当止则不止。时当止则止，是止；时不当止而不止，也是止。所以，止之于口，不是缄默不言，是时当言则言，时不当言则不言。时当言而言，则言而有序，先后缓急中节不乱。六五以阴居阳位，位不正，是以本有悔，但是六五居中而有中德，能“艮其辅，言有序”，所以有悔悔亦亡。

象曰：艮其辅，以中正也。

正字乃衍文。《周易》是有韵的。六四小象言“止诸躬”，上九小象言“以厚终”，此当言“以中也”，况六五以阴居阳，位本不正，不应言“正”。“艮其辅，以中也”，六五因为居中有中德，所以能“艮其辅”。

上九，敦艮吉。

敦，厚，笃实。上九以阳刚居止之极，有坚笃于止，敦厚于止之象，故曰“敦艮”。一般来说，卦发展到上的时候，事情已至于极点，该往反面转化了，而艮上九却不过而为敦，止不但未变，反而止的更加敦厚笃实了。与初六艮其趾对照看，艮其趾无咎，而敦艮吉，可知艮卦强调善始，更强调善终。犹如一个人止于善重要而难能，一辈子到死都止于善，更其重要而难能。上九敦艮何以得吉？上九与九三是艮卦仅有的两阳爻，都居于二阴爻之上，有成卦之主的意义，九三位当上下体之交，在时不可止的时候止，故危厉。上九在全卦之终，在时当止的时候止，故吉。又，上九称吉，与卦体有关。临上六敦临吉，复六五敦复无悔，都因为卦之上体为坤，坤为土，土有厚象。艮卦上体为艮，艮为山，山乃土地之突起，比土更有厚象，故艮上九曰敦艮吉。又，64卦中上爻得吉者无多，而上体为艮的蒙、蛊、贲、大畜、颐、剥、损、艮8卦之上九皆称吉，可见艮上九称吉非出偶然，是有其一定的卦象为根据的。

象曰：敦艮之吉，以厚终也。

从爻象说，上九居艮之极，处兼山之上，有厚终之象。从爻义说，止重于始而难于终止，始固属不易，而止终尤难；始止而至于终止，才算真能止。能终于止，非一朝一夕事，必须长久积厚而后成"敦艮"，得敦艮之吉。总之，上九得敦艮之吉，是由于得止之终；得止之终，是由于得积之厚。

〔总论〕

艮卦和咸卦一样，以人身取象，取象的人体部位也与咸卦大体一致，只是相差一位。这是由于各自取心为象的爻位不同的缘故。咸以四为心，故五为背，上为口；艮以三为心，故四为背，五为口。艮之初为趾，咸之初为拇，其实一样，都指足而言。咸二艮二皆言腓，艮二和咸三皆言随。

艮卦所言之止，是主体自止，即止我，不是止物。止的含义，用今语表达就是坚持。坚持干什么是止，坚持不干什么也是止。止，可止于止，也可止于行，因此，有静态的止，也有动态的止。坚持不干什么，是静态的止；坚持干什么，是动态的止。止的反义是不止，不是静；止与静有关系，但不能等同。不止的反义是止，不是动；不止与动有关系，但不能等同。止，无论在怎样的情况下都具有正面意义，所以艮卦不言凶咎悔吝。艮卦所讲，实际上是人的自我控制能力的问题。止就是坚持，坚持的最为重要的问题是有始有终，所以艮之初六艮其趾曰"无咎"，而上九敦艮言"吉"。坚持不能不靠他人尤其上级的支持，但是别人或上级分明错了，不能救而拯之，只能从而随之，是令人遗憾的事，所以艮之六二艮其腓，不拯其随，曰"其心不快"。坚持干一件什么事情或者坚持不干一件什么事情，关键的问题是看准时候；时当坚持则坚持，时不当坚持则不坚持。如果在最不该坚持的时候坚持了，甚乃达到僵化的程度，那就像将人之上下体固定不得屈伸或者分隔开来不得通融一样，必将招致麻烦和危害。所以艮之九三艮其限，列其夤，曰"厉薰心"。坚持干什么或坚持不干什么，主要是自我修养，反躬修己的问题。止我不止物，当止而止，灵活进退，才是正确的。所以艮之六四艮其身而言“无咎”。坚持的问题更重要的一方面表现在人用以言语的口上。话当讲则必讲，话不当讲则必不讲；讲而轻重缓急有序，不乱讲。如此则纵然有悔亦将无悔。

渐

☶☴ 艮下巽上

《序卦传》说："艮者止也。物不可以终止，故受之以渐。渐者进也。"渐是进，止的结果必有进，这是屈伸消息之理，所以艮卦之后次之以渐卦。渐是进，但不是一般的进，而是渐进，渐进亦即缓进。缓进，也不是一般的缓进，而是有次序的缓进。渐进之所以缓，不是因为别的，仅仅因为进而有序。简言之，渐是不越次序因而缓慢地进。这一卦之所以名曰渐，从卦体上看，是这样的：为卦艮下巽上，木在山上，木因山而高。木之高是有根据的，不是偶然的，恰像进而有序，故名曰渐。

渐，女归吉，利贞。

《易》64 卦中有 4 卦借用夫妇和男女关系讲哲学道理。这 4 卦是咸、恒、渐和归妹。同是讲夫妇、男女关系，又各有不同的侧重。咸与恒主要讲个体家庭中的夫妇关系，渐与归妹则侧重在女子出嫁的问题上。其中恒与渐更重夫妇之义，咸与归妹更重男女之情。因此 4 卦的取象不同，卦义也不同。渐卦取象"女归"，亦即女子出嫁这个具体事物以揭示做事应循序渐进的卦义。这就与咸卦之"取女"不同。"取女"，是男子娶女，"女归"是女子嫁男。"取女"与"女归"本是一个事物的两个方面，然而咸卦卦辞取象"取女"，是讲天地万物相感通的道理；渐卦卦辞取象"女归"，则是讲事物循序渐进的规律。为什么说"女归"能够说明事物循序渐进的规律呢？因为古代女子出嫁不是想办就可以办的事，它必须有媒介，有纳采、问名、纳吉、纳征、请期、亲迎等六个步骤，缺一不可。依照这个循序渐进的过程出嫁，是正常的，合礼的，因而也是吉的。女子若不按这个过程完婚，便是私奔了。私奔是不会吉的。世间循序渐进的事物很多，为什么渐卦偏偏取"女归"之象呢？这是因为"女归"是生活中最常见，最能为人们所理解的循序渐进的事物。"利贞"一语在《易》中有不同的含义，大体上有三种情况。有的是戒辞，如损之九二，处阴居说，有不正之嫌，曰“利贞”是告诫它务必注意守正。有的，事是因，贞是果，曰“利贞”实际上是说某事利于贞，如大畜卦辞曰“利贞”，是说大畜这种事情有利于贞。有的，贞是因，事是果，曰“利贞”实际上是说由于贞而有利于某事的实现。渐卦卦辞曰“利贞”即属于此种情况。渐卦取象“女归”，“女归”这种事情其本身就是贞正的；由于“女归”有贞正的特点，所以实行起来必吉。

渐卦与下一卦归妹都是讲女子婚嫁的，那么它们有什么不同呢？简单地说，它们反映的是古代女子嫁人的两种情况。渐卦讲“女归”，是一种正规的，典型的婚嫁，男方通过媒介及纳采、问名、纳吉、纳征、请期、亲迎六个步骤将她娶过去做嫡妻即正夫人。女子的这种婚嫁，反映的事理是循序渐进。归妹卦讲“归妹”，“归妹”反映古代女子婚嫁中的一种特殊现象即侄娣制度。侄娣制度是怎样的一种制度呢？《公羊传》庄公十九年说：“媵者何？诸侯娶一国，则二国往媵之，以侄娣从。侄者何？兄之子也。娣者何？弟也。诸侯一聘九女，诸侯不再娶。”《公羊传》隐公七年又说：“叔姬归于纪。”何休注说：“叔姬者，伯姬之媵也。至是乃归者，待年父母国也。妇人八岁备数，十五从嫡，二十承事君子。”根据《公羊传》的记载和何休的解释，我们知道，诸侯一生结婚一次，一次娶九个女人。九女中有一个是嫡妻即夫人。嫡妻的妹妹或侄女也要随着嫁过来两位。若当时年纪太小，就等到十五岁时嫁过来，二十岁时与那位诸侯过夫妇生活。这两个女人就叫侄叫娣，也叫媵。诸侯从一个国里娶一位夫人和两位侄娣，另外两个国还要主动嫁过来两位女子，这两位女子也叫媵。每位侄还要有两位侄娣随着嫁过来，年纪太小也要待年于父母之国，待到十五岁成人时嫁过去。诸侯一娶九女，九女中有六位侄娣。侄娣随从姑姊嫁给同一个男人，这就是侄娣制度。侄娣的婚嫁与嫡相比，有两点不同之处，一是由于年幼，嫁期往往拖后；二是没有纳采、问名、纳吉、纳征、请期、亲迎等等过程，到时候主动给人家送过去就算完事。归妹卦说的正是侄娣的这种婚嫁。侄娣的婚嫁是原始社会群婚制的遗迹，为当时社会所承认，因而是合于礼的，与一般的私奔不同。但是它与嫡的典型婚嫁方式也不一样，它没有一个循序渐进的过程。归妹这一卦恰是从侄娣婚嫁的这一特点上取义。它既有不循序渐进的不好的一面，又有为当时社会所承认的合礼并合理的一面。

彖曰：渐之进也，女归吉也，进得位，往有功也。进以正，可以正邦也。其位，刚得中也。止而巽，动不穷也。

“渐之进也，女归吉也”。渐有进义，但是渐不等于进。渐与进的关系不同于晋与进的关系。晋就是进，而渐不是进，渐只是进的一种情况。说“渐之进”，说明不是别的进，是渐之进。“渐之进”，要害在渐字上，它强调的是渐不是进。渐之进，能够做到“女归”那样稳妥有序则吉。

“进得位，往有功也。进以正，可以正邦也。其位，刚得中也。止而巽，动不穷也”。这几句话都是解释“利贞”，为“利贞”一语找根据的。渐与归妹是反对卦，归妹之二、三、四、五爻皆不得位，现在归妹之下体兑进而成为渐卦上体巽，于是二、三、四、五均得位，而九五不但得位，而且得中。因为进得位，所以九五以刚阳居阳位又得中。九五刚得中，就是往有功。“进以正”以下，含义与“进得位，往有功也”相同。含义相同，却又重申一次，是为了强调渐卦之所以利贞，是因为二、二、四、五诸爻得正位，九五更得中，“进以正”，其实就是“进得位”；“可以正邦”，其实就是“有功”、“以正”和“得位”是“有功”和“正邦”的根据；“有功”和“正邦”是“以正”和“得位”的效果。“其位”指五，居五的是阳爻，故曰“刚得中”。强调“刚得中”，是恐怕人们误认“得位”是六二柔得中。渐卦艮下巽上，故云“止而巽”。下止则凝静不躁，上巽则欲动不急，恰有渐之进的气象。渐之进，也是动不穷的意思。因为得正，因为刚得中，所以能够把渐之进的意义很好地发挥出来，故云“利贞”。

象曰：山上有木，渐。君子以居贤德善俗。

山上有木，木因山而高，其高有因，是有渐义。君子观渐之象，以居贤德善俗。贤字可能是衍文。居，积。德是君子自身的品德修养，俗是社会的风俗风气，一个是修己，一个是化俗，做好这两件事都需要有一个渐进的过程，不能设想一朝一夕见成效。既然居德善俗皆须以渐，人们就应该从小事做起，日积月累以成其大。

初六，鸿渐于干。小子厉，有言，无咎。

渐卦卦辞取女子婚嫁之象，而诸爻爻辞皆以鸿取象。鸿即雁，是一种水鸟，其性群行有序，往来以时，也切合渐的意义。雁有别有序，所以古代婚礼用雁。婚礼用雁，雁在人们的观念中便与女归发生联系，因此渐之诸爻取鸿象。干是水边，距水最近的地方。“鸿渐于干”，雁群栖于水中，现在到了飞往远方的时候了，但是鸿雁这种禽鸟飞行有先后次序，它绝不一下子飞出好远，它的飞有个渐的过程。初六居于最下，又是阴柔软弱之才，而且上无应援，不具备一下子远飞的条件。它只可渐于水之干。渐于水之干是最适宜的。“小子厉，有言，无咎”，小子，年幼无知的人。年幼无知的人目光短浅，能见眼前的事，不能见久远的事。它看见鸿渐于干，就发怨言，抱怨鸿本可以一下子飞出老远，却飞于水边即止。不过，“有言”也无妨，鸿渐于干是正确的，没有过咎。

象曰：小子之厉，义无咎也。

小子厉无咎，是义无咎。小子想的是表面道理，而初六所为则是根本正确的，符合渐之义。初六在下，所以要进；初六是阴柔之才，所以不躁；初六上无应援，所以能渐。倘依小子之见，初六用刚以急进，就违离渐之义了，不唯不能进，而且必有咎。

六二，鸿渐于磐，饮食衎衎，吉。

六二阴爻居阴位，柔顺中正，上有九五之应，条件比起初六来大为好转，可以渐于磐了。磐，水边之大石。渐于磐，比渐于干更进一步，而且稳固安全，没有危厉。六二居中得位，九五亦居中得位，两爻以中正之道相应，这对于六二说来是再安全不过的了。所以它可以“饮食衎衎”，和乐得志，而必吉。

象曰：饮食衎衎，不素饱也。

爻辞言“饮食衎衎”，是比喻六二渐于磐之和乐得志，不是说它素饱。孔子恐人们误解爻义，乃以“不素饱”加以指明。素，空，白。素饱即《诗经》所说的素餐。不素饱，不是白吃饭不干事。

九三，鸿渐于陆。夫征不复，妇孕不育，凶。利御寇。

陆是高平之地，亦即平原。九三在下卦之上，有鸿渐于陆之象。九三以阳居阳，是过刚而失中，又上无应援，此时以安处平陆，守正待时为最适宜，最符合渐之道，任何有所前进的念头和行动都是不利的。但是九三有过刚之质，又处在渐进之时，非常有可能不该进而进，从而失渐之道而致凶，故有“夫征不复，妇孕不育”的告戒之辞。夫指九三自身，妇指六四。征，行。复，反。九三与六四乃阴阳相比相亲相求，最容易苟合。九三倘若不能守正自持而与六四苟合，便是知行不知反，虽孕而不育，必致凶无疑。九三求婚媾不可，御寇则有利。一切非理而至的，都是寇。守正待时，防御寇至，就是御寇。九三能御寇则利，不能御寇则凶。

象曰：夫征不复，离群丑也。妇孕不育，失其道也。利用御寇，顺相保也。

九三夫征不复，是失渐之正，一失到底，不知反顾，等于叛离了自己的同类。群是类，丑也是类。渐卦诸爻都善，唯独九三失正而凶，故云“离群丑”。妇人必由正当的夫妇关系方得孕育子嗣，然而九三与六四以私情相合，是违背“女归”的渐之道的，所以它们不能孕育，故云“妇孕不育，失其道也”。既“离群丑”又“失其道”，怎么办呢？利用御寇，即自守以正，御止其恶。不但自守以正，御止其恶，还要使小人也不至于陷于不义，故云“顺相保也”。

六四，鸿渐于木，或得其桷，无咎。

鸿雁的脚趾是连着的，不能握枝，按其本性说，它不能栖于树上。可是现在六四已进入巽体，巽为木，鸿雁渐之于木了，到了它不应当到的地方，处境很不好。六四没有应援，又以阴柔之质据九三阳刚之上，阳刚是要上进的，不会甘处阴柔之下；六四就像鸿雁栖于树一样，是立不安稳的。不过六四也有有利的一面，它上承九五，以阴承阳，恰好合乎“女归”之义，如果能够顺以事上，也可转危为安。犹如鸿渐于木不好，倘若能得到一个横平的枝柯，也可以立得稳，转不好为好，故曰无咎。

象曰：或得其桷，顺以巽也。

“鸿渐于木”是不安，“或得其桷”是安。六四能够转不安为安，原因是它以阴爻居阴位又处巽体，有顺巽之德。顺，柔顺，顺从。巽，善于行权，处事灵活。

九五，鸿渐于陵，妇三岁不孕，终莫之胜，吉。

陵，高岗，是鸿雁所能栖息的最高处。九五是君位，故取象“鸿渐于陵”。九五与六二为正应，而且都居中得正，有中正之德，这是最符合“女归”之义的，应当说九五的境况最好。但是，处于渐之时，好事坏事都不能来得快，须有一个过程。妇指六二，九五与六二其间隔着六四与九三，阻碍着不能相合，故有“妇三岁不孕”之象。“三岁”意谓时间很长，非必三年。九五有中正之德,迟早它要冲破九三与六四的阻隔而与六二相合的。不正只能敌中正于一时,而"终莫之胜",终久不能得逞,战胜不了九五,九五必吉。

象曰:终莫之胜吉,得所愿也。

终莫之胜吉,是渐之吉。九五与六二以中正敌六四与九三之阻隔,经过长时期的斗争,最终战胜邪恶,达到了结合的目的,实现了结合的愿望。

上九,鸿渐于陆,其羽可用为仪,吉。

九三曰"鸿渐于陆",此又曰"鸿渐于陆",这就出现了同一卦中爻象重复的问题。宋人以为陆当作逵,逵是云路,理由是陆与仪不叶韵而逵与仪叶韵。但这是宋时的韵,在《周易》成书的时代逵与仪实非同韵。看来,陆就是陆,宋人改陆为逵不可信据。孔颖达说:"上九与三处卦上,故并称陆。"孔氏的解释可从。上九处卦之终,渐之极,位之外,是进处高洁,不为位累,故曰"鸿渐于陆"。上九犹如贤人之高致,超然于进退之外,看来似乎对国家社会无甚用处,但是"其羽可用为仪",它的表现,它的不为位累的高尚节操,却足可为世人之表率、楷模,无用之中包含着有用。

象曰:其羽可用为仪,吉,不可乱也。

上九什么不可乱?上九志不可乱。上九什么志不可乱?上九处在无位之地,本来是无用的,但是它志意高洁,不为位累,超然进退之外,其志卓然不可乱。因为其志不可乱,所以"其羽可用为仪",可以作为世人之表率,所以吉。

〔总论〕

渐卦以女归为义,必阴阳相应合于卦义者为好,阴阳不应而与卦义不合者不好。初六无应,所以"小子厉",六二应于九五,所以得安于磐石,"饮食衎衎"。九三无应,所以有"夫征不反,妇孕不育"之象。六四亦无应,却有集木得桷无咎之象,是因为它承九五,以阴承阳,合于女归之义。上九的情况特殊,居全卦之终,处无位之地,反倒以无应为好。因为无应,才得以无累于位,超然于进退之外而得吉。

渐卦诸爻情况比较复杂的是九五。九五与六二是渐卦唯一正应的两爻。从九五的角度看,自己是夫,六二是妇。九五与六二正应,夫妇结合,本不该成为问题,只是由于它们之间有九三与六四阻隔着而不得结合。

同样因受阻隔而不得结合，六二“饮食衎衎吉”，九五却“妇三岁不孕”，这是因为六二与九五的身份不同。六二犹为未嫁之女，是《杂卦传》所谓“女归待男行也”的人，等待男子来娶它是它的本分。它以自已柔顺中正的品格，从容待时，不急于进，故吉。九五是当娶之男，积极主动地娶女是它的本分，九三与六四的阻碍对它是很不利的，使它一时不能与六二结合，故有“妇三岁不孕”之象。虽然如此，但它有中正之德，什么邪恶力量也战胜不了它，且必为它所战胜，故必有终吉。

归　妹

䷵ 兑下震上

《序卦传》说："渐者进也。进必有所归，故受之以归妹。"渐虽不是进，但有进义；进必有所至，所以渐也有归义。渐既有归义，故渐卦之后次之以归妹。归妹是渐的反对卦，取象取义都与渐卦不同。渐卦取象女归，女归是女之归，女之归有循序渐进的渐义，渐卦取义就取在女之归这个归字上。女之归反映的是古代女子出嫁与人做嫡妻即正夫人的那种婚嫁情况。归妹取象归妹，归妹是归之妹，归妹卦取义就取在归之妹这个妹字上。妹是少女，少女自嫁而不待娶，反映的是古代女子出嫁与人做侄娣的那种婚嫁情况。这种婚嫁没有一个循序渐进的过程。归妹从妹字上取义，故其义恰与循序渐进之渐义相反。

归妹，征凶，无攸利。

咸卦、恒卦、渐卦、归妹四卦都是取嫁娶之义的，前三卦卦辞或吉或利，都很好，唯独归妹一卦为凶。就是在全部64卦中，卦辞没有一点好处的，也只有否与归妹两卦。归妹这一卦为什么征凶又无攸利？从卦象看来，归妹兑下震上，"说以动"。"说以动"本没什么不好，但是动而不当就不好了。归妹六爻之二、三、四、五这四爻位都不正。初与上虽然位正，但阳在阴下，其位也不为正。除位不正以外，归妹卦义也不正。归殊卦下体是兑，兑为少女；上体是震，震为长男。少女在长男之下，乃少女从长男。少女从长男，其情以说而动。这样的婚嫁，男女之情胜过夫妇之义，按照古人的观念，是不正的，所以卦辞曰"征凶，无攸利"。不能动，动则凶；无往，往则无所利。

彖曰：归妹，天地之大义也。天地不交而万物不兴。归妹，人之终始也。说以动，所归妹也。征凶，位不当也。无攸利，柔乘刚也。

"归妹，天地之大义也。天地不交而万物不兴。归妹，人之终始也"。

归妹卦反映的是古代女子婚嫁中的侄娣制度，侄娣制度实际上是更古的时代的群婚制的残余。群婚制在《周易》成书的时代，在人们已经有了显著的男尊女卑观念情况下，含有女子不经过男子迎娶而主动从男的意义，是不合于礼义的，故卦辞言归妹征凶无攸利。但是归妹还有另一方面的意义，归妹毕竟是讲阴从阳，女从男，男女之情的。男女之情虽不必合礼，却必合理。孔子深刻地看准了归妹卦的这方面的意义，他作《彖传》，在言归妹之凶以前先言归妹的合理性及其在人类自身繁衍上的伟大作用。孔子认为男女交感，男女配合，使人类生生相续，代代不穷，如同天地相遇而有万物生一样自然，一样合理。然后再强调一句归妹乃关乎人之终始的大问题，不可等闲看待。所谓人之终，是说男女婚配；所谓人之始，是说人之生育。合而言之，人之终始问题，其实就是男女关系问题。

“说以动，所归妹也”。自卦德说，兑说在下，震动在上，是说以动。说以动则徇乎情，与咸卦的止而说根本不同。自卦象看，女在男下，女先于男，主动从男，所欲归者是女。又，在下的是少女，在上的是长男，少女从长男，是所归者是少女不是长女，是侄娣不是嫡。所欲归者是女，所归者是少女，故云“所归妹也”。卦德说以动，则主乎情；卦象所归妹，则失于礼。既主乎情又失于礼，故凶。

“征凶，位不当也。无攸利，柔乘刚也”。归妹这一卦之所以征凶无攸利，除了所归妹，说以动以外，还有位不当和柔乘刚两点。四方面的原因是相关联的。大率卦之德以说而动，不可能不失正；中爻失正，又必有乘刚之过。中爻不正，则阴阳失常，三五柔乘刚，则刚柔不顺。阴阳失常，刚柔不顺，凶是不可避免的。家人、睽、渐和归妹四卦都涉及男女关系，家人以中爻得位而正，睽以中爻失位而乖。渐以中爻得位而吉，归妹以中爻失位而凶。

象曰：泽上有雷，归妹。君子以永终知敝。

泽上有雷，阳动于上，阴感而从之，有女从男之象，故为归妹。归妹卦是从女子特别是少女的角度看问题的，那么从君子即男子、丈夫的立场看待归妹这一卦，应当悟出什么道理呢？孔子说君子应当永终知敝。永终谓男女配合，使生息嗣续，永久其传。敝是终的反面，知敝谓知有永终则必有敝坏，知有敝坏而预为之备，使生息嗣续不断。从具体的夫妇关系来说，永终即白头偕老之意，知敝谓君子要意识到归妹这种婚姻极易因生离隙而敝坏。归妹不同于恒卦之巽而动，渐卦之止而巽；归妹是说以动，少女因情说而动，这样的婚姻缺乏道义的基础，久必敝坏。君子知其有敝坏的可能，则当先为防备，思永其终。引申开来考虑，不唯夫妇有反目之时，天下之事莫不有终有敝，君子当远虑其终而防其敝坏。

初九，归妹以娣，跛能履，征吉。

初九居于卦之最下又无正应，是娣不是嫡。是个怎样的娣呢？初九刚阳处说体而居于下，是个为人贤贞而卑顺的娣。然而娣非正配，纵然有贤德，也不过自善其身以承事君子而已，不太可能施展更大的作为。它很像一个跛子，虽能履地行路，然而免于废而已，不能及远。古代女子婚嫁须备具六礼，渐次而行，婚龄亦有一定的界限。不备六礼而嫁为失礼，少长非偶为失时，而侄娣不受此限。侄娣从嫡而归，六礼不备不为失礼。侄娣可以待年，少长非偶不嫌失时。就是说侄娣制度是社会承认的。故卦辞言征凶，而初九爻辞变征凶为征吉。

象曰：归妹以娣，以恒也。跛能履吉，相承也。

女子不备六礼而自嫁，是不正常的。但如果是侄娣的身份从嫡而嫁，那么，不备六礼，也是正常的。娣"跛能履吉"，是因为娣虽无内助的资格，却能安于其分，辅佐嫡夫人承助君子。

九二，眇能视，利幽人之贞。

九二实际上还是讲娣。眇能视和跛能履，意义是一样的。跛子两足一正一偏而能走路，眇者两目一昏一明而能视物，都是比喻娣的。娣位居偏侧，在夫妇生活中不允它有所作为，但是它在辅佐嫡夫人方面毕竟能发挥一定的作用。九二与初九也有不同之处，九二刚中，说明它是个意志坚定的贤慧女子，这一点是高于初九的。然而处境不如初九，初九无正应；无正应不好，决定它卑居娣的地位。九二有正应，但是是以阳应阴，本身有妇象，又与阴应，是反类现象，应而反类比无应更糟。九二处于这种境况，表明它作为娣，虽有一个夫君，但不是好夫君，时刻有遭遗弃的可能。所幸九二刚中，"利幽人之贞"，能够像被拘囚的、失去自由的幽人那样自执其志，坚如磐石，至死不渝，可望保持娣的地位，不发生变故。

象曰：利幽人之贞，未变常也。

虽夫君不贤，但九二作为娣，坚守幽人之正，矢志不渝，以己之贤对待夫君之不贤，是它分内应有的正常表现，不为过分，也不为不及。

六三，归妹以须，反归以娣。

六三以阴居阳，不正又无应，是个不好嫁的女人，故有“归妹以须”之象。须，姊；娣，妹。姊与妹相对待。姊姊可嫁与人作嫡，妹妹只能从姊而嫁作娣。六三不正，本是妹妹，竟想充作姊姊嫁作嫡。这当然办不到，结果必“反归以娣”。是妹妹，还是要作为妹妹从姊嫁作娣。

象曰：归妹以须，未当也。

六三位不当，一个不正的女人要用不正的办法嫁出去，即“归妹以须”，结果行不通，还要“反归以娣”，用其所当用的办法嫁。六三所以会干出这种事情来，关键的问题是它位不当即不正。

九四，归妹愆期，迟归有时。

九四爻象与六三有相似之处，九四不正无正应，六三也不正无正应。那么，为什么辞有不同呢？因为六三与九四二爻爻象虽大体相似，却也有所差异。六三以柔居刚又过乎中，九四以刚居柔又未及中。同为不正，以刚居柔好于以柔居刚。同为不中，未及中好于过乎中。九四不正无应，是以过时未嫁；但九四以刚居柔且未及中，过时未嫁是由于有所待，或待得佳配，或待年父母国，不是无人愿娶而难嫁。九四这样的迟归是主动的、有时的，到了该嫁的时候一定嫁，不是无限期的。六三则不然，六三既不正无应，又以柔居刚，又过乎中，是由于难嫁而采取“归妹以须”的不正当办法强嫁。

象曰：愆期之志，有待而行也。

九四之所以推迟嫁期，是出于自己的志愿。为什么志愿愆期呢？是“有待而行”。行，嫁。“有待而行”，有所等待而嫁。总之，愆期决定于九四自己，不决定于他人。

六五，帝乙归妹，其君之袂，不如其娣之袂良。月几望，吉。

泰卦六五讲帝乙归妹，此爻又讲帝乙归妹。《周易》一再提及帝乙归妹，说明历史上确有商王帝乙嫁妹之事。六五居尊位，是妹中最为尊贵的，故有“帝乙归妹”之象。古代诸侯一娶九女，有嫡有媵有侄娣，这是制度，即便是帝王也不能违反。帝乙把自己的妹妹下嫁给臣下做侄娣，而不是做嫡夫人。六五这位女子，其高贵的出身，就像帝乙的妹妹，也依礼义的要求嫁与人做娣。“其君之袂，不如其娣之袂良”，它的衣着穿戴比嫡夫人还要好。不过好也要有个限度，娣的衣着穿戴如果超过嫡夫人，就有夺嫡之嫌了，夺嫡必凶。六五虽尊贵但却得中有应，它必安于本分，不会使自己娣的地位高过嫡。犹如“月几望”，月至十五将盈而未盈。所以吉。

象曰：帝乙归妹，不如其娣之袂良也，其位在中，以贵行也。

帝乙嫁妹与人作娣，娣衣着穿戴好过其嫡。这是由于六五位尊得中，以高贵的身份出嫁的缘故。

上六，女承筐无实，士刲羊无血，无攸利。

归妹卦是讲古代婚嫁中的侄娣制度的，诸爻无不取象侄娣。上六阴虚而无应，故有“女承筐无实，士刲羊无血”之象。筐实羊血都是祭祀必用之物。古代诸侯承先祖奉祭祀，亲自割牲取血，夫人负责筹办苹藻之类盛诸筐篚之中以为祭品。这就是说，在诸侯“一娶九女”的九女之中只有嫡夫人有资格与诸侯共承宗庙祭祀，侄娣是不能参与的。士大夫的情况也大体如此。一般说来，妇人在祭祀时有承事筐篚以奉苹藻的资格，但须是嫡。上六以阴居阴且下无正应，无实而虚，名存而实亡；她作为一个妇人似乎有资格与丈夫一起主持祭祀，然而实际没有资格，因为她是娣不是嫡。她承筐，但筐中无实，是个空筐，不能祭祀。祭祀先人必须夫妇共同进行，她既承筐无实，她的丈夫也就刲羊无血。没有苹藻可供，没有牲血可荐，祭祀根本不能进行。她有丈夫，但妻不是她。她作为一个地位卑贱的娣，处在上六的时候，境遇很不好，她无论干什么或不干什么都无所利。

象曰：上六无实，承虚筐也。

承事一个空筐，像似能奉祭祀，实际上不能。作为一个女人，她有丈夫，但妻子不是她。她的地位卑，而今又处在上六阴柔而虚的时候，所以境遇如此。

〔**总论**〕

归妹与渐是反对卦。艮下巽上构成渐，即风山渐。渐的中爻皆正。渐取象女归，由女子婚嫁必备六礼，必有一个循序渐进的过程的现象中，抽象出渐的概念。事物的进行要循序渐进，就像女子婚嫁有一个过程合礼那样合理。归妹则由兑下震上构成，即雷泽归妹。归妹中爻皆不正而且柔乘刚。归妹取象归妹，它要说明的道理是极其复杂而难以把握，以至于作《易》者竟未能给它抽象出一个明确的概念来。我们只能说归妹所取之义恰与女归相反。不过作《易》者对两卦的扬抑态度是清楚的。渐卦卦辞许以“女归吉利贞”，女子循序渐进，合礼地嫁人，绝对的吉。归妹卦辞则直书“征凶无攸利”，绝对的凶。表明他认为女子作嫡是正的，合礼的，作侄娣是不正的，违礼的。渐与归妹两卦反映了殷周之际婚姻事实和婚姻观念的变化。群婚制早已为父系的一夫一妻的个体婚制所代替，个体婚制成为婚姻制度的主流。群婚制的残余，作为个体婚制的必要补充，通过一夫多妻的形式，被长久地保留下来。殷代存在一夫多妻现象，周人把一夫多妻现象肯定下来，作为一种礼制加以承认。这就是后人所称的嫡庶制。作《易》者于渐卦取象女归，于归妹卦取象归妹，实际上是对嫡庶制的一种观念上的承认。嫡庶制将女人的婚嫁普遍地划分为两类。嫁作嫡的一类，合礼又合理，自不待言，故渐卦取其渐进之义而已。嫁作庶的一类(嫁与诸侯的又称侄娣)，周人表现出矛盾的心态，故归妹卦辞取谴责意向，认为它先于男又少于男，既失礼又失时，而诸爻爻辞却多有肯定。孔子作《彖传》发明了归妹卦中蕴藏着的深刻意义。孔子指出侄娣制度亦即女子嫁作庶的伟大意义，正确地把这种制度同生育传代联系起来，而生育传代又像天地交感而化生万物那样合情合理。孔子还有未明白说出的意思，即嫡庶制保证男系的生育传代。没有男系的生育传代，何以有嫡长子的继世；没有嫡长子的继世，何以有贵族宗法制的确立；没有贵族宗法制的确立，何以有西周诸政治制度的建构和西周社会的稳定发展。孔子说归妹是天地之大义，是建立在他对《周易》和殷周历史有深刻的理解的基础上的，绝非故作夸张之辞。

丰

䷶ 离下震上

《序卦传》说："得其所归者必大，故受之以丰。丰者大也。"得其所归者必大，这种说法未免牵强。《序卦传》欲将64卦的序列一一找出逻辑联系来的想法是可取的，正确的，许多卦之间的联系确有逻辑性，而有些卦之间的联系显然缺乏必然性，《序卦传》的解释有失牵强，也未足怪。丰这一卦离下震上，震是动，离是明。明可以照，动可以亨。能照能亨，然后足致丰大。

丰，亨，王假之。勿忧，宜日中。

丰，盛大。盛大的东西必亨通。但是丰卦说的盛大不是一般的盛大，是无与伦比的盛大，绝对的盛大。只有王所统治的天下够得上盛大。天下之王至尊至贵，天下之财物至富至有，天下之人口至繁至庶，天下之土地至广至大。什么人能够致天下之盛大呢？"王假之"，只有王能够致天下之盛大。盛大的东西有亨的一面，也有忧的一面。月盈则亏，日中则昃，盛大超过极点，必转为衰。盛大之中包含着衰，这是值得忧虑的。然而可以"勿忧"，只要知道"宜日中"，保持"日中"的状态，盛大即可不转为衰。日中即一日之正午。正午时候日光最足最盛最普遍。至此为止，不要超过正午；超过正午，日就偏斜，乃至走向衰落。将这自然的规律引申到人事上来也是一样。统治者的统治盛大到了极点必转为衰落，统治者知道这个道理，务要持盈保泰，不使自己的统治之盛超过极限。由此可见，丰卦讲的不是丰什么，丰是怎样的问题，而是如何致丰保丰的问题。

彖曰：丰，大也。明以动，故丰。王假之，尚大也。勿忧宜日中，宜照天下也。日中则昃，月盈则食。天地盈虚，与时消息，而况于人乎，况于鬼神乎。

"丰，大也。明以动，故丰。"以卦德解释卦名。丰即盛大。"明以动"

解释怎样致丰，不是解释什么是丰。“明以动”的“以”字与“而”字不同。“以”与“而”虽都是连接词，用“而”字表明它所连接的两个词一样重要，用“以”字则表明重在前一个词。“明以动”强调的是“明”，“动”是次要的。“明以动”，是以明而动，动之以明，所以致丰。就是说，处丰者必明，昏是绝对不可以的。与“刚以动故壮”之强调“刚”，“顺以说故聚”之强调“顺”，意义是一样的。又丰与噬嗑不同。二卦皆以明动致亨，噬嗑“动而明”，既须动又须明，先动后求明，得明而后可亨。丰卦是明已然存在，无须求，明而后动，不期而亨。

“王假之，尚大也。勿忧宜日中，宜照天下也”。丰之盛大，唯有王者能够达到。王者统治全天下，所有既大，其保天下治天下之道亦大。故云王者尚大。王者所尚之大，既是所尚之天下社会大，也是所以保天下治天下之道大。王者保天下治天下的根本途径是以盛明普照天下，无所不周，无所不至。怎样才能做到这一点呢？务须保持像“日中”那样的状态，使光照最充足最普遍。日未中，光照不及；日既中则昃，光照愈益不足。唯在日中之时，可常明不昏，常中不昃。此解释卦辞。

“日中则昃，月盈则食。天地盈虚，与时消息，而况于人乎，况于鬼神乎。”这是孔子在解释卦辞之后，又发明卦辞外之意。所谓卦辞外之意，实为卦辞本有之意，辞未之及而已。经过孔子的发明，原始、朴素、艰涩难懂的卜筮语言，变成具有深刻理论意义的哲学思考了。孔子由卦辞“宜日中”一语联想到“日中则昃，月盈则食”的自然现象。日至中而盛极，盛极即将昃昳；月至望日而满盈，满盈即将亏缺。孔子把人们习见的日月盛衰盈亏的现象作为自然的规律提出来。接着指出盈虚变化乃是天地间的普遍性规律，不是日月特有的现象，即所谓“天地盈虚，与时消息”。整个天地，整个自然界，都处在盈虚盛衰的不断变化中，所有的变化都是“与时消息”，以时为进退的，时间决定变化的性质，时间是变化的基本条件。孔子根据这一卦的卦辞，得出一个深刻的辩证法结论，给一个比较具体的命题赋予了一般的意义，实在不简单。

“而况于人乎”，天地尚且“与时消息”，何况人呢，人也必当如此。这就涉及到中国古代哲学中的天人关系问题。古人总是把人类社会同自然界联系起来，认为天与人是合一的。自然界有什么样的规律，人类社会也应当有什么样的规律，因此人应当顺应自然。在顺应自然的问题上，道家的主张是绝对的，因为道家过分强调人是自然的一部分，泯灭人的主体性。儒家则尽可能地把人从自然界中分离出来，比较强调人对自然的主体性意义，因此儒家既重视自然对人的制约作用，主张人必须顺应自然，也反映出人应当改造自然的主体意识。古人讲到自然的时候，使用的是“天”这个概念。古人使用“天”这个概念，含义很复杂，我们不宜一概而论。一般说，统治阶级在政治意义上使用“天”概念的时候，“天”是超自然的，神秘的，是有意识的主宰。而在古代讲理论的学者那里，“天”即自然，即独立于人的意识之外的广大自然界。道家和儒家讲的天，都属于后一种含义。孔子《彖传》所说“天地盈虚”的天，连同那个地，所指显然是自然界。

“况于鬼神乎”的鬼神，也不是宗教观念中的那个超自然的神秘之物。这个鬼神是什么，宋人讲的很清楚。程颐说是“造化之迹”，张载认为是阴阳“二气之良能”，朱熹说“天地举全体而言，鬼神指其功用之迹，似有人所为者。”依他们的看法，天地变化多端，万物生生不已，神奇难测，却又有轨有迹，像似有人暗中主宰着，其实又没有。这看不见但可以觉察到的无形无体的东西，《周易》称之曰鬼神。鬼神其实就是今日我们说的不依人的意志为转移的客观规律。宋人的理解是正确的。他们的认识代表着整个儒家的观点。儒学不相信有什么超自然并主宰自然的鬼神存在。

象曰：雷电皆至，丰。君子以折狱致刑。

丰卦离下震上，震为雷，离为火，故曰雷火丰。孔子这里讲“雷电皆至”，电指什么呢？电是离。《周易》的八经卦有各自的性质，如乾的性质是健，坤的性质是顺，震的性质是动，离的性质是丽，这性质是不变的。乾的性质无论在什么情况下都是健，离的性质无论在什么情况下都是丽。八经卦的取象则是灵活不定的。乾可以象天也可以象马，离可以象火也可以象日象电。离既象火象电都可以，这里离取象电更合适些，所以说“雷电皆至”。孔子以为君子观“雷电皆至”之象，可以用以“折狱致刑”。折狱，审判案件；致刑，动用刑罚。审判案件最要紧的是明察虚实，了解情况。动用刑罚则必须轻重适中而不滥。电是明照，明照正合于折狱。雷是威断，威断恰宜于致刑。“雷电皆至丰”与“电雷噬嗑”（“雷电噬嗑”应为“电雷噬嗑”）有所不同。“电雷噬嗑”，明照在先，威动于后，是先解决立法的问题，故云“明罚敕法”。“雷电皆至丰”，威在上，明在下，是实际应用法律以断狱，故云“折狱致刑”。

初九，遇其配主，虽旬无咎，往有尚。

配主指九四。旬，均。尚，嘉尚。初九不言丰，因为初九还没有达到丰的程度。“遇其配主”，初九把九四看作自己的配主，自己的伙伴，正想前往相从，与之合作，共同达到丰的目的。“虽旬无咎，往有尚”，虽然初九与九四都是阳刚之才，是敌应的关系，但是却能够相从以合作，共同努力以致丰。初九这样做不但没有过咎，而且是值得嘉尚的。为什么初九与九四都是阳刚，是敌应关系，却能够相从合作而无咎呢？别的卦爻取刚柔相应，丰卦取明动相资。初九是明之初，九四是动之初。因为明与动相资，所以初九与九四相资，相资则不相应也相应了。

象曰：虽旬无咎，过旬灾也。

初九与九四都是阳刚，保持均势状态为好，可以无咎。初九倘若欲超过九四，破坏与九四的均势，就有灾了。

六二，丰其蔀，日中见斗，往得疑疾，有孚发若，吉。

蔀，蒙蔽。丰其蔀，当丰的时候，本应是光明的，然而光明却受到蒙蔽。六二居中得正，是离卦之主，有日中之象。斗是北斗星，卦中指六五。日中见斗，是说六二与六五的关系。六二本在日中，正是光明灿烂的白天，却看见了只有在夜间才能看见的北斗，说明白天变成了黑夜，光明被昏暗障蔽了。六五以阴柔居尊位，是个昏暗之君。六二往从于六五，必遭猜疑忌疾。六二唯一的办法是“有孚发若”，以自己的一片至诚之心，以求六五的感悟，六五感悟了，则障去疑消，疑疾变成信任，结果还是吉的。六二之所以有“日中见斗，往得疑疾”之象，主要在于明动不相资。六二乃离明之主，居中得正，是处明而能明的，六五居动之体，阴柔不正，是居动却不能动的。一个能明，一个不能动，是明动不相资。明动不相资，故不能成其丰。不能成其丰，故有“日中见斗”之象。不过六二毕竟是离明之主，有中正之才，它能够以“有孚发若”的精神克服“往得疑疾”的困境而最终得吉。

象曰：有孚发若，信以发志也。

六二以自己的诚信，感发六五的心志。假若感发成功，则吉。六二虚中，故有孚，六五也虚中，故可发。六二以诚信感发六五之心志，能够成功。

九三，丰其沛，日中见沬，折其右肱，无咎。

沛即旆，遮蔽之物。沬，极小的无名小星。丰其沛，日中见沬，情况比六二丰其蔀，日中见斗更严重。六二丰其蔀，好象日未全蚀，仅能看见北斗星，九三丰其沛，好像日全蚀了，连无名的小星也看得见，光明已完全被昏暗所代替。九三以阳刚居明体之上又得正，本应是能明的，何以所遭遇之昏暗甚于六二和九四？关键的问题是上六不能与之相资。明与动相资方可成丰，九三与上六正应，但是上六阴柔处在无位之地，又在震之终，震之终则止，干脆不能动了。明而不能动，所以有丰其沛，日中见沬之象。九三以刚阳至明之才处在至昏的境遇，纵欲有所为，无奈其明已伤，也不可有所为了。有所为必有咎，只好"折其右肱"，人作事主要靠右肱，右肱折掉，便无可作为，无可作为则无咎。

象曰：丰其沛，不可大事也。折其右肱，终不可用也。

九三境况不如六二，六二虽丰其蔀，但所遇之六五毕竟居中得正，可以有孚发若，可共济大事，而九三丰其沛，所应之上六，以阴柔居震之极，居动不动，昏昧已甚，九三不可与之共大事。九三知道自己处于这样的境况，绝对不可有所作为了，所以"折其右肱"。

九四，丰其蔀，日中见斗，遇其夷主，吉。

九四丰其蔀，日中见斗，取象与六二同。九四虽然是阳刚，又是上体震之主，但是它处在大臣的地位，自己不中不正而遇六五阴暗柔弱之君，不可能致其丰大，所以有丰其蔀，日中见斗之象，这是一方面。另一方面，九四与初九都是阳爻又都居初，处在相应的地位，有明动相须的关系。初九有"遇其配主"之象，九四有"遇其夷主"之象。因为它们有明动相资的关系，所以作为明之主的初九求动以为主，在它看来，九四是它的配主；作为动之主的九四求明以为主，在它看来，初九是它的夷主。九四与初九明动相济，正当有为之时，故一"吉"一"往有尚"。

值得注意的是，九四与六二辞相同，义亦相类，那么二爻究竟有什么不同呢？同是丰蔀见斗，九四因为不中不正，六二则由于居中。九四遇其夷主吉，由于它与初九明动相济，又肯下求初九以为夷主，六二有孚发若吉，则因为它居中。

象曰:丰其蔀,位不当也。日中见斗,幽不明也。遇其夷主吉,行也。

九四与六二之蔀斗皆指六五言。九四丰其蔀,因为它位不当,以阳居阴且在高位,不中不正。日中见斗,因为幽不明,君阴柔而臣不中正,昏暗遮蔽了光明。遇其夷主吉,是由于九四下求于初九,致使阳刚相遇,这本身就是吉的行为。

六五,来章,有庆誉,吉。

丰六爻唯初九与六五不言丰。初九不言丰,以其当丰而尚未丰;六五不言丰,以其居君之位,以得贤为庆,不以自己富有为丰。六五是柔弱之君,在上而阴暗,六二视之为蔀而不往,往则必有疑疾。六二是章美之才,在下而光明,而六五虽阴暗却有柔中之德,能够来致在下章美之才而用之。六五如此,必有福庆美誉而吉。六五是丰卦之主,卦辞所说"王假之",即指此爻而言。卦义重在以光明普照天下,六五能够担当起这个责任,它本身虽不是明体,却有柔中之德,它善于来致并且借助六二之章美光明之才,达到丰大天下的目标。以中德致丰保丰,恰与卦辞"勿忧宜日中"之义合。

象曰:六五之吉,有庆也。

六五自己柔暗,却善用章美光明之才以致丰保丰,六五居君位它所致之丰乃天下之丰,它所得之吉,乃天下之吉。丰以天下,吉以天下,故曰有庆。

上六,丰其屋,蔀其家,阙其户,阒其无人,三岁不觌,凶。

上六一爻最为不济,丰六爻唯上六一爻凶。上六与六五本来都有问题,六二与九四之丰其蔀都是六五造成的。六二丰其蔀由于以六五为应,九四丰其蔀由于上承六五。但是六五毕竟有中德,蔽人而终不自蔽,到底有来章之吉。上六则不然,上六正应于九三,造成九三之丰其沛不待言,更严重的是它蔽人又自蔽,故不免于凶,情况与明夷之上六相似。原因在于,它以阴柔之质居丰之终,动之极,又在无位之地,高亢昏暗,自绝于人,自蔽之甚,几乎不可救药。"丰其屋",丰大自己的住宅,比喻上六亢然自高,志得意满,飞扬跋扈。"蔀其家",丰其屋的结果怎样呢?不但未使自家门闾高大,反倒把自家障蔽起来,孤立起来。"阙其户,阒其无人",它深居简出,只知有己,不见有人。它不见有人,人也不见有它,无人与之来往，所以自户窥其室，寂无一人，它陷入了绝对的孤立。见斗见沫，犹有所见，上六昏暗至极，以至于“阒其户，闃其无人”，竟连人也看不见了。“三岁不觌”，三岁，长久，觌，见。上六孤立自蔽，自绝于人，不见有人，亦不为人所见的状况长时期不会改变。陷于自蔽而不能拔，其凶必矣。

象曰：丰其屋，天际翔也。阒其户，闃其无人，自藏也。

丰其屋，谓上六处丰之极，高高在上，不交于下，自绝于人，就像在天空飞翔一样。阒其户，闃其无人，这种孤立的局面，完全是由它自己造成的，是它自己把自己“藏”了起来。上六自高自大，自蔽自藏，自致其凶，都是因为丰大太过的缘故。杨雄说“炎炎者灭，隆隆者绝。观雷观火，为盈为实，天收其声，地藏其热，高明之家，鬼瞰其室”，正合丰卦上六之义。

〔**总论**〕

丰卦诸爻皆以明暗为吉凶。初九、六二、九三三爻都在明体，有明德，所以或吉或无咎。九四、六五、上六三爻都在动体，无明德，以能求明为吉，以不能求明为凶。又，丰卦六爻以明动相资，同德相辅为好，不取阴阳相应。初九与九四都是阳爻，若在它卦，这是敌应的关系，不好。而在丰卦，初九与九四是明动相资，同德相辅，好。九三与上六为阴阳正应，在它卦，这是很好的，而在丰卦则很不好，九三不免于折肱，上六则凶甚。

旅

䷷ 艮下离上

《序卦传》说："丰者，大也。穷大者必失其居，故受之以旅。"丰是盛大，旅是羁旅；丰大至于极点，必将失去其所居；失其所居，便成了羁旅之人了。所以丰卦之后次之以旅卦。旅之为卦艮下离上，山止于下，火炎于上，有去其所止而不居之象，又离在外，有丽乎外之象，故曰旅。

旅，小亨，旅贞吉。

旅虽失其所居，但未至于困，故可以亨。然而只可以小亨，不可以大亨。从卦才看，旅之所以可小亨，是因为六五是卦主，它以柔得中而顺乎刚。旅之所以不可大亨，是因为处旅困之时须有阳刚中正助于下，方可致大亨，而旅卦没有。小亨而能守旅之正则吉。大亨固然利于贞正，旅小亨，似乎可以苟且失正，其实不然，小亨也须守正道方可得吉。

彖曰：旅小亨，柔得中乎外而顺乎刚，止而丽乎明，是以小亨旅贞吉也。旅之时义大矣哉。

"旅小亨，柔得中乎外而顺乎刚，止而丽乎明，是以小亨旅贞吉也"。此《彖传》未释卦名而专释卦辞。从卦才看，旅之所以"小亨旅贞吉"，关键在于六五这一爻。六五是卦之主，它以柔居于外卦又得中，而且顺乎二刚之间。柔中，在外，顺刚，知处屈以求伸，正合乎旅道的要求。旅卦下体艮止，上体离明，合上下体看，止而丽乎明。止而丽乎明，则能寄寓守正，不之邪暗。旅六五处外，柔中，顺刚，上离下艮，止而丽乎明，故可以小亨，可以旅贞吉。

"旅之时义大矣哉"。古人安土重迁，把寄居异国，流落他乡看作极严重的事情，天下事都当随时各适其宜，而旅的处境最难把握，旅的意义最难尽知。如果把握得好，一个人可以因旅而兴；把握得不好，一个人可以因旅而亡。所以旅之亨虽小，而孔子却说它"时义大矣哉"。

象曰:山上有火,旅。君子以明慎用刑,而不留狱。

山上有火,艮下离上,止而明,止而不处,有旅象,所以叫做旅。君子观旅之象,处理狱讼,既要明慎用刑又要不留狱。艮下离上,止而明,君子用刑要明而慎。止而不处,君子不留狱。用刑实即判决,留狱是久拖不判。判决要明察审慎,不可草率,但也不应长期拖着不判。

初六,旅琐琐,斯其所取灾。

琐琐,鄙猥琐细。斯,此。六以阴柔之才居旅之始,是意志柔弱,目光短浅,只知养其小体不知养其大体的人。这样的人处在旅困的时候,想的干的完全是眼前小利,身边琐事,不可能有大的作为,不唯于国于民不利,对于自己其实也是一种灾患。初六的这种灾患是它自取的。

象曰:旅琐琐,志穷灾也。

爻辞讲初六的行为可贱,象辞揭示初六的志意可鄙。行为琐细可贱是由于局促、猥陋、穷迫,一副小人的狭窄心胸造成的。

六二,旅即次,怀其资,得童仆贞。

六二以阴爻居阴位,得正又处中,有柔顺中正之德。有柔顺之德而处于旅的时候是很好的。柔顺中正,所以能够即次,能够怀资,能够得童仆之贞。次,舍。即次,旅中有住处。资,资财。怀资,身上有钱花。贞,正。得童仆贞,得到童仆的诚心帮助、照顾。一个人羁旅在异国他乡,能够有适当的居处,有足够的钱花,有童仆的真诚帮助、照料,可以说再好不过了。为什么不言吉?人在旅的时候,能免于灾害就算不错了,哪里还谈得上吉!童仆指初六,初六比于六二,初六自己琐琐无大志,而在六二看来却是一个真诚可信赖的童仆。

象曰:得童仆贞,终无尤也。

“旅即次,怀其资,得童仆贞”,这三条中“得童仆贞”是重要的。人在旅困中如果能得到一个忠诚服务的童仆的帮助,“旅即次,怀其资”便容易做到,可以终无尤悔。

九三,旅焚其次,丧其童仆贞,厉。

厉,危厉,危险。九三以阳居阳,得位,六二以阴居阴,也得位,所以都有次象。九三与六二都得位,都有次象,爻辞却截然相反,六二“旅即次”,

旅中得到居住的场所；九三“旅焚其次”，旅中虽有居住场所但被焚掉。六二“得童仆贞”，得到童仆的忠诚帮助；九三“丧其童仆贞”，原有童仆的忠诚帮助，而今却丧失掉了。为什么六二很好，九三很不好呢？这是由于六二柔顺得中谦下，九三过刚居上不得中的缘故。九三既过刚过中，焚次丧仆，其危厉便是必然的了。

象曰：旅焚其次，亦以伤矣。以旅与下，其义丧也。

下，童仆。九三过刚而不中，既有“旅焚其次”之哀伤，又丧其童仆，失掉童仆的忠诚帮助，处境是危厉的。人在旅时，本来亲者寡，只有童仆朝夕相与，而今九三刚暴过甚，视童仆如旅人，童仆必也视它如旅人，离之而去。责任在九三，不在童仆。九三“以旅与下”，把童仆视作旅人，因而丧失掉童仆的帮助，乃“其义丧也”。义，道，理。童仆离之而去，是合乎道理的，必然的。

九四，旅于处，得其资斧，我心不快。

资，齐，利。资斧，锋利的斧子。九四居柔且在上体之下，用柔能下，这在旅的时候是适宜的，故有“旅于处，得其资斧”之象。“旅于处”，旅于异国他乡，有安身之地。“得其资斧”，得到“资斧”以自卫，不至于受到伤害。这是九四较好的一面。但“旅于处”不如“旅即次”好。“旅即次”，旅居异国，有所次舍，只是临时居留，不能久处，意谓旅居异国的生活是暂时的。“旅于处”，犹如诸侯之寓公或作为人质出疆的臣子，虽不必遭遇大灾，而旅困他乡的生活却长久不能结束。所以，“旅于处”仅仅好于“旅焚其次”而已。况且九四还有不好的一面。九四以阳居阴，居非正位，尽快结束旅困生活的志向不得遂，故“我心不快”。“我”指九四自己。

象曰：旅于处，未得位也。得其资斧，心未快也。

六二以阴居阴，得位，故“旅即次”，九四以阳居阴，未得位，故“旅于处”。未得位即穷处不得志。在穷处不得志的时候，虽然尚可“得其资斧”，不至于遭到伤害，但是心志毕竟不快。

六五，射雉一矢亡，终以誉命。

五在别的卦取君义，在旅卦则不然。人君是不可以旅的，旅则丧失君位，故旅六五不取君义。旅卦六爻中六五是最好的，它有光明柔顺中正之德，恰适合处旅之道，故有“射雉一矢亡，终以誉命”之象。亡如“秦无亡矢遗镞”之亡。射雉虽必费去一矢，但所得毕竟甚多。誉，令誉。命，爵命。“终以誉命”，终必获致令闻和爵命。

象曰：终以誉命，上逮也。

逮，及。上逮，及于上。六五虽不取君义，却也是代表士大夫获致高位的。上逮，言其地位声望已经很高。

上九，鸟焚其巢，旅人先笑后号咷，丧牛于易，凶。

在旅的时候，以谦下柔和得中为好，而上九刚而不中，所处最高，比九三尤为刚亢，在旅卦六爻中是最不好的。它栖高处亢，正当危地，有鸟巢之象。它又在离体，离为火，有焚象，故曰“鸟焚其巢”。先笑，谓上九初以居他人之上而自喜；后号咷，谓上九终因巢焚而悲。牛，顺物。丧牛，上九丧失至顺之德，刚亢至于极点，故凶。

象曰：以旅在上，其义焚也。丧牛也易，终莫之闻也。

九三“以旅与下”，是视童仆如旅人的意思。上九“以旅在上”，是既处旅时又以尊高自处，骄肆不羁的意思。九三曰“其义丧”，上九曰“其义焚”，二者用意相同。爻辞说“丧牛于易”是什么意思呢？小象释之以“终莫之闻也”，是说上九过刚而高亢，彻底失掉柔顺之性，所得以它得到的必是无可挽回的可悲结局。

〔总论〕

凡卦爻都是阳刚胜阴柔，阳刚总比阴柔为好。但是旅卦则不是这样。旅卦之阴爻胜于阳爻。六二与六五都以柔顺得吉，九三与上九皆因阳刚致凶。六二与六五，以六五为最好，六二次之。九三与上九，上九最凶，九三次之。九四是阳爻，但它以阳居阴，有用柔能下之象，所以“旅于处，得其资斧”，比九三、上九为好。又，旅卦与他卦一样，也以得中为好。六二与六五之所以吉，不唯由于是阴爻，还由于它们得中。初六虽是阴爻，却“旅琐琐，斯其所取灾”，原因就在于它是处不得中而卑以自辱的人。九三与上九之所以获厉致凶，是因为它们既是阳刚之爻又处高居上，其位不中。二、五柔顺而得中，最好。初六虽柔顺却不中，故不好。可见《易》是贵中的，贵中在《易》里具有普遍意义，贵柔则是有条件的，不是普遍的。

巽

䷸ 巽下巽上

《序卦传》说："旅而无所容，故受之以巽。巽者入也。"旅，如同天空之云，水上之萍，飘浮无定，往往无所容纳。然而无所容纳的局面不会永远继续下去，总有一天会有所容纳，故旅卦之后次之以巽卦。巽的意义是入。巽之入不是一般的入，是一阴伏于内，二阳入而散之的入。是阳入而解决阴的问题，不是阴入而解决阳的问题。总之一句话，巽之入是阳入，不是阴入。从入的程度看，巽之入不是皮毛的入，形式的入，而是入于其内，察其细微的入。是深入内里的入，因此卦名曰巽。

巽，小亨，利有攸往，利见大人。

巽是入的意思。入于事物的内里以解决存在的问题。在自然界，风吹浮云，把积阴吹散；在人的思想，洞察几微，了解内心的隐曲；在国家事物，清除奸慝，扫尽弊端，三者都非深入事物的内里不能解决问题。不过，巽一般是修敝举废，不像蛊卦那样，事物坏极了而加以彻底的更新改造，故曰小亨。于天下之事物，既然已经察知明白，必见诸行动，故曰利有攸往，在行动中须有有刚德之人指导，故曰利见大人。

彖曰：重巽以申命，刚巽乎中正而志行，柔皆顺乎刚，是以小亨，利有攸往，利见大人。

巽卦《彖传》全部是总论卦义的，而用"是以"二字作结。巽之为卦巽下巽上，是为"重巽"。巽为风，风吹万物，无所不入。由自然界看到人事，知人君之发布教令亦如风之鼓吹万物，无所不入。然而风只是鼓吹而已，人君则须先行体察民情物理，然后叮咛告诫之，故曰"申命"。"重巽以申命"，是以小亨。巽卦之上下二巽体，都是阳爻居于二、五之位，一阴爻处在二阳爻之下，这叫做"刚巽乎中正而志行，柔皆顺乎刚"。"刚巽乎中正而志行"，是以"利有所往"。"柔皆顺乎刚"，九二与九五以阳刚处中正之位，初六与六四二阴出而顺从之，是以“利见大人”。

象曰：随风，巽。君子以申命行事。

随，相继之义。巽下巽上，两风相重，叫做随风巽。随风巽，如风之入物，无所不至，无所不顺。孔子认为君子研究巽这一卦应将随风巽的道理应用在“申命行事”上。“申命”，先行告诫叮咛，使民众相信上命可行当行；“行事”，申命然后见诸行动。君子要做到的先说到，说到的一定做到，则民众百姓从之必如风之迅速。

初六，进退，利武人之贞。

巽是申命行事之卦。申命行事，最要紧的是令出必行，或进或退，必有一定，进退不决是绝对不行的。初六阴柔处下承刚而不中，是卑巽太过，志意恐畏，柔懦不决之人，所以，是进是退，不能决断。“利武人之贞”，其所利在武人之贞。假若初六能勉为武人贞固坚强之志，那就好了。

象曰：进退，志疑也。利武人之贞，志治也。

疑与治二字相对应。疑，两可不决，主意不定。治，一定不乱，或进或退，无有疑虑。小象指出爻辞所云，主要是志疑志治的问题。初六阴柔处下，有或进或退，志疑不定之象，应用象武人那样贞固勇决以消除疑虑。

九二，巽在床下，用史巫纷若，吉无咎。

巽，入。床下是阴暗之处，阴邪之物往往隐伏在那里。入于床下，深入到床底下去，把隐伏在那里的见不得光明的阴邪之物察看得清清楚楚，然后着手除掉它们。史巫，据《周礼》记载，史掌卜筮，卜筮占吉凶。巫掌祓禳，祓禳消灾害。纷若是繁复的意思。“用史巫纷若”，就字面看，是说借助史巫的力量消除阴邪灾害，实际上是比喻九二既能“巽在床下”，深入了解掌握问题的真相，又能频繁地申命，周到地行事，亦即采取积极有效的措施加以解决。九二如此认真尽申命行事之道，当然是吉无咎的。

象曰：纷若之吉，得中也。

九二得吉无咎，是因为它以刚居中，有刚中之德，在纷然众多的申命行事中善于把握中道，不使过或不及。

九三，频巽，吝。

巽者入也。但巽之入不是一般的入，是人君申命行事以深入人心的入。频巽，不同于重巽。重巽以申命，虽然三令五申。但申的是一个命，命无更改。频巽则是今日一命，明日一命，纷更无常，使人无所适从。九三如此频巽，屡失屡巽，屡巽屡失，命令不行，所以致吝。

象曰：频巽之吝，志穷也。

小象将九三频巽致吝的原因归咎于志穷。志穷又与志疑不同。志疑是面对不同的选择，拿不准主意，犹豫不决，志疑是可以治救的，它拿不准主意，想办法让它拿准主意就是了。而志穷则是其志虽欲巽，然而毫无实际的办法。志穷是不好治救的。唯致吝而已。九二之所以如此，根本的原因在于它刚而过乎中。

六四，悔亡，田获三品。

六四阴柔无援，居四阳之间，承乘皆刚，处境不利，该当有悔。但是，六四也有有利的一面，它上承九五，以阴居阴，依尊履正，自己不是阳刚，却能顺乎阳刚，所以有悔也可以亡。六四与初六同样处于二阳之下，但六四的情况好于初六。初六居重巽之下，犹有进退之疑，六四则居高当位，不但可以悔亡，且可有“田获三品”之功。“田获三品”是比喻九三申命行事之功效的。田，田猎。田猎是武事，有兴利除害的意义。所谓三品，古人以为是为干豆为宾客为充庖的三类禽兽，其实三品不必定指哪三品；“田获三品”是田获盛多的意思，解获三狐，此获三品，当是所获者多，不止于狐。

象曰：田获三品，有功也。

有功指田猎有获。田猎有获谓六四申命行事有功。

九五，贞吉，悔亡，无不利。无初有终，先庚三日，后庚三日，吉。

九五是巽卦之主，它的根本特点在于一个贞字。它由于贞而吉，而悔亡，而无不利。吉，悔亡，无不利，全由于一个贞字所致。贞是什么？贞即是《彖传》所云“刚巽乎中正而志行”的“中正”。九五在巽卦中是发布命令的，中正对于它是极重要的。因为它本身中正，是以得吉；因为它本身中正，则内无疑心，外无疑事，是以悔亡；因为它本身中正，则所申之命如流水之源，无所不至，故无不利。

“无初有终”与“先庚三日，后庚三日”讲的是一个道理，应合起来看。庚字在此含两层意义，第一，庚在十天干中居后而且临近终了；第二，庚即变更，更改。三日不是确指三天，是表示相当长一段时间的意思。这两句话总的含义是，国家社会发生弊病，需要改革。要改革就需要制定政策，发布命令。制定改革的政策、命令，应特别注意做到谨慎，不可躁进躁动。先庚即发布改革命令之前要有“三日”即相当长的考虑、酝酿的时间。后庚即发布改革命令之后，要有“三日”即相当长的试行，总结经验的时间。又，巽卦是讲权的，就国家社会说，它讲的是改革，是中兴，不是改朝换代，更不是社会革命，所以叫做“无初有终”。九五在申命行事时如果能够做到先三日后三日，便可获吉。一爻前后二吉字是有区别的。前吉是九五本身固有的，后吉是有条件的，可能实现也可能不实现，关键在于能否做到“先庚三日，后庚三日”。

本爻“先庚三日，后庚三日”和蛊卦卦辞“先甲三日，后甲三日”，是《易》中极难理解的地方。关于这个问题，古人主要有两种说法。一是郑玄说，一是王弼说。郑玄以为，“甲者造作新令之日。甲前三日，取改过自新，故用辛也。甲后三日，取丁字之义，故用丁也”。朱熹《周易本义》承郑玄说，说：“甲日之始，事之端也。先甲三日，辛也；后甲三日，丁也。”关于先庚后庚，郑说无存，但据其先甲后甲之说推之，其意可知。朱熹《周易本义》说：“庚更也，事之变也。先庚三日，丁也；后庚三日，癸也。丁所以叮咛于其变之前，癸所以揆度于其变之后。”王弼《周易注》说：“甲者创制之令也。创制不可责之以旧，故先之三日后之三日，使令洽而后乃诛也。”又说：“申命令谓之庚。夫以正齐物，不可卒也。民迷固久，直不可肆也。故先申三日，令著之后，复申三日，然后诛而无咎怨矣。甲庚，皆申命之谓也。”程颐《易传》承王弼说，说：“甲，数之首，事之始也。如辰之甲乙，甲第甲令，皆谓首也，事之端也，治蛊之道，当思虑其先后三日，盖推原先后，为救弊可久之道。先甲谓先于此，究其所以然也。后甲谓后于此，虑其将然也。一日二日至于三日，言虑之深，推之远也。究其所以然，则知救人之道；虑其将然，则知备之之方。善救则前弊可革，善备则后利可久。”又说：“甲者，事之首，庚者变更之首。制作政教之类，则曰甲，举其首也。发号施令之事则云庚，庚犹更也，有所变更也。”又说：“命令之出，有所变更也。无初，始未善也。有终，更之始善也。若已善则何用命也，何用更也。先庚三日，后庚三日吉者，出命更改之道，当如是也。甲者事之端也，庚者变更之始也。十干戊己为中，过中则变，故谓之庚。事之改更，当原始要终，如先甲后甲之义。"上录郑朱与王程二说有根本之不同。前说将甲、庚释为创制或申命之日,将先后三日释为对民众之叮咛宣教,后说则将甲、庚释作创制之命或改制之令,将先后三日释作统治者自己之思前虑后,小心谨慎。又,前说不甚明了甲庚之不同,后说则明确指出甲是创制,是制作政教之类,庚是更改,是发号施令之事。关于这最后一点,《周易折中》所引龚焕之说最为明通可取。龚说:"蛊卦辞言先甲后甲,巽爻辞言先庚后庚。事坏而至蛊,则当复始。甲者事之始,故《彖传》以先甲后甲为终则有始也。事久而有弊,不可以不更,庚者事之变,故巽爻辞以先庚后庚为无初有终也。夫事之坏而新之,是谓终则有始;事之弊而革之,是谓无初有终。终则有始,如创业主君,新一代之法度也。无初有终,如中兴之主,革前朝之弊事也。"王、程之说是正确的,龚焕是申明王、程之说的。

象曰:九五之吉,位正中也。

正中就是中正,小象为叶韵而倒转。九五之吉,包括爻辞中前后两个吉字。贞吉之吉和先庚后庚之吉,都是由于九五以刚居刚,居中得正所致。

上九,巽在床下。丧其资斧,贞凶。

巽,入。床下,阴邪隐伏之处。巽在床下,表明察之甚深。察之甚深,本是好事,所以九二巽在床下获吉无咎。怎奈上九处巽之穷,以刚居亢位,巽极当变而不知变,欲行九二之道却无九二之时。同是"巽在床下",在九二为有为之象,在上九则是过巽之举。凡事不当为而为,必过;过则必有失;所以九二"用史巫纷若吉无咎",而上九竟"丧其资斧贞凶"。资,古本作齐,盖因承旅卦同音而误作资。齐斧,齐物之斧。在此实际上是比喻适时应变行权的能力。居巽极之时,失去刚断,不能行权,固守此道走下去,岂有不凶之理!

象曰:巽在床下,上穷也。丧其资斧,正乎凶也。

"巽在床下",是过于巽之象。上九之所以有"巽在床下"之象,原因就在于它处在全卦之上,巽至于穷极的时候。"丧其资斧,正乎凶也",上九以刚居亢,处巽之极,失去了应变行权,遇事决断的能力,固守此道走到底,必凶。

〔**总论**〕

《说卦传》和《序卦传》都说“巽者入也”，而《杂卦传》说“巽伏也”。入和伏并无抵牾，是一致的。巽之为卦是巽下巽上，上下二巽都是二阳在上而一阴在下。从阴的角度说，一阴伏于二阳之下，巽就是伏。从阳的角度说，二阳在一阴之上，必入于阴而制之，巽就是入。阴之伏与阳之入相反相成，互以为用。没有阴之伏，便无阳之入；没有阳之入，也就没有阴之伏。然而巽卦之卦义强调的是入不是伏。《杂卦传》是在同兑卦对照谈巽时才说巽是伏的。兑卦是一阴在二阳之上，阴是见的，而巽卦恰好相反，阴是伏的。然则巽之入是什么意思呢？巽为风，巽之入是风吹万物无所不入的入。比如风吹浮云，扫散积阴，就是巽入之入。可见巽之入并非单纯的入，入之后还有制的问题。引申到国家事务，巽之入就是统治者申命行事，通过发布深入人心，深入事理的政教命令，以解决除奸、厘弊等问题。巽之义是入，入之义不仅仅是入，还含有制的意义在内，所以《说卦传》说万物“齐乎巽”，“齐也者，言万物之絜齐也”。巽入，就其效果说，有絜齐万物的作用，絜齐也就是制。言万物“齐乎巽”，并不妨碍我们说巽卦之义是入。巽的根本含义是入，没有入，亦便无所谓制，无所谓絜齐万物了。这是说，整个一卦之义，在一卦之中，初六与六四是伏于内之阴，是四个阳爻入而制之之对象。巽之入义，正是取之于阳入制于阴这一点上。但是，具体到每一爻的爻义，情况就不同了。不仅四个阳爻是入而制之的主体，初四与六四两个阴爻也是入而制之的主体。六爻在整个巽的时代将起到什么作用，要看它们各自的才质与时位如何了。初六质柔居下，进退不决，“利武人之贞”，需要的是刚决果断。六四虽亦阴柔，然而居高当位又承九五，故不唯无进退之疑，且有田获三品之功。九三与上九的问题过于中，九三过中又过刚，故“频巽”，屡巽屡失，屡失屡巽，达不到入而制之的目的，必吝。上九过中又以刚居亢，处无位之地，有“巽在床下，丧其资斧”之象，非但无益，而且有害，其凶必矣。《易》贵中，巽尤贵中，九二与九五，是《彖传》所谓“刚巽乎中正而志行”者，九二能尽申命之道，故吉无咎，九五居尊中正，先庚后庚，慎始思终，从权适变，最善行巽之道，故吉而又吉。

兑

☱☱ 兑下兑上

《序卦传》说："巽者入也。入而后说之，故受之以说。兑者说也。"说"入而后说之，故受之以说"，是牵强的，入与说谈不上有必然的联系。"兑者说也"，说明兑本来就是说，兑、说本为一字，犹如咸卦之咸与感同为一字一样。咸就是感，兑都是说。有人把咸说成是无心之感，把兑说成是无言之说，是不对的。

兑，亨，利贞。

兑即说，说亦即悦。兑之为卦兑下兑上，上下二体都是一阴在二阳之上，有喜见于外之象。说是致亨之道，我能说于物，物必说而与于我。我说物与，足以致亨。"利贞"是戒辞。为说之道，利于贞正。不是随便怎样求说都能致亨的。如果不以正道求说，求说是为满足一己之私欲，那就是邪谄，不惟不能致亨，还要有悔吝了。

彖曰：兑说也。刚中而柔外，说以利贞。是以顺乎天而应乎人。说以先民，民忘其劳；说以犯难，民忘其死。说之大，民劝矣哉。

"兑说也"，解释卦名，兑就是说。喜说，和说。此与咸卦《彖传》说"咸感也"，意思是相类的。

"刚中而柔外，说以利贞"，这两句话直接解释卦辞。自整个一卦看来，一阴在二阳之上，阳说阴而阴说于阳，故有说义。卦之二、五都是阳爻，是谓刚中，三、上都是阴爻，是谓柔外。刚中而柔外，是兑亨利贞的两点根据。刚中，阳刚居中，有中心诚实之象，故能利贞。柔外，阴爻在外，有接物和柔之象，故能说亨。刚中与柔外互为条件，缺一不可。如果只有柔外而无刚中，便会说而不正；说而不正，便不是说而是谄了。如果只有刚中而无柔外，便会说而不亨；说而不亨，便不是说而是暴了。唯有既刚中又柔外，方可"说以利贞"。

“是以顺乎天而应乎人”，自此句以下，是孔子对兑卦卦辞卦义的体会和发挥。兑卦刚中而柔外，包含着天之道和人之道在内。因为刚中，所以诚信；诚信则顺乎天理。因为柔外，所以和顺；和顺则应乎人心。孟子讲的“中心悦而诚服也”，就是孔子这里讲的“顺乎天而应乎人”的意思。孔子认为，圣明的统治者，在行说之道的时候，只考虑如何顺乎天而应乎人，不想怎样使天下人拥护自己。天下人中心悦而诚服，不过是他顺乎天而应乎人的客观结果，不是他的初始居心。

“说以先民，民忘其劳；说以犯难，民忘其死。说之大，民劝矣哉”。虽然圣明的统治者绝不为了取说于民而行说之道，但是，只要他在行说之道的时候，能够顺乎天而应乎人，那么，他必然会“说以先民”，平时就注意使人民饱食，暖衣，养生送死无憾；必然会“说以犯难”，遇到危难例如战争的时候，依人民说不说，赞成不赞成为根据，决定仗打与不打。总之，能够使民说在先。能够使民说在先，需要人民出力时，民就忘其劳；需要人民打仗的时候，民就忘其死。统治者弄好了说道，人民可以自劝。所以孔子感叹说：说之道多么伟大呀。

象曰：丽泽，兑。君子以朋友讲习。

丽，附丽。丽泽。二泽相附丽。二泽相附丽，必彼此浸润滋益。君子观丽泽之象，乃以朋友讲习。朋友是与己志同道合的人。讲是讲未明的道理，习是习未熟的事物。朋友讲习是志同道合的朋友聚会一处，互相讲习，彼此切磋。这样做比独学无友，孤陋寡闻好得多。朋友讲习是人生最大的快乐，而且这种快乐虽过而无害。《论语》以学之不讲为忧，以学而时习为说，以有朋远来为乐，其用意正与兑卦大象同。

初九，和兑吉。

说中本有和义，说必和而和则可说。初九是阳爻，居说体而处最下，又无所系应，是能够以和为说的。因为是阳刚，所以不邪谄；因为处下，所以无上求之念；因为无所系应，所以随时处顺，心无所系无所为，以和而已。以和为说，无所偏私，故吉。

象曰：和兑之吉，行未疑也。

行未疑，行为未有可疑。未有可疑，是说未发见它有什么过失。初九处说在下而又不是中正，所以小象指出它行未疑，如果它居中得正，那就用不着说行未疑了。

九二,孚兑吉,悔亡。

九二以刚居中,有诚实之德,在说的时候,它是以孚信为说的人。说而不失刚中,说以孚信,故吉。不过九二承比六三阴柔小人,是本该有悔的,因为它有刚中之德,能够自守不失,做到和而不同,悔可以亡。

象曰:孚兑之吉,信志也。

初九小象曰行未疑,此云信志。初与二比较看,为初易而为二难。初九距离六三阴柔小人尚远,不但志可信,其行亦未可疑。九二与六三阴柔小人近比,其志可以信而其行则未免致疑。故初与二同获吉,而二多"悔亡"二字。

六三,来兑凶。

六三阴柔不中正又居阳位,动而来求初与二二阳之说,故曰来兑。来兑亦即求说。说自有道,说是不可故意来求的;既然是公然来兑,便是失道求说;失道求说,所以凶。

象曰:来兑之凶,位不当也。

六三不中不正且上无应与,全卦六爻之中,它的位最为不当,所以凶。它不能如九二孚兑之志可信,更不如初九和兑之不特志可信,行亦未疑。

九四,商兑未宁,介疾有喜。

商兑,说之不以正道则不说。未宁,即便说了,也要保持警惕,绝不以为可说,就安而溺之与之说。九四虽然所处非正,但毕竟是阳刚之质,它能够做到"商兑未宁"。因为能够做到"商兑未宁",所以虽然介疾而有喜。疾,疾病。喜,病去。介疾有喜,是说九四近比于六三,介于邪害之间,如果安而溺之,则必受到六三的毒害。然而九四质本阳刚,能够介然守正,虽近于疾病,却可不为疾病所侵,疾病终究可去。

象曰:九四之喜,有庆也。

九四居近君之大臣位,它的喜不仅是它一身之喜,可能影响到天下国家都得到好处,故曰"有庆也"。

九五,孚于剥,有厉。

阴剥阳,小人剥君子,小人道长,谓之剥,故称小人为剥。孚于剥,即孚于小人，亦即孚于上六。九五阳刚居君位，得乎中正，是最能尽说道之善的一爻，它面临的问题是密比于上六。上六既是小人，就要剥君子，它为了取说于九五，总要用巧言令色将自己的祸心包藏起来。所以告诫九五，当你诚心相信小人的感人的巧言令色的时候，一定要明白这是危厉的，从而心存危惧，不使自己受小人之巧言令色的迷惑。

象曰：孚于剥，位正当也。

此小象言位正当之义，与履九五同。兑九五爻辞告诫孚于剥有厉，是因为九五处在尊位，密比于阴柔之上六，正好有一个如何对待小人求说于己的问题，它爻不如九五这样阳刚中正，位正当，不存在“孚于剥有厉”的问题。

上六，引兑。

上六引兑与六三来兑，都是小人主动说于君子，都是不好的。但是上六之引兑与六三之来兑也有不同之处。六三以柔居刚，它动而求阳之说，故曰来说。来说是公开的，不加掩饰的，容易被人察觉，所以六三自己致凶。上六以柔居柔，它静而诱阳之说，故曰引兑。引兑是隐蔽的，其剥于阳的祸心是巧言令色包藏着的，不易被察觉。所以告诫与它密比的九五要心存危厉，时刻提防它的阴谋得逞。而对于上六自身却不言凶。

象曰：上六引兑，未光也。

光，广，大。未光，未得广大。谁未得广大？上六。上六什么未得广大？上六以阴剥阳，以小人剥君子的坏作用未广大。上六的坏作用为什么未得以广大？因为引兑虽求说隐蔽，暗藏危厉，但由于受它引兑的九五有所警惕，不上它的当，它的坏作用未得施展广大。

〔总论〕

兑就是说，兑卦之义实际上是讲人与人之间如何建立和说的关系问题。与人建立和说的关系，是一件好事情，各方面都不至于反对，所以说亨，说而可以致亨。但与人和说是有条件的，说必以贞正为先决条件。说不以正道，则为邪谄，邪谄是君子所不取的。说之中包含着和的意义。说之义与《论语》说的“君子和而不同”是一致的。从整个一卦看，要达到“所以利贞”的要求即实现合于道的正确的说，需要刚中而柔外，缺一不可。引申到人的身上，必须内里刚健诚笃而表现柔和巽顺。若分别看六爻的情况，便有所不同了。首先，六爻中凡阳刚之爻皆吉，阴柔之爻皆凶。这是因为刚则有节，柔则无度的缘故。其次，各阳爻虽吉，却也有差别。初九和兑吉，以和为说，无所偏私，是最好的一爻。九二有刚中之德，固然很好，但是它承比六三阴柔小人，故孚兑吉之外多悔亡二字。九五阳刚中正居尊位，亦有有厉之诫，甚至不如九四“介疾有喜”。这说明作《易》的人认为在说的时候，近比小人者，纵然自身有刚中之德，也要备加小心。因为小人伺机求说于君子，而内心包藏着时刻要剥你的祸心。六三来兑与上六引兑，是求兑不以道的表现。说不是故意求的，是自然产生的。君子不求说于人，行道而已。只要是有意来求说，结果无不凶。上六引兑，求说之心隐蔽，不易被察觉，所以对于它自身说，吉凶悔吝尚不能确定，而对君子的危害比六三更严重，九五须牢记“孚于剥有厉”的警戒，时刻防备它。

涣

☵☴ 坎下巽上

《序卦传》说："兑者说也。说而后散之，故受之以涣。涣者离也。"涣就是离，就是散。人在忧愁的时候，气血就结聚；在喜悦的时候，气血就舒散。可见，说有散义。因为说有散义，所以兑卦之后次之以涣卦。涣之为卦坎下巽上，风在水上吹过，水遇风则涣散，故卦名曰涣。

涣，亨。王假有庙，利涉大川，利贞。

涣，涣散。涣卦的卦义是在天下涣散的时代，如何治涣的问题。天下涣散，谁来治呢？当然是王。王用什么办法治涣呢？主要是假有庙。庙是宗庙，是奉祀祖考的地方。遇有大事大故，王要至宗庙求助于先人。宗庙祭祀会唤起人们的宗族意识乃至国家意识，进而增强人们的心理凝聚力，以促成天下国家度过难关。王既假有庙，获得先人的佑助，便不是解决小问题，是要济大难，故曰利涉大川。又，涣卦坎下巽上，木行水上，有利涉大川之象。利贞，利于贞正。此贞正当不是戒辞，是说涣卦有贞正的条件和可能性。卦中四与五两爻得正位，所以利贞。

彖曰：涣亨，刚来而不穷，柔得位乎外而上同。王假有庙，王乃在中也。利涉大川，乘木有功也。

"涣亨，刚来而不穷，柔得位乎外而上同"。凡《易》中所谓刚柔往来者，全是本之于乾坤二经卦的。涣卦坎下巽上，下体坎本是坤，中爻变成坎。上体巽本是乾，初爻变而成巽。坎在内卦，故云刚来。巽在外卦，故云柔得位乎外。"刚来"，刚在下体。"而不穷"，未穷极于下，而处得其中。"柔得位乎外"柔爻居四，以阴居阴，故曰得位乎外。"而上同"，虽未得中，但是与九五之中近比，即上同于九五。同于九五就是从中。九二刚来居内而不穷于险。六四柔得位乎外又从于九五之中，内刚外顺，有济涣之象，故云"亨，利涉大川，利贞"。

“王假有庙，王乃在中也”。王是谁呢？王在卦中是九五。九五居上体之中，居中得正，最得“王假有庙”之义。“利涉大川，乘木有功也”，此卦坎下巽上，巽为木，坎为水，有乘木水上以涉川之象，故云“乘木有功”。

象曰：风行水上，涣。先王以享于帝，立庙。

风行水上，有涣散之象。先王观此象乃享于帝，立庙以收合人心。

初六，用拯马壮，吉。

初六处涣之初，涣散刚刚开始，是拯涣最好的时候。但是，初六阴柔，自己不能独力拯涣，谁来帮助它呢？它在卦中没有正应，然而近比九二，九二也没有正应，却有刚中之才。无应对无应，倒可以亲比相求，九二愿意也有能力帮助初六拯涣。初六有九二的帮助，就像人借用壮马之力可以致远一样，刚刚开始的涣散，能够及早拯救，故吉。

象曰：初六之吉，顺也。

初六之所以能够以阴柔拯涣得吉，关键在一个顺字。它既能顺从九二刚中之才，又能顺乎时，拯涣于方难之始。

九二，涣奔其机，悔亡。

除初六外，诸爻皆以涣字开头，意谓在涣散的时候。九二处在下体坎险之中，其有悔可知。若能“奔其机”则悔可亡。奔，急往。机，可以俯凭而安坐的类似小凳的东西。“奔其机”，急速离开危境到安稳的地方去。在涣卦里，初六与九二皆无正应，二者阴阳亲比，处在相依相赖的互济互助关系中。在初六看来，九二是它可以托付的马；在九二的眼里，初六是它可以俯凭安坐的机。初六有九二刚中的帮助而且是拯涣于方难之始，所以得吉；九二已处险中，助己者又是阴柔之才，故仅得悔亡而已。

象曰：涣奔其机，得愿也。

九二居险之中，由于急就于初六，求得一个安稳的去处而亡其悔，其愿因此得遂。

六三，涣其躬，无悔。

六三与上九正应，在别的卦里很少有吉义，唯独涣卦不同。涣卦六三应于上九，有忘身徇上之象。六三是阴柔之质，且不中不正，本有私于己之心，但是它居于阳位，应于上九，毕竟能够散其为己之私心，增其济时之大志，故得无悔。然而终不能救时之涣，止于自身无悔而已。

象曰：涣其躬，志在外也。

六三能够以阴柔之质，不中不正之位，做到散其私心，忘身徇上，主要因为它志在外。志在外指六三应于上九而言。

六四，涣其群，元吉。涣有丘，匪夷所思。

六四是成卦之主，居阴得正，上承九五，下无应与，有涣其群之象，是心无私匿，行无偏党，能当济涣大任的人。涣其群，处在天下国家涣散的时代，六四作为一个公而无私的大臣，尽散朋党，解除割据，把一切有害于统一的小群势力尽行涣释。六四能够如此，必得大善之吉。六四不但能涣释朋党、割据等小群，更重要的是它还能使整个天下或一个国家混于一，把小的群变成大的群。这就是爻辞下一截所谓"涣有丘"。

"匪夷所思"，是说这不是一般人的思虑所能及的。

象曰：涣其群元吉，光大也。

在涣的时代，能够散其小群，聚为大群，得大善之吉，功德广大，影响亦广大。

九五，涣汗其大号，涣王居，无咎。

涣是坏事也是好事。九五"涣汗其大号"就是好事。人体郁结风寒，汗发散出去，就好了。在这样的时候，人体需要的是涣汗。涣汗是好事。天下国家犹如人之体，积弊久了，也要产生疾病，出现各种险难，长久下去，必发生大问题。为了涣险释难，解决问题，天下国家也要"涣汗"，即像人体那样发一身大汗，将天下国家长期淤积壅滞的疾病尽行驱除。天子诸侯哀痛迫切，至诚恳恻发出的大号即革旧布新的大命令之类就是大汗。大号之出，天下国家之大难可解。九五以阳刚中正居尊位，处在涣的时代，恰似能够发革旧布新之大号以解天下国家之大难的天子诸侯，故有"涣汗其大号"之象。"涣王居"，王居指人君即天子诸侯之所居，实际上也就是天子诸侯。"涣汗其大号"这样的大职任，别人是担当不了的，只有居尊位的天子诸侯担当，方可无咎。

象曰：王居无咎，正位也。

"小象"以正位释爻辞之王居。九五居尊位，故曰王居。九五又阳刚中正，故称正位。九五之所以能够担当起“涣汗其大号”的重任，端在于它阳刚居中以守至正，如北辰之居其所。

上九，涣其血，去逖出，无咎。

涣，远。血，人体见血，乃受伤害之标志。此血字可迳理解为伤害。“涣其血”与“涣其汗”有区别。“涣其汗”是疾病郁结在身内，涣汗以除之。“涣其血”是伤害在身外，涣血以违之。在涣卦中，下体坎，有伤害之象。上九距离下坎最远，所以它能够“去逖出，无咎，”，远远地避开伤害而得无咎。去，表示不再来；出，表示不再入。“去逖出”，远远地避开伤害，永不再接近它。

象曰：涣其血，远害也。

人体中之汗可以涣发，人体中之血不可涣发；“涣其血”，实谓在涣的时代，如何躲避外部恶势力对己身的伤害问题，孔子恐人们误以为是涣发体中之血，而指明“远害也”。实际上，如果不是孔子指明，我们的确很难理解“涣其血”的含义是什么。

〔总论〕

涣卦有涣散的意义也有治涣济涣的意义。因为能治涣济涣，所以卦辞曰“涣亨”。涣卦为什么有治涣济涣的意义呢？主要由于涣卦“刚来而不穷，柔得位乎外而上同”。“刚来”指九二。九二刚阳而居中。“柔得位乎外”指六四，六四以柔居柔在外卦，故云“得位乎外”。“上同”谓六四巽顺于九五。六四上同于九五，这一点很重要。九五居中，六四上同于九五，就是从中。处涣的时代，四与二同德亲比而守中，足以治涣济涣，故亨。

涣卦六爻爻义与卦之义基本一致。涣卦六爻独初六曰“用拯马壮吉”而不云涣。这是因为初六居卦之初，涣的形势尚未出现就及早发现及早拯救的缘故。其余诸爻皆以涣字当头，意谓涣的问题已经形成，不是拯救而是如何治涣济涣的问题了。九二“涣奔其机悔亡”，急速离开危境奔向安稳之地。六三“涣其躬无悔”，比九二进一步，不是奔而是解决自身之涣了。至于六四“涣其群元吉”和九五“涣汗其大号，涣王居无咎”，则是君臣合力治天下之涣。上九“涣其血，去逖出，无咎”，出涣远害而无咎。总之，初、二、上三爻讲拯涣出涣，三、四、五三爻讲治涣济涣，都与卦义相合。

节

䷻ 兑下坎上

《序卦传》说:“涣者离也。物不可以终离,故受之以节。”事物既已离散,就要有所节制,不可能永久离散下去,所以涣卦之后次之以节卦。节之义为何?《杂卦传》说“节止也”,也说“艮止也”。那么节之止与艮之止有何区别?孔颖达说:“节者,制度之名,节止之义。”朱熹说:“节,有限而止也。”可见节之止,是一种限制,使事物不至于发展太过,适可而止。艮之止,是静止不动的止,它要求人们该动则动,不该动则止,即根本不动。艮之止回答的是人们的行为选择问题,即强调人们知道什么事当行重要,知道什么事当止更重要。而节之止回答的是人们的行为控制问题,即告诫人们明白,纵然是当行的事情,也要有一个限度,不宜过分,即适可而止。节之为卦泽上有水,泽中已有水,泽上又有水,泽之容有限,水满则不容,正是有节之象,故名曰节。

节,亨,苦节不可贞。

卦辞分两层,“节亨”是一层,“苦节不可贞”又是一层。不该做的事,根本不应当去做,所以不存在节的问题。只有当做的事,即好事,才有节的问题。当做的事,好事,但做的不够,还处在不及的状态,这也不存在节的问题。做的是当做的好事,而且已经做到相当充分的程度,却又善于节制,适可而止,不使过分,这就是节。做事能做到这种地步,亨是没有疑问的。然而问题往往就出在这个节上,古今中外不乏节而失节的教训。节本身也有个节的问题。节最易过,过度的节也就同根本无节一样了。节之过是苦节,苦节不可贞。贞在此是长久的意思。苦节不可长久。苦节如果长久,不仅不能亨,还要出大问题。

彖曰:节亨,刚柔分而刚得中。苦节不可贞,其道穷也。说以行险,当位以节,中正以通。天地节而四时成,节以制度,不伤财,不害民。

“节亨,刚柔分而刚得中。”这是以卦变释卦辞。节卦的卦变与贲卦相似。贲卦是柔来而文刚,刚上而文柔;节卦则是柔来而节刚,刚上而节柔。贲卦因为刚柔太纯,质而无文,需要以文饰。节卦因为刚柔过盛而无节,需要加以节制。所不同的是贲卦卦变的结果是柔得中,而节卦卦变的结果是刚得中。节是贵中的,节刚得中,故亨。

“苦节不可贞,其道穷也”。节贵乎中,节若能够处中,就亨。亨与穷相对应。节若不能处中,即节过了头,就变成苦节了。苦节是失度的节,过中的节。苦节与无节同样有害。苦节不可能长久,因为它的道是穷的,穷必变,变则通。苦节是没有前途的,它必然要变,或者变苦节为适中的节,或者走向毁灭。

“说以行险,当位以节,中正以通”。说以行险,是就卦体言。当位以节,中正以通则专指九五一爻。节之为卦兑下坎上,故有“说以行险”之象。所谓险,是讲节的,节免不了有阻碍难通的问题。所谓说,是讲亨的,节而可以说,说明节的安稳自如,顺畅亨通。说以行险,节而能亨,不是苦节。“当位以节,中正以通”,再从九五这一爻的特点进一步阐释节亨之义。当位,是以九五之位言。九五居尊位,有能节天下国家之势。中正,是以九五之德言。九五以阳居阳,居中得正,能通天下之志。就全卦看,说以行险,就九五一爻看,居尊位得中正,都说明节卦能够说而不苦,通而不穷,也就是说,能够节亨。

“天地节而四时成,节以制度,不伤财,不害民”。以下是孔子解释完卦辞之后做的体会和发挥。认为人类社会有节,自然界也有节,有节是天地人都有的普遍规律。社会的节是根据天地节而来的。天地节,即是刚之节柔,柔之节刚。刚柔相节而生成春夏秋冬四时。冬不可无限长,要由春来节制它,使它适可而止,这是刚节柔。夏也不可无限长,要由秋来节制它,使它适可而止,这是柔节刚。如果天地无节,则大冬大夏而已,哪里还有四时!此曰“天地节而四时成”,革《彖传》则说“天地革而四时成”,只差一个字。二卦虽都讲四时成,都讲天地,但侧重点不同。节谓限止,革谓改易。天地节是说后边的季节限止前边的季节,故成春夏秋冬。天地革的结果也成春夏秋冬,但革的意思是说后边的季节革易前边的季节而加以取代。古人认为自然界的规律与人世间的规律是一样的,自然界有什么规律,人世间就有什么规律。人世间的规律可以在自然界寻得根据,自然界的规律也可以在人世间找到它的影响。自然界有“天地节而四时成”，人世间就有“节以制度，不伤财，不害民”。这三句话讲的是国家财政支出收入的问题。国家要量入为出，节制花钱。节制的办法是制定适当的制度。用制度保证花钱合理。国家花钱如果没有制度节约，就要伤财，伤财就要加重人民负担，也就要害民。伤财和害民总是相联系的，所以孔子讲“节用而爱人”。

象曰：泽上有水，节。君子以制数度，议德行。

泽是潴水之陂，周围必有防堤加以控制，使水不至于流溢。泽之容水量有限度，超过限度就要溢出。有限度就是节，故泽上有水为节。君子观了泽上有水的节象，乃制数度，议德行。数，一十百千万。度，分寸尺丈引。制数度，依人的尊卑贵贱等级制定所用宫室、冠服、车旗、器用等的多少大小亦即制定礼数等差。德，藏于内心为德。行，表现于外为行。议德行，考察论定人的思想表现是否中节合礼，是否无过不及，然后任用之，使皆得其宜。

初九，不出户庭，无咎。

户庭，户外之庭。不出户庭，呆在家中不动，什么地方也不去，什么人也不接触，什么事情也不干，绝对的慎言慎行。这样做，当然是无咎的。初九为什么能够慎言慎行竟至于“不出户庭”呢？因为初九阳刚在下，居得其正，当节之初，恰是知节能止的人处在节初当止之时，故不出户庭无咎。

象曰：不出户庭，知通塞也。

通塞即节制，知通塞即知节。节既不是一味的通，也不是一味的塞。当通之时通，当塞之时塞，可谓知节。初九处于节之始，是当塞的时候。当塞之时而不出户庭，是谓知塞。知塞而云知通塞，这是为什么？这是因为当节之时通塞不可一定。当塞知塞谓知通塞，当通知通亦谓知通塞，犹今语知深浅，知好歹，知凉热一样。

九二，不出门庭，凶。

泽中开始蓄水时，水尚少，这时的问题是如何固塞堤防，使水不至于流走，这就是节，初九正属于这种情况，故云不出户庭。待水渐盛以至于满盈，则当启窦以泄，使水有所溢出，这也是节，九二该属于这种情况。可是九二无视情况的变化，守着初九的老办法，依然不出门庭，便是失节了。在节的时候，当通不通，岂有不凶之理。

象曰：不出门庭凶，失时极也。

就事之理说，泽之水始至，泽当塞不当通，故初九不出户庭无咎。泽之水既至，泽当通不当塞，而九二不出门庭，故凶。就爻之象看，初九刚而处下，是不当有为的时候，九二刚而处中，是应当有为的时候，应当有为而不为，必凶。九二之所以如此，关键的问题是它失时而至于极。

六三，不节若，则嗟若，无咎。

从成卦之初看，六三在下体是以柔节刚的。从生爻之后看，六三过乎中而不正，乘刚临险，是不知节的。不过六三柔顺而和说，虽不知节，却能嗟伤以自悔。《易》是补过之书，六三既嗟伤自悔，谁还能怨咎它呢！

象曰：不节之嗟，又谁咎也。

虽不节，却知其不节而自悔，又谁得而咎之！

六四，安节，亨。

六四与六三不同，六三以阴居阳，失位而处在兑泽之极，因而溢而不节。六四以阴居阴，当位得正而顺承九五中正之君，故为安节，安节故能致亨。所谓安节，不是勉勉强强以为节，是循乎成法，制节谨度以为节。六四居上体坎之下，亦即坎水之下流。水上溢为无节，水下流为有节。又，六四柔顺居正，有水流平地安澜之象，故不但有节，且为安节。

象曰：安节之亨，承上道也。

六四能安节，能致亨的原因不是一个，最为重要的是它上承九五刚中之道以为节。

九五，甘节，吉。往有尚。

九五刚中居尊位，是节卦之主，《彖传》所说“当位以节，中正以通”，指的正是九五。九五之节是甘节。甘是味之中，甘可以受和。和就是节咸苦酸辛等偏味而使之适中。甘节是无过无不及的节，恰到好处的节。甘节不同于安节。安节只行于己，唯自安而已，而别人未必安。甘节是九五居中履正，人君以节天下国家的节，这种节既施之于己，也施之于人，天下国家上下人等都不以为苦，故得吉。甘节实行起来影响很大，功效很大，往则有可尊尚。

象曰：甘节之吉，居位中也。

节贵乎中。九五得甘节之吉，根本的原因是它居位处中，当位以节，无过无不及。

上六，苦节，贞凶，悔亡。

上六居节之极，节已过中。过中的节，人们不堪忍受，故云苦节。又，上六处险之极，也有苦义。苦节不可贞，不是长久之道。如果固守苦节，坚持地施行下去，必凶。然而上六若知悔，能够损过而从中，终止苦节，则凶可以亡。节上六悔亡一语与别的卦的悔亡辞相同，但意义不一样。

象曰：苦节贞凶，其道穷也。

九五甘节，卦辞的节亨，通过九五表现出来。上六苦节，卦辞的苦节不可贞，通过上六表现出来。苦节贞则凶，是以不可贞。节发展到上六苦节的时候，已至穷途末路。

〔**总论**〕

节的意义是对事物的运动变化发展加以适当的限制。自然界有自然界的节，故有四时的交替。社会有社会的节。社会的节，情况比较复杂，但是道理与自然界是一样的。人们为了对自身的行为加以限制而制定制度，就是社会的节。节卦下体是兑，兑为泽为止，故初九与九二皆曰不出，六三是泽止满盈而溢，故曰不节。上体是坎，坎为水为流，故六四曰安节，九五曰甘节，上六水流而竭曰苦节。下体由泽取义，故下体有通塞的问题。上体由水取义，故上体有甘苦的问题。节贵乎中，在节卦里，得中不得中最为关键。九五得中，为甘节。由于九五得中为甘节，所以卦辞才言“节亨”。上六过中，为苦节。由于上六过中为苦节，所以卦辞才说“苦节不可贞”。又，《彖传》说“当位以节”，节卦六爻以当位为好，不当位为不好。初九与九二相比，初九当位不出户庭无咎，九二不当位不出门庭则凶。六三与六四相比，六四以柔居柔得正为安节，六三以柔居刚不正则为不节。

中 孚

䷼ 兑下巽上

《序卦传》说："节而信之，故受之以中孚。"节必须有信。制度制定出来，要看执行。执行的问题主要看人们是否信守。一般说，上头信守，下边信从，就做到了"节而信之"。所以节卦之后次之以中孚。中孚为卦泽上有风，风行泽上而感动于水中，故曰中孚。中孚是诚信的意思。中孚兑下巽上，分上下二体看，则上下二五都是阳中实，合上下二体为一卦看，则四阳在外，二阴在内，为中虚。中实为信之质，中虚为信之本。内外皆中实而全体中虚，有中孚之象。

中孚，豚鱼吉，利涉大川，利贞。

中孚豚鱼吉，卦名与卦辞连着为义，与"同人于野"、"履虎尾"、"艮其背"等同例。信发于中，谓之中孚。诚信在中心，连愚钝无知的豚鱼也能感动而孚信之，则世上没有什么东西不能感动不能孚信，能如此，必得吉。以如此至诚之心涉险难，没有什么样的险难不能克济，故云利涉大川。不过诚信有正与不正之别。要君子之中孚，不要小人之中孚，故戒之以利贞。

彖曰：中孚，柔在内而刚得中，说而巽，孚乃化邦也。豚鱼吉，信及豚鱼也。利涉大川，乘木舟虚也。中孚以利贞，乃应乎天也。

"中孚，柔在内而刚得中，说而巽，孚乃化邦也"。柔在内而刚得中，是中孚之所以为中孚的两个不可或缺的条件。中孚，信发于中，中心至诚之信，它需要中虚又需要中实。中孚兑下巽上正好具备这两点。上下二体都以刚居中，是中实。全卦六爻四阳在外二阴在内，是中虚。就人说，心中不虚则有所牵累，有所牵累就不能信。心中不实也不行，心中不实则无所主，无所主则失其信。说而巽，中孚为卦上巽下说，在上的以至诚顺巽于下，在下的以有孚说从其上。这样，中孚的教化作用能够施及于整个邦国。

“豚鱼吉，信及豚鱼也”。豚鱼吉，即中孚豚鱼吉。中孚能够信及于豚鱼，说明豚鱼难信；豚鱼难信，而中孚以中心至诚能信及之，说明中孚无所不能信。以中孚涉险难，犹如乘木渡河那样方便可行，而且又像坐空船一般安全无覆没之虞。

“中孚以利贞，乃应乎天也”。中孚是信发于中，中心诚信。信发于中，中心诚信，必须贞正，像天之道即自然规律那样公正而无偏私。如果信发于中，中心诚信，而心却不贞正，那就越是中孚越坏。

象曰：泽上有风，中孚。君子以议狱缓死。

泽是止水，风在止水上行，寂而感，虚而通，风感水受，有至诚无所不入之象，是为中孚。君子观中孚之象，应用到政治上，能做到议狱缓死。议狱，判决之前进行充分的讨论，以求其入中之出，把所有可疑的或者不能据以定罪的东西都查出来。缓死，判决死刑之后从缓执行，尽量在犯人必死的罪行中找出可以不死的因素。经过议狱而判刑或经过缓死而处决，在君子来说，能做到了尽忠尽诚；在犯人来说，可谓无所遗憾。

初九，虞吉，有它不燕。

虞是安的意思，燕也是安的意思。中孚之卦以全卦内外上下共成一孚，六爻皆不取外应，专以能绝断系应者为孚。因为中孚之卦，孚在其中，无待于外，无求于外，所以六爻无应者吉，有应者凶。初九与六四是正应，本应该是凶的，但是初九能够安处于下，自守自虞，不假它求，故得吉。这个吉是由于它自安于下，绝系于外而致，故曰虞吉。“有它不燕”，是说假若初九心有所动，志变而求孚于六四，那就不得其安了。简言之，虞则燕，不虞则不燕矣。

象曰：初九虞吉，志未变也。

处中孚之始，自信自守自安，孚在其中，“未变”是不变无他求之志，故得虞吉。

九二，鸣鹤在阴，其子和之。我有好爵，吾与尔靡之。

九二阳刚居中，是中孚之实，以其至诚，最能与同气同类相感相通。纵然它现在处六三、六四二阴之下，暗昧幽隐，不易为人所知，但由于它中实至诚，行不失信，它的同类无论在多么遥远的地方，也能听到它的声音。犹如“鸣鹤在阴，其子和之。我有好爵，吾与尔靡之”。鸣鹤指九二自身。

它在六三、六四二阴之下，故云在阴。其子指初九。《易》中凡言子言童，一般多指初爻。鸣鹤在阴，其子和之，说的是初九和九二。鹤鸣子和，九二言行至诚，虽处幽深，其同类也能感而应之。爵指爵禄。吾指九二自己。尔，你。靡，分散。“我有好爵”，他若有了爵禄这些名利的东西，“吾与尔靡之”，我必与你分散共有，绝不自己一人享受。孔子在《系辞传》里对中孚九二爻辞有所发挥，说：“‘鸣鹤在阴，其子和之，我有好爵，吾与尔靡之’。子曰，‘君子居其室，出其言善，则千里之外应之，况其迩者乎！居其室，出其言不善，则千里之外违之，况其迩者乎！言出于身加乎民，行发乎迩见乎远。言行，君子之枢机。枢机之发，荣辱之主也。言行，君子之所以动天地也，可不慎乎！’”孔子强调君子当慎言慎行，善言善行，看来似乎与爻辞之义有别，实际上是一致的。中孚九二爻辞之义是，君子以至诚感人，人无不自然来应。至诚之言行，当然必是善言善行。恶言恶行是不可以谓之至诚的。

象曰：其子和之，中心愿也。

鹤鸣是由中而发的，无所求的鸣。子和也是由中而应的，无所求的和。鸣与和都是天然相感，出于中心之愿。

六三，得敌，或鼓或罢，或泣或歌。

自一卦而论，六三与六四构成中虚，是中孚成卦的重要因素，但自爻看来就不同了。六四以阴居阴得正，位近于君，上从九五，下不系于初，而六三则阴柔不中不正，而且与上九正应；中孚诸爻以无应无系为好，六三与上九正应，说明它的心动于外，系于物，丧失了自信力，处在中孚的时代，却没有中孚的特点，故曰“得敌”。敌，匹，配。应当自主自信自立的时候，它却什么都依赖匹配：“或鼓或罢’，人家鼓他也鼓，人家不鼓他也不鼓；“或泣或歌”，人家泣他也泣，人家歌他也歌。作止无常，哀乐无定，作止哀乐完全系之于物，自己不能坦然自安，远不如初九之虞吉。

象曰：或鼓或罢，位不当也。

六三的根本问题是以阴处阳，居不当位。居不当位，则心无所主，行止全系于外，因此或鼓或罢，或泣或歌，变改无定。

六四，月几望，马匹亡，无咎。

月几望，月亮将盈而犹未盈。马匹，谓初九为六四之匹。马匹亡与六三之得敌意义相反。六四以阴居阴得正，位近于九五之君，有月几望之象。月几望实际上是比喻六四的处境。六四近于君，得到九五的信任，其地位是极高的，如同月亮要满盈但尚未满盈。这是最好的。假若六四的地位达到极盛的程度，以至于与九五之君相匹敌，那就等于月望了，月望即将亏，灾祸也就快来了。马匹亡，六四上从九五而下绝初九之系应。六四既近比九五又与初九正应，而在中孚之卦，只允许孚于一方面，不允许两方面都孚。六四孚于九五与初九哪一方面呢？它孚于九五而绝于初九，这就叫马匹亡。马匹亡与得敌，含义正好相反。六三系于上九曰得敌。六四绝系于初九，曰马匹亡。六四绝系于初九是有根据的。《易》中凡取六四与初九相应之义，都因为六四上不遇九五。如果六四上遇九五，则取从上之义，而与初九之应就不论了。

象曰：马匹亡，绝类上也。

类即应。绝类上，绝初九之应而上从九五之君。六三心系于上九为“得敌”，而六四志绝乎初九之匹，曰“马匹亡”。得敌不好，匹亡好。为何六四马匹亡而六三得敌？因为六四位正，六三位不正。又，易例六四承九五者本多吉，六三应上九者本多凶。

九五，有孚挛如，无咎。

挛，拘挛。《彖传》所谓“孚乃化邦”，指的就是九五这一爻。九五刚健中正而居君位，又无私应之累，恰是人君之孚。人君之孚与在下诸爻之孚不同。在下诸爻居下位，居下位之孚只要中有实德，不系于外即可。九五乃人君，它必须也能够以孚天下国家为实德，以诚信固结天下国家，然后可以无咎。

象曰：有孚挛如，位正当也。

九五能够将天下国家之人心感通一致，固结得像拘挛一样，根本的原因是它位正当。位正当，以阳居阳，居中得正，正当君位。

上九，翰音登于天，贞凶。

上九处外而居上，当中孚之终，实际上已经不是中孚之道了，所以有“翰音登于天”之象。翰，高飞。翰音，音飞得很高，以至于登至天上。“翰音登于天”，声闻很高，而实不相副之谓。上九缺乏纯诚之心，笃实之道，一味追求虚名，而以矫伪为尚。这种虚声无实的人，是绝不会有所作为的，贞固于此，而不知改，其凶可知。此爻与九二“鸣鹤在阴，其子和之”，意义正好相反。九二孚于中，故在阴而子和；上九孚于外，飞而求显，鸣而求信，故“翰音登于天”人所耻之，无人和之。

象曰：翰音登于天，何可长也。

“翰音登于天”，虚声无实，声闻过情，怎么可能长久？或者改过反诚，以信实为本，或者贞固守此以致凶。

〔总论〕

中孚之卦义是信发于中，中有实德而不迁于外。信发于中，中有实德，可以信及愚钝的豚鱼，更不必说人了。中孚诸爻爻义与卦义是紧密联系着的。因为中孚强调中有实德而不迁于外，所以六爻无应者吉，有应者凶。初九与六四本来正应，但在中孚卦里不取应义。初九孚在其中，无待于外，有应而不假求于应，故曰虞吉，有它不燕。同样六四也如此。六四本应于初九，但是它宁上从九五，也不取应初九之义，所以月几望，马匹亡。卦中最好的两爻是九二和九五。九二以刚居柔，所处得中，而且在二阴之下，是静晦而无求于物的人。它越是无求于物，物越是来应和它，故有鹤鸣子和之象。九二无系应，九五也无系应。九二无系应，中有实德，不迁于外，不过为一己之事，并不涉及他人。九五则有孚挛如，它刚健中正，正当尊位，亦无私应之累，它之中有实德，影响的就不是自己一人而是天下国家了。九五作为人君，以孚天下国家为实德，故必以中心之诚信固结天下国家，有如挛如一般不可分解。六三与上九是中孚卦中最为不好的两爻。六三不中不正，或鼓或罢，或泣或歌，动息忧乐不由自主而完全系乎其所信之人，故曰“得敌”，“得敌”指言有应，应于上九。上九的情况更坏于六三，上九处外而居上，属于无纯诚笃实之心，徒务其虚声外饰，以矫伪为尚的一类，其最大的特点是声闻与实绩不副，中孚之道在上九这里其实已不复存在。

小　过

䷽ 艮下震上

《序卦传》说："有其信者必行之，故受之以小过。"中孚是讲信的。人有所信，必表现于行动，有行动必有所过，因此小过次诸中孚之后。小过是小者过，小事过和过之小。小过卦之所以名之曰小过，因为小过为卦山上有雷，雷在山上震响，其声高过常，故为小过。又，阴谓小，小过之为卦四阴在外，二阳在内，是阴多于阳，小者过也，故为小过。

小过，亨，利贞。可小事，不可大事。飞鸟遗之音，不宜上宜下，大吉。

过是过其常，矫枉过正，过以就于正的意思。小过则是小事过，不是大事过。大事谓关系天下国家之事，小事谓日用常行之事。君子虽行贵得中，但是在有的时候，要想求中，却非过一点不可，过一点也为了求中。当过而过，然后可以亨通。小过亨，是小事过而亨。利贞，利于正。此卦之言"利贞"与它卦不同。它卦言"利贞"之贞所指具有抽象的性质，凡是正的，不是不正的，都可以列入它的范围，而小过之"利贞"之贞所指则是极为具体的。下文之"可小事不可大事"，"不宜上宜下"，即是小过"利贞"之贞。在小过的时代，可过者小事而已，大事是不可过的，可过于小而不可过于大，可以小过而不可以甚过。能如此即为正，反之则为不正。"飞鸟遗之音，不宜上宜下"，也是小过"利贞"之贞的内容。飞鸟遗之音，谓过之不远；不宜上宜下，谓过的方向宜向下不宜向上。同样是小过，向上过凶，向下过则吉。比如礼，向上过奢过慢则凶，向下过恭过俭则吉。

象曰：小过，小者过而亨也。过以利贞，与时行也。柔得中，是以小事吉也。刚失位而不中，是以不可大事也。有飞鸟之象焉，飞鸟遗之音，不宜上宜下，大吉，上逆而下顺也。

"小过，小者过而亨也。"《易》阳为大，阴为小，卦中四阴二阳，是为小者过。天底下往往有些事物失之于偏颇，为了矫正而使之反于中，必须比之于常理小有所过。小有所过，偏方可反于中。矫枉过正，过反于中，其用无穷而亨，故曰小者过而亨。

“过以利贞，与时行也”。《易》贵得中，过本来是不好的。过则不中，不中则不可谓正。然而卦辞却说小过利贞，小过而利于正，根本的原因是“与时行”。在小过之时，随时之宜，当过而过，则过不是过，过是为了中。这种过其实就是中。如果时当过而不过，那倒是不正了。

“柔得中，是以小事吉也。刚失位而不中，是以不可大事也”。此以卦之才解释卦之“可小事不可大事”。柔得中谓阴爻居二与五之中。阴柔得中，能致小事吉，不能济大事。柔顺之人能行小事；柔而得中，故曰小事吉。做大事必须刚阳之才，非刚阳之才绝难济大事。在小过卦中，恰好刚阳居，于三与四，失位而不中；失位则刚阳之才不得发挥作用，不中则才过乎刚，是以在小过之时不可做大事。犹如刚健之人本能行大事，无奈今失位不中，故曰不可大事。

“有飞鸟之象焉。飞鸟遗之音，不宜上宜下，大吉，上逆而下顺也”。“有飞鸟之象焉”一句不类孔子《彖传》之语，很可能是后世解者的话在辗转抄书时误入的。“飞鸟遗之音”，比喻过之不远。“不宜上宜下”，是指小过的方向，即向上小过还是向下小过的问题。卦辞指出小过宜向下不宜向上，《彖传》则说明小过之所以宜下不宜上，是因为“上逆而下顺也”。飞鸟遗音，向上则逆，向下则顺。逆则必凶，顺则能获大吉。总而言之，小过可过于顺不可过于逆，可过于下不可过于上，可过于柔不可过于刚。

象曰：山上有雷，小过。君子以行过乎恭，丧过乎哀，用过乎俭。

雷在山上，止而不动，威而不猛，乃小过之象。人处在小过之时，不能不过，也不可太过，只应小过。君子法小过之象，应用到实践上，可以“行过乎恭，丧过乎哀，用过乎俭”。世上事物都有一定的质的标准。不及或过那个标准便不是那个事物。但是有些事物可过，过之而不为过。如行之过恭，不失其为行；丧之过哀，不失其为丧；用之过俭，不失其为用，就是可以过的事物。过是向下过，不是向上过，亦即卦辞说的“不宜上宜下”。如果向上过，行不是过恭而是过慢，丧不是过哀而是过易，用不是过俭而是过奢，便是“宜上”，小过“不宜上宜下”，若硬是反其道而行之，必致凶。

初六，飞鸟以凶。

小过这一卦由三、四两阳爻和初、二、五、上四阴爻组成。两阳爻在中，四阴爻在外，初与上两阴爻则更在外，都是阴过而不得中，所以凶。自卦象看，如果全卦是个鸟的话，那么初与上便是鸟翅之末，它不当飞。又，初六在艮体之下，恰是应当栖宿的时候，而它竟不能自禁而飞，故以飞而致凶。

象曰：飞鸟以凶，不可如何也。

飞鸟之过，一往而不及反，非但从旁不能救止，就是初六自己亦有不能自主之势。初六致凶是肯定的，谁也无可如何。

六二，过其祖，遇其妣，不及其君，遇其臣，无咎。

六二柔顺处下，有中正之德，在小过六爻之中是最好的一爻。它或过或不及，都能适时当分而不愆于中，亦即当过而过，当不及而不及，权之以取中，是以虽过而无过，虽不及而无不及。“过其祖，遇其妣”，谓六二遇六五。遇是当的意思。祖，祖父，指九四。妣，祖姑，指六五。六二过九四而遇六五，似乎过分，然而不为过分。六二与六五都是阴爻，可为妣妇关系。在古代，孙妇就是要祔于祖姑，与祖姑同列。这是合于礼的。是当过而不为过。“不及其君，遇其臣”，谓六五遇六二。六二不敢及其君六五，六五反过来却可与其臣六二遇。这表现六二守柔居下，不失臣节，是当不及而不为不及。六二有中正之德，能过祖遇妣而不为过，遇其臣不及于君而不为不及，表面看是过和不及，实际上都是适时当分亦即适中的，故无咎。

象曰：不及其君，臣不可过也。

在小过的时候，凡小者什么都有过的可能，唯独臣是不可过其君的。这说明作《易》者的君臣名分观念是不含糊的。

九三，弗过防之，从或戕之，凶。

九三处在阴过而阳失位之时，以阳居阳而得正，不免为诸阴柔小人所忌恨，处境很不好。在小过之时，九三应当过什么呢？九三应当过防于小人，以免为小人伤害。九三自己有个致命的弱点，即它以刚居刚，过于刚。过刚则容易不把小人放在眼里，而不为之过防。九三过防小人之先，应首先过防自身过于刚的弱点。然而九三实际上不大可能做到，它将自恃刚强而不过于周防，不屑于谨小慎微，结果遭到戕害，故凶。

象曰：从或戕之，凶如何也。

凶如何，言凶之甚。阴过于阳，必害阳；小人盛于君子，必害君子。九三不知过防小人而为小人戕害。这样的凶是最厉害的，故云“凶如何”。

九四，无咎。弗过遇之，往厉必戒，勿用永贞。

在阴过的时候，九三与九四都“刚失位而不中”，然而九三以刚居刚，是纯刚，故凶。九四以刚居柔，刚而不过，故有无咎之义。“弗过遇之”，九四既不过刚，则当能够随合时宜，灵活对待。但是九四毕竟是阳刚之质，所以它应当时刻心存戒惧，不要往，不要去柔而以刚进，否则将有危厉。“勿用永贞”，正当阴过而阳刚失位的时候，小人绝对不肯从阳，九四应当随时处顺，不可固守其常。

象曰：弗过遇之，位不当也。往厉必戒，终不可长也。

以九居四，是位不当，因为位不当，所以不过刚。由于不过刚，九四才应当“弗过遇之”，也才能够“弗过遇之”。如果不“弗过遇之”而有所往，有所前进，则必有危厉，这是九四应当戒惧的。九四岂可长此以往而不知变！

六五，密云不雨，自我西郊，公戈取彼在穴。

六五爻义主要是说不可能有所作为，纵使想有所作为，也不会成功。“密云不雨，自我西郊”，阴云密布，天将欲雨，然而雨下不来，因为风自西方吹来，西风是不易下雨的。小过有“不宜上宜下”之义，六五在卦之上体，又居尊位，正是上而未下的状态。这在小过之时是不宜有所为的，不有所为还好，若有所为那就不会得好结果。“公弋取彼在穴”，“公”当指六五自己，“彼”当指六二。弋，射而兼有取义。六二在艮体又伏于二阳之下，有鸟未飞而栖于穴之象。鸟未飞而栖于穴，正符合小过“不宜上宜下”之义，所以六五想取之以为己之助。但是六五是不能成功的，六五与六二是敌应，它得不到六二的帮助。密云以西风不能致雨，鸟在穴岂可弋取！

象曰：密云不雨，已上也。

六五作为一阴已过乎阳，居阳之上，阴阳不和，故不能为雨。

上六，弗遇过之，飞鸟离之，凶，是谓灾眚。

上六之过是阴柔小人之过，它居震之极，其飞已高，过而不知止，以至于亢，过而至于亢，哪里还能有所遇！结果必丽于网罗而致凶。这就是灾眚，眚由灾致，灾由自取。

象曰:弗遇过之,已亢也。

六五小象言“已上”,是过未至于极之义。此言“已亢”,是谓过之已甚,过之不能更过。

〔**总论**〕

《易》中阳为大阴为小。为卦二阴函四阳谓之大过,四阴函二阳则谓之小过。大过像栋桡,小过像飞鸟。小过之义主要在于小,在于下。大事过或者过于大,在上或者志欲上,都不好。就是说,小过可小事不可大事,宜下不宜上,上逆下顺。在有的时候,有的事物,欲得中则必须过于中,欲矫枉则必须过于正。但是这只适用于小事,不适用于大事,小事过也是有限度的小过,不可以无限度地甚过。过,只能向下过,不能向上过。小过卦义与六爻之义是紧密相联系的。最能从反面表达卦义的是初与上两爻。初六处在最下,于时未过,于位亦在下,犹如鸟在栖宿之时,这本是好的,然而它志欲上,不能自禁而飞,终于致凶。上六阴柔小人又居小过之极,是属于过而不能知止的一类,正如鸟飞无所寄托,过而弗遇,必遭罗网,其所致之凶,实非一般,甚乃无异于灾眚。六二与六五都是阴柔得中,但是结果有所不同,六二既有中正之德,又处在下体,正合小过宜下不宜上之义,所以它或过或不及都适其时应其分而得其中,是六爻中最好的一爻。六五也是阴柔得中,但是它居于尊位,居尊位在它卦是好的,而在小过就不好了。因为它在上体,阴至于五,已经过甚,有违于小过不宜上宜下之义,故有密云不雨之象,想有所作为,其实不能有所作为。九三与九四二阳爻都不得中,是众阴柔所欲加害的对象,它们的问题是如何预为之防。防也要过防,即过于周防,过于早防,谨小慎微地防。九三则以刚居刚,而自恃其刚,不肯过为之备,故凶。九四虽也是刚阳,然而它居柔,不是过刚,又处于上体之下,所以有无咎之义,只要它随时处顺,安静不动,便什么事情也不会有。总之,小过亨,但有两个条件,一是可小事不可大事,二是不宜上宜下。六爻中凡符合这两条的,就无咎。违背这两条的,就凶。卦辞言“大吉”,而爻辞竟无一条言吉,无咎就是最佳的了。可见小过,从理论上说,是亨是大吉的,而一旦落实在实际上,如何处理好小过的问题就不容易了。

既　济

䷾ 离下坎上

《序卦传》说:“有过物者必济,故受之以既济。”《序卦传》所讲的这两句话,用以解释小过之后次之以既济的道理,显然是牵强的。然而《序卦传》在讲下一卦未济时说“物不可穷也,故受之以未济终焉”,却极为精卓,它把《易经》关于64卦排列的整体思想深刻地揭示出来了。依据“物不可穷也,故受之以未济终焉”的说法,我们可以看出《易经》作者将既济、未济两卦放在64卦之最后,是有其深刻的原因的。既济列在64卦倒数第二卦,与小过其实并没有什么必然联系。不管64卦倒数第三卦是哪一卦,其倒数第二卦是既济,当是肯定无疑的。这是因为《易经》作者对64卦的排列有一个总体的认识。他把64卦看作世间万事万物的一个大的发展过程。乾坤两卦是这个过程的开始,中间60卦是这个过程的展开,既济、未济是这个过程的结束。乾坤两卦居首以及首乾次坤的意义,开始时已经讲过。其余60卦每两卦可视为一环,环环相扣,构成了事物变化发展的长过程。既然64卦是个事物变化发展的过程,就必然有个结束的时候,所以最后倒数第二卦是既济。既济表示斗争已经止息,乾坤已经毁灭,事物已经穷尽。然而实际上斗争不能止息,乾坤不能毁灭,事物不能穷尽。所谓止息、毁灭、穷尽,不过是旧的过程结束,新的过程开始罢了。所以既济之后是未济,就表示斗争没有止息,乾坤没有毁灭,事物没有穷尽。旧的过程结束,新的过程将开始。64卦之最终两卦是既济、未济,其意义如同将乾坤两卦置诸64卦开头一样深刻,它反映《易经》作者具有清晰的“物不可穷”的伟大辩证观点。关于既济卦名的含义,古人意见有歧异。有人说既济是出险济难的意思,有人说既济说的是天下万事万物已成已济。从字面上看,“既”是已然之辞,“济”字《尔雅》释作渡,合起来是已经渡过。渡过的当然是大江大河,引申开来,当然就是出险济难之意。从既济的卦体结构看,上体是坎,也极容易使人理解为出险济难,因为凡上体是坎的卦如屯、需、蹇、节等，多言险象。不过既济有所不同，既济的含义应当比出险济难深广得多，抽象得多。《杂卦传》说“既济定也”，用一个定字概括既济之义，从表面上看，似乎不甚贴切，仔细揣摩，是再中肯不过了。定是什么意思？事物发展到一定程度，形成一种形态，暂时或者表面上不再变动，这就是定。因为既济定表示事物已经达到穷尽的地步，所以《序卦传》于未济卦说“物不可穷也，故受之以未济终焉”。物不可穷，正说明既济所处的地位从表面上看是穷，而实际上并没有穷。在64卦中泰、否、咸、恒、损、益、既济、未济等8卦六爻皆有应。在这8卦中既济与未济又比较特殊。即既济六爻都当位，阴爻都居阴位，阳爻都居阳位。未济六爻都不当位，阴爻都居阳位，阳爻都居阴位。六爻皆有应皆当位，表明矛盾全解决了，事物已发展到了穷尽的时候，没有什么可发展的了，一切都已经定了，这不正是既济卦在64卦中所表现出的本质特点吗！

既济，亨小，利贞，初吉终乱。

小字当是衍文。64卦中无“亨小”之义。如旅小亨，巽小亨，确实是小亨，而既济则是亨之大者，不应言“小亨”。孔子《彖传》言“既济亨，小者亨也”，意谓既济不只大事济，大道济，大德济，大人物济，小事也能济，小道小德小人物也能济，在既济这个时代，举凡天下事无论大小，无不能济。假使卦辞有“小”字，孔子《彖传》不应曰既济亨，只有以“既济亨”为断，才可看出《彖传》“既济亨”是卦辞，“小者亨”是孔子解释卦辞之辞。“初吉”，是说在既济之初，事无不吉。“终乱”，是说既济不能终吉，既济至一定程度，就要穷，穷则生变，变成未济。未济六爻皆不当位，是既济的否定，对于既济来说，它无异是乱。故云“初吉终乱”。不过，既济虽有“初吉终乱”之象，人在既济之时未必都是终乱。乱与不乱，还在人自身的掌握。如果人能够慎终如始，一直保持清醒的头脑，则虽有终乱之道亦复可济。

彖曰：既济亨，小者亨也。利贞，刚柔正而位当也。初吉，柔得中也。终止则乱，其道穷也。

“既济亨，小者亨也”。处在既济的时候，大者亨自不待言，即便是小者也都亨，无所不亨，故曰既济。既济是皆济，已经济的意思。如果未亨或者小者未亨，便不可谓既济了。

“利贞，刚柔正而位当也”。既济阴爻在阴位，阳爻在阳位，六位都当位得正，故曰“利贞”。

“初吉，柔得中也”。易以刚中为善，而既济未济都以柔中为善。这是因为既济以内卦为主，既济之所以为既济，主要在内卦，至外卦则走向未济了，故初吉归诸柔中。柔中指六二，在一卦之中，初与二皆为始。未济亦以内卦为主，至外卦则将转为既济，故以六五柔得中而致亨。

“终止则乱，其道穷也”。卦辞言“初吉终乱”，“终乱”主要是强调天之道。孔子《彖传》讲“终止则乱”，显然是重“人之故”。“终乱”一语所强调的是终字，意谓事物初吉则终必乱，这是一般的规律。“终止则乱”则突出止字，强调人的因素是重要的。意谓人不知“终乱”的道理而终止，则必乱；若知“终乱”的道理而不止，则可不乱。天下之事，不进则退，人为的因素至关重要。“终止则乱”，不是终能致乱，人于其终而有止心，才是乱的根源。就一个人说，处平安无事，心满意足之时，则止心生，止心生则怠惰不勤，怠惰不勤则有患而不知为之防，有患而不知为之防则乱必不可免。就天下国家说，太平既久，则人苟安，止于逸乐；此时君临天下国家者，最当深自省惧，至兢至慎，不使至于止极。止极则衰乱接踵而至。其道已穷，理当必变。

象曰：水在火上，既济。君子以思患而豫防之。

水性润下而居上，火性炎上而居下，水火相济，是为既济。既济虽然不是有患之时，但是患必生于既济之后。君子观既济之象应当知道思患而豫防之。处既济之时，人们极易以为无患而生止心；以为无患而生止心，则无患乃生患。在既济这种时候，君子贵于思患，贵于豫防。思患，思其终必有患。豫防，防于其始而使其终无患。

初九，曳其轮，濡其尾，无咎。

初九以阳居下，上应于六四，又在火体，其上进之志锐甚，这在既济之初是极为不利的。在既济之初应当止其进，若进而不已，必有悔吝。可是初九按其本性说，欲进之志特甚，不花极大的气力是难以止其进的，故“曳其轮，濡其尾”乃得无咎。车欲前行，倒曳其轮，使之不得进，可见止进用力之大。狐之济水，必揭其尾，今不揭其尾而濡其尾，使之不克济，可见止进决心之坚。

象曰：曳其轮，义无咎也。

“曳其轮”乃“曳其轮，濡其尾”的省语。言“曳其轮，义无咎也”，其实是说，“曳其轮，濡其尾，义无咎也”。义，道，理。曳其轮，濡其尾，自常理看应是有咎的，但是在既济初九这一爻，其道本来是无咎的。

六二，妇丧其茀，勿逐，七日得。

《彖传》讲的“柔得中”即指六二而言。六二以阴居阴，居中得正，与九五中正之君正应，应当顺利得行其志，无奈时已既济，九五不再是有为之君，无意重用六二这个柔顺中正的贤才。六二此时大可不必急于济世，患得患失，逐逐无已，应当自守中正之道以待时变，时一旦变，今日失掉的必将复得，故曰“妇丧其茀，勿逐，七日得”。六二以柔居柔，故称妇。茀，车茀。古人乘车，男子立乘，妇人坐乘。妇人坐乘必有车茀，车茀是掩车门之帘。现在车茀丧失了，车不能前行了。怎么办？勿逐。丧失就丧失，不必寻找它，七日将复得。震六二与此皆云“勿逐，七日得”，可见《易》言丧而复得皆以七日为期。盖日之数以十为盈，五日得盈数之半，不及半则称三日，过半则称七日。“七日得”是说丧而复得的时间不会多于五日，也不会至于十日。也就是说，时间不能太短，也不会太长，终究会得的。不可云“十日得”，十日是盈数，说“十日得”，就意味着永远不能得了。总之，七日是就人事上的迟速而言，不是从卦气的角度上说的。

象曰：七日得，以中道也。

六二丧而复得，今不得行，终必得行，根本的原因是它守中正之道，中正之道是不可能终废的。倘若无中正之道，或有中正之道而不知守，则“七日得”就无从谈起。

九三，高宗伐鬼方，三年克之，小人勿用。

既济这一卦，从六爻的发展看，有一个自未济到既济的过程。初九与六二居卦之下位，是欲济而未济之时，这时宜曳轮濡尾，丧茀勿逐，止于进，慎于行。至于九三，内卦到了终极，未济而既济了。九三当未济而达于既济的时候，本身又是以刚居刚，具备文明之德，它有责任也有能力完成既济的大业，故有高宗伐鬼方之象。高宗是商代著名的明王中兴之君武丁，他振衰拨乱，远伐不服，使国家由未济达到既济。高宗的中兴事业不唯伐鬼方，举伐鬼方以为代表而已。伐鬼方“三年克之”，说明国家中兴，由未济而既济，不是简单易行的事情，需要长时期的艰难奋斗方可实现。而且说明使国家中兴，由未济而达于既济，不是随便什么人都能胜任的，只有具备文明之德，刚武之威的殷高宗那样的人才能担此重任。“小人勿用”，不要任用小人，若任用小人，国家不但不能既济，反而会更加丧乱。

象曰：三年克之，惫也。

惫，疲惫。惫也，用三年的时间战胜鬼方，元气耗伤极大，已经疲惫不堪了。

六四，繻有衣袽，终日戒。

繻当作濡，谓渗漏。衣袽，废弃不用的破衣烂衫。古人乘船济水，船上豫备衣袽，一旦出现濡漏，则用以塞之。舟船济水不必每次都出现濡漏现象，但是衣袽却必须每次都豫备。这是古人生活中司空见惯的事情，几乎不假思索即可知晓个中的道理。而《易经》作者将它用到爻辞里，它就有了抽象的哲学意义。既济这一卦有告诫人们思患豫防的用意，六四这一爻在下体之上，正是既济已经实现的时候，而且处多惧之地，近君居险，它最需要无患思患，思患防患。它取“繻有衣袽”为象，是再恰当不过的了。又加上“终日戒”一语，更增加了六四需要思患防患的畏惧感和紧迫感。“终日”与乾九三“君子终日乾乾”的“终日”意义相同，意谓六四应当无时无刻不处在戒惧状态，不可有瞬息的懈怠。实际上祸患并未发生，而在六四的认识上却要以为祸患马上就要发生。

象曰：终日戒，有所疑也。

六四为什么要“终日戒”，为什么能够“终日戒”，就是因为它有所疑，疑患之将至。疑患之将至，方能保持防患的高度警惕性。在一般情况下，疑不是好事；在特殊的情况下，当疑而不疑也不好。

九五，东邻杀牛，不如西邻之禴祭，实受其福。

“实受其福”，意义与得吉大体相同。“实受其福”，是谁受其福呢？是“实”受其福。《易》以阴为虚，以阳为实。九五是阳爻，所处坎体又是阳卦，可见受其福也就是获吉的是九五自身。“东邻杀牛，不如西邻之禴祭”有两层含义，既是对九五的警戒，也是对九五“实受其福”的有利处境的肯定。“杀牛”，杀牛以祭，是盛祭。禴祭，黍稷沼毛以祭，是薄祭。东邻西邻是彼此之词，不宜确指东邻西邻各为谁，更不可指认东邻西邻各是卦中哪一爻。东邻西邻不过是用以指代两种不同的祭祀而已。一种是用大牲的盛祭，盛祭可以致福但不一定能致福；另一种是用黍稷沼毛的薄祭，薄祭也可以致福但不一定能致福。致福与否关键不在于祭之盛与薄，而在于主祭人是否心怀诚敬；是否心怀诚敬的标志是多方面的，而为首的亦即根本的一条是看祭的时候是不是适宜恰当。祭之时过或不及都是不诚敬的表现。古人所谓"祭，时为大"正是此义。祭而不当时，纵然用牛，也难致福；祭而当时，虽用沼毛，也必致福。九五爻辞言东邻西邻的问题，意在告诫它祭祀勿忘诚敬，勿忘"祭时为大"，勿追求表面之文，要务内在之质。因为九五阳刚中正居君位，阳刚中正之君，正当天下国家既济治平，物大丰盛之时，骄奢易萌而诚敬之心必不足。爻辞告诫它：你勿自恃天下国家已进入既济治平的时代而忘却了祭祀以时不以盛。引申开来，是说九五最要紧的事情是注意时的问题，别忘记"既济"已经到来，"未济"就在后面，这是爻辞的一方面意义。另一方面，告诫归告诫，实际归实际。就全卦的实际情况看，下卦离奠定了既济的基础，上卦坎则享受既济之福。九五居上卦坎且为坎之主，享受既济之福的，显然非九五莫属。九五刚中居尊，也有主祭之象。从九五的角度说，别人祭用大牲，我祭用黍稷沼毛，虽人盛我薄，但我阳刚居中，实而得时，受福的必是我。

象曰：东邻杀牛不如西邻之时也。实受其福，吉大来也。

杀牛之盛祭不如不杀牛之薄祭。因为薄祭虽薄却当时，当时就好；盛祭虽盛却时不当，时不当便不好。祭之致福与否不在表面的文，而在内在之实。在祭祀的问题上，实也就是时。《易》阳实阴虚，阳大阴小。"吉大来"的"大"字，即爻辞的"实"字。"吉"字即爻辞的"福字"。"吉大来也"谓时候既然已到，大福不求而自来。《汉书·郊祀志》杜邺所谓"德修荐薄，吉必大来"，就是这个意思。

上六，濡其首，厉。

从画卦时的顺序说，初爻为始为本，上爻为终为末。从成卦的角度看，上爻是卦之首，初爻是卦之尾。"濡其首"指的是上六自身。厉，危厉，危险，但尚未及于凶。危厉还有转危为安的可能，至于凶便无可挽救了。上六处在既济之终，坎险之上，自已又是阴柔之才，其道穷极已达到了衰乱的地步，像狐涉水而濡溺其首，可谓危厉极了。济水涉险而不虑前，遂至于淹没了脑袋，危厉可想而知。卦辞讲的"终乱"，《彖传》所谓"道穷"，在上六这一爻表现出来了。

象曰:濡其首厉,何可久也。

“何可久”,不可以久。“何可久”,有两层意思。从客观的规律说,物不可以终穷,穷极必变,既济终了,未济即将开始,濡其首的危厉局面不会持续太久。从主观的愿望说,是作《易》者告诫上六及早知危而反,濡首之厉切不可久溺,否则厉就要转为凶了。《易》中言厉,都包含一定的深意,不是决绝之语,与言凶言悔言吝是不同的。《易》中屯上六、否上九、离九三、中孚上九、小过九四以及本爻小象言“何可久”、“何可长”、“终不可长”等,都是劝诫翻然改悟而不迷溺的意思。

〔总论〕

既济这一卦在64卦的排列系列中占有重要的地位。既济与未济联结在一起,构成整个64卦排列系列中绝对不可或缺的关键的一环,它的重要意义简直可以同乾坤二卦相媲美。有了这两卦,我们才得以看到《周易》关于事物发展思想的完整性和彻底性。《周易》的作者把事物看作有始有终,终而复始,有生有灭,生生不息的过程。过程由天地之分开始,故乾坤两卦居首;有天地之分,然后万物以生,故乾坤二卦之后排列着其余诸卦;事物的运动变化有内在的必然联系,过程中包含着一个个阶段,如同链条般依次连结,故诸卦的排列环环相扣,井然有序;过程必有穷尽之日,矛盾总有解决之时,故它的终结看来是既济。既济六爻皆应又皆当位,矛盾消失了,乾坤或几乎息,物或几乎穷,然而乾坤不能息,物不可穷。旧过程息,新过程又生。旧过程的终结应是新过程的开始,所以既济像似终结不是终结,未济不似终结却是终结。既济恰巧处在新旧过程的联结点上,它不是新过程的开始,却联结着新过程的开始;它不是未济,却孕育着未济。把既济安排在64卦之后而又不是最后,《易》作者运用哲学匠心,把他的“物不可穷”的伟大思想表达得如此巧妙、深刻和富有魅力,以致于我们在数千年后的今天来读它仍要不止一次地惊叹不已。既济一卦的思想反映在它的卦辞和《彖传》里。“既济亨”,六爻皆应皆正,斗争止息了,问题解决了,大事小事无不亨。物极必反,既济而将未济,所以“初吉终乱”。《易》讲天道更为人谋,既指出发展的必然性,也鼓吹人的能动性,所以虽然“初吉终乱”,但是人若知终而不止,则可有终而无乱。唯其如此，无论卦义爻义无不蕴含着无患思患，思患防患的良苦用心。从全卦总体上看，下体离三爻由初至三渐渐进入既济，故而是好的，不见凶咎。不过人处在既济的状态，必须时刻思患而豫为之防，故也不见吉。初九以刚居下应四，须曳轮不进，濡尾止济，方可无咎。六二亦须小心谨慎，虽可行但不苟行，唯需待而已。至于九三，以刚居刚，处内卦之终，经过“高宗伐鬼方”的长期艰难斗争，事方克济。既济之最大问题思患豫防，故戒之以“小人勿用”。上体坎，出明而入险，既济开始向未济变化，三爻皆渐渐不好。六四“繻有衣袽终日戒”，须终日思患防患，时刻保持如坐敝舟而水将骤至的意识，才可能免患，不好的端倪已经显露出来。九五强调求实不求文，要诚不要盛，杀牛不若禴祭，用意也是示以警惧，处在既济治平，物大丰盛之时，要紧的是守以损约，行以诚敬，更加表明既济至于九五，就时来说，表面上好，其实不好。上六的时不好至极，濡首之厉，等于宣布未济的时代已经来临，犹如饮酒已至酩酊，开花已至离披，时运过于不佳。然而毕竟要到未济而未到未济，濡其首只是厉而已，尚未至于凶，若人之主观符合客观，认识清楚，患不是不可避免，故小象说濡首之厉，“何可久也”。

未　济

䷿ 坎下离上

《序卦传》说："物不可穷也，故受之以未济终焉。"64 卦发展到既济这一卦，事物似乎已经到了穷尽的地步，乾坤或几乎息矣，矛盾消失了，斗争止息了，问题解决了。但是乾坤不能息，斗争不能止，"物不可穷"，所以既济之后还有未济。因为既济不是旧过程的结束，旧过程的结束应当包括新过程的开始，所以 64 卦的最后一卦是未济不是既济。物不可穷，是说事物的变化无有穷尽，一个过程终止了，接着是下一个过程，过程连着过程，生生不已，没有止境。整个《周易》是一部讲变易的书，64 卦的排列蕴含变化的思想，只是没作文字的说明罢了。孔子作《序卦传》把《易经》里面存在但未能讲明的"物不可穷"的伟大的辩证法思想讲明了。"物不可穷"的思想既属于《易经》也属于孔子的《易大传》。"物不可穷"的思想集中地反映在未济这一卦上，未济即未穷，未穷即生生不已之义。为卦坎下离上，火在水上，火向上而水向下，不相为用，而且六爻皆不当位，故为未济。

未济，亨，小狐汔济，濡其尾，无攸利。

既济亨，未济亦亨，二亨的含义有所不同。既济亨，大事亨，小事亦亨，大者亨，小者亦亨，无所不亨。未济亨，则小者不能亨，亦即小道小德不能亨。又，既济亨是已然之亨，亨已成为现实；未济亨是未然之亨，亨只是一种可能性，终究能亨不能亨，要看事态的发展和主观的努力如何。汔，几。小狐，相对于老狐而言。老狐戒慎知惧，履水犹听，唯恐陷入，涉水就更不忘举尾，故可以济。小狐则不知畏慎而果于济，看来几乎就要济了，但是它不知举尾而濡其尾，到底是未能济。濡其尾而不丧生就算大幸了，更何有所利？总而言之，未济卦辞之义是，未济能亨，但是"老狐"能亨，"小狐"不能亨，亦即大者能亨，小者不能亨。

彖曰：未济亨，柔得中也。小狐汔济，未出中也。濡其尾，无攸利，不

续终也。虽不当位,刚柔应也。

“未济亨,柔得中也”。既济和未济都以柔得中为善。既济之柔得中在六二,未济之柔得中在六五。既济以内卦为主,至外卦则转向未济了;转向未济就要“终乱”了,所以既济之初吉必得之于六二柔得中。未济也以内卦为主,至外卦则转向既济了,但是只有在转向既济的时候才有亨可言,所以未济之亨根据不在内卦,而在外卦六五之柔得中。

“小狐汔济,未出中也”。小狐汔济,所指是九二,九二处在坎险之中,上有六五之应,处未济而将济的时候,它应当出险,似乎也能够出险,但是它未能出险,因为它是阳刚;阳刚在未济这一卦里都失位,发挥不了它应有的作用,犹如《杂卦传》说:“未济,男之穷也。”本来无力出险,却又必须出险,结果才有小狐汔济濡尾之患。

“濡其尾,无攸利,不续终也”。不续终,有始无终,开始挺果敢,但不能继续而终之。顾首不顾尾,济了头却濡了尾,头尾不相接续。因为不续终,所以无所往而利。既济“终止则乱”,未济不续终则无所往而利,可见克终之难。值得注意的是,同是“濡其尾”一语,在既济是敬慎不轻进的意思,在未济则变成了有始无终,浮躁冒进之谓。

“虽不当位,刚柔应也”。这两句话已不是解释卦辞,是孔子讲过卦辞之后谈自己的体会。未济虽然六爻皆不当位,看来欲济似乎很难,但是未济也有有利的方面,它的六爻刚柔两两相应,上下内外都相与,如果能够克服不利,发扬有利,量力度时,虑善而动,则未济亦可济。

象曰:火在水上,未济。君子以慎辨物居方。

火性炎上而在上,水性润下而在下。在上的往上去,在下的往下来,二者不能相交,也不能相互为用,所以才是未济。火在水上,算不算各得其所的正常现象呢?朱熹《周易本义》说“水火异物,各居其所”,以为是正常现象。程颐《易传》说“火在水上,非其处也”,以为不是正常现象。从下文“君子以慎辨物居方”的“慎”字看,程说是对的。不然,火在水上已是各止其所了,君子何必还要慎呢!“辨物”与“居方”是互文。物与方同义,都是指世间万事万物的品类而言,“辨物”是说分别世间万事万物的种类,不使混淆。“居方”是说把世间万事万物加以分别之后还要使之各得其所。这是个重要问题,君子务必慎重对待,否则像未济那样火在水上,是不行的。“辨物居方”,重点在“居方”,亦即强调如何使物各止其所当止的问题。此与同人大象的“君子以类族辨物”既相似又不同。二者都是要求辨物，这一点相同。同人大象“类族辨物”的目的在于在世间不同事物中存异求同，以达到“和而不同”的境界。异就是不同，同就是和。而未济大象“慎辨物居方”强调的不是求同，恰恰相反，是要把不同的事物分辨开来，使之各止其所。

初六，濡其尾，吝。

初六阴柔居坎险之下，上与九四正应。居于坎险必不安于坎险，应于九四必欲上行，所以它非要济不可。然而它自己阴柔，力不从心，九四不是中正之才，也不会来援助它，故有濡其尾之象。古语说：“狐欲渡河，无如尾何”，今狐濡尾，自不能济。力不能进却不自量力而进，欲济而终不能济，实可羞吝。此云“濡其尾”，既济初九亦云“濡其尾”，辞虽同而义不同。此云“濡其尾”，喻不当济而急于济，彼云“濡其尾”，喻当济而慎于济。急于济而不能济，故吝；慎于济而能不济，故无咎。

象曰：濡其尾，亦不知极也。

极，终。“亦不知极”，犹云不知其终。开始就如此莽撞，终局如何亦必不知，与《彖传》“不续终”义含。

九二，曳其轮，贞吉。

曳其轮，倒曳其轮使车不进。九二以刚居柔得中且上应六五，其力是足以济的。但它身在坎险之中，又处未济之时未可以大用，曳其轮，正是不敢轻进，待时而动。本可以进却自止不进，故为得正而吉。既济初九曳其轮，未济九二亦曳其轮，二者义同而位不同，位不同亦即时不同。九二刚中有中德还要与既济初九一样曳其轮，说明未济处境尤艰，比既济更须遇事小心，不宜轻进。

象曰：九二贞吉，中以行正也。

九二以阳居阴，位并不正，何以言“贞吉”？原因是易例正未必中，中无不正。《易》中九二、六五往往言“贞吉”，就是因为它们得中，《易》贵中，得中即包含着正了。此爻小象将此义讲明白了。“中以行正”，九二之得正，是由于它居中的缘故。

六三，未济，征凶，利涉大川。

此爻之义最为难明。既说“征凶”，不宜有所行动，又说“利涉大川”，宜有所行动。古人为了弥合矛盾，尽力圆通，然而无不穿凿附会，难以令人信服。唯朱熹《周易本义》说“疑利字上当有不字”，值得考虑。古人辗转抄书，脱一个字并不奇怪。如果有一个不字，“利涉大川”原来是“不利涉大川”，爻义便极通顺。既济以内卦为主，由初九、六二以至于九三，渐致既济。初与二还在发展中，至九三才算真正达到既济。未济也以内卦为主，至六三已达未济之终，过此则近于济，所以六三明言“未济”。六三在坎险之上，应当出险也可以出险，但是它正当未济的时候，又是阴柔之才，不中不正，实际上没有能力出险以济，故曰征凶。做一点小事情或许可以，欲涉大川，济大难，干大事业，是绝对不行的。

象曰：未济征凶，位不当也。

未济六爻全不当位，而小象独于六三言“位不当”，是因为未济由六三而成，而居三的又是个阴柔之才。以阴柔之才居阳位，是六三“征凶”的主要原因。

九四，贞吉悔亡，震用伐鬼方，三年有赏于大国。

此贞吉是戒辞，意谓九四本有悔，如果能够贞吉则悔可以亡。九四不正又不中，何以曰贞？此贞字宜释作贞固、固守，用今语表述即坚定不渝之意。那么，九四应当固守什么？九四的悔又在哪里？九四的悔在于它虽是阳刚却居阴柔之位，其位不正。又九四由于以阳居阴，位不正，虽然它已经出了坎险并且未济已过中，开始向既济转化，有了可济的希望，但真正能济，也绝非轻易之事，它必须像“震用伐鬼方，三年有赏于大国”那样，竭尽阳刚之力，坚持不懈地去争取，方可克济获吉而悔亡。“伐鬼方”是当时尽人皆知的伟大、正义、艰苦的事业，一提到它，人们立即会想到全力以赴，艰苦卓绝的精神和胜利后天下既济治平的景象。既济九三与未济九四皆有“伐鬼方”之象，这是因为既济未济二卦是既反又对的关系，既济的九三反过来就是未济九四，故其象相同。这种情况在《易》里并非绝无仅有。损与益是相反关系，损六五言“十朋之龟”，反过来就是益之六二，故又言“十朋之龟”。夬与姤由于同样的原因，九四与九三都取“臀无肤，其行次且”之象。不过因为位不同，相同的象在不同的卦里也有些具体的差别。既济至九三，既济之大局已定，故云“三年克之”，表示伐鬼方已经胜利。未济九四则未济刚刚过去，既济尚在争取中，故云“震用伐鬼方”，表示征伐正在进行。“三年有赏于大国”，言三年之间犒赏军队经常不断。与师九二的“王三锡命”同，而与师上六之“大君有命”不同。战争进行中犒赏，是强调对战争用力之甚，战后论功行赏，是突出胜利后施政之谨。又，九三、九四皆非君位，何以言殷明王高宗之事？原来《易》有的论其位其人，有的论其时其事。这两爻所论的是在上下卦之交的时和伐鬼方的事，而与是否君位和伐鬼方者为谁无涉。

象曰：贞吉悔亡，志行也。

“贞吉悔亡”，正是九四的志愿要达到的目标。九四所处之时很好，九三在卦中代表未济，未济已过，九四正在未济开始转为济的时候，又能竭尽全力，坚持不懈地像“伐鬼方”那样求济，它一定会济，会获吉，会悔亡。这是它的志愿的实现。

六五，贞吉，无悔，君子之光，有孚，吉。

未济卦有三“贞吉”，意义略有不同。九四“贞吉”的贞字是贞固、固守的意思，“贞吉”是戒辞。九二与六五“贞吉”之贞应释作正。九二与六五虽位皆不正，但由于得中。得中即可认为也得正。所以九二与六五的“贞吉”不是戒辞，乃是爻象中固有的。六五为什么能够贞吉而无悔？因为六五居离体之中，是文明之主，以柔居刚而应于九二之刚。既文明又虚心求在下之贤，九二亦乐于辅佐它。《彖传》所说“未济亨柔得中也”指的正是它。它由贞正而吉，由吉而无悔，是理所当然的。无悔好于悔亡。悔亡是有悔而悔亡。无悔则是根本没有悔，《易》中四、五两爻连言悔亡、无悔的，除未济外还有咸卦和大壮，情况略同。值得注意的还有一点，此爻爻辞有两个“吉”。前一个“吉”，是得之于贞正，得于之于六五的德，可谓德之吉。后一个吉是由于“君子之光有孚”而得，是因功得吉。六五是文明之主，故称“君子之光”。六五处在未济的时代，以自己的才德变未济为既济，使天下国家由乱而达于治，它的功和它的德是相称的，故曰“有孚吉”。六五逢未济之世，其光辉倍于常时，犹如雨后之日光，焚余之山色可见。

象曰：君子之光，其晖吉也。

君子之光的吉，是由于它的光不是一般的光而是晖光的缘故。晖即辉，是光之散。只有极盛的光才能生晖。爻辞中前一个吉是贞吉之吉。贞吉之吉是德之吉，这种吉只影响到六五自身，是自身之吉。后一个吉是晖吉之吉。晖吉是功之吉,这种吉影响到天下,是天下之吉。

上九,有孚于饮酒,无咎。濡其首,有孚,失是。

既济卦最终必发展为未济,故既济上六有濡其首之厉。未济卦最终必发展为既济,故未济上九言"有孚于饮酒无咎"。不过凡事无不有个限度,超过限度,好事也会变成坏事,所以爻辞接着就告诫说:"濡其首,有孚,失是",即饮酒自乐应有度,若沉湎于酒,耽饮而至于濡首,那就会因此而失掉"有孚"。

象曰:饮酒濡首,亦不知节也。

这是说饮酒须掌握分寸,不使过中。全易"小象"言节者凡四,皆与坎或离有关。蹇九五在坎体居中,刚而中正,"小象"曰"中节"。家人九三在离体,刚而不中,"小象"曰"失家节"。鼎上九在离体,以阳居阴,刚而能柔,"小象"曰"刚柔节"。未济上九在离体。离为火,火本炎上,离又在卦之上,过中不正,"小象"曰"不知节"。可见《易》所言"节",归根结底是"中"的问题。

〔总论〕

未济这一卦与既济是反对的关系,把既济的卦画自下而上倒过来就是未济。具有反对关系的卦在64卦中不止既济与未济,而既反又对的卦则只有泰否和既济未济。至于既反又对,六爻又皆应的卦,64卦中唯既济未济而已。既济未济的关系在64卦中极为特殊,其特殊的程度仅次于乾坤二卦。乾坤二卦是64卦之首,既济未济是64卦之终。乾坤两卦合观可视为《易》之门,既济未济合为一卦可看成既是旧过程的终结又是新过程的开始。所以既济未济两卦几乎密不可分。极为明显的一点是,既济初上濡尾濡首,未济亦然。伐鬼方与曳其轮,二卦共象,唯差一位而已。两卦皆由坎离组成而所重皆在离。既济离在下,初九至九三三爻讲如何谨慎求济。上卦是坎险,六四至上六三爻渐渐走向未济,表明"物不可穷"。未济离在上而坎在下,说明既济的终就是未济的始,既济之时已经包含着未济。未济内三爻讲未济之事,初六有濡尾之吝,九二言曳轮之贞,六三戒以征凶位不当。而外三爻进入离体,离为明,情况逐渐好转,九四伐鬼方有赏,未济将变为济,但需经过艰苦的斗争。六五君子之光有孚,吉而又吉,天下既济治平之日又至矣。至上九有孚于饮酒无咎,天下既已升平，饮酒自乐可无咎，然而不可沉湎于酒而不知节，于是又埋下了危险的契机。从 64 卦的全过程看，既济是这个长过程的终结，然而“物不可穷”，在旧过程终结的同时，新过程又开始了。把既济未济两卦作为一个独立的整体考察，不难发现，它们正反映了易变易的终始之义。这个终始之义绝不能归结为循环论。应该承认，它们已经意识到了一个伟大的真理，即：事物总是按着否定之否定的形式向前发展。

系辞传上

天尊地卑，乾坤定矣。卑高以陈，贵贱位矣。动静有常，刚柔断矣。

孔子作《系辞传》上下两篇发掘《周易》的思想实质和哲学价值，可谓透彻淋漓，深入全面。《周易》的许多道理如果没有孔子的《系辞传》后人便无法了解。《系辞传》开首的这几句话准确地将《周易》的基本思想和基本原理揭示了出来，尤其"天尊地卑，乾坤定矣"两句话把握住了《周易》的要害和关键。"乾坤定矣"一句讲卦的排列问题。乾坤两卦的排列，《周易》与《归藏》不同。《归藏》是殷易，它以坤卦居 64 之卦首而乾卦居次，所以也叫《坤乾》。首坤次乾的排列方法反映殷人重母统的思想。《周易》则把殷易《坤乾》的首坤次乾的排列颠倒过来，变成首乾次坤。这在殷周之际是意识形态领域中翻天覆地的变化，这一变化改造了当时人们整个的思维模式，影响了以后数千年中中国人的思想发展趋向，中国传统思想文化，特别是儒家文化，其源头可以追溯到这里。首乾次坤的思想直接决定了周人等级观念的特点。夫尊妻卑，父尊子卑，君尊臣卑的思想由首乾次坤发展而来，贯穿于《周易》64 卦的始终，并且成为后世儒家思想的重要基点。古人将此思想概括为"尊尊"。"尊尊"思想是周人特有的，它是对殷人固有的"亲亲"思想的否定。周人固然也讲"亲亲"，但是周人更强调"尊尊"；周人是在强调"尊尊"的前提下讲"亲亲"的；或者可以说，周人讲的"亲亲"是用"尊尊"的思想改造过了的。周人的"亲亲"是充满着"尊尊"观念在内的"亲亲"，与殷人讲的"亲亲"根本不同。《中庸》记孔子说的"亲亲之杀，尊贤之等，礼所生也"一语就是极好的证明。"尊贤"即"尊尊"。"亲亲"与"尊尊"一样，是有等杀的。"亲亲"以父母为首，父与母二者又以父为尊，而母次之。体现的全是男尊女卑，夫尊妻卑，父尊子卑的意识，而这种意识在《周易》64 卦卦爻辞中随处可见。孔子研《易》至于"韦编三绝"，把《周易》的思想特点看得清澈见底，才在《系辞传》一开始就点出"乾坤定矣”一语，这句话讲得铿锵有力，一语破的。直接讲的是《周易》64卦的排列先乾后坤，言外却包容着极深刻、广泛的含义。“乾坤定矣”是讲卦的排列，“天尊地卑”是讲自然现象。两句话连结起来，便有更深一层的意义。意谓首乾次坤就像天在上地在下那样天经地义，不可移易。这确实是《周易》特有的思维方法，它总是用“天之道”证成“民之故”。“天之道”不可移易，因此它提出的一切论点也都是正确的，不可移易的。其实这仅仅是一种思维方法的问题，首乾次坤与天尊地卑并无必然的联系，殷人的《归藏》不就是首坤次乾吗？夏代的《连山》甚至根本不看重乾坤两卦，而天尊地卑是亘古如此的。还有一点应当指出，为孔子揭示出来的《周易》的首乾次坤以及由此引申产生的夫尊妻卑，父尊子卑，君尊臣卑的思想应该怎样评估它的价值？对于我们今日民主社会来说，《周易》的这一思想无疑是必须舍弃的糟粕，然而在当时它却是精华，是那个历史时代思想的精英所在，甚至可以说它体现了那个时代的时代精神，殷周之际历史的伟大进展恰恰从此起步。当然我们有我们的时代精神，我们不应该将《周易》首乾次坤的思想继承过来。

“卑高以陈，贵贱位矣”。这两句讲一卦六爻从初至上排列的意义。“以陈”是排列的意思。“卑高以陈”，卦从初开始，由卑处向高处排列。这样就“贵贱位矣”，贵贱不同的等次就定位了，贵就是贵，贱就是贱，不能改变。这个“位”指的是人世间贵贱的位，不是卦中阴位阳位的位。卦中六爻二与四是阴位，三与五是阳位，而初与上两爻则不论阴位阳位，所以384爻的初与上的“小象”全不讲得位失位的问题。唯有乾上九《文言传》谓“贵而无位”，需上六“小象”谓“虽不当位”，这恰好证明卦中六爻有阴位阳位的问题，也有贵贱之位的问题。此处的“贵贱位矣”这句话讲的是后一种情况。

“动静有常，刚柔断矣”。这两句话也是讲卦爻的，不是讲客观世界。上文讲的“贵贱位矣”系指自初至上的六位而言，这里讲的“刚柔断矣”，说的是六爻亦即九和六。一卦六爻或九或六，非九即六，九是阳爻，阳为刚，六是阴爻，阴为柔。一卦六爻，见九我们知道是阳爻，阳爻是刚；见六我们知道是阴爻，阴爻是柔，似乎由此而轻易地可以判断出刚柔来了，其实不然，刚柔要通过动静来区分，阳主动，阴主静，动以变为常，静以不变为常，六爻之变化本之于阳动阴静，我们观察阴阳动静的常与变，刚柔便断然可知。

方以类聚，物以群分，吉凶生矣。在天成象，在地成形，变化见矣。

“方以类聚，物以群分，吉凶生矣”，方是事，物是物。方与物指世间万事万物，亦即事物。聚与分是互文，方与物也是互文。天地间的万事万物都是同类相聚，同类相聚的事物都具有共同的特点，相聚的同类事物又以其共同具有的特点与它类事物区分开来。也就是说，事物是有群类的，这一类事物因为有共同之处，所以聚合起来，因为与另一类事物有相异之处，所以划分开来。天地间的万事万物必然都有同有异，有聚有分，吉凶就在这当中产生。吉凶不是命运注定好或坏，而是人活动的结果。人做事依时而行，处理问题选择最佳的方案，在客观条件允许的情况下，尽主观上最大的努力，就能得吉。吉不是别的，吉就是事业上的成功。反之则凶，凶不是别的，凶就是事业上的失败。那么，成功与失败同“方以类聚，物以群分”有什么关系呢？客观的事物有同有异，有聚有分，这是规律，不可违背。人做事如果顺应天地万物同异聚散的规律，该同的同，该异的异，该聚的聚，该分的分，自然得吉；如果违背天地万物同异聚散的规律，该同而不同，该异而不异，该聚而不聚，该分而不分，必然致凶。

“在天成象，在地成形，变化见矣”，“变化见矣”是讲易卦之变化。成象成形二句当然也是讲易卦之变化。天地之变化有象有形，易卦的变化也是这样。易卦变化全由乾坤。乾刚坤柔，刚柔即爻之九、六，为易卦变化之体。易卦之变化实际上即刚柔之变化，刚柔之变化表现在进退上，柔变为刚曰进，刚变为柔曰退。柔进而变刚，刚退而变柔，易卦的变化由此显现出来。

是故刚柔相摩，八卦相荡。鼓之以雷霆，润之以风雨。日月运行，一寒一暑。乾道成男，坤道成女。

这一大段话与上文相连续，相发明，进一步讲易卦变化与生成和自然界中天地万物的变化与生成相一致的道理。天地万物怎样变化生成，易卦也怎样变化生成。易卦变化生成是天地万物变化生成的摹写。“故”字在《系辞传》中起承上的作用，表示由于上面的道理引出下面的情况。“摩”是两个事物相摩擦撞击。“启下”是旋转激荡，也有“摩”的意思。“摩”也好，“荡”也好，都是讲运动、变化、发展。讲运动、变化、发展也就是讲矛盾和斗争。整个这一段话，既是讲自然界万物的生成，也是讲易卦的生成,因为自然界万物生成的道理与易卦生成的道理一致,所以把二者交织在一起讲。“刚柔相摩,八卦相荡”,是说乾坤两卦相摩相荡的结果,生成全易64卦。乾坤相摩相荡生成卦,犹如天地交感,经过日月运行,寒暑变化,经过雷霆之鼓动,风雨之滋润,而生成万物一样。“乾道成男,坤道成女”二句意在强调乾坤二卦的变化发展为64卦,像自然界之生成万物。自然界的万物是由天地交感而生成的。万物分男女,男女在64卦中即指阴阳刚柔。“乾道成男,坤道成女”这两句话与《序卦传》讲的“有天地然后万物生焉”《系辞传》讲的“乾坤其易之门”,《乾·彖传》和《坤·彖传》讲的“大哉乾元,万物资始”,“至哉坤元,万物资生”,意义相同,不过是那些话讲得概括,这两句话讲得略为具体罢了。还有一点须特别注意,《周易》观察自然界,首先重视四时变化。“雷霆”与“风雨”讲四时,“日月运行,一寒一暑”也讲四时。《周易》在凡言及天地变化之处,莫不强调四时。《系辞传》讲筮法时说“揲之四以象四时”,乾之策与坤之策“凡三百有六十,当期之日”,都是讲四时。它用四时的变化代表天地万物的变化。孔子说“天何言哉,四时行焉,百物生焉,天何言哉”(《论语》),与《周易》的思想如出一辙,证明《易大传》的思想定出自孔子。

乾知大始,坤作成物。乾以易知,坤以简能。易则易知,简则易从。易知则有亲,易从则有功。有亲则可久,有功则可大。可久则贤人之德,可大则贤人之业。易简而天下之理得矣,天下之理得,而成位乎其中矣。

自“天尊地卑,乾坤定矣”至此,为第一章。整个这第一章都是讲乾坤两卦,讲乾坤两卦的地位、生成、作用、个性以及人如何效法乾坤,用乾之道与坤之道指导自己行动的问题。最后这一段文字就是讲乾之德与坤之德,亦即乾与坤两卦的特点以及人如何效法乾坤而行的。“乾知大始,坤作成物”的“知”字当训主训管。在生成万物这个问题上,乾由于健而动而主始物,即《乾·彖传》所说的“万物资始”,万物之生成,由乾这里开始;坤由于顺而静而主成物,即《坤·彖传》所说的“万物资生”、万物最后在坤这里生成。“乾知大始,坤作成物”,在易卦说来,是乾坤二卦生成其余62卦;在自然界说来,是天地生成万物。而着重点不在于乾坤生成62卦或天地生成万物,而在于指明在乾坤生成62卦或天地生成万物的总过程中乾与坤、天与地所起的作用是不同的。“乾知大始,坤作成物”两句已经指明乾或天的作用是始物,坤或地的作用是成物,但是还不够,所以接着说

“乾以易知，坤以简能”。这两句话把乾与坤的个性揭示了出来。易与简是乾与坤的个性。什么是易？易的反面是难，易就是不难。“乾以易知”，“知”字在此可以理解为事情的开头。乾以它有“易”的个性，开始创生万物（诸卦），显得极其容易而不难。乾之所以有“易”的个性，根本的原因在于它有健的性质。因为乾是健，所以它没有主观意识。因为它没有主观意识，所以它在创生万物（诸卦）的时候便没有目的，完全是自然的。什么是简？简的反面是繁，简就是不繁。“坤以简能”，“能”字在此可以理解为做，理解为把事情完成。坤以它有“简”的个性，在实现生成万物（诸卦）的过程中显得极其简单而不繁。坤之所以有“简”的个性，根本的原因在于它有顺乾的性质。因为坤顺乾，乾没有主观意识，坤也没有主观意识，乾没有目的，坤也没有目的。乾已开始了的事情，坤来顺应着完成就是了，并不须另费功夫，这岂不就是简！乾之易，坤之简，合起来看，就是自然的意思，乾与坤创生万物（诸卦）全不必动脑筋，劳气力，自然始物，自然成物。韩康伯注说：“天地之道，不为而善始，不劳而善成，故曰易简。”韩氏之说极得要领，可谓抓住了事情的本质。讲“不为”、“不劳”，与《老子》的天道无为而无不为的观点一致。但是接下来的思想就与《老子》不同了。《老子》讲“人法地，地法天，天法道，道法自然”，把人引进自然状态而不使回归现实。《系辞传》在此解释乾坤之易简，虽然也看见了乾坤有自然无为的特点并且加以肯定，但是它的出发点和归宿不是把人引进自然状态而不知返，它认为人是天地间的主体，它看重人的主观能动作用，所以在谈完乾坤易简之后，还是归结到人和人的事业。人效法乾坤易简，则“易知”，“易从”；“易知”，“易从”，则“有亲”，“有功”；“有亲”，“有功”，则“可久”，“可大”；“可久”则为“贤人之德”，“可大”则为“贤人之业”。这里关键的问题是“易则易知，简则易从”，人类效法乾坤之易简，为的是求得同道者的理解和亲近，服从和共事，从而成就德操和事业。人能如此掌握住易简的实质并且善于应用到事业上，就等于获得了天下之理，也就可以立足于天地之间而与天地参了。

圣人设卦观象系辞焉而明吉凶。刚柔相推而生变化。是故吉凶者失得之象也，悔吝者忧虞之象也。变化者进退之象也，刚柔者昼夜之象也。六爻之动，三极之道也。

自此以下至“是以自天佑之，吉无不利”，为第二章。第二章有两大段文字，这两大段文字是在第一章阐发乾坤两卦在全易形成过程中所起的重大作用的基础上进一步具体说明作成易卦的基本原理的。“圣人设卦观象系辞焉而明吉凶，刚柔相推而生变化”两句是全段的题目，亦即提出问题，下面几句则是解说这个题目的。作易的人是先设卦，即画出了64卦的卦画，如乾卦画为䷀，坤卦画为䷁，屯卦画为䷂，蒙卦画为䷃。其次是观察卦画之中的象。最后又系辞，即在卦与爻的下面系上文字加以说明，让人一看卦下和爻下之辞就可以知道吉凶了。“刚柔相推而生变化”，刚柔即是卦中之阴爻和阳爻，阴阳与刚柔本是一回事。从气的角度看，叫阴阳；从质的角度看，叫刚柔。卦中之爻是可见的，故应当从质的角度看，曰刚柔而不曰阴阳。卦辞与爻辞全称爻曰刚柔而绝不言阴阳者以此。有人以为64卦中无阴阳概念，是由于不了解刚柔即阴阳的缘故。“刚柔相推”，阳爻进至九而退，退而至于八，变为阴，阴爻退至六而进，进而至于七，变为阳。阴爻阳爻如此一进一退，就是“刚柔相推”。“刚柔相推”而生“变化”。易中“变化”二字与今日常语之“变化”一词既相同又不相同。今语之“变化”泛指甲事物变化为乙事物，甲事态变为乙事态。易中“变化”二字虽亦有今语“变化”之义，但是它另有确定的含义，它指刚爻变为柔爻，柔爻变为刚爻的那个变化过程本身而言，亦即指的是刚柔未定的那种状况。“圣人设卦观象系辞焉而明吉凶，刚柔相推而生变化”这两句话，实际上提出了卦爻的四种象；换言之，64卦384爻的象尽管多种多样，然而概括起来不外这四种，即吉凶、悔吝、刚柔、变化。第一句言“而明吉凶”，“悔吝”实亦包含在内。吉凶与悔吝是讲人事的，刚柔与变化是讲卦画的。

“是故吉凶者失得之象也，悔吝者忧虞之象也；变化者进退之象也，刚柔者昼夜之象也”，这四句进一步解释四种象的意义。吉凶不是祸福。《周易》言吉凶不言祸福，言祸福是宿命论的思想表现，《周易》讲人的主观努力，不讲宿命论。吉是事业的成功即所谓得，凶是事业的失败即所谓失。吉凶得失非由前定，全是主观努力与否的结果。《周易》以象表达思想，而象最为难明，所以事有失得则卦以吉凶为象来表达。见卦之吉象便知有得，见卦之凶象便知有失。忧是忧虑，虞是虞度，“忧虞”是踌躇而不决，正是吉凶未定，得失未判的时候。这种状态，用卦之象表达出来，就是悔吝。悔与吝介于吉与凶二者之间，吉凶是两头，悔吝在当中。悔自凶来而趋于吉，吝自吉来而趋于凶。人处忧苦患难之中必悔，悔便有获吉的可能性。人在安乐肆志之时必吝，吝便有致凶的可能性。总之，悔是吉之渐，吝是凶之渐。以上吉凶悔吝讲人事，以下刚柔变化讲卦画。“变化者进退之象也”，“变化”是什么？“变化”是刚变柔和柔变刚的过程。“进退”是什么？进退是刚柔的进退。变化就是卦中刚与柔的进退。柔的本性是退，六已老，不能再退，便进而为七成为刚，这就是退，亦即变。刚的本性是进，九已老，不能再进，便退而为八成为柔，这就是进，亦即化。变化就是刚柔之进退，刚柔之进退，是刚柔未定时的状态。“刚柔者昼夜之象也”，“昼夜”是一种比喻，与“进退”相对应。“进退”是说刚柔正在变化不定中，昼夜则是说刚变柔，柔变刚，已经成为确定的事实，犹如昼夜一般分明。讲变化，表明刚柔正在进退未定；讲刚柔，表明变化已经确定，柔已变为刚，刚已化为柔。刚柔与变化的关系用一日12个时辰中子午与卯酉四个时辰做比喻最为贴切。子是半夜，毫无疑问是夜，是阴是柔，这是确定的。午是日中，毫无疑问是昼，是阳是刚，这也是确定的。所谓“刚柔者昼夜之象也”是也。卯是日出时分，夜、阴、柔，正在向昼、阳、刚变的过程中，是不是昼、阳、刚，还未确定。酉是日落时分，昼、阳、刚正在向夜、阴、柔化的过程中，是不是夜、阴、柔，也未确定。所谓“变化者进退之象也”是也。如此说来，刚柔与变化的关系一似吉凶与悔吝的关系。吉凶是确定的两头，悔吝在中间，是趋向吉或凶的途径。刚柔也是确定的两头，变化在中间，是柔变为刚或刚化为柔的过程。

“六爻之动，三极之道也”。这一句是上文的总结。言六爻刚柔相推，由柔变而为刚，或由刚化而为柔，都是动；六爻无论怎样动，都离不开三极之道。“三极”即卦中天、地、人三才。初与二为地，三与四为人，五与上为天。由此我们知道，《周易》已经将人自身从天地自然中分离出来，把人置于天与地之间，与天地并称为三才。这一思想实有深刻意义。

是故君子所居而安者《易》之序也，所乐而玩者爻之辞也。是故君子居则观其象而玩其辞，动则观其变而玩其占。是以自天佑之，吉无不利。

这一段话讲人们应当怎样学《易》的问题。它指示人们学《易》宜注意做到两点：一是居而安《易》之序，乐而玩爻之辞；一是居则观象而玩辞，动则观变而玩占。前后两个“居”字含义不同，前“居”字不是起居的居，是“居仁由义”的居，总言身之所处；后“居”字是对动而言静，有素常的意思。《易》之序，即64卦之序；序是时序。64卦的排列次序不是偶然的，是有意义的。一卦代表一个时代，一个时代有一个时代的特点。如否卦是天地隔绝，否塞不通的时代，君子处在否的时代，就要俭德辟难，顺时而行，居而安之。“君子所居而安者《易》之序也”一语实际上是说君子学《易》首先应该深刻理解并正确对待一卦之时义，然后是如何对待卦中每一爻的问题。“所乐而玩者爻之辞也”，玩，玩味，玩索，反复思索，寻绎不已。为什么只言爻辞不提卦辞？一则上文“所居而安者《易》之序也”所言其实包括卦辞在内，因为“《易》之序”就是讲卦之序，讲卦之序就是讲卦，讲卦当然不能离开卦辞。二则卦与爻相比，是相对稳定的，因而卦辞比较单纯，易于把握；爻与卦相比是变动不居的，因而爻辞取象往往复杂，意义不是一个，不反复思索玩味，不能真正理解。安于《易》之序，玩爻之辞，这是学《易》应注意的一方面。另一方面还要居则观象玩辞，动则观变玩占。上文已言及玩其爻辞，此又讲玩辞，两言“玩辞”，意义实有不同。上言玩爻辞，重在指明对卦与爻应不同对待，对卦宜安，对爻宜玩。此言玩辞，重在指明如何不同对待象与辞的问题。“居则观其象而玩其辞”，素常无事，不行占卜，即观象而玩辞。象包括卦象爻象，辞包括卦辞爻辞。象与辞看来二事，其实一也，二者都是表达卦爻之义的。王弼说：“言者，明象者也。”又说：“夫象者，出意者也。”象表义，辞表象，象不能自明，须要仔细观察；辞亦多幽隐，务必反复玩索。观象与玩辞全为理会卦爻之义，故二者实相贯通，未可隔阂。平素无事可以观象玩辞，有事须占卜时就要“观其变而玩其占”了。变包括化，变就是变化。变化就是进退，进退就是刚化为柔，柔变为刚的过程。《周易》占变爻即占九和六，不占不变爻即不占七和八。九与六是变爻，九可以变为八，刚化为柔；六可以变为七，柔变为刚。平素“居则观其象而玩其辞”，这是随便观玩什么卦什么爻的象与辞，不必确指，如果要做事，要行动了，就要“动则观其变而玩其占”，即通过六爻刚柔的变化，找出自己应当如何行事的答案，也就是要确定一条卦辞或爻辞作为行动的指南而加以玩索体味。“玩其占”的“占”字，古人常常理解为卦爻辞中的吉凶悔吝，其实不然，“占”指的是通过观变而确定为自己行动指南的那一条卦辞或爻辞。无论那条辞中有没有吉凶悔吝字样出现，都是占。道理很明显，只有这样才说得通，否则的话，遇到没有吉凶悔吝字样的辞该当如何理解！

“是以自天佑之，吉无不利”，此两句带有总结全段的意义。人们占卜的目的是趋吉避凶，因为他能够按照上述两方面的要求办事，在客观条件允许的情况下，尽最大的主观努力，该做的必做，该避免的都避免，结果绝不会不吉不利。古人从卜筮的角度来看，叫做“天佑”，其实全由自致。

彖者言乎象者也，爻者言乎变者也。吉凶者言乎其失得也，悔吝者言乎其小疵也，无咎者善补过也。

自此至“各指其所之”，为第三章。第三章继续讲卦讲爻，讲吉凶讲悔吝。“彖者言乎象者也，爻者言乎变者也”，“彖”是彖辞，彖辞即卦辞。卦辞断一卦之象，是一卦的总说明。“爻”是爻辞，爻辞说明一爻之象。一卦反映一个时代，一个时代的特点由一卦的卦象来表达，一卦的卦象由一卦的卦辞来说明。一爻反映一个时代中的一个发展阶段，一卦六爻反映六个发展阶段。一个发展阶段的特点由一爻的爻象来表达，一爻的爻象由一爻的爻辞来说明。王弼说：“卦者时也，爻者适时之变者也。”把卦与爻的区别讲得很清楚，卦重在表现时代，爻重在表现一个时代内各个阶段的变化。就一卦内部说，卦相对地稳定不变，而爻是变的。但是就全易64卦说，64卦是一个更大的发展过程，每一个卦都是这个大的发展过程中的一个环节，所以卦也是言变的。卦有象，爻也有象。应当说，爻也是言象的，如此说来，可以把“卦者言乎象”的“象”与“爻者言乎变”的“变”看成是互文。不过这里是就一卦说，所以在卦强调象，在爻强调变。我们还应当知道，象里包含着变，变也是一种象。

“吉凶者言乎其失得也，悔吝者言乎其小疵也，无咎者善补过也”。这几句话意在指示玩辞的方法，告诉人们在玩辞时如何掌握吉凶悔吝无咎这些卦爻辞的通例。吉凶悔吝无咎，从根本上说不外乎失得两个方面，只是程度不同罢了。吉凶是大得大失。悔吝是小疵，小疵即小问题，小毛病；小疵毕竟是小过，小的失误。悔，是悔改的意思，悔改向善是好事，为什么说是小疵？因为它之所以悔改，是由于它有过错，有过错而知向好的方面纠正故曰小疵。有过错而知改，可以渐至于无咎，故无咎好于悔。无咎实在本有咎，由于善补过而至于无咎。无咎与悔紧相连，卦辞不言悔而言无咎，无咎包含有悔义，言无咎则其悔可知。《周易》中有言“又谁咎”的，有言“不可咎”的。前者意谓咎实自取，后果由它自己承担，别人无须过咎它也不替它负责；后者是说过错乃由于才智不足造成，可以谅解，虽有咎却不必过咎。吝与凶相连结。吝，当悔而不悔，发展下去必至于凶而眼下尚未至于凶，故曰小疵。卦辞言凶而不言吝，吝者小疵不足言。

是故列贵贱者存乎位。齐小大者存乎卦。辩吉凶者存乎辞。忧悔吝者存乎介。震无咎者存乎悔。是故卦有小大，辞有险易，辞也者，各指其所之。

《周易》是讲究贵贱的。"列贵贱者存乎位"，贵贱的区分从"位"上表现出来。"位"是六爻之位，六爻自下而上，在上者贵，在下者贱。具体地说，爻位的问题很复杂，除上贵下贱的一般性原则外，刚柔往来，上下内外，得位失位，应与不应等等都可以表现出贵贱来。"齐小大者存乎卦"，这句话的要害是"小大"。小大指什么而言？古人说法不一。韩康伯注说"其道光明曰大，君子道消曰小"，以为在《周易》里君子之道君子之德曰大，小人之道小人之德曰小，是正确可从的。齐，韩注："犹言辩也"。"齐小大"，分辩小大，分辩君子之道与小人之道。"齐小大者存乎卦"，区分小大，区分君子之道与小人之道，要从卦里面看。卦亦即卦辞，卦辞通过阴阳来表达小大的不同。一般说，阴之道代表小人，阳之道代表君子。"辩吉凶者存乎辞"，这个辞是爻辞。上文说"齐小大"的问题是从卦辞看，这里说"辩吉凶"的问题是从爻辞看。吉凶的问题比贵贱小大为复杂，贵有吉贱亦有吉，小有凶大也有凶，不通过爻辞，则吉凶不能辩别清楚。"忧悔吝者存乎介"，悔吝处在吉凶之间，小于吉凶而将变为吉凶。要想让事情最终不发展到凶的地步，必须早在"介"的状态时就发现问题，解决问题。即所谓"存乎介"。介，纤介，细微。悔吝是吉凶的细微，此处说的"介"又是悔吝的细微，在悔吝还处在萌动的时候，就察于几微，忧虑预防，使不至于悔吝。"震无咎者存乎悔"，震，震惧。震惧而得无咎，是由于能知悔。无咎本是有咎，欲使有咎变为无咎，唯一的办法是知悔，知悔则可无咎，知悔即追悔前失而不惮改。"是故卦有大小，辞有险易。辞也者，各指其所之"，卦之小大可从君子小人的角度划分，也可从阴阳的角度划分，二者是一致的。其实凡是好的卦，反映君子之道的卦，以阳为主的卦，如泰如复如大有，就是大；凡是不好的卦，反映小人之道，以阴为主的卦，如剥如否如困，就是小。"辞有险易"的辞包括卦辞和爻辞。卦辞与爻辞明白浅显易晓的叫易，奇奥艰深难懂的叫险。一般说，卦大辞易，卦小辞险。如复六二"休复吉"辞就平易明白，困上六"困于葛藟，于臲卼"辞就艰险难晓。不过，无论卦大卦小，辞易辞险，都是既告诫慰勉君子亦儆劝安抚小人。

“辞也者，各指其所之”，“所之”实际上是趋与避两方面；辞险辞易，“各指其所之”，就是说，易的辞“之”之于常，即告人趋吉，险的辞“之”之于变，即告人避凶。避凶，归根结底还是指示人们归于吉。既然卦有小大之分，那么君子观卦之象，所居就不可同；既然辞有险易之别，那么君子玩卦爻之辞，所乐也就不可一样。

《易》与天地准，故能弥纶天地之道。仰以观于天文，俯以察于地理，是故知幽明之故。

自此以下至“故神无方而《易》无体”为第四章。这一章从宏观的角度论述《周易》这部伟大著作的思想广度和深度以及哲学意义。“《易》与天地准”，准字朱熹释作齐，那么“《易》与天地准”的意思就是《周易》这部书与天地一齐。换言之，《周易》这部书是依照天地的法则作成，是天地的摹本，“故能弥纶天地之道”。“仰以观于天文，俯以察于地理，是故知幽明之故”。“以”是什么？“以”是用。用什么？用《易》。因为《易》“弥纶天地之道”。古人所谓“天文”指日月星辰，所谓“地理”指山川原隰。由于日月星辰的运行而生阴晴寒暑，由于山川原隰的养育而有飞潜动植。幽是幽隐，意谓看不见。明是明显，意谓看得见。幽明总的是指万物在生成变化中所表现出的两种情况。“故”是原因。“知幽明之故”，是说知道万物在生成变化中表现出的两种情况，其根本原因在于天地两大资始、资生所发生的变化。

原始反终，故知死生之说。精气为物，游魂为变，是故知鬼神之情状。

“原始反终”据《经典释文》说有的本子作“原始及终”，作“原始及终”可能是对的，从道理上说得通，从字形相近容易错讹上也说得通。事物有始则有终，人有生必有死。人有生与死与事物有始与终，道理是一样的。推原出“始”为何物，也就“及终”，知道“终”为何物了。同样道理，知生则知死，推原出“生”为何物，即知死为何物。故《论语》记孔子说：“未知生，焉知死。”事有始终，人有生死，这个问题孔子看得极明白，对待也极理智。“故知死生之说”，生亦愉悦，死亦愉悦，既乐生又不畏死。孔子虽知死生之说，但与道家主张的齐生死、泯生死、轻生死、任生死却根本不同，孔子在人生观上是积极进取的现实主义者，对死看得宽，对生看得更重，所以他说：“朝闻道夕死可矣”。“精气为物”，言物之成形成体，是可见的，也就是物之聚。“游魂为变”，言物之有变有化，是不可见的，也就是物之散。天地之间之万物处在永远不停息的聚散存亡的运动变化之中。这运动变化是人难以把握难以测知的，故《易》称之为鬼神。依常人的观点，鬼神没有情状，而《易》以为鬼神有情状，因为《易》所说的鬼神没有什么神秘，不过是天地间万事万物的聚散存亡的过程而已，亦即古人所谓的造化之迹，阴阳二气之良能。以上言幽明，言死生，言鬼神，都是唯物论的命题；幽明、死生、鬼神，是包括人的生命过程在内的万事万物自然变化的现象，而《易》正是反映并说明这些现象的。

与天地相似，故不违。知周乎万物而道济天下，故不过。旁行而不流，乐天知命，故不忧。安土敦乎仁，故能爱。

“与天地相似，故不违”，此与上文“《易》与天地准”义同。《易》是天地的摹本，天地是什么样子，《易》就是什么样子，所以《易》与天地不违。不违亦即相似相同。《易》与天地合其德，合其明，合其吉凶。宇宙间有天地，《易》则有乾坤；天地生万物，乾坤则生 64 卦；天地有幽明、死生、鬼神，《易》则也有幽明、死生、鬼神。《易》的发展变化反映天地的发展变化。孔子认为，天地是自然的，《易》也是自然的。天地没有人为，《易》也没有人为。“知周乎万物而道济天下，故不过”，天地仿佛有“智慧”，它的“智慧”遍及于万物，它的规律含在天下一切事物之中，没有丝毫的遗漏和差忒；《易》与天地完全一样，《易》的智慧普遍存在于 64 卦之中而又普遍反映自然界万事万物的问题。《易》之道普遍反映着万事万物的规律，能够解决全天下的所有问题。可以说，天下的一切事物，一切问题都在《易》的作用范围之内。对于造化来说，它全面、周到，一切事物都逃不过它的作用，绝对没有遗漏和差忒，对于《易》来说也一样，《易》也全面、周到，包容广大，作用完备，不存在过或不及的问题。“旁行而不流”，“旁行”是普遍的意思，“流”有的本子作“留”，“不流”其实与“不违”、“不过”义近似。“旁行而不流”这句话是前一句“知周乎万物而道济天下”的加强。“乐天知命，故不忧”，这句话的主语应当是《易》，同时也是学《易》的人。总的意思是回答知的问题，与下一句“安土敦乎仁”回答仁的问题相对照。《易》的知是深刻的，高层次的，已达到“乐天知命而不忧”的程度。天是自然界，“乐天”就是顺应自然。命是不以人的意志为转移的客观规律。“知命”就是承认并顺应客观的规律。孟子讲的“莫之为而为者天也，莫之致而至者命也”,也以天为自然,以命为规律,与《易》的思想完全相合。它们理解的天与命,都是自然而然,不为而为,没有意志,不是主宰。总之,都不是人格化的上帝和上帝的旨意。《易》中没有上帝的位置。《易》的思想与作《易大传》的孔子的思想一致。孔子的思想可能受《易》的影响很大,而《易》的思想也由于孔子的《易大传》而得到阐发。孔子曾讲“五十而知天命”,“五十以学《易》,可以无大过矣”,与此处“乐天知命”的意义实为相通,因为认识天地自然及其规律是不易的,所以须至五十岁方能知晓,又因为《易》是讲天地自然乃至人事及其规律的,所以学《易》可以不犯大错误。倘《易》讲的天命是上帝及其旨意,何须五十乃知!有上帝保佑,又何须学《易》方可无咎!《易》中“天命”一词的含义无疑是客观规律,是必然性。《易》把自然与社会,天与人,主体与客体放在一起加以考察。世界是什么样,《易》也是什么样,所以“不违”,“不过”,“不流”。世界在生生不息地运动变化,《易》也在生生不息地运动变化。一切的自然和社会的规律都蕴藏在《易》之中,所以《易》是“乐天知命,故不忧”,学《易》的人也是“乐天知命故不忧”。“乐天知命,故不忧”表现《易》的理智、理性的一面,下句“安土敦乎仁,故能爱”表现《易》的情感、人性的一面。这一点与《老子》根本不同。《老子》说“天地不仁以万物为刍狗”,《易》则讲智也讲仁,在《易》之中,仁无所不在。《易》中有仁,故能道济天下;学《易》的人安土敦仁,故能爱人济物。

范围天地之化而不过,曲成万物而不遗,通乎昼夜之道而知,故神无方而《易》无体。

整个这第四章实际上都是通过阴阳这一对概念论述《易》的哲学意义。这一段文字更是明显地讲阴阳,《庄子·天下》“易以道阴阳”一语的正确性在此得到证明。《易》中所谓神,所谓道,所谓易,名虽不同,其实一物,都是阴阳。语其阴阳不测则谓神,语其一阴一阳则谓道,语其阴阳生生则谓易。这里讲的“天地之化”,实是阴阳之气,这里讲的万物实是阴阳之体,这里讲的昼夜实是阴阳之理。范围,该括,制约。不过实亦无不及,即是中,即易与天地之化的一致。此自大处说,若自微观处讲,它又能委曲成就万殊不同的事物而无有遗漏。“通乎昼夜之道而知”,这一句话古人以为最难理解,其实昼夜之道即阴阳之道。世间万事万物莫不有阴阳两面。阴阳两面也可以说成是幽明两面或昼夜两面。引申开来则为刚柔、死生、动静、大小、阔狭、长短、方圆以及人事之盛衰、治乱、进退、存亡、失得，都是阴阳，也都是昼夜。“神无方”，神之所以无方，是因为神是阴阳不测，忽然为阴又忽然为阳；方是四方上下，神或在此又或在彼，全无一定，故云“神无方”。“易无体”，易当然无体，因为易是阴阳生生不息，或自阴而阳，或自阳而阴，永远处在变动不居之中，毫无确定之形体，犹如为春又为夏，为秋又为冬，交错更代，没有办法说它究竟是什么，所以说它是“易”。易的特点是无体。程颐说“易，变易也，随时变易以从道也”，是说得对的。“通乎昼夜之道而知”，神才能无方，易才能无体。通乎昼夜之道就是通乎阴阳之道。所谓“通”，是兼通阴阳昼夜两面，假使通阴不通阳，通昼不通夜，通生不通死，通明不通幽，便是不知，便是神有定方，易有定体了。

一阴一阳之谓道。继之者善也，成之者性也。仁者见之谓之仁，知者见之谓之知，百姓日用而不知，故君子之道鲜矣。

自此至“阴阳不测之谓神”为第五章。这一章重点在解释道的意义。“一阴一阳之谓道”，说“一阴一阳”与说“阴阳”不同。说“阴阳”，指的是气，气是形而下的，实在可见的。古人认为万物莫非气，气总是分为阴阳两面，如昼夜、寒暑、阴晴、动静、屈伸、语默、上下、前后、左右、盈亏、隐显以及君子与小人等等都是一个事物的阴阳两个方面。阴阳两个方面总是两相为用而不能相无。这其实就是关于事物对立统一的观念，不过用“阴阳”这一古老的概念表达罢了。说“一阴一阳”，指的是气之流动的那个规律，它是形而上的，虚无不可见的。只说“阴阳”，不是道，说“一阴一阳”才是道。说“阴阳”，不过是说事物总是分为阴阳两方面，没有说事物的运动发展变化，而说“一阴一阳”，则是说事物总是处在运动发展变化的状态中，而事物的运动发展变化必按照一定的规律进行，“一阴一阳”就是这规律。“一阴一阳”，阴转为阳，阳转为阴；阴又转为阳，阳又转为阴。阴阳交迭着运动，事物才向前发展。犹如行路，非左足右足交错前进不可，又如时间的流逝，总是表现为昼与夜，午前与午后，春夏与秋冬。如果走路左足动右足不动，时间有昼无夜，那么人便不能动，时间也将停止。可见“一阴一阳”是气的流动。戴震说“道者行也，气化流行，生生不已也”，是说得很恰当的。“继之者善也”，继，继续不断。一阴一阳之道，继续不断，生生不已，没有尽头，这就是善。善是“元者善之长”的善。依戴震《原善》的说法，善包括仁、礼、义三方面。生生不已是仁，生生而有条理是礼，有条理而截然不可乱是义。气化流行，生生不已的道处在一种完美无缺的理想状态，就是善。“成之者性也”，气化流行，生生不已的善一旦落实而成为某一具体事物时，便是性。《大戴礼记·本命》说“分于道谓之命，形于一谓之性”。这是对“继之者善”与“成之者性”二者关系的极好说明。“仁者见之谓之仁，知者见之谓之知”，是因为一阴一阳之谓道，这道只有一个，存在于天地及天地之间万事万物之中，它无处不在，也无所不包，但是人们对于它或者认识不全面或者全不认识。道有一阴一阳两方面，“继之者善也”谓化育之功，是阳之事，“成之者性也”谓生物之事，是阴之事，阴与阳相对应，阴是知，阳是仁。人们看见道之一面就以为是道的全体了，看见阳一面的人以为道就是仁，看见阴一面的人以为道就是知。说道是仁是知都不全面，只有仁知合观，阴阳兼体，才能把握道的全貌。至于寻常百姓，则天天与道打交道却根本不知道道为何物。他们习焉而不察，行之而不著，所以“日用而不知”。“故君子之道鲜矣”，君子是仁知具全的人，君子之道是仁知具全的道，亦即一阴一阳之道，由于人们或者见仁见知，或者仁知均不见，这君子之道很少被人真正认识。“君子之道鲜”，说的是人对于道鲜有全面的正确的认识，并非说“一阴一阳之谓道”的自然之道少。自然之道永远存在，无所不在，是无所谓多与少的。

显诸仁，藏诸用。鼓万物而不与圣人同忧。

这段话古人的解释众说纷纭，莫衷一是。其实这段话讲的是《易》的效用。显指《易》的应用，藏是《易》的不用。当人们应用蓍草行筮的时候，《易》的“仁”就显现出来了，它指导人们的行动，告之以吉凶悔吝无咎，让人们努力趋吉避凶，这就是“显诸仁”。当人们不用它的时候，它便藏到筮与卦里面去了，这就是“藏诸用”。朱熹曾经用一个形象的比喻说明“显诸仁，藏诸用”的含义。他说，比如一棵树，一条根生出许多枝叶花果，这是“显诸仁”；及至结实，一个核长成一棵种子，这是“藏诸用”。这个比喻对于理解“显诸仁，藏诸用”二语颇有启发意义。鼓是动词，“鼓万物”，《易》的 64 卦应用起来，可以解决人们遇到的任何问题，然而《易》没有思想没有意识，无思无为，它与同样能够解决人们问题，指导人们行动的圣人不同，圣人无论怎样聪明睿知，毕竟是有思有为的人，它能忧天下，为天下劳神焦思，而《易》不能。然而这并不能说明《易》之有功于天下小于圣人。

盛德大业至矣哉，富有之谓大业，日新之谓盛德。生生之谓易，成象之谓乾，效法之谓坤，极数知来之谓占，通变之谓事，阴阳不测之谓神。

《易》之有功于天下并不比“圣人”为小，所以说“盛德大业至矣哉”！盛德与大业是赞叹上文的“显诸仁，藏诸用”的。盛德言“显诸仁”，大业言“藏诸用”。自以富有之谓大业”以下，是对《易》常用的八个概念所作的简明精确的解释。“富有之谓大业”，大业是什么？大业的特点是“富有”。“富有”是大而无外，无所不包的意思，此乃就空间说，谓《易》包容宇宙天地万物。“日新之谓盛德”，盛德是什么？盛德的特点是“日新”。“日新”是久而无穷，变通不止的意思，此乃就时间说，谓《易》包括宇宙天地万物的变化发展。总之，《易》是广大悉备的，整个宇宙都在它的涵盖之内，它穷则变，变则通，通则久，所以永远无穷。《易》无思无为，不与“圣人”同忧，但是在有盛德与大业这一点上却与“圣人”同。“生生之谓易”，进一步说到易的性质上来。这个“易”首先是说客观世界存在的那个“易”，而不是《易》书。这个“易”是什么？“生生”就叫“易”。“易”是讲阴阳的，阴阳并不神秘，阴阳就是事物自身的对立统一的两个方面，通俗的叫法是一分为二。“易”讲阴阳，但阴阳并不就是“易”，阴阳生生才是“易”。阴阳生生，即阳生阴，阴生阳，阳又生阴，阴又生阳，生生无穷，无有止息。“生”字在这里也是转换的意思。“大极生两仪，两仪生四象，四象生八卦”正是“生生”的内容。易卦就是这样阴阳生生而形成的。先是画一个阳，一个阴；又各与一个阳和一个阴重合，就生成四象；四象的每一象又与一个阳和一个阴重合，便生成八卦；八卦的每一卦分别与八卦重合，最后生成 64 卦。易是自然界的摹本，是阴阳两仪生生不息的过程，自然界也是阴阳二气生生不息的过程。“生生之谓易”，孔子给易下的这个定义，再明确一点说，易就是变化。孔颖达说“易者变化之总号，改换之殊称”和程颐说“易，变易也，随时变易以从道也”，都是不可移易的定诂。“成象之谓乾，效法之谓坤”，这是解释乾与坤两个概念，乾与坤两个概念在易中至关重要，所以《系辞传》开始就讲“在天成象，在地成形，变化见矣”，“乾道成男，坤道成女”，后面又讲“乾坤毁则无以见易”，“易不可见，则乾坤或几乎息矣”。乾与坤在这里指的既是 64 卦为首的乾坤二卦本身，也是其余 62 卦由之生成的乾坤，即“乾坤其易之门邪”的乾坤。这后一种意义的乾坤也就是阴阳两仪。乾象天天为阳，坤象地地为阴，乾天坤地，是古人心目中最大的阴阳两仪。问题是“成象之谓乾”的“成象”与“效法之谓坤”的“效法”该如何理解。首先我们知道“成象”与“效法”是两种不同的作用，而且可以说二者是一个过程的两个阶段，两个阶段中又是先乾后坤，先天后地，先阳后阴，“成象”在先，“效法”在后。其次我们还知道，凡属阳的东西，只是有个“象”而已，模模糊糊，轮廓并不甚清楚，最后必须有阴来起作用。阴的作用是“效法”，“效法”的讲法古人有不少，其实根据《系辞传》的另外一句“在天成象，在地成形”，“效法”亦即“成形”。“成形”也就是依照阳已确立的简略粗糙的轮廓，加细加详，使之具有一定的可见形状。还是前文说过的老话，乾（即阳）是始物的，所谓“万物资始”；坤（即阴）是成物的，所谓“万物资生”。“极数知来之谓占”，占即筮。根据《系辞传》下边所记的筮法，天数五，合而为 20 有 5，地数五，合而为 30，极天地之数合为 50 有 5。50 有 5 其用 40 有 9，经过三次进行分二、挂一、揲四、归奇等四个步骤，得出或七或八或九或六，得七、九画阳爻，得六、八画阴爻。如此反复六次便成一卦。得出一卦，就可以知道未来应该如何努力争取避凶趋吉，求得事业的成功。这就是“极数知来”，也就是占。“通变之谓事”，讲的是人揲蓍求卦的问题，占是易之占，事是人之事。“阴阳不测之谓神”，这一句我们可以与上文提到的“一阴一阳之谓道”和“生生之谓易”两句对照起来看。三句话讲出三个概念的定义。三个概念即易、道、神，其实是一个事物的三面观。这一个事物就是阴阳，如果阴阳在那里不动不变，那么它只能叫做气。气动起来变起来，名称就不同了。促使时而阴时而阳，阴阳交替变动的那个东西叫做道；阴生阳，阳生阴，阴阳生生不已，叫做易。阴阳不测叫做神。什么叫不测？张载说：“两在故不测。”在揲蓍求卦的过程中，得七得八，得九得六，无法预测。为什么无法预测？因为占的结果是阴是阳两种可能性都存在。64 卦 384 爻，刚柔迭用，上下无常，周流六虚，它无处不在。易的万千变化全由阴阳不测造成。

夫《易》广矣大矣。以言乎远则不御，以言乎迩则静而正，以言乎天地之间则备矣。

自此至“易简之善配至德”为第六章。此章讲《易》书内涵广大与天地相似。

“夫易广矣大矣”，极赞《易》道之广大。广指坤言，大指乾言。“以言乎远则不御”，往远处说，它弥纶天地，有形无形它都能进入，没有什么东西能够抵制它。“以言乎迩则静而正”，往近处说，《易》之道触处皆见，虽然至小至近至卑至陋之事之物，不待安排措置，都有它的存在。“以言乎天地之间则备矣”，从整个宇宙说，或天或地，或道或事，或人或物，都该括在《易》理之中，《易》可谓无所不包，无所不备。又广又大又备，此亦即前文所说的“富有之谓大业”之“富有”。

夫乾其静也专，其动也直，是以大生焉。夫坤其静也翕，其动也辟，是以广生焉。

因为乾坤是易之门，易之蕴，所以易的特点与乾坤二卦有密切的关系。易之大是从乾那里产生的，易之广是从坤那里产生的，或者说，易之大表现在乾上，易之广表现在坤上，乾之大与坤之广表现在它们动与静的不同上。乾主动，但也有静；坤主静，但也有动。从它们的静态可以看出它们的体之不同，从它们的动态可以看出它们的相互依赖的关系。乾的静是“专”的。因为乾实而一，所以“专”。乾的动是“直”的。因为乾是自然而然地自己在动，动起来直遂无前，全无窒碍，所以“直”。乾静专动直，就它所形成的质说，它是无所不包的，所以说它大。坤的静是翕。因为坤虚而二，像一个东西的两半，两半合起来就是翕，所以坤之静翕。坤的动是辟。因为两个一半合起来为翕，那么两个一半张开就是动。坤的静与动，表现在它的合与开上。坤静翕动辟，就它所容纳的量说，它是无比宽阔的，所以说它广。总之，乾坤的广大就是易的广大，易的广大生自乾坤的广大。

广大配天地，变通配四时，阴阳之义配日月，易简之善配至德。

上边几句讲易之广大是就虚处说，这里几句讲易的广大是就实处说，讲的比较具体。配，相似，相当。易之广大与天地相似。易包括乾与坤两个方面，乾是实而且主动，代表易的大；坤是虚而且主静，度量广阔，容得万物，代表易的广。易的广大与天地相似相当。易之变通如老阳变阴，老阴变阳，往来变化，与四时相似。易之阴阳变化与日月相推相似。易之道是一阴一阳地变化，正像日升为昼，月出为夜，日月昼夜交替不断一样。以上三句以易与自然相比。“易简之善配至德”，这一句是以易与人相比。“易简”是易的“至德”，是易之最为抽象，层次最高的特点。“易简”的“易”是易而不难，属于乾；“易简”的“简”是简而不繁，属于坤。“易简”从根本上说乃不为而为，自然而然，本来如此，并无造作的意思。易之“易简”与世间圣人的至德相似相当。圣人的至德，依儒家的主张，是中庸。中庸的实质是无过无不及，做事依时而行，恰到好处，是极难能的修养。欲明白易之易简，观看圣人的至德就是了。

子曰，《易》其至矣乎！夫《易》，圣人所以崇德而广业也。知崇礼卑，崇效天，卑法地。天地设位而《易》行乎其中矣。成性存存，道义之门。

这一段是第七章。此章讲圣人应如何学《易》以致用的问题。子，孔子。我们说《易大传》是孔子作，意谓《易大传》的思想属于孔子，不是说全是孔子亲笔写出。古人的所谓"作"与今日不同，今日说某书某氏作，其书必为某氏亲笔写就，古人所谓"作"则往往不必如此。《易大传》的情况尤为复杂，其间有的出自孔子手笔，有的是孔子生时言论，弟子追记，有的则可能是孔子采取前人之成说。此处言"子曰"，显然属于第二种情况。"《易》其至矣乎"，是孔子对《易》书的赞叹，句式与《中庸》所记的孔子的另一句话"中庸其至矣乎"同。意谓高至于极点，无以复加的程度。"夫《易》，圣人所以崇德而广业也"，《易》有什么价值呢？《易》是圣人用来"崇德而广业"的。"崇德"，崇高其德，是从加强人的修养方面说。"广业"，广大其业，是从成就事功方面说。"圣人"指品德至高的圣明君王，是孔子理想中的最高统治者。孔子强调圣人应从德与业两方面学《易》用《易》，或者说，《易》从德与业两方面给圣人以指导。作为最高的统治者说来，最为重要的问题其实也就是道德与事业两方面。而《易》恰好能够回答这两方面的问题。以下言"知崇礼卑"，是讲知与行的问题。知与德相关，行与业相关，又与礼相关。"知崇礼卑"，知是讲识见的问题，所以越高明越好；礼是讲行的问题，所以越谦虚退让越好。知越高越好，所以圣人获取知识或者说在明智这一点上要像天那样超迈高明，故云"崇效天"。礼越卑越好，所以圣人在行为和事业上要像地那样谦虚退让，故云"卑法地"。《易》中乾象天，坤象地，所谓效天法地，岂不就是效法乾坤，效法乾坤岂不就是效法《易》，接受《易》的指导！"天地设位而《易》行乎其中矣"，这是说"天尊地卑，乾坤定矣"，《周易》的根本问题是乾尊坤卑，乾坤的位置一旦确立，接着便产生其余 62 卦。"《易》行乎其中"与后边要讲到的"乾坤其《易》之缊邪，乾坤成列，而《易》立乎其中矣"含义相同。这句话的用意在于总结上文，指明圣人崇德应崇知，崇知则效天，广业须礼卑，礼卑则法地。效天法地不是别的，恰是学《易》并用《易》，因为《易》是讲天尊地卑的。"成性存存，道义之门”。“成性”与第五章“成之者性也”一句语意相近却又不同。“成之者性也”，是接前句“继之者善也”而来，此“成性”是接前句“天地设位而易行乎其中矣”而来，意谓经常用《易》以崇德广业，结果使它变成本性。“存存”，存之又存，唯恐失之。如能“成性存存”，就是“道义之门”，也就是道义所从出。全段大意谓人若能像天与地那样做到“知崇礼卑”，便能“成性存存”而为“道义之门”。

圣人有以见天下之赜，而拟诸其形容，象其物宜，是故谓之象。圣人有以见天下之动，而观其会通，以行其典礼，系辞焉以断其吉凶，是故谓之爻。

自此以下至“盗之招也”为第八章。此章讲作《易》者如何建立卦爻之象和如何系爻辞的问题。这一段话前半截讲卦爻之象如何立，后半截讲爻辞如何系。《易》中之象不外乎三类，一为卦画即象阳之奇画与象阴之偶画；二为8经卦之象如天地风雷水火山泽之类；三是64别卦因事因理随时自取之象，如“牝马之贞”，“白马翰如”，“载鬼一车”等等。赜，幽深。拟，模拟。作《易》者看见天下万事万物中深深隐藏着各种各样的道理，想要分门别类地表达出来，用奇画与偶画表达事物的阴阳对立两大方面，用天地风雷水火山泽等表达事物不相同的八种性质，用“乾元亨利贞”，“未济亨，小狐汔济，濡其尾”等表达64种不同的时代，用“潜龙勿用”、“白马翰如”、“东邻杀牛不如西邻之禴祭”等表达64卦中爻384的变化。象具有抽象性与灵活性。一个象可以代表许多同类的事与理，用时任你自己依据情况去体会，如果用言语直说，则只能将事与理说死，将事与理说死说定的书是《书》，是《礼》，绝不是《易》。《诗》也用象，如《诗》之比与兴即是象，但《诗》的象是具体的，确定的，一象只说一事一理，《易》之象则一象可反映多事多义。作《易》者如何立卦之象与爻之象呢？就是“拟诸其形容”，也就是模拟各类事物的不同形容，并“象其物宜”，使卦之象或爻之象，能做到恰如其分。例如乾卦，作《易》者取天之象来象乾，乾是健，天也是健，用天象乾，十分贴切适宜。乾卦六爻表示乾健的发展变化，这时还取天为爻象就不适宜了，所以乾六爻取龙象，龙是健而多变的，用以反映乾健的变化，最适合。因为卦是拟诸物之形容并象其物宜的，所以称之为象。“圣人有以见天下之动”及其以下数句是讲爻辞的，其中“会通”，“典礼”二词最是关键。什么是爻？爻与卦比较，意义有所不同，卦之义相对稳定，而“爻也者，效天下之动者也”，爻是反映天下事物的运动、变化的，事物的动态最难把握，所以爻辞不易拟定。作《易》的人首先观察天下事物的运动变化，然后重点观察运动变化的“会通”。“会通”是什么？“会”是会聚，一爻是一个变化的“点”，这个“点”可能有许多个意义会聚在一起，显得曲直错杂难以分辨。这就需要“通”，“通”即通达，从曲直错杂的诸多意义中选择一个最恰当，最能代表这一变化“点”的特征的意义作为这一爻的辞。举例说，如屯初九这一爻至少会聚了三种意义，第一，在卦之下，未可以进，此有屯之义；第二，乾坤在此始交而遇险陷，亦有屯之义；第三，似草穿地而未伸，亦有屯之义。诸义会聚于此，怎么办？这就要寻找一个合理的，行得通的义出来。找出这样一个义来就通了。“磐桓利居贞，利建侯”正是这样的一义。它既反映上述三点屯初的意义，又指出了人的行动方向。“以行其典礼”，典有常义，礼在此指行为、行动，“典礼”就是行为的准则规范。拟定一爻之爻辞，除“见天下之动以观其会通”以外，还要表现于行动，使之符合行为规范。“系辞焉以断其吉凶”，根据上述办法，加上文字说明，以判断吉凶。“是故谓之爻”，因此叫做爻。

言天下之至赜而不可恶也，言天下之至动而不可乱也。

前一句是讲卦。《易》中之卦能说明天下事物最为奥秘的道理，而不应以否定的态度去看它。后一句是讲爻。《易》中所拟定的爻辞能表达天下事物最纷繁的运动形态，而不应把它看成是乱糟糟的。

拟之而后言，议之而后动，拟议以成其变化。

这是对学《易》者说的。学《易》者也应如作《易》者之于象，拟之而后言；也应如作《易》者之于爻，议之而后动。用拟议把握事物的变化，亦即谨言慎行，掌握时变，力求在任何情况下都能争取到尽可能好的结果。

鸣鹤在阴，其子和之。我有好爵，吾与尔靡之。子曰，君子居其室，出其言善，则千里之外应之，况其迩者乎？居其室，出其言不善，则千里之外违之，况其迩者乎？言出乎身，加乎民，行发乎迩，见乎远。言行，君子之枢机，枢机之发，荣辱之主也。言行，君子之所以动天地也，可不慎乎？同人先号咷而后笑。子曰，君子之道，或出或处，或默或语，二人同心，其利断金，同心之言，其臭如兰。

自此以下随意举出七卦中的爻辞，计七条，它是孔子举例以说明拟之而后言，议之而后动的深远意义的。“鸣鹤在阴，其子和之”是中孚九二爻辞，它本是说诚信可以感通的，孔子却从中看出谨言慎行的道理来。“同人先号咷而后笑”是同人九五爻辞，它并未提及出处语默的问题，孔子经过拟议，从中见到君子之交开始好像不同，而后竟亲密无间，其利可以断金，其臭有如兰香。出处语默是“先号咷而后笑”应有之义。“断金”、“如兰”是“大师克相遇”应有之义。

初六藉用白茅，无咎。子曰，苟错诸地而可矣，藉之用茅，何咎之有？慎之至也。夫茅之为物薄，而用可重也。慎斯术也以往，其无所失矣。劳谦，君子有终，吉。子曰，劳而不伐，有功而不德，厚之至也。语以其功下人者也。德言盛，礼言恭。谦也者，致恭以存其位者也。亢龙有悔。子曰，贵而无位，高而无民，贤人在下位而无辅，是以动而有悔也。不出户庭，无咎。子曰，乱之所生也，则言语以为阶。君不密则失臣，臣不密则失身，几事不密则害成，是以君子慎密而不出也。子曰，作《易》者其知盗乎？《易》曰，负且乘，致寇至。负也者，小人之事也。乘也者，君子之器也。小人而乘君子之器，盗思夺之矣。上慢下暴，盗思伐之矣。慢藏诲盗，冶容诲淫。《易》曰，“负且乘，致寇至”，盗之招也。

以上五条所述，其意义与上文“鸣鹤在阴”及“同人先号咷而后笑”相同。“藉用白茅无咎”是大过初六爻辞，孔子读此爻而了解到，做事至慎可以一无所失。“劳谦君子有终吉”是谦九三爻辞，孔子读此爻而了解到，致恭以存其位。“亢龙有悔”是乾上九爻辞，孔子读此爻而了解到，贵而无位，高而无民，贤人在下位而无辅，所以动而有悔。“不出户庭无咎”是节初九爻辞，孔子读此爻而了解到，言语不可以不慎密。“负且乘，致寇至”是解九三爻辞，孔子读此爻而了解到，乘非所当乘则招盗。

天一，地二，天三，地四，天五，地六，天七，地八，天九，地十。天数五，地数五，五位相得而各有合。天数二十有五，地数三十，凡天地之数五十有五。此所以成变化而行鬼神也。

自此至“其知神之所为乎”为第九章。此章讲筮法。筮法很重要，是《周易》的一项重要内容，从哲学的意义上说，它的重要性至少不亚于卦。古代不止一种筮法，《周礼·春官·筮人》提到古有九筮。可惜后来九筮大多数失传了，现在我们能见到的筮法只有保存在《系辞传》中的这一种。

这一点我们要感谢孔子，不是他写进《易大传》里，我们就连这一种筮法也无法看到了。

“天一，地二……天九，地十”这段话是什么意思，天地是什么意思，注疏没讲清楚，很多书都没讲清楚，朱熹《周易本义》用河图、洛书解释，是不对的。其实天地并不神秘，天地就是阴阳。“天一地二”等等也就是把自然数划分为两类，单数叫天数也叫阳数，偶数叫地数也叫阴数。天地、阴阳与奇偶是一样的，天代表奇数，地代表偶数。一三五七九是奇数，称作天数。二四六八十是偶数，称作地数。天数地数，奇数偶数，叫法不同，实际是一回事，都是对立统一的意思。这里从一讲到十为止，十是一个很重要的数字。据民族学认为，人类早期只认识二，之后认识三认识五，然后终于认识十。每认识一个数，都是一个艰难的进步，不是容易的事情。苏联学者柯斯文著的《原始文化史纲》说：“落后部落的语言中，二仅仅意味着一件整个东西的两半”，发展到十，那就不简单了。我们的祖先把十视作盈数。数字发展到十，好像满了似的。古人把万也视作盈数。《左传》庄公16年说：“不可使共叔无后于郑，使以十月入。曰：良月也，就盈数焉。”把十视作良数、盈数。杜预注说：“数满于十。”孔颖达疏说：“《系辞传》云，天一地二天三地四天五地六天七地八天九地十，至十而止，是数满于十也。”又《左传》闵公元年说：“毕万之后必大，万盈数也。”古人认为数至十已满，至万为最大，所以把十叫做小盈，把万叫做大盈。“万物”的“万”表示最多的意思。《左传》僖公四年孔颖达疏说：“十是数之小成。”因为古人特别看重十这个小盈、小成之数，所以《系辞传》所讲的筮法从十说起。

“天数五，地数五，五位相得而各有合”。“天数五”，就是一三五七九这五个天数。“地数五”，就是二四六八十这五个地数。亦即十以内的五个奇数和五个偶数。“五位相得”，是一与二相得，三与四相得，五与六相得，七与八相得，九与十相得。“各有合”，是五个天数合在一起等于二十五，五个地数合在一起等于三十。二十五与三十相加，等于五十五。这就是“凡天地之数五十有五”。《周易》的千变万化，神秘莫测，正是由五个天数与五个地数合成的五十有五的变化产生的。“五十有五”的变化产生七八九六这四个数字。由七八九六的变化产生爻，由爻组成卦。所谓“成变化而行鬼神”即指此而言。

大衍之数五十有五，其用四十有九。分而为二以象两。挂一以象三。揲之以四以象四时。归奇于扐以象闰。五岁再闰，故再扐而后挂。

《周易》筮法开始于天地之数。所谓大衍之数，就是由一至十这十个天地之数的总和。《系辞传》讲“大衍之数五十”，其实应该是“五十有五”，古书上脱掉“有五”二字，后人不察，竟做出种种解释。《十三经注疏》的解释，奇奇怪怪，通通错误。朱熹的解释也是错误的。总之，历代人们都当“五十”来解释。实际上不是“五十”而是“五十有五”。《易纬·乾凿度》已经说是“五十有五”。“大衍之数五十有五，其用四十有九”，筮的时候用49根蓍草而不用55根。这是为什么呢？这个问题过去京房、马融、荀爽、郑玄、姚信、董遇、王弼，通通都没讲对。朱熹说：“皆出于理势之自然，而非人之智力所能损益”，也不对。筮法用49根蓍草而不用55根，本来没什么奥妙。大衍之数五十有五，是自然数，筮法是人为的。用49根蓍草，是因为49根经过四营三易的结果能得出七、八、九、六，得出七、八、九、六才能形成卦。不用55根蓍草，因为55经过四营三易的结果不能得出七、八、九、六，得不出七、八、九、六便形成不了卦。所谓蓍或策在这里不过是一个筹码。蓍、筹、码、策是一回事，是古代的计算工具。筮不用蓍草用筷子、火柴棍儿，也可以。

“分而为二以象两”。筮法共分四个步骤，“分而为二”是第一个步骤。把49根蓍草信手一分，分为两部分，两只手各分得多少根不一定。最后得七八九六四个数中的哪一个数，全在这信手一分上。也就是说，得出个阴爻还是阳爻，在信手一分的时候已经定下来了。“以象两”，49根蓍草在未分之前是一个整体，是整体的一，它象大一、大极。古人有的说50减去49余1的1象大一、大极，是不对的。说50已经不对，因为大衍之数是55，不是50；又说50减去49剩下不用的1象大一、大极，就更加不对。因为用的(49)才有象，不用的(是6不是1)没有象。不用的我们无须研究它。用49,49才有象。在筮法中，49未分时，它是一个整体，它象大一即太极。《周易》是用象表达思想的。卦有象，筮也有象，这是《周易》的一个基本特点。古人把筮法的每一步骤都看成是有意义，代表一定事理的。古人为什么一定要说筮法的某环节象什么呢？是为了强调筮的神秘性，让人们相信它是灵验的。这当然是不科学的。但这一点我们可以不去管它，因为我们不想算卦。我们应该研究的是它提及的“象”所反映的思想。

古人认为“分而为二”有意义,它是“象两”的。“象两”即象天地,天地是由大一、大极分出的两仪。世界上的一切事物都可以“分而为二”,天地是大一、大极分而为二的两仪。天地是最大的“分而为二”,最大的两仪。两仪实际上就是对立的统一。

“挂一以象三”,这是筮法的第二个步骤。从分为两部分的蓍草中拿出1根,放在一边,于是49根蓍草形成为三部分。古人认为这三部分也有意义,象天地人三才。先前分为两部分蓍草象天地两仪,拿出一根儿来,就是天地之间产生了人。人在天地之间而与天地参。这一点极重要,说明古人这时已充分认识了人的作用,看得人与天地一样重要。在古人的概念里,所谓天地是指自然界,人则是指人类社会。

“揲之以四以象四时”。揲,动词,数数的意思。“揲之以四”,就是四个四个地数。先前共49根蓍草,“分而为二”,分为两部分。“挂一”从一部分里拿出去1根,两部分剩下来的还有48根。已完成两个步骤,现在进行的是第三个步骤。四个四个地数,实质上就是将两只手中的蓍草各除以4。因为总数是48,一只手的蓍草除以4,可能余1,则另一只手必余3了;一只手余2,则另一只手必亦余2。若一只手除尽无余,则另一只手必亦除尽无余。无余则视作余4。总之,每只手揲四后的余数不外乎1、2、3、4这几种情况,而两只手余数的和不是4就是8。“以象四时”的四时是春夏秋冬四季。筮法四个四个地数,本与四时无关,古人一定要与四时联系起来,是为了表明筮法的每一个步骤都有客观的依据,不是人们任意决定的。但是古人说“揲之以四”是反映一年四时变化的这一点很不简单,它说明古人当时已有了自然界四时变化的观念,再加上下文将要提及的关于闰月的思想,说明作《易》的人已懂得历法。历法与筮法有关系,没有历法就不会产生筮法。人们认识天即自然界的规律是从历法开始的。《书·尧典》说:“钦若昊天,历象日月星辰。”讲的就是历法。“历”是计数,“星”是二十八宿恒星,“辰”是日月相会。这句话证明尧的时候人们已经知道观象授时。尧以前的历法是火历。火是大火即心宿二。后来发展为太阳历。人们以前没有关于天的概念,到了尧的时代才有。人们学会“历象日月星辰,敬授人时”,才开始认识天,认识自然界。古人认识天认识自然界,是从这儿开始的。《系辞传》筮法中讲到四时,讲到闰月,表明当时有了历法。更重要的是,表明《周易》把自然界视作独立于人类主观世界以外的客体。《周易》的世界观是唯物论的。

“归奇于扐以象闰，五岁再闰，故再扐而后挂”。这是筮法的最后一个步骤。奇是每次过揲即除以 4 之后的余数。扐也是零余的意思。“归奇于扐”，把一只手过揲之后的余数作为“扐”放在一边。这本是极简单的事，但古人把这种作法同历法上的置闰联系起来，以为“归奇于扐”如同置闰一样。接着将另一只手的蓍草过揲之后的余数也作为“扐”，放到前一只手过揲之后余数一起。“再扐”即两个余数。两只手中的蓍草，各经过除以 4 以后，各有一个余数。因为是两个余数，不是一个余数，所以叫“再闰”。“而后挂”是说至“再扐”，一易宣告完成。“再闰”就是将两只手剩余的蓍草合到一处，也是极简单的事，但古人说是因为“五岁再闰”才这样做的。五年里置二闰，叫“五岁再闰”，是古代历法的实际情况。这样经过分二、挂一、揲四、归奇四个步骤，算做一个回合，叫做一易。接着还须依同样的方法进行两个回合，即一共进行“三易”才能得出一个爻来。

筮的直接目的是得出爻来，而得爻的实质性意义不是别的，只是确定阴爻和阳爻。筮不能直接得出阴爻或阳爻的符号，筮是要先得出一个数字来，这个数字有四种可能性，即七、八、九、六。七、八、九、六四个数字有两个阴数和两个阳数，在行筮时每进行三个回合，一定得出四个数中的一个数来。这个数或七或八或九或六不一定。七叫少阳，八叫少阴，九叫老阳，六叫老阴。得七或九，就画阳爻，得八或六，就画阴爻。因为七、九是奇数，奇数是阳数，六、八是偶数，偶数是阴数。

在筮时每进行三个回合即三变以后是怎样得出或七或八或九或六这四个数之一的呢？它是这样得出的：48 根蓍草减去三变余数的总和，除以 4。得数必是七、八、九、六四个数中的一个。48 这个数是一定的，4 这个数也是一定的。不一定的是三变的余数的总和。三变的余数的总和有四种可能，即 24、12、16、20。48 减去 24，除以 4，得 6，是为阴爻。48 减去 12，除以 4，得 9，是为阳爻。48 减去 16，除以 4，得 8，是为阴爻。48 减去 20，除以 4，得 7 是为阳爻。那么，24、12、16、20 这 4 个数又是怎样得出的呢？它们是三变余数的总和。每进行一变时，49 根草信手分作两部分，“挂一”，抽出去 1 根，还有 48 根。48 根已经分作两部分，每部分“揲之以四”即除以 4，余数可能是多少呢？前面说过，每部分的余数有 1、2、3、4 这 4 种可能(除尽可视作余 4)。若一部分余 4，则另一部分必也余 4，4+4

等于8。若一部分余1，则另一部分必余3，1+3等于4。若一部分余2，则另一部分必也余2，2+2等于4。若一部分余3，则另一部分必余1，3+1等于4。这就是说，一变的余数非8即4，绝对不可能得出其他别的任何数字。接着进行第二变。第二变与第一变不同之处是，第一变是用49根蓍草，第二变由于第一变时已经“归奇”出4根或8根，还剩下40根或44根蓍草。第一变的方法与第一变一样，依然是分二、挂一、揲四、归奇这四个步骤。第二变所余之数，右手若1，则左手必2；左手若1，则右手必2；右手若3，则左手必4；左手若4，则右手必3，加上挂一的1根（第一变是不加挂一的那1根的），余数还是非4即8。接着进行第三变，第三变与第二变不同的是，开始时的蓍草可能是40根、36根或者32根，不可能是44根，更不可能是49根。因为经过前两变的过揲，已经去掉余数或8+8=16根，或8+4=12根，或4+4=8根。第三变的方法与第二变同，余数也是非4则8。三变之余数的总和只有4种可能即3个8、3个4、2个8和1个4、2个4和1个8。亦即24、12、20、16。48减去24，为24；48减去12，为36；48减去20，为28；48减去16，为32。24、36、28、32这4个数分别除以4，即得8、6、9、7。如果得8或6便画阴爻，如果得9或7便画阳爻。经过三变只能得出一爻，一卦6爻，故需18变而成一卦。

乾之策二百一十有六，坤之策百四十有四，凡三百有六十，当期之日。

策即蓍，1策即1根蓍草。《周易》的阳爻都是老阳即9，阴爻都是老阴即6。乾卦6个阳爻，每个老阳的过揲之策数是36。6个老阳，共有36×6=216根蓍草。坤卦6个阴爻，每个老阴的过揲之策数是24。6个老阴，共有24×6=144根蓍草。乾坤二卦的策数加起来恰好是360整。而360正是当时历法一年的日数。期，年。“当期之日”，与一年的日数相当。这里又把筮法与历法联系起来，其意义上文已经说过。

二篇之策万有一千五百二十，当万物之数也。

“二篇”指《周易》的上经与下经。全《周易》64卦凡384爻，阳爻与阴爻各192。阳是老阳，阴是老阴。所以192乘以36，得6912策；192乘以24，得4608策。6912与4608二数相加，得11520策，约当万物之数。它表明这个“万物”是乾坤两卦变化发展的结果。“万物”的“万”字是概指不是实指。它有取于万是盈数之意。相对于十来说，则十是小盈，万是大盈。

是故四营而成《易》，十有八变而成卦。八卦而小成，引而伸之，触类而长之，天下之能事毕矣。

营，经营。“四营”即上面讲的“分二”、“挂一”、“揲四”、“归奇”等四个步骤。完成这四个步骤即为一易，一易就是一变。三变成一爻，18 变成一卦。这是对上面所讲筮法做的概括性说明。以下几句是说 8 卦又怎样变为 64 卦的。“八卦而小成”，小成，不能包括天下的全部事物。8 卦代表 8 种性质，虽可以从 8 个方面反映世界，但它不可能从更深更广的层次上反映世界的复杂性，尤其不能反映世界的运动和变化。于是 8 卦变为 64 卦。8 卦怎样变为 64 卦的，宋人以为是用加一倍法变的，即 8 卦加一倍为 16 卦，16 卦加一倍为 32 卦，32 卦加一倍为 64 卦。这是不对的。这里说的“引而伸之”与《系辞传下》“因而重之”义同，即 8 卦的每一卦上面又重以 8 卦，遂成 64 卦。“触类而长之”与上句“引而伸之”当是同步的，同义的。不过，“引而伸之”是讲 64 卦的形成，“触类而长之”是讲 384 爻的展开。有了 64 卦 384 爻，天下之能事完全包括在内了。

显道神德行，是故可与酬酢，可与佑神矣。

上文讲四营成易以至天下之能事毕，是说 64 卦产生，《易》书完成，天下之道无不备于此。这三句则进一步讲《易》书的功用。显是动词，神也是动词。显，自隐而之显，将隐晦的东西显现出来使之易见。“神”字在《易》里本是阴阳不测之谓，即是阴是阳不能前知，不能一定。酬酢是古代饮酒礼之用语，饮酒时主人先献宾，然后宾酢主人，最后主人酬宾。故酬酢是应对的意思。佑，赞，助。道，在《易》里指人的意志不能左右的阴阳之变化，相当于我们今日讲的自然界与人类社会的客观规律。显道，道是隐藏在万事万物之中的那个不可见的规律，不容易显现出来，可是《易》却能够用它自身的阴阳变化显示客观规律。德行，指人的德行，人的修养和行为。人往往不知道自己应当怎样做，不能确定自己的行动方向，而《易》却能够“神德行”，通过筮数的变化不定，指导人们什么当做，什么不当做，怎样做获吉，怎样做致凶。因为《易》有这般妙用，所以它对人类所能有的无论什么问题都能应对，甚乃对于大自然的造物化育之功也起赞助的作用。

子曰，知变化之道者，其知神之所为乎！

“子曰”，表明是弟子记的孔子语。前面我们说过，《易大传》的思想属于孔子，可以说《易大传》是孔子作，但不全出于孔子亲笔，有的是承袭前人旧说，有的是后世窜入，有的是孔子说过的话弟子记录的。写明“子曰”的，显然是后一种情况。这两句话朱熹《周易本义》归入第九章，四部丛刊本归于第十章。看来朱熹归入第九章是有道理的。孔子这两句话对于我们了解《周易》很重要。它把“变化之道”与“神之所为”视作一事，明确地说神就是变化之道。一般人以为《周易》所讲的神是有意志的神，这是根本性的错误。《易》是讲变化的书，它所使用的三个重要概念易、道、神，都是谈变化的。例如易，说“生生之谓易”，就是说，易是不断变化的。例如道，说“一阴一阳之谓道”就是说，一阴一阳不断地变化，推向前进，就是道。所以说这个道不是别的，实际上就是变化的规律。例如神，说“阴阳不测之谓神”，这个神只是指用筮变化的结果是阴是阳无有一定，不可前知，没有别的意义。神与道的关系，如果说道是变化的规律，而规律就是必然性的话，那么神就是必然性借以表现出来的偶然性。《易》中变化之道总是要通过“神”表现出来。“神之所为”就是表现变化之道。

《易》有圣人之道四焉，以言者尚其辞，以动者尚其变，以制器者尚其象，以卜筮者尚其占。

自此至“易有圣人之道四焉者，此之谓也”为第十章。此章继续讲《易》的功用。这段文字与下文不连贯，疑是错简。“《易》有圣人之道四焉”，“圣人之道”实际上是《易》之道。《易》之道有四，即下文讲的辞、变、象、占。《易》的这四方面内容相互联系而难以分开，其中辞与占，变与象更各属一类，但是它们毕竟各有自己的特点，辞即卦辞与爻辞，是用语言表达出来的。象是《易》用以表达思想的基本手段，没有象也就没有《易》。象用卦画、爻、位等表达，还有不少包含在辞里面。变是“穷则变，变则通”的变，变主要表现在爻里，也表现在卦里，变的本身是无形的，它要靠象来反映。占即吉凶悔吝无咎，是指导人们未来行动方向的。占有时吉凶悔吝无咎直接明确地说出来，有时不说出来，蕴含在卦辞和爻辞里面，须用《易》者自己体会。学《易》用《易》的人由于需要和兴趣不同，对于《易》的四方面内容可以各有侧重，各取所需。“以言者尚其辞”，是说用《易》来丰富言语的人则取《易》之卦爻辞。如《论语·子路》孔子讲到“人而无恒”问题便引用了《周易》恒九三“不恒其德，或承之羞”一句爻辞来说明他要说的道理。“以动者尚其变”，是说用《易》来考虑自己如何行动的人，则取《易》之变，通过《易》之变来调整自己的变，使之因应得宜而无有差错。“以制器者尚其象”，这一句与《系辞传下》的“作结绳以为网罟，以佃以渔，盖取诸离”云云，疑出自一人之手，很可能是后世窜入的。道理很明显，《易》之象来自于实际器物，不是实际器物仿《易》象而作。先有井而后作井卦，绝不是先有井卦而后作井。“以卜筮者尚其占”，是说用《易》进行卜筮决疑的人则重视《易》之占，以求知道自己主观努力的方向。《周易》只用筮不用卜，这里筮字前头加一卜字，是为了补足一个音节，使词语完整。词语音节不完，添字加以补足，是古人行文的通例。如“润之以风雨”的“风雨”，明明是雨来润，风不能润，却在“雨”前加一“风”字，只是为了凑足音节，加上的这个“风”字在此没有实际意义。我们认识了古代汉语的这一特点，读古书时就不要以为每一个字、词、语都有实在的意义。

是以君子将有为也，将有行也，问焉而以言。其受命也如响，无有远近幽深，遂知来物。非天下之至精，其孰能与于此。

说“是以”，显然是接上文讲下来的口气，而内容竟与上文不连贯，可见上面几句可能是错简。“君子将有为”谓有所作为，“有行”谓有所行动。“问焉”是问筮以决疑。问筮时有辞，如某官姓名，今以某事问筮，未知吉凶得失悔吝忧虞，尚明告之之类。这个问筮之辞，从问筮者自身说，就是“言”，对于蓍来说就是“命”。“其受命也如响”，言筮受命犹如声音之回响，那边发出声音，这边立刻回响，形容筮对问筮者的“命”反应极其迅速。“无有远近幽深，遂知来物”，言问筮者所提的问题在时间和空间上无论怎样远或怎样近，也无论怎样幽隐深邃，它都能“遂知来物”，即都能回答，能前知未来的吉凶得失。“非天下之至精，其孰能与于此”，是极力称赞易道之精微。

参伍以变，错综其数。通其变，遂成天地之文。极其数，遂定天下之象。非天下之至变，其孰能与于此。

这几句话是赞美筮的。“参伍以变，错综其数”二语的“参伍”、“错综”两个词不好理解，宋人朱熹已经说“参伍错综皆古语，而参伍尤难晓”。但是从古人使用“参伍”一词的情况看，它们的含义我们大致可以了解。《荀子》说：“窥敌制变，欲伍以参。”《韩非子》说：“省同异之名，以知朋党之分；偶参伍之验，以责陈言之实。”《史记》说：“必参而伍之”、“参伍不失”。《汉书》说：“参伍其贾，以类相准”。综观古人对“参伍”的这些用法可见，“参伍”的意思是，将多种因素联系起来，交互参考，以求得出符合实际的结论。“参伍以变”在此处肯定是讲揲蓍求卦的问题。揲蓍就是摆弄49根蓍草以求7、8、9、6。这个通过“分二”、“挂一”、“揲四”、“归奇”四个步骤摆弄49根蓍草的过程就是“参伍以变”。“错综其数”，所说的也是揲蓍求卦的问题，只是着重在数上。“错综”一词古人有分作两个词理解，说“错”是杂而互之，“综”是条而理之，其实这完全可以看作是一个词，其义为上下往来，左右交错，十分复杂。“错综其数”，是说49这个数，经过上下反复，左右交错地摆弄，最终得出7、8、9、6来。总之，“参伍以变，错综其数”这两句话所讲的只是揲蓍求卦一件事，一个着重在筮之变，一个着重在筮之数，这两句话应看作是互文。“通其变，遂成天地之文，极甚数，遂定天下之象”两句话也是互文。“通其变”与“极其数”是一回事，都是讲已经完成揲蓍求卦的过程的。“通其变”是从成卦一方面说的，“极其数”是从揲蓍一方面说的。“成天地之文”是说揲蓍能得出一切的卦。“定天下之象”，是说揲蓍能确定一切的象。“文”指卦爻说，“象”指卦爻所取的象说。“非天下之至变，其孰能与于此”，从上下文看，这称赞“至变”，其实是称赞筮法，也是称赞易。

《易》，无思也，无为也，寂然不动，感而遂通天下之故，非天下之至神，其孰能与于此。

上文赞“至精”，是就筮的妙用说的，赞“至变”，是就由筮而生成卦爻的过程说的。总之，说的是筮的动态。现在是从静态说的，筮在不用的时候，放在那里，寂然不动，静悄悄的无思无为，一旦问筮而使用它，感动它，它就能“通天下之故”，天下没有什么问题它解决不了。因此，孔子称赞之为“至神”。《易》的这个特点极似今时之电脑，电脑关闭时不是寂然不动，无思无为吗？一旦有人使用它，它也要“通天下之故”，将它贮存的任何信息随时告诉你。我们未尝不可赞电脑为“至神”，可是我们谁也不会认为电脑真的是什么神灵。孔子当年赞美《易》为“至神”，其意义当亦同此。

夫《易》，圣人之所以极深而研几也。惟深也，故能通天下之志；惟几也，故能成天下之务；惟神也，故不疾而速，不行而至。

上文讲《易》“至精”，“至变”，“至神”，这里讲“圣人”如何利用《易》以解决问题。“圣人”怎样利用《易》来解决问题呢？“圣人”利用《易》的“至精”而极深，利用《易》的“至变”而研几。深，言事理深奥难测；几，言事理细微未著。但是“圣人”可以利用《易》之“至精”以穷极事理中那难测的“深”，可以利用《易》之“至变”以研究事理不易见的几微。“惟深也，故能通天下之志”，这是承上文所说的“至精”，意思是说，惟有极深，方能通晓天下的道理。“惟几也，故能成天下之务”，这是承上文所说的“至变”，意思是说，惟有研几，方能成就天下之事业。“惟神也，故不疾而速，不行而至”，这也是承上文说的。由于《易》“寂然不动，感而遂通天下之故”，所以能“不疾而速，不行而至”。为什么这样呢？因为在“寂然不动”与“感而遂通天下之故”的中间，没有容纳“疾”与“行”的余地。

子曰，《易》有圣人之道四焉者，此之谓也。

这句话与上文不接，可视为衍文。

子曰，夫《易》何为者也？夫《易》开物成务，冒天下之道，如斯而已者也。是故圣人以通天下之志，以定天下之业，以断天下之疑。

自此至“定之以吉凶，所以断也”为第十一章。这一章是《系辞传》里最为重要的部分，它准确、明白、深刻地回答了诸如《易》的性质、内容、特点、作用、64 卦的产生以及某些概念的定义等至关重要的问题。这些言论表明，孔子把《易》作为一部伟大的哲学著作来研究，不把它看作单纯的卜筮之书。

“夫《易》何为者也?”孔子自己提出问题，以下回答问题。“开物成务”，“开物”是创始，过去没有，现在有了；“成务”是完成，对事务做出总结。孟子说：“孔子之谓集大成。集大成也者，金声而玉振之也。”“成务”与“集大成”是一个意思。“开物成务”，是说《易》包括事物的创始与完成，即事物发生发展乃至终结的全过程都在《易》的范围之中。“冒”字有覆盖、笼罩、该括的意思。冒天下之道，是说《易》该括天下一切事物发生发展以及终结的全过程。“冒天下之道”与上文之“弥纶天地之道”意义略同。所不同者，“弥纶天地之道”侧重“天之道”即自然规律，所以下面紧接着讲“幽明”、“死生”、“鬼神”；而“冒天下之道”则侧重“民之故”即社会规律，所以下面紧接着讲“通志”、“定业”、“断疑”。“如斯而已者也”，是说《易》只是“开物成务，冒天下之道”罢了，没有别的什么东西。实际上孔子是说，《易》是讲哲学的。因为哲学正是包括自然和社会知识更进一步作高度的抽象和概括。“是故圣人以通天下之志，以定天下之业，以断天下之疑”，这里的“志”是思想，“业”是事业，“疑”是问题，整个意思就是说圣人用《易》以统一天下人的思想，成就天下人的事业，解决天下人的问题。

是故蓍之德圆而神，卦之德方以知，六爻之义易以贡。圣人以此洗心退藏于密，吉凶与民同患。神以知来，知以藏往，其孰能与于此哉！古之聪明睿知神武而不杀者夫！

总的看，《易》有四个要素即蓍、卦、爻、辞。“蓍之德圆而神，卦之德方以知，六爻之义易以贡”三句是对蓍、卦、爻三者不同性质的说明。德即性质。蓍的性质是圆而神，圆是运转不定，神是阴阳不测。因为行筮经过四营、一十八变，以后得出什么卦不一定，所以说圆而神。“卦之德方以知”，“方”韩康伯注说：“止而有分”。就是说，卦的性质与蓍的性质是不同的。“卦之德方以知”，方是有定，因为揲蓍得卦，这一卦的内容是一定的。知则是指卦中所包含的丰富的哲学、社会及政治的思想内容。爻与卦又有不同，卦从宏观的角度反映一个事物，一个时代的总体，相对地说，它是静态的。爻则反映一个事物的各个部分，或一个时代的各个发展阶段，这些部分或发展阶段是动态的。“六爻之义易以贡”，“易”是变，“贡”是告。韩康伯注说“贡，告也。六爻变易，以告吉凶”，是对的。

“圣人以此洗心退藏于密，吉凶与民同患，神以知来，知以藏往”，这几句话进而讲蓍与卦的作用。“以此”，以蓍与卦。“洗”字据《经典释文》说，京房、荀爽、虞翻、董遇、蜀才等人均作先。阮元《十三经注疏校勘记》说有的本作先，有的本作洗。其实先、洗二字古通用。此处“洗心”应作“先心”理解。以此“先心退藏于密”，是说在行筮之先已经将“天之道”与“民之故”秘密地藏在蓍与卦里面了，占的时候只是把在蓍与卦里贮存着的思想又输出来。“吉凶与民同患”，蓍与卦的作用在判断吉凶，以使人趋吉避凶亦即利用卜筮以指导人们的行动。“与民同患”是说趋吉避凶乃圣人作蓍卦的本意。这些东西能为百姓所利用，也就是“与民同患”了。“神以知来，知以藏往”。“神以知来”是说蓍之用在于知来。“知以藏往”是说卦之用在于藏往。事之吉凶不可知,行筮以后才知吉凶,所以蓍是知来;卦的内容都是行筮以后得出的,所以卦是藏往。"其孰能与于此哉"以下两句是孔子读《易》"韦编三绝"之后得出的总结性认识,也是对《易》的美妙发出的感叹。孔子觉得《易》太伟大,太巧妙了。作《易》的人真不简单,他只用蓍与卦这种办法,而不用刑杀就能使人民顺利地接受统治,绝不是一般人所能做到的,只有聪明睿智神武而不杀的人才能做到。

是以明于天之道,而察于民之故,是兴神物,以前民用,圣人以此斋戒,以神明其德夫。

"是以明于天之道而察于民之故,是兴神物,以前民用",这几句话实际上是说创造蓍卦以为人民遇事时应用,是以"明于天之道而察于民之故"为前提条件。"明于天之道",是了解自然规律;"察于民之故",是了解社会规律。"神物"即蓍与卦。这几句话与上文"夫《易》何为者也?夫《易》开物成务,冒天下之道,如斯而已者也"前后呼应,着重说明《易》是哲学著作,而不应很肤浅地只看成是卜筮之书。"圣人以此斋戒以神明其德夫",是说圣人专诚学《易》,是为了提高思想认识水平。"斋戒"是古人祭祀用语。所谓"致斋三日,散斋七日","致斋"亦称"斋","散斋"亦称"戒",都是为了表示祭祀时专诚之意。"德"是德性,亦即人的思想认识水平。"神明其德"意思是说提高思想认识水平能达到最高的程度,用古人的语言来说,则是达到神明的程度。

是故阖户谓之坤,辟户谓之乾,一阖一辟谓之变,往来不穷谓之通。见乃谓之象,形乃谓之器,制而用之谓之法,利用出入,民咸用之谓之神。

孔子在《系辞传》里三次提到变通的问题,可见变通在《易》中是至关重要的。变通是用,乾坤是体。变通不是别的,变通就是乾与坤之变通。乾坤变通之中又出现象、器、法、神四事。乾坤之变通,人们不容易理解,乃举人最习见的户之阖辟运动作比喻。乾坤之变通就象户之阖辟。户阖,静而密,象坤。户辟,动而达,象乾。户之一阖一辟就是变。必须是一阖一辟,如果老是阖,或老是辟,那就没有乾坤,也没有变了。户不停地关上打开,就是变。往来无穷地变,就是通。那么有没有穷的时候呢?有。变到一定的程度,达到极点,就是穷。例如"亢龙有悔"就是乾卦之穷。穷就要变,这是质变,变则通,通又将开始量变。以下象、器、法、神四事都是由户之阖辟即乾坤之变通而来的。自户的可见角度说，就是象。自户的有形角度说，就是器。根据象与器而有所制作，有所应用，就是法，亦即效法乾坤变通之道以设礼立教，统御天下国家。百姓生活日用时刻离不开《易》，随取随用而不自知，《易》也周遍普及于百姓生活日用之中，无有穷尽。这就是神。这个神显然不是鬼神的神。

是故易有大极，是生两仪，两仪生四象，四象生八卦，八卦定吉凶，吉凶生大业。

“大极”应读作太极。大极是什么？大极就是大一。大一是整体的一，绝对的一。《说文》第一个字就是一，许慎解释说：“惟初大一，道立于一，造分天地，化成万物。”许慎的说法符合《易》的思想。仪是什么？《诗·鄘风·柏舟》：“实维我仪。”毛传：“仪，匹也。”仪有匹配的意思。“两仪”就是一对儿，就是事物对立统一着的两个方面。“大极生两仪”就是一分为二，就是矛盾，它具有普遍意义，可以象天地、夫妇、君臣、幽明、昼夜、进退等等，而在这里则是象浑沌未分的大一剖判为天地两个方面。“易有大极，是生两仪，两仪生四象，四象生八卦，八卦定吉凶，吉凶生大业”这段话既是讲八卦产生的原理，也是讲天地造分，化成万物的过程。作《易》者认为二者是一致的。

在《易》中，“两仪”就是阴阳。阴用“⚋”表示，阳用“⚊”表示。这两个符号与物理学中表示阴电与阳电的符号“－”与“＋”是一样的，并无神秘可言。“两仪生四象”，生的办法也是一分为二，即在⚋、⚊两个符号上面再重以⚋、⚊两个符号便生出叫做太阴⚏、少阳⚎、少阴⚍、太阳⚌的四象。“四象生八卦”，生的办法还是一分为二，即在四象的上面分别加上一个⚋符号和一个⚊符号，就生成八卦。八卦也是八种符号：☰、☷、☳、☴、☵、☲、☶、☱，取名为乾、坤、震、巽、坎、离、艮、兑。八卦代表万物的八种不同性质。天地间一切事物都被包括在这八种性质之中。据《说卦传》，八种性质是：“乾，健也；坤，顺也，震，动也；巽，入也；坎，陷也；离，丽也；艮，止也；兑，说也。八卦代表的事物的八种性质是高度抽象的，因此是普遍适用，稳定不变的。“八卦定吉凶，吉凶生大业”，这个“八卦”实际上已包括 64 卦。因为如果只有八卦不可能定吉凶，不能生大业。《系辞传》里所称的“八卦”往往包括 64 卦在内。64 卦能够给人们指出行动的未来结果是吉是凶，并指导人们如何趋吉避凶，所以它能够成就天下人的事业。

应当指出,《系辞传》的这几句话道出了《易》的宇宙观。它认为大极、大一是宇宙的本体,大极、大一之前是什么它不讲,它不追求宇宙的本源问题,意谓大极、大一没有开始,从来就是存在的。这当然是唯物主义的宇宙观。在宇宙观问题上《易》与《老子》根本对立。宋人张载说:"大易不言有无,言有无,诸子之陋也。"张氏道出了《易》与《老子》分歧之所在。《老子》说:"天下万物生于有,有生于无。"又说:"道生一,一生二,二生三,三生万物。"《老子》所说的"有"即是一,所说的"道"即是"无"。在"有"即"大一"之前加上个"无"即"道",认为宇宙是有本源的,宇宙本无有,后来由无产生有。《老子》的宇宙观显然是唯心论的。

是故法象莫大乎天地,变通莫大乎四时。县象著明莫大乎日月。崇高莫大乎富贵。备物致用,立成器以为天下利,莫大乎圣人。探赜索隐,钩深致远,以定天下之吉凶,成天下之亹亹者,莫大乎蓍龟。

"法象莫大乎天地",世界上可以法象的东西非一,但天地最大。《易》法象天地而确定了首乾次坤以及君尊臣卑,父尊子卑,夫尊妻卑的关系。"变通莫大乎四时",世界上能反映"变通"的东西非一,但四时最大。四时交替是古人所能见到的最大的变通,故《易》之筮、卦、爻讲变通皆以四时为根据。"县象著明莫大乎日月",世界上能表现天地四时的东西非一,但日月最大。此三句讲天道即自然界,以下三句讲人事即社会。重点在后三句。"崇高莫大乎富贵",世界上崇高的事物非一,而以富贵为大。富贵指人君的势位,人君的势位最崇高,一切大问题都要通过它解决。《易》讲天地人三才,重视天地自然但更重视人,人得与天地参。《易》所谓的人是阶级社会的人,是天子诸侯公卿大夫,不是人民大众。"备物致用,立成器以为天下利,莫大乎圣人",立字下疑有阙文,圣人指作《易》的人。"备物致用","立成器",指蓍卦。"圣人"也是人,但"圣人"能作《易》,"圣人"把"天之道","民之故"的信息输入到卦爻中去,供人们随时使用,解决天下人的问题。"探赜索隐,钩深致远,以定天下之吉凶,成天下之亹亹者,莫大乎蓍龟"。赜,杂乱。隐,隐僻。探,抽出。索,寻求。深谓不可测,远谓不易至,钩谓曲而取之,致谓推而求之。亹亹犹勉勉。蓍龟指筮,龟在此无意义,《易》用筮不用卜,言"蓍龟",只是为了凑足音节。全句讲筮最能解决天下人的疑难问题,无论怎样杂乱深远,幽隐难明的问题,它都能探取之，搜索之，钩出之，从而定天下之吉凶，指出人们趋吉避凶的方向，鼓舞人们坚定信心，勉勉前进。

是故天生神物，圣人则之。天地变化，圣人效之。天垂象，见吉凶，圣人象之。河出图，洛出书，圣人则之。

“圣人”指作《易》的人。“圣人”作《易》不是依自我私心随意而作，而是有所则，有所效的。天生蓍这个神物，圣人则之，因蓍倚数，从而生爻立卦。天地万物变化无穷，圣人效之，从而“乾坤定矣”，“万物生焉”。“天地变化，圣人效之”与“《易》与天地准”意义相同。《易》64 卦，乾坤两卦象天地，其余 62 卦象万物。“有天地然后万物生焉”，有乾坤两卦然后产生其余诸卦。

“天垂象，见吉凶，圣人象之。河出图，洛出书，圣人则之”，此数语疑是后人所窜入，非《系辞传》原文。因为《易》所言吉凶乃设卦观象所生，与“天垂象”没有关系。况且全《易》64 卦 384 爻之辞从无语及吉凶是由天象断定的，何得云“圣人象之”！至于“河出图，洛出书”，尤与《易》风马牛不相及，何得言“圣人则之”！而且上文已经说过“天生神物，圣人则之”，此处不应又言“河出图，洛出书，圣人则之”。语既无新意，又明显累赘，与《系辞传》之文不类，分明是汉时占候家语。

《易》有四象，所以示也。系辞焉，所以告也。定之以吉凶，所以断也。

这三句话与上文不相属，疑是错简。四象谓阴阳老少。世间万事万物离不开阴阳两面。一动一静，一进一退，一上一下，一明一晦，莫不是阴阳。作《易》者用阴阳画卦示人以吉凶。开始只有卦爻，后来又有人在卦爻之下系之以辞，把吉凶得失直接用文字表达出来告知人们。示人以吉凶，告人以吉凶，无非让人们根据情况自我判断吉凶，然而《易》于吉凶的标准不一，有以利言吉凶，有以情迁言吉凶，有以义命言吉凶，故吉凶非“圣人”不能断定。卦爻辞中明确指出吉凶，如征吉、征凶、大吉、终吉、有凶、终凶之类，用《易》者易知。

《易》曰，自天佑之，吉无不利。子曰，佑者助也。天之所助者顺也。人之所助者信也。履信思乎顺，又以尚贤也。是以自天佑之，吉无不利也。

自此至“不言而信，存乎德行”，为第十二章亦即《系辞传上》最后一章。第十二章的这第一段话是孔子释大有上九爻辞的。朱熹疑是错简，应在第八章连续讲中孚、同人大过、谦、乾、节、解等七卦的七条爻辞那一大段文字之后。

这一段话是解释大有上九爻辞的。依孔子的理解，大有上九曰“自天佑之，吉无不利”，实际上说的是六五。六五“厥孚交如威如吉”的意义，通过上九完全表现出来。而六五又是大有的成卦之主，六五之吉就是大有之吉；上九是大有之终了，大有之吉于上九完成。所以，上九之吉非止上九之吉，实乃大有全卦之吉。以上爻终五爻之义的这种情况，在64卦中甚多，几乎可以认为是《易》之通例。六五为什么会获天之佑助而吉无不利呢？六五厥孚交如，能够履信；居中用柔，能够思顺；以一柔有五刚，上九独在其上，五能尚之，能够尚贤。既履信思顺又尚贤，故人助之天也助之。天人皆助之，宜吉无不利。

子曰，书不尽言，言不尽意。然则圣人之意其不可见乎？子曰，圣人立象以尽意。设卦以尽情伪。系辞焉以尽其言。变而通之以尽利。鼓之舞之以尽神。

这段话的中心思想是强调《易》立象设卦系辞的必要性和重要性。书是书册，言是言语，意是思想。书册是记录言语的，但不可能把言语全部记录下来。言语是表达思想的，但不可能把思想完满地表达出来。人们有思想要靠言语表达，靠书册记载，然而言语与书册都有局限性，那么“圣人”作《易》如何打破这种局限性呢？打破书与言的局限性的办法是“立象以尽意，设卦以尽情伪，系辞焉以尽其言，变而通之以尽利，鼓之舞之以尽神”。作《易》者表达思想的这些方法，最重要的是“立象”。《易》中阴爻阳爻是象；乾象天象马，坤象地象牛是象；舆说辐，履虎尾，七日得，三年克之，都是象。象的特点是灵活，具有普遍性，很象代数学中的文字符号a、b、c、x、y、z，可以代表任何数。《易》通过“立象”表达众多的事物，反映复杂的思想，它能打破语言的局限性。“设卦”其实也是“立象”，“尽情伪”也是“尽意”。言“设卦”比言“立象”更进一步，一卦是一个更复杂更完整的集合的象，它能在更高的层次上“尽意”，即能表达包括有真有伪的情况在内的复杂思想。“系辞焉以尽其言”，卦下系卦辞，爻下系爻辞，卦辞与爻辞不是别的，实质就是卦象与爻象的文字表述。上文言“书不尽言”，此言“系辞焉以尽其言”，看似语有抵牾，实则一致。意谓书不能尽言，从而不能尽意，而辞却能尽言，从而也能尽意。这个“辞”是《易》之卦辞爻辞，是表象的，与一般的所谓书不同。“变而通之以尽利”，这个“变”是说爻本不吉，可以变而为吉，爻本吉，可以变而为凶。不吉就是穷，变而为吉就是通。《易》的用意是指导人们趋吉避凶，趋利避害，故云“变而通之以尽利”。王弼《周易略例》说“夫卦者时也，爻者适时之变者也”，“故卦以反对，而爻亦皆变，是故用无常道，事无轨度，动静屈伸，唯变所适”，可视作此“变而通之以尽利”的注解。“鼓之舞之以尽神”，“鼓之舞之”指行筮求卦时摆弄那 49 根蓍草的动作。《庄子·人间世》有“鼓筴”一语，崔譔释为“揲蓍”，揲蓍即行筮求卦。“以尽神”的神，当是“阴阳不测之谓神”的神。行筮即“鼓之舞之”，其目的是求卦，求卦的实质是确定六爻自初至上孰为阴孰为阳。究竟孰为阴孰为阳，完全不能预测，带有极大的偶然性。这偶然性即为“神”。“鼓之舞之”的目的和作用就是把“神”的精义充分表现出来。

乾坤其《易》之缊邪？乾坤成列而《易》立乎其中矣。乾坤毁则无以见《易》。《易》不可见，则乾坤或几乎息矣。

缊通蕴，蕴藏。“乾坤其《易》之缊”，乾坤两卦是《易》的渊奥，《易》蕴藏在乾坤两卦之中。《易纬·乾凿度》说：“乾坤者阴阳之根本，万物之祖宗也。”意与此同。《易》64 卦是乾坤二卦发展变化的结果，所以可以说，《易》蕴藏在乾坤两卦之中。“乾坤成列，而《易》立乎其中矣”，是对上句话的申释。作《易》者仿效天尊地卑的原则，将乾坤两卦列在 64 卦之首，而且首乾次坤，乾坤两卦这样的地位和序列确定下来，《易》之道从而也就确定下来了。“乾坤毁则无以见《易》”，这是进一步阐释《易》与乾坤的关系。《易》与乾坤虽称谓不同，实质上是一回事。《易》之道缊藏在乾坤之中，故乾坤有体而易之道无体。乾坤既有体，便有成与毁的问题。上言“成列”，此言“毁”，是成与毁对照说的。易之道无体，它要托诸乾坤之中，所以乾坤成列，它就立乎其中；乾坤之体若毁，则无以见易，也就是说，乾坤两卦发展变化的过程一旦完成，易的生命即告停止。反过来说，“易不可见，乾坤或几乎息矣”。易发展到既济未济的时候，就不可见了，易的发展过程将要结束，乾坤两卦的变化也将止息。但是，是“几乎息”，接近于息，实际并没有息，也不可能息。64 卦的最后一卦是未济，表明乾坤的变化过程似乎要结束、止息，实际上没有结束，没有止息。所以《序卦传》说：“物不可穷也，故受之以未济终焉”。

是故形而上者谓之道，形而下者谓之器。化而裁之谓之变，推而行之谓之通。举而错之天下之民谓之事业。

物皆有形质，形质以上是道，形质以下是器，器与道不可相离，实质上是一个东西，器亦是道，道亦是器，二者只是在形质上下之间划一个界限。一个物事，其形迹是器，里边存在着的道理即是道。就《易》来说，卦爻阴阳是有形迹的，是器。阴阳迭用，变动不居，一会儿是阴，一会儿又变为阳，阴阳不断地变化，就是道。以下讲变，讲通，讲事业，都是从人为的角度说，“圣人”如何因循并制约易之道应用到人的事业上来。“化而裁之谓之变”，化是自然而化，渐次慢慢的化，亦即今日所谓的量变。裁是人为，当自然渐次进行的量变达到一定的程度时，加之以人为的裁定，使之完成质变，旧质变为新质。旧质变为新质的质变就是这里所说的变。举例说，64 卦自乾坤至既济未济，一卦变为另一卦，都是化而裁之的由化到变的过程。一卦由初至上可谓化即量变，由此一卦终于变为另一卦就是变即质变。《序卦传》说：“震者动也。物不可以终动，止之故受之以艮。”震是动的，动到必须止的时候为止，这就是“化”。“止之”就是“裁”。终于由震而至于艮，就是“变”。“变”包括化与裁两个方面。“推而行之谓之通”，“推”字是推移的意思，“通”字是了无凝滞，运用无穷的意思。事物发生质变之后，继续发展变化，就是通。昼夜相推为一日，寒暑相推为一岁，刚柔相推为一卦，正是“穷则变，变则通”的过程。昼夜、寒暑、刚柔等等相推，变即在其中，变与通紧相连系，不能分割。“举而错之天下之民，谓之事业”，“圣人”把《易》中变通的道理应用到天下国家的人事上来，就是事业。

是故夫象，圣人有以见天下之赜，而拟诸其形容，象其物宜，是故谓之象。圣人有以见天下之动，而观其会通，以行其典礼，系辞焉以断其吉凶，是故谓之爻。

这段文字上面已有，这里重出，大概是为了引起下文。

极天下之赜者存乎卦，鼓天下之动者存乎辞。化而裁之存乎变，推而行之存乎通。神而明之存乎其人。默而成之，不言而信，存乎德行。

前两句讲卦与爻的作用穷极天下奥秘的是卦，鼓动和阐发天下之变动的是爻。以下四个“存”字句讲人与《易》的关系，强调用《易》者自身如何非常重要，说明人的主观能动性起着决定性的作用。上文说“化而裁之谓之变”，“推而行之谓之通”，是针对作《易》者言，此言“化而裁之存乎变，推而行之存乎通”，是针对用《易》者言。“存乎变”和“存乎通”，是说用《易》时要注意变注意通，不是说《易》本身有变有通。“神而明之存乎其人”，人们在用《易》时对《易》的分析不一，见仁见智，怎样才能做到“神而明之”，这就在人而不在《易》了。“默而成之，不言而信，存乎德行”。默，默默不语。成，成就事业。这样的人“不言而信”，对《易》理解深透，其思想与《易》理暗合。《荀子·大略》说的“善《易》者不占”，大概就是这个意思。用《易》者所以能达到这种程度，端在他的德行崇高，平时的修养好。这样的人用《易》能够真正做到“得意忘象”。

系辞传下

八卦成列，象在其中矣。因而重之，爻在其中矣。刚柔相推，变在其中矣。系辞焉而命之，动在其中矣。

自此至“理财正辞禁民为非曰义”为《系辞传下》第一章。“八卦成列，象在其中矣”，“八卦”就是按照“《易》有大极，是生两仪，两仪生四象，四象生八卦”的一分为二的办法生成的乾、坤、震、巽、坎、离、艮、兑八个三画卦。“成列”，成为一列，实际上是说八卦产生了。八卦产生了，象也就在其中了。《易》通过象表达思想，说明问题。这是《易》与别的书的根本区别。象在八卦中有，在64卦中也有，在《易》中的方方面面都有。说“八卦成列，象在其中”，不是说象仅仅八卦中有，64卦中没有，而是说象在八卦生成的时候就已经有了。需要说明的是，根据《说卦传》，八卦代表世间万事万物的八种性质，即“乾健也，坤顺也，震动也，巽入也，坎陷也，离丽也，艮止也，兑说也。”这八种性质是不变的，万事万物都可以归入到这八种性质中来。而八卦的取象却灵活多变，只要能恰当地表达它的性质，取象什么物事都行，不能一定。“因而重之，爻在其中矣”，因是因八卦，“因而重之”就是因由八卦而重为64卦。“因而重之”是在八卦的每一卦上面分别重之以八卦成为64卦。“因而重之”的办法与“《易》有大极，是生两仪，两仪生四象，四象生八卦”不一样。宋人邵雍说64卦的形成是出于加一倍法，这是不对的。64卦的形成用的是“因而重之”的办法，即八卦分别重以八卦，八乘8而得64，64卦一次性完成，其间根本没有八卦生16卦，16卦生32卦，32卦生64卦的过程。“爻在其中矣”，八卦还谈不到有爻，至64卦才有爻的问题，64卦的每一卦都由六爻组成，即所谓“六位时成”是也。而八卦的每一卦我们却无须说它有三爻。这是因为八卦与64卦就其作用说来有着根本性的区别。八卦只是初步将万事万物划分为性质不同的八大类，每一类事物的性质可以取许许多多的象来表达，因而是静态地表现客观世界，其中没有发展变化的意义，没有时间性。64卦则大不一样，64卦从动态的角度反映世界，世界在64卦中被描述为生生不息，不断变化而又无有穷尽的过程。64卦实质上是把客观的世界尤其是人类社会划分为64个接连有序的时代，时代是发展变化的，发展变化由爻来反映。所以说64卦一旦形成，爻也就在其中了。简言之，三画卦不言爻，因为三画卦不反映事物的变化。六画卦言爻，因为六画反映事物的变化。“刚柔相推，变在其中矣”，爻既是表现变化的，其本身必然也是变化的。爻的变化根源在“刚柔相推”上。《易》有384爻，不外乎刚爻柔爻两种。“相推”一语《易》中数次提及，意谓你推我，我推你，你变我，我变你，变化就在这“相推”的过程中产生。《系辞传上》第二章所言“刚柔相推而生变化”，意亦同此。“系辞焉而命之，动在其中矣”，《系辞传》总是将辞与动联系起来，《系辞传上》第十二章言“鼓天下之动者存乎辞”，此言“系辞焉而命之，动在其中矣”，一自动言及辞，一自辞言及动，而意义略同。辞系指爻辞。“命之”，作《易》者用爻辞指明一爻之吉凶悔吝。动，与变不同，变系指刚柔相推而生变化，既是卦爻的变化，也是客观世界变化的反映。此动字与下文“生乎动”与“天下之动”的三个动字义同，皆指人们采取的行动而言。“系辞焉而命之，动在其中矣”，作《易》者在爻下系之以辞，指明一爻的吉凶悔吝，用《易》者的行动方向就包含在其中了。

吉凶悔吝者，生乎动者也。刚柔者，立本者也。变通者，趣时者也。吉凶者，贞胜者也。

卦辞言吉凶而已，爻辞言吉凶悔吝。此言吉凶悔吝，故知是爻辞。爻辞所命的吉凶悔吝，“生乎动者也”，是作《易》者观察人们的行动的结果而得出的。作《易》者给爻系辞以指明吉凶悔吝，乃是根据人们的实践经验做出的总结。并非凭空杜撰。而用《易》者占得这一爻，或吉或凶或悔或吝，只是得到一个行动的方向，究竟是吉是凶是悔是吝，还要看他的实际行动到底如何。一爻之吉凶悔吝，从作《易》的角度说，是源自人们的行动，从用《易》的角度说，是取决于人们的行动。《易》所云吉凶悔吝都是可变的。吉可变凶，凶可变吉，关键在于人的行动。后世算卦先生预言吉凶的宿命论观点在《易》里是找不到的。“刚柔者，立本者也”，这句话有两个层次的含义。天文地理人事物类，世间万事万物，说到根本处不外乎刚与柔两方面。反映到《易》里亦然，乾坤而八卦，八卦而64卦，唯刚柔二者而已，更无其他，此其一。第二，爻有刚柔，刚柔两相对待，不可偏一；唯其有刚才有柔，唯其有柔才有刚，有刚有柔斯可以立本。“变通者，趣时者也”，这句话与上一句相对应。从《易》构成的角度说，刚柔是本，是不可移易的定体，从《易》性质的角度说，变通是趣时，是最基本的特点。变通是刚柔之变通。变是一刚一柔，刚柔相推，往来交错。通是刚柔迭用，相推而不穷。变通的意义在于趣时，趣时是说刚柔之变通反映时之变通，亦即说，刚柔之变通所追求的是时中。“吉凶者，贞胜者也”，这句话的主要意思是说，吉凶不两立，非吉胜凶，则凶胜吉，吉凶常相胜。贞字于此宜训作常。吉凶既常相胜，在一卦一爻里虽指示出一个吉，便有一个凶跟在后面；指示出一个凶，便有一个吉跟在后面。知道这个道理，用《易》者便应在主观上努力趋吉避凶。有吉不能坐等，有凶不能坐失。

天地之道，贞观者也。日月之道，贞明者也。天下之动，贞夫一者也。

此三贞字亦宜训常。观，示。天地之道常久自若地展示给人们看。天常示人以它的“易”，地常示人以它的“简”，纵然偶有变异，也改变不了天地之道常久自若地展示给人看的这个总特点。日月之道常久自若地以光明照耀人间。日明在白昼，月明在夜晚，纵然偶有昃缺，也改变不了日月之道常久自若地以光明照耀人间的这个总特点。天下之动，纷纷籍籍，万千不齐，然而常有一个规律在里面，顺应规律则吉，拂逆规律则凶，故曰“贞夫一”。

夫乾确然，示人易矣。夫坤隤然，示人简矣。爻也者，效此者也。象也者，像此者也。爻象动乎内，吉凶见乎外。功业见乎变。圣人之情见乎辞。

确然是刚健的意思，隤然是柔顺的意思。“夫乾确然，示人易矣”，乾象天，天在上，其日月星辰风雷云雾以及昼夜有常而可准，寒暑有数而可推，都是示人以易，然而并非人人能够法天之易，倒是有很多人将天之易反而视作难。“夫坤隤然示人简矣”，坤象地，地在下，其山川草木虫鱼鸟兽以及人勤劳则所获丰厚，荒疏则不能有秋，都是示人以简，然而并非人人都能法地之简，倒是有不少的人将地之简反而视作繁。这是因为一般的百姓生活在天地之间，行而不著，习而不察的缘故。这些人往往终身不能与天地相似，其德达不到易简的程度。作《易》的“圣人”发现这个问题，乃见天下之动而立爻，象乾坤之易简以示人。“爻也者，效此者也。象也者，像此者也”。从乾坤示人以易简这一点看来，“效此”指的是效乾坤，乾坤是刚柔之宗，乾坤定位而变化无穷，乾坤之易简代表天下之动，所以“爻也者，效此者也”实际上说的还是天下之动。这句话对于上文“吉凶悔吝生乎动”和“天下之动贞夫一者也”两句话是一个结束。“像此”指的也是乾坤，乾坤既是刚柔之宗，像乾坤便是象刚柔之相推。这句话对于上文之言刚柔变通，乾坤易简是一个结束。“爻象动乎内，吉凶见乎外”，这是说《易》之爻象是判断吉凶的根据，爻象动在蓍卦之内，微而不显，吉凶虽也含在爻象之中，却必然落实在蓍卦之外的人的行动上，故显而有迹。“功业见乎变，圣人之情见乎辞”，变是“刚柔相推，变在其中”的变，功业其实就是“变而通之以尽利”，随着爻象之变，以通其利，人的功业就表示出来了。辞即“系辞焉而命之”的辞，也就是卦爻辞。“圣人之情”是作《易》的“圣人”爱人之情，亦即“吉凶与民同患”之情。作《易》的人总是希望人们趋于吉而不陷于凶咎。作《易》者这“吉凶与民同患”之情表现在《易》的方方面面，尤其在辞里最为显著。

天地之大德，曰生。圣人之大宝，曰位。何以守位？曰仁。何以聚人？曰财。理财正辞，禁民为非，曰义。

“天地之大德，曰生”，生即仁。天地无心而生养万物，故其大德曰生不曰仁。圣人有心而仁民爱物，故其大德曰仁不曰生。圣人参天地法天地，全由于他能仁。在天地曰生，在圣人曰仁，生与仁是一回事。“圣人”既是作《易》者也是居最高地位的统治者。“圣人之大宝，曰位”即“崇高莫大乎富贵”的意思，圣人之最可宝贵也是最为重要的东西是他的统治地位。“圣人”靠他的统治地位统治人民，治理天下。“圣人”巩固其统治地位的基本办法是仁，聚拢人民的重要途径是财。财是百物之总称，天下人非财不聚，故天地生物，圣人则要备物尽利养民。财物乃人所贪爱，不以义调理之则必生纷争，所以“圣人”还要“理财正辞，禁民为非”。“理财”谓发展生产以利民生，是谓养民；“正辞”是进行礼教以化民俗，是谓教民。“禁民为非”是施之禁令，致之刑罚，以齐其不可教者，是谓齐民。“禁民为非”其实也就是所谓“义”了。总之，“圣人”治民的办法不外乎仁与义两方面，而以仁为主，辅之以义，用后世儒家的话说，就是宽猛相济，恩威并用。所不同者唯在这里更强调仁。从这一段话我们知道，作《易》者的目的归根结底是为统治者治国治民寻求最佳方案。《易》中仁义并言，只见此章及《说卦传》“立天之道”章。

此章与《系辞传上》第二章相应，复释象爻刚柔吉凶悔吝之事而更加详细。《系辞传上》自第三章以后皆申第二章之意。《系辞传下》则自第二章之后皆申说此章之意。“八卦成列”，“因而重之”就是《系辞传上》第二章之所谓“设卦观象”。根据爻象中刚柔相推之变而系之吉凶悔吝之辞，就是《系辞传上》第二章之所谓“系辞焉而明吉凶”。

古者包牺氏之王天下也，仰则观象于天，俯则观法于地，观鸟兽之文，与地之宜，近取诸身，远取诸物，于是始作八卦，以通神明之德，以类万物之情。

自此至“百官以治，万民以察，盖取诸夬”，为第二章。包牺氏王天下而作八卦这一段话值得怀疑，很可能出于后人窜入，不是《系辞传》原文。关于包牺氏，不见于儒家经典而只见于《庄子》、《管子》和《淮南子》。说包牺氏作八卦，实难征信。因为第一，说仰观俯察，近取远取，于是始作八卦，与《系辞传上》“易有大极，是生两仪，两仪生四象，四象生八卦”之说相抵触。第二，下面第六章有“以体天地之撰，以通神明之德”的说法，所指是《易》书已经产生，八卦已重为64卦并以乾坤两卦居首的时候。这里所言是“始作八卦”之时，不应当就能够通神明之德，类万物之情。

作结绳而为网罟，以佃以渔，盖取诸离。包牺氏没，神农氏作，斫木为耜，揉木为耒，耒耨之利，以教天下，盖取诸益。日中为市，致天下之民，聚天下之货，交易而退，各得其所，盖取诸噬嗑。神农氏没，黄帝、尧、舜氏作，通其变，使民不倦，神而化之，使民宜之。易穷则变，变则通，通则久，是以自天佑之，吉无不利。黄帝、尧、舜垂衣裳而天下治，盖取诸乾坤。刳木为舟，剡木为楫。舟楫之利，以济不通，致远以利天下，盖取诸涣。服牛乘马，引重致远，以利天下，盖取诸随。重门击柝，以待暴客，盖取诸豫。断木为杵，掘地为臼，臼杵之利，万民以济，盖取诸小过。弦木为弧，剡木为矢，弧矢之利，以威天下，盖取诸睽。上古穴居而野处，后世圣人易之以宫室，上栋下宇，以待风雨，盖取诸大壮。古之葬者，厚衣之以薪，葬之中野，不封不树，丧期无数，后世圣人易之以棺椁，盖取诸大过。上古结绳而治，后世圣人易之以书契，百官以治，万民以察，盖取诸夬。

这一段文字自离至夬讲了十三卦的卦义与制器的关系，以为古人制出的器物都根据卦象卦义得来，这种说法，显然颠倒了本与末的关系。事实上不是卦先于器，而是器先于卦，古人在历史上先后发明的网罟、耒耜、日中为市、舟楫、臼杵、弧矢、宫室、棺椁、书契等等，全是生产发展和社会需要的结果，与卦没有什么关系；倒是制定64卦卦名和卦义时受过器物的启发和影响。例如井、鼎二卦，肯定产生于井与鼎这两种东西出现之后，而绝对不会先有井鼎二卦后有井鼎二物。总之，这一段文字不可信据，故无须解释。

是故《易》者，象也。象也者，像也。彖者，材也。爻也者，效天下之动者也。是故吉凶生而悔吝著也。

这一段文字为第三章。"《易》者象也"，《易》是什么？《易》是象。象是《易》的本质特点，《易》用象表达思想。离开象，《易》便不成其为《易》了。"《易》者象也"一句总论《易》的实质是象。以下三句言"像也"，"材也"，"天下之动也"，都是释上面那个象字。"象也者像也"，象是什么？象就是像。像是事物之形像。《易》中诸如天地马牛首足、白马翰如、载鬼一车、鸣鹤在阴、卦画、筮数等等凡有形可见者，皆谓之像，像就是象。"彖者材也"，彖是卦下之辞、是断一卦之义的。一卦之义寓于一卦之象中，卦辞就是一卦之象的文字表述。表述一卦之象的卦辞(即彖)与材相似。材是构屋之木，屋须聚众材而成，卦亦须聚一卦之众义而立象系辞。爻也者效天下之动者也"。爻，爻之象及爻之辞。效，仿效。爻之象的特点与彖不同。彖之象似构屋之材，是由静态的角度看。爻之象仿效天下之动，是由动态的角度看。从整个64卦的宏观方面看，每一卦代表一个时代，由此一时代发展到彼一时代，当然也是动的；但是从一卦的微观方面看，代表一个时代的卦就是相对静止的了，而卦中各代表一个发展阶段的六个爻则是反映趋时之变的。反映趋时之变的最终结果是效天下之动。效天下人的行动，便有成败得失，吉凶悔吝的问题。所以下文接着讲"是故吉凶生而悔吝著也"。吉凶就是得失，吉是成功，凶是失败。吉凶已经在人的行动上反映出来，由无而有，故曰"生"。悔是改过，改过可以获吉；吝是文过，文过可以致凶。悔吝主要表现在人的心中，尚未成为行动，由微而显，故曰"著"。"吉凶生"与"悔吝著"都是动的结果。

阳卦多阴，阴卦多阳，其何故也？阳卦奇，阴卦耦。其德行何也？阳一君而二民，君子之道也；阴二君而一民，小人之道也。

这一段文字是第四章。震坎艮为阳卦，皆一阳二阴。巽离兑为阴卦，皆一阴二阳。阳卦应该多阳，阴卦应该多阴，然而实际上却是阳卦多阴，阴卦多阳。这是为什么呢？这是因为“阳卦奇，阴卦偶”。阳卦以奇为主，即一阳二阴，如☳震、☶艮、☵坎。阴卦以偶为主，即一阴二阳，如☴巽、离☲、☱兑。凡阳卦皆五画，阴卦皆四画。“其德行何也”？阳卦与阴卦的德行有何不同呢？“阳一君而二民，君子之道也”。阳代表君，阴代表民，阳卦一君统二民，二民共事一君，是君子之道。“阴二君而一民，小人之道也”，阴卦二君，二君一民，一民事二君，是小人之道。由三画卦例而推之看六画卦，情况略同。如䷗复、䷆师、䷎谦、䷏豫、䷇比、䷖剥诸卦皆以一阳为主，都是君子之道。䷪夬、䷍大有、䷈小畜、䷉履、䷌同人、䷫姤诸卦皆一阴五阳，姤，履、夬以一阴为主，是小人之道，唯同人之六二、大有之六五，以其居中能同乎阳，有乎阳，不为小人。小畜之六四因其得位能畜乎阳，亦不为小人。除一阳之卦阳为主，一阴之卦阴为主之外，凡阳居内而得时者，皆为主，如䷊泰、䷒临，泰以九二为主，临以初九为主。凡阴居内而得时者，皆为主，如䷠遯、䷋否，遯以六二为主，否以六二为主。凡阳卦居内而为主者治，如䷊泰，䷩益；凡阴卦居内而为主者乱，如䷋否、䷨损。总之，易卦尊阳抑阴，在一卦之中，若阴为臣道，以能顺阳为善；若阴为君道，以能应阳为美。这一章从八卦讲起，使人例推 64 卦之义，知道这就是象所取的一卦之材。一卦之材包括许多内容，而最根本的一点是卦中阳道不能有二，只可有一。

《易》曰，憧憧往来，朋从尔思。子曰，天下何思何虑？天下同归而殊途，一致而百虑。天下何思何虑？

自此至“立心勿恒凶”为第五章。这一章释“爻也者，效天下之动者也”之义，而强调“天下之动贞夫一”。共举 11 爻为例发明此意，虽然各为一段，但意义实相连贯，而此爻之义尤为亲切。“憧憧往来，朋从尔思”，乃咸卦九四爻辞，引此以说明天下感应之理本只有一个，听其自然是了，无须人为安排。世间事有往必有来，有来必有往，人亦不可没有往来，但是加上“憧憧”二字，“憧憧往来”，往来而憧憧有私就不好了。思虑也是人不能没有的，但是营营思虑，思以求朋，局于朋从，则未免狭窄。天下此感彼应之理全出于自然而然，尽管事事物物，千差万别，所行的路途不一样，而所归则同在于此；尽管人们所应接的事物不一，所发之虑也各种各样，而所达到的结果则只有一个。知乎此，则人之应事接物，唯顺其自然之理而已，何必营营思虑。

日往则月来，月往则日来，日月相推而明生焉。寒往则暑来，暑往则寒来，寒暑相推而岁成焉。往者屈也，来者信也，屈信相感而利生焉。

信，今通作伸，举日月寒暑往来屈伸的自然感应之理进一步阐释上文殊途同归，百虑一致，往来不可无，而憧憧不可有的思想。日月往来相推而必归于生明，寒暑往来相推而必归于成岁。就是说，从自然界的现象看，如日月寒暑，无不一屈一伸，一往一来，屈伸相须，往来相感；通过相须相感而产生了利，即解决了实际的问题。日月相须相感产生光明，寒暑相须相感形成年岁。往就是屈，来就是伸，一屈一伸，屈伸相感，生命的运动就实现了。

尺蠖之屈，以求信也；龙蛇之蛰，以存身也。精义入神，以致用也；利用安身，以崇德也。

由自然界的屈伸相须现象言及人类亦有伸必有屈，有动必有静。伸与动是必要的，屈与静也是必要的。尺蠖这个虫豸是靠一屈一伸而前行，它在屈与静的时候，正是为了求伸求动。没有它的屈，就没有它的伸，屈与伸对于它来说是同等重要。龙蛇冬天蛰伏不动，也是为了保存自己的生命，以待春天重新出来活动。与尺蠖一样，龙蛇的蛰、屈，正是为了未来的动、伸。龙蛇而无蛰无屈，生命将不能延续。更概括一点说，事物有动必有静，有静方能有动，动静相须才有生生不息的世界。自然界如此，人类社会亦是如此。“精义入神”，便是人类的屈与静的功夫，当然这是更高级的屈与静。“精义入神”是说人的修养达到最高的境界。人在进行这种修养的时候，可谓屈之至矣，然而它正是为了出而致用。唯其如此，然后始可以利其用而安其身，无论干什么事无不顺利成功而且可以在在皆安而泰然处之了。此又可谓伸之至矣。“以崇德也”，外边事事都解决得好，则胸中所得益深，自然可以增崇其德。“精义入神以致用”，是由静而动，由屈而伸。“利用安身以崇德”是由动而静，由伸而屈。人人皆知伸之利，而不知屈之所以利，故孔子在这里并言屈伸动静，而更强调屈与静的重要。

过此以往，未之或知也。穷神知化，德之盛也。

尺蠖之屈伸，龙蛇之蛰存，乃自然感应，完全没有思虑，人的学问修养也当如此。“精义入神”是屈，是向内用功夫，而必然致用于外，达到伸的结果。“利用安身”是伸，是向外用功夫，而结果必然崇其德于内，归结于屈。人只是如此自然地作将去，除此而外，“未之或知也”，不容于另有所思，另有所为。纵然达到“穷神知化”的程度，也只是崇德的结果，乃是德盛仁熟所致。“穷神知化”比“精义入神”和“利用安身”为更高的修养层次。“精义入神”和“利用安身”尚不免有思用力，待渐进渐熟而至于德盛，德盛而至于穷神知化，便无有所思无有所为了。“穷神”自“入神”而来而高于“入神”。一个物事既可能在阴又可能在阳，在阴在阳不可测，这就是神。“入神”是所知精深，阴阳两在，疑不可测的事物，也能知晓。“穷神”则不止于知晓，其聪明睿知几与神明相契，两在难测的事物已被它穷尽，在它的面前神不成为其神了。“知化”自“利用”而来而高于“利用”。一个物事总有阴阳两方面，阴阳推行有渐，日积月累，节节变化，这也是人难以把握的。由于“精义入神”而能“利用安身”的人却能够利用得恰当适宜，在在皆安，但还未至于“知化”。至于“知化”，便不是主观的行为与客观的变化合宜不合宜的问题了，而是行为与造化几乎为伍，主体与客体臻于统一。达于“穷神知化”的人，往来自然而绝不憧憧，屈伸随时而无由思虑。

《易》曰，困于石，据于蒺藜，入于其宫，不见其妻，凶。子曰，非所困而困焉，名必辱；非所据而据焉，身必危。既辱且危，死期将至，妻其可得见邪！

这一章的主旨在于解释“爻也者，效天下之动者也”的意义。自上文咸卦九四爻辞以下共举爻效动之例 11 条，而以发挥咸九四爻辞之义为主，其余都是进一步发明个中道理。这一段话讲的是困卦六三爻辞，六三处在进退之际，前面有九四象石头挡住它的去路，故云“困于石”。后面又有九二，六三乘九二之刚，象坐在带刺的蒺藜上面一样，故云“据于蒺藜”。六三受困于进不得，退亦不得的境地，上六是六三的应爻，好象六三的宫，似乎可以入，但是六三与上六是以柔遇柔，不是匹配关系，故云入于其宫，不见其妻。妻乃至近易见之人，妻且不得见，更何况朋从。困六三的问题在于为所不宜为，做所不当做，走到了“利用安身”的反面，以至于名辱身危，无可挽救。

《易》曰，公用射隼于高墉之上，获之无不利。子曰，隼者禽也。弓矢者器也。射之者人也。君子藏器于身，待时而动，何不利之有？动而不括，是以出而有获，语成器而动者也。

这一段话解释解卦上六爻辞。此爻辞的意思是讲如何除去居高位的小人的问题。“隼于高墉之上”，是阴鸷的小人居于高位，又处在当去而未去的时候，这时君子如有韬略在胸，动而除之，必一举成功。孔子引用这条爻辞，要说明屈伸往来的道理，当屈必屈，当伸必伸。君子欲解决问题，须有解决问题的办法，而且要抓准时机，时候不到不动，时候一到必动，所谓“藏器于身，待时而动”是也，此即屈。一旦时机成熟，就毫无迟疑，毫无阻碍地付诸行动，这是不能不成功的，所谓“动而不括，是以出而有获”是也，此即伸。欲伸必先屈，屈而后得伸，关键的一点是藏器而待时，动而不括。这也是“利用安身”的功夫。

子曰，小人不耻不仁，不畏不义，不见利不劝，不威不惩。小惩而大诫，此小人之福也。《易》曰，屦校灭趾，无咎。此之谓也。

这段话解释噬嗑初九爻义。君子讲仁义，所以用仁义责君子。小人不讲仁义，所以不能用仁义责小人。小人不以不仁为耻，不以不义为畏，行动无所忌惮。小人非利不劝，非畏不惩。对待小人只有两个办法，一是晓之以利，一是施之以威，而主要是施之以威。当小人的罪恶还很微小的时候，就当威以制之，使之及早收敛而有所忌惮，不至酿成大恶大祸，这就是“小惩而大诫”。这样对待小人，乃是小人之福。噬嗑初九讲的，“屦校灭趾无咎”正是这个道理。

善不积不足以成名，恶不积不足以灭身。小人以小善为无益而弗为也，以小恶为无伤而弗去也。故恶积而不可掩，罪大而不可解。《易》曰，何校灭耳，凶。

这段话释噬嗑上九爻义。噬嗑上九爻义与初九相反。初九“屦校灭趾”，小惩而大诫，“无咎”，上九“何校灭耳”，恶积而不可掩，“凶”。善恶都不是一朝一夕之故，乃长期积累而成。君子精义入神，知大善积之于小善，故积小善而至于大善，能屈故能伸，能往故能来，小人则反是。

子曰，危者安其位者也。亡者保其存者也。乱者有其治者也。是故君子安而不忘危，存而不忘亡，治而不忘乱，是以身安而国家可保也。《易》曰，其亡其亡，系于苞桑。

这段话释否卦九五爻义。孔子从否卦九五爻辞“其亡其亡，系于苞桑”之中悟出了一个道理，即安与危、存与亡、治与乱，都是相互依存，相互转化的。危自安来，亡自存来，乱自治来，亦犹屈自伸来。君子知此理，则当居安思危，存而不忘亡，心中恒畏惧“其将灭亡，其将灭亡”，就能象“系于苞桑”一样巩固。

子曰，德薄而位尊，知小而谋大，力小而任重，鲜不及矣。《易》曰，鼎折足，覆公𫗧，其形渥，凶，言不胜其任也。

这段话释鼎卦九四爻义。君子位当其德，谋量其知，任称其力，位、谋、任三者各当其实，故能“利用安身”。小人则反是，德薄而居高位，知小而用大谋，力微而当重任，很少有不及祸的，犹如“鼎折足，覆公𫗧”，必致形渥之凶。非所胜任而任，不当伸而伸，心欲“利用安身”而结果相反。

子曰，知几其神乎？君子上交不谄，下交不渎，其知几乎？几者动之微，吉凶之先见者也。君子见几而作，不俟终日。《易》曰，介于石，不终日，贞吉。介如石焉，宁用终日？断可识矣。君子知微知彰，知柔知刚，万夫之望。

此段释豫卦六二爻义。“知几其神乎”，几是什么？“几者动之微，吉之先见者也”。几是事之方萌，有象无形，欲动未动的状态，未来发展的趋势是吉是凶，于此已可见端倪。事未至而空论道理易见，事已至而道理显然尤易见，唯事刚刚萌动就看出它的未来结果，最难。事情尚处在似动未动，吉凶两可的时候，就能见其究竟，预先采取相应措施，这不是神吗！“几者动之微”，为什么用上交下交的问题加以说明？因为上交下交是人人都会遇到的普遍性问题，而且上交下交的分寸极难把握，最能说明“知几其神”的道理。上交贵于恭，然而恭则近于谄，在恭到露出谄的苗头的时候就戛然止住，使之不至于谄。下交贵于和，然而和则近于渎，在和到出现渎的端倪的时候就断然而止，使之不至于渎；“见几而作，不俟终日”，发现了问题立即行动，绝不等到明天。唯君子能如此，小人则不能。因为君子“介于石，不终日，贞吉”。君子确然守正，不转如石；其心定则其智明，其智明则默识而善断，故“不俟终日贞吉”。小人长着算珠的脑袋，随利而转，凶至尚且不知，更何谈“见几而作”！“君子知微知彰，知柔知刚，万夫之望”，微与彰，柔与刚，各是相互依存的一对，君子见微则知彰，见柔则知刚，能知几如是，必得天下万民的仰望。

子曰，颜氏之子，其殆庶几乎？有不善未尝不知，知之未尝复行也。《易》曰，不远复，无祇悔，元吉。

此释复卦初九爻义。“颜氏之子”，孔子弟子颜回，后世奉为复圣者。“其殆庶几乎”，接上文而言，言颜回几乎达到了“见几而作，不俟终日”的水平。颜回虽然不免有过错，但是因为能够“有不善未尝不知，知之未尝复行也”，故不贰过。颜回天资甚高，闻一而知十，有了过错能及早发觉，发觉了就改，改了就不再犯。复卦初九不远复，无祇悔，元吉”，颜回的表现恰与此同。这一段文字强调的是知，人皆知有不善未尝复行为难能，殊不知有不善未尝不知尤为可贵。

天地细缊，万物化醇。男女构精，万物化生。《易》曰，三人则损一人，一人行则得其友，言致一也。

此释损卦六三爻义。三人行，必须损去一人，变成二人；一人行，必须增加一人，也变成二人。这说明宇宙间一个根本的道理，即一切事物都是“致一”的。“致一”也就是专一。专一是说凡物一必为二，二必为一。一个东西必分为两方面，两方面必统一为一个东西。这个道理是普遍存在的，不过在天地关系与男女关系上表现得最为明显。“天地细缊，万物化醇”，盖言天地之阴阳二气密相交感而致于一，气化凝结为万物。“男女构精，万物化生”，男女包括在万物之内，前言“万物化醇”，有生物与无生物全在内，此言“万物化生”，单指有生物。男女谓飞潜动植之雌雄牝牡，非单指人类。天地既生万物，万物之有生命者各有阴阳精气，阴阳精气相交构，则化生无穷。天地男女，化醇化生，都反映着万物一必为二，二必为一的道理，亦即所谓“天下之动，贞夫一者也”。人们有见于此，无论外界事物如何千殊万变，自己都要专一守常，照着本章开首所言“精义入神以致用”，“利用安身以崇德”的要求去做。

子曰，君子安其身而后动，易其心而后语，定其交而后求。君子修此三者，故全也。危以动则民不与也；惧以语则民不应也，无交而求则民不与也，莫之与则伤之者至矣。《易》曰，莫益之，或击之，立心勿恒，凶。

此释益卦上九爻义。主旨是讲君子如何处理好己与人的关系问题。处理好己与人的关系的标志是看是否与人为一。与人为一好，为二则不好。与人为一当如何？“安其身而后动”，首先将自身的问题解决好，然后行动。“易其心而后语”，易是惧的反面。易直的人心怀坦荡，是非毁誉全不在意，讲起话来心平气和，无所顾虑。“定其交而后求”，要先有恩于人，有信于人，与人爱恶同尚，情谊相通，而后有求于人。“故全也”，君子做到以上这三条，就是与人为一了。如果相反，“危以动则民不与”，人民不参与你的行动。“惧以语则民不应”，你居心不正，已自惶恐，讲出的话，人民不会响应。“无交而求则民不与”，你对人民无恩无信无情而有求于民，则人民什么也不会给你。做事无人参与，讲话无人响应，有所索求无人给与，这种人莫之与的孤家寡人，必然有人来伤害它。益卦上九“莫益之，或击之，立心勿恒，凶”，讲的正是这种人。“莫益之”，没有人支持它，帮助它。“或击之”，必有人来攻击它。“立心勿恒凶”，“勿恒”谓不一，谓无常。损极必益，益极必损。益卦上九，益已至极，故无人益它，只有人伤它，这本是常理，何况它立心无常，立心不一，岂能无凶！

以上第三第四第五三章总言吉凶效动而归于贞一的道理。第三章统论卦与爻。第四章举例说明“象者材也”。第五章举例言“爻也者效天下之动者也”的意义，而以咸卦九四爻辞“憧憧往来，朋从尔思”为纲，接着列举 10 条爻辞，一以贯之，通论“天下之动贞夫一”，往来屈伸无二致的道理。君子要想应付天下之动而屈伸往来自如，最根本的办法是“精义入神以致用”和“利用安身以崇德”，进而达到“穷神知化”的程度。

子曰，乾坤其易之门邪？乾，阳物也。坤，阴物也。阴阳合德而刚柔有体，以体天地之撰，以通神明之德。

自此至“以明失得之报”，为第六章。这一段话同上文说过的“乾坤其《易》之缊邪”，“阖户谓之坤，辟户谓之乾，一阖一辟谓之变，往来不穷谓之通”以及“乾坤成列，而易立乎其中矣”，意义近似，都是说 64 卦之义已蕴藏在乾坤二卦之中，64 卦是乾坤二卦变化发展的结果。同样意思的话反复地讲,可见乾坤二卦在《易》中的地位和作用有多么重要。“乾坤其易之门邪”,用门比喻乾坤同易的关系,这是极恰当的。易好象门之体,乾坤好象门之用,有门而不用,门也就不成其为门,没有门之体当然门之用更无从谈起。门打开就是乾,门关上就是坤。门不断地运动才有乾坤,倘门或关或开停在那里不动,乾坤也就不见,易也就息了。“乾坤其易之门”,不能理解为门有两扇,一扇为乾一扇为坤,因为乾坤本来是一个东西而不是两个东西,是一个东西的两个方面。说乾坤是门,是说门的一开一关象乾坤,至于门是一扇是两扇并不重要。一扇也罢,两扇也罢,它一开一关地运动起来才象乾坤,它不开不关地停在那里,便不象乾坤。“乾坤其易之门”,也不可理解为易是房室,乾坤是门。因为易与乾坤实际上是一个东西,不可能分开。乾坤是门,易也是门。乾坤是门的运动变化,易是运动变化中的门。假如门停止运动变化,则乾坤不见,易也不见。“乾,阳物也;坤,阴物也”。乾是阳物,坤是阴物。乾坤是阴阳却与阴阳不尽相同。乾坤是六画奇的纯阳和六画偶的纯阴,用以代表事物的健顺两种性质,64卦是由它们发展变化而来。乾坤可以说是阴阳,阴阳却不可以说就是乾坤。因为阴阳比乾坤更具有普遍意义。阴阳不代表事物的某种性质,阴阳代表一切事物的对立统一着的两个方面,阴阳就是矛盾,阴阳具有更大的抽象性。阴阳存在于 8 卦和 64 卦之中,8 卦和 64 卦无不由阴阳构成。“阴阳合德而刚柔有体,以体天地之撰,以通神明之德。”这几句话讲 64 卦的产生及作用、功能。64 卦的产生,简括说来就是“阴阳合德而刚柔有体”。这个阴阳概指乾坤言。乾元,万物资之以始。坤元,万物资之以生。万物即 64 卦。乾坤共同生成 64 卦。有乾无坤,有坤无乾,都不能生成 64 卦,“阴阳合德”才能生成 64 卦。“阴阳合德”,于是“刚柔有体”。体是有形可拟。64 卦生成于乾坤之合德,而落实在“刚柔有体”上。有刚有柔,刚柔交错,64 卦才最后生成,具体可见地摆在那里。换言之,64 卦的产生,是阴阳合德而后,通过“刚柔有体”完成的。体是体现,撰是做事。“天地之撰”,天地造生万物。“以体天地之撰”,64 卦的生成恰是天地生成万物的体现。“神明”不是别的,就是“知变化之道者,其知神之所为乎”的神,神是变化之道,亦即客观的规律。“以通神明之德”,乾坤阴阳刚柔,相推相荡,一动一静,往来不穷,反映了客观世界的变化之道。

其称名也杂而不越，于稽其类，其衰世之意邪？

“其称名也杂而不越”，紧接上文讲下来，言64卦之卦名称屯称蒙，称井称鼎，称蛊称涣，称损称益，看上去杂乱无章，但是实际上极有规律。它们不论叫什么名称。都不越出乾坤刚柔变化的范围。“于稽其类，其衰世之意邪”，于，语辞，无义。稽，考。大意是说，考察64卦表达的事类即历史内容，看得出《易》的卦爻辞可能是衰世之作。

夫《易》彰往而察来，而微显阐幽，开而当名辨物，正言断辞，则备矣。

“彰往而察来”，即《系辞传上》所说“神以知来，知以藏往”的意思。彰往即藏往，察来即知来。彰往或藏往是卦的功用，察来或知来是蓍的功用。卦与蓍是构成《易》的两大方面，彰往与察来是《易》的两大功用。“而微显阐幽”，据朱熹说，当作“微显而阐幽”。微显，是使微变而为显。阐幽，是使幽隐的东西阐发出来。“微显而阐幽”，意与“探赜索隐”近似。“开而当名辩物，正言断辞，则备矣”，这两句话难晓，“开而”一词尤不知所云者何。郭雍说：“当名，卦也。辩物，象也。正言，彖辞也。断辞，系之以吉凶者也。”依郭氏之说，这一段话连贯起来理解，当是先给卦命名，然后辨别亦即认识卦中之象，根据象系之以卦辞，卦辞中包括判断吉凶的内容。

其称名也小，其取类也大。其旨运，其辞文，其言曲而中，其事肆而隐。因贰以济民行，以明失得之报。

“其称名也小，其取类也大”，是说64卦虽卦名所含的意义很小，很具体，如井卦鼎卦等，但是它们各自的取类却很大，每卦都代表着一类事物，一定的时代。自然界和人类社会，天之道与民之故，一切事物的变比发展及其规律都包含在64卦之中，每卦所含盖的内容当然是很宽的。简言之，称名小而取类大，就是说卦的名很具体，看来含盖面很小，而卦反映的思想内容却含盖面很大，有较大的普遍性。“其旨远，其辞文”，是说64卦的卦辞有旨远辞文的特点。旨远，谓卦所反映的事物旨意深远，不易参透。辞文，谓卦所用的言辞有文彩，令人寻绎不尽。“其言曲而中，其事肆而隐”，这是又申言旨远辞文二语之意。“其言曲而中”是申“辞文”。唯其辞文，所以不直说；虽不直说，然而恰中事理。“其事肆而隐”是申“旨远”。《易》中所举的事实，从表面上看是肆，很明显，很具体，然而寓意却是隐而难于测度。《易》之所以具备这些特点，说穿了，在于它原是卜筮之书。贰，疑也，吉凶失得不定。“因贰以济民行”，即通过吉凶得失以指导人们的行动。“以明失得之报”，承上句讲来，谓经过人的努力能够成功，卦辞报之以吉；弄得不好，则可能失败，卦辞报之以凶。《易》用吉凶报告人的失得。

《易》之兴也，其于中古乎？作《易》者其有忧患乎？

自此至“井以辨义，巽以行权”，为第七章。《易》即《周易》，绝不是《连山》和《归藏》。看这两句话的疑问口气，可知给《周易》作传的孔子，虽生在春秋晚期，也已经不能准确地指明《周易》成书的时代。他以为可能产生在中古。中古是什么时代？孔子在春秋晚期讲中古，中古极可能是殷周之际。他的根据是，《周易》的卦辞爻辞有着一种明显的忧患意识，《周易》的作者大概是那有忧患意识的人，那人可能是与殷纣王作斗争的文王，但是孔子谨慎得很，他只是指出时代而不认定作者究竟是谁。

是故履，德之基也。谦，德之柄也。复，德之本也。恒，德之固也。损，德之修也。益，德之裕也。困，德之辨也。井，德之地也。巽，德之制也。履和而至，谦尊而光。复，小而辨于物。恒，杂而不厌，损，先难而后易。益，长裕而不设。困，穷而通，井，居其所而迁。巽，称而隐。

上文言及“作《易》者其有忧患乎”，何以见得作《易》者有忧患呢？这里举出讲如何反躬修已以处忧患的履、谦、复、恒、损、益、困、井、巽等九卦以为例证。64卦中反映反躬修已以处忧患的卦必不止此九卦，为什么不少举几卦或多举几卦，偏偏举九卦？这不会有什么深意，不过偶然拈来而已。《周易》是讲变通的书，处处都不可为典要，读它自然不宜拘泥。“履，德之基也”，修德的第一步要在践履即实际行为上下功夫。“谦，德之柄也”，修德的关键是要谦退，倘处患难而矫亢自大，则必取祸。“复，德之本也”，德的根本在于不断地摆脱外物的影响，自反吾固有的善性。“恒，德之固也”，修德必须守常不变，终则有始，无论如何绝不动摇。恒卦正是解决这个问题的。“损，德之修也”，修德要日损于德有害的东西，从而日进于德有益的东西。“益，德之裕也”，日益以增进其德，使绰绰然有余裕。“困，德之辨也”，岁寒然后知松柏之后凋，临患难，处困境，德之浅深自然可辨。"井，德之地也"，井的特点是养人利物，居而不改。人之修德亦当如此，有德施以及人，又能保持自己德性不改移，不见损。"巽，德之制也"，巽义为顺为入而贵断，君子做事欲行权而不拘泥，务必将心深入其中，仔细裁度，既顺时制宜，又不随流合污。以下再分析九卦的特点。"履和而至"，履是礼，礼贵和，和宜中。"至"是至于中，不及于中或过于中都不是"至"。"和而至"，"和"应恰到好处，过或不及皆不可。"谦尊而光"，人能谦则自卑自晦。自卑则人反而尊之，自晦则德更加光显。"复小而辨于物"，对天下国家而言，一身为小，故小谓一身。辨读曰徧，古字辨徧通。复初九"小象"曰："不远之复，以修身也。"这里言"小而辨于物"，意谓先修一身之小，而后徧及齐家治国平天下之大。"恒杂而不厌"，杂当读如匝，匝是周的意思。事情经过自始至终的一个过程叫做周。恒卦之义是终始相循而无已，故曰"杂而不厌"。恒卦《彖传》曰："利有攸往，终则有始也"。有同义。事已至终就算匝了，终而又始，岂不是匝而不厌！"损先难而后易"，损是惩忿窒欲而逆于情之事，损之初，在己必有所勉强，在人更有所难堪，故先难。损之日久，事理乃顺，人心乃顺，故后易。"益长裕而不设"，设，人为造设。人之益己益人，人君之益天下国家，如同天地之益万物，贵在诚正自然而不侈张造作。"困穷而通"，君子处于困境，身困而志不困。困卦《彖传》说："险以说，困而不失其所亨，其唯君子乎！"君子处困而能悦，无所怨天，无所尤人。"井居其所而迁"，改邑不改井，井居其所，故井能保存自己。往来井井，故井又能迁而及人，博施济众。通常情况，凡有及于人必失诸己，凡为己必不能及于人，唯独井既能及人又能存己，物我两存。"巽称而隐"，称，得宜；隐，不露。巽能顺能入，遇事善于权衡利弊，把握分寸，处之或文或质，或宽或猛，皆得其宜，却又不露声色形迹，全在默默之中做到。

履以和行。谦以制礼。复以自知。恒以一德。损以远害。益以兴利。困以寡怨。井以辨义。巽以行权。

此第三次解析九卦之义，进一步阐明君子处忧患之道。"履以和行"，君子运用履卦之和来指导行动。和即恰当适中，做事无过无不及。"谦以制礼"，君子运用谦卦之谦逊以制礼，谦逊是行礼的前提，自尊自大的人行不能由礼，谦逊的人才能用礼节制自己。"复以自知"，君子运用复卦之义以自反自己本有的善性，使有不善未尝不知，知之未尝不改。"恒以一德”，君子运用恒卦之义守其德不变，始终如一。一德是二三其德的反面，君子守常故一德，小人无常故二三其德。“损以远害”，君子运用损卦之义以损去有害自己的东西。“益以兴利”，君子运用益卦之义以改过迁善，天下有利于己者，莫如迁善，故曰兴利。“困以寡怨”，君子运用困卦之义以寡怨。处困何以能寡怨？君子处在困厄之时，唯自反而已，虽困而通，虽穷而乐，何怨尤之有？“井以辨义”，君子之义在于济物，井卦之义在于养人；君子观井卦之象，可以明了存己济物，各得其宜之义。“巽以行权”，巽有顺入之义，顺能顺于理，入能入于理；能顺于理，入于理，故能行权。权是秤砣，物之轻重由它衡量。权的特点是随物之轻重而应之，其动静随时推移，泯然无际，人只能看见它适平而已。君子运用巽卦之义，做事就要如行权那样，随时顺理应变又隐然做过，令人不知不觉。

《易》之为书也，不可远。为道也屡迁，变动不居。周流六虚，上下无常，刚柔相易。不可为典要，唯变所适。

自此至“苟非其人，道不虚行”为第八章。这一章专论爻辞。这一段着重说明《易》的特点在于变易。“《易》之为书也，不可远”，《易》作为一部书，它对于人非常重要，谁都不可远离它，甚乃不可须臾离开它。“为道也屡迁”，易作为道来说，它是屡迁的，变动不止的。以下各句更进一步阐发“为道也屡迁”的道理。不居，不止。六虚即六位，也就是一卦之初二三四五上六位。六位不曰六位而曰六虚，表示六个位现在正空虚着，等待变动。“变动不居，周流六虚”，刚与柔在六虚之中升降往来，循环流转，变动不止。“上下无常，刚柔相易”，它们或自上而降下，或自下而升上，是上是下并无一定。刚来则柔往，柔来则刚往，刚易柔，柔易刚，刚柔相易不穷。“不可为典要”，韩康伯说“不可立定准也”，是说得很对的，《易》是不可拿什么东西做定准的，因为它“唯变所适”，没有确定不变的规定，一切都看变化而定。正所谓“变通者，趣时者也”，亦即程颐《易传》说的“《易》变易也，随时变易以从道也。”吉凶悔吝无一定的标准，全要在一卦一爻中作具体分析。例如阳居阳，阴居阴，为正，一般说来吉，然而有时却凶。有应是吉的，但有时有应是凶的。不能确定一个不变的标准，这就是“不可为典要”。如果象扬雄《太玄》那样，死死排定 354 赞当昼，昼吉，吉中又分轻重，354 赞当夜，夜凶，凶中又分轻重，就是可为典要了。

其出入以度外内，使知惧。又明于忧患与故。无有师保，如临父母。初率其辞而揆其方，既有典常。苟非其人，道不虚行。

这一段话不好理解，我们只能大概了解它的意思。“其出入以度，外内使知惧”，一个须臾不离《易》的人，他的出入行藏必然谨慎有度，做事总是心存戒惧，不敢妄作妄为。外惧自己的举动行为有差失，内惧自己的道德修养有不足。“又明于忧患与故”，人不远《易》，不仅能使他内外知惧，又能使他认识自己的忧患所在和自己在天下国家的事务中应承担的责任和义务。“无有师保，如临父母”，一个不远离《易》的人，虽然没有师与保的教训辅导，其对待《易》的感情也会象对待父母那样崇敬、钦爱。“初率其辞而揆其方”，这是讲怎样用《易》。首先了解、驾御《易》之某卦卦辞爻辞的意思，然后把握那辞所指示的方向。“既有典常”，易虽不可为典要，刚柔变化及其反映的吉凶悔吝没有定准，但是它的变化并非杂乱无章，而是有规律可循的。从这个角度说，《易》又是有典常的。“苟非其人，道不虚行”，易之道是存在的，《易》之书也作成摆在那里，关键的问题是看有没有真正懂得它的人去学它用它。人能弘道，道不能弘人。《易》必须有理解它的人学它用它，才能发挥作用。假设学《易》用《易》的都是不懂《易》的人，那么《易》之道怎能行之于世呢？

《易》之为书也，原始要终以为质也。六爻相杂，唯其时物也。其初难知，其上易知，本末也。初辞拟之，卒成之终。

自此至“其柔危，其刚胜邪”为第九章。这一章重点讲爻的地位和作用。但是总论 64 卦的爻，不是讲某一卦的爻，所以先从全《易》的特点讲起。“《易》之为书也，原始要终以为质也”，《易》作为一部书，它有一个重要特点，就是它讲究“原始要终”，无论是整个 64 卦的排列还是一卦的构成，都以原始要终作为它的质。质字在此可以理解为体。“原始要终以为质”，64 卦的整体是根据“原始要终”的原则构成的，一卦的体也是根据“原始要终”的原则构成的。“原始要终”就是推原其始，要约其终。从它的始看它的终，又从它的终看它的始。总之，重视终始的问题。《易》之所以特别讲究始与终的问题，根本的原因在于《易》是讲变的书，讲变就必然讲时。“卦者时也，爻者适时之变者也”，讲时也就必然把变看作过程，讲过程则必不能不言始终。在《易》书中无处不贯穿着“原始要终”的精神。

古人大多认为这里的"原始要终"仅仅指一卦而言，其实不然。既然讲"《易》之为书也"如何如何，所指必是全《易》。全《易》64卦是一个大的发展过程，由乾坤两卦开始，一卦作为一个时代，依次有序地一直发展到既济、未济两卦终结，然后开始新的过程。乾坤就是始，既济未济就是终。始以乾坤而终以既济未济，意义十分深刻，反映作《易》者有发展即过程的明确观念。一卦里的从初到上，也是按照"原始要终"的思想排列起来的。初即始，上即终，初与上有着密切的关系。"原始要终以为质也"，虽然讲的是全《易》的特点，但是从下文的内容看，这里要说的确实是一卦的始与终。"六爻相杂，唯其时物也"，既表明64卦是"六爻相杂"，也表明每一卦是"六爻相杂"。"六爻相杂"是说六爻刚柔动静吉凶悔吝不同。六爻刚柔动静吉凶悔吝不同，不显示别的，唯显示它们反映不同的时与物而已。时是"卦者时也"的时，即一个时代，整个64卦发展链条中的一个环节。物是"物以群分"的物，亦即阴物阳物的物。六爻阴阳刚柔动静交错在一起，形成一卦，代表一个时代，而交错在一起的六爻中的每一爻则代表一个时代中的一个发展阶段，亦即"爻者适时之变者也"的意思。"其初难知，其上易知，本末也"。一卦之中初爻的象最难观察把握，因而初爻的辞也最难系，而上爻的象较易观察把握，因而上爻的辞也容易系，这是因为初与上是本末的关系，亦即终始的关系。"初辞拟之，卒成之终"，初爻的辞一旦拟定，取什么象，谈什么问题，已经确定，上爻就是如何完成、结束的问题，自然容易知道。例如乾初九爻辞拟定为"潜龙勿用"，那么上九拟为"亢龙有悔"就不难了。又如屯初九"磐桓，利居贞，利建侯"，讲磐桓难进，但是初九是阳在下，又是成卦之主，故利于居贞、建侯。不利之中尚有有利的一面。至于上六，"乘马班如，泣血涟如"，不仅仅是磐桓难进，因为是处屯之终，简直是进无可进，看不见出路。可见初与上的爻辞是紧密相连系的，相照应的。

若夫杂物撰德，辨是与非，则非其中爻不备。噫亦要存亡吉凶，则居可知矣。知者观其彖辞，则思过半矣。

"杂物撰德，辨是与非，则非其中爻不备"，一卦六爻从大处划分可以分为初上与中爻两部分。上文讲过，初上是一卦之始终，在一卦之中占很重要的地位。但是如果没有中间的二、三、四、五这四爻，则"不备"，不能完全地解决问题，不能"杂物撰德"，不能"辨是与非"。"杂物撰德"的"杂"和"撰"，同下文的"辨是与非"的"辨"字，都应当是谓词。"杂物"，反映尊卑贵贱善恶不同的复杂的人事情况;“撰德”,表现出事物的不同的性质和特点。“辨是与非”,分辨它们的是与非。而要做到这些,光有初上没有中爻,就远远不够了。“噫亦要存亡吉凶,则居可知矣”,噫亦作意,并与抑同。“噫亦”即“抑亦”,语辞,没有实在意义。初与上有了,二、三、四、五中间四爻也有了,六爻具备而成一卦,那么存亡吉凶的问题就居然可知了。“知者观其彖辞,则思过半矣”。彖辞极重要,因为“凡彖者统论一卦之体者也,象者各辨一爻之义者也”。彖是彖辞,即卦辞,象是爻辞。卦辞是一卦的总说明,爻辞是一卦六爻的个别说明。知者,聪明睿知的人一看卦辞,对全卦的意思就知道一半了。这一章从卦谈起而后论及六爻,至此又重归于卦,做为结语。

二与四同功而异位,其善不同。二多誉,四多惧,近也。柔之为道不利远者,其要无咎,其用柔中也。三与五同功而异位,三多凶,五多功,贵贱之等也。其柔危,其刚胜邪?

此总论64卦中二与四,三与五这四个中爻的地位和功能。“二与四同功而异位,其善不同”,“二与四”,一卦中的第二爻、第四爻。“同功”,二与四都是偶数,都是阴位。“异位”,对五而言,二距五远,四距五近。五象君位,距离五远近不同,“其善不同”。怎么不同?“二多誉,四多惧”。在64卦中二多半是誉,好。四多半是惧,不好。四为什么多惧,因为四距君位“近也”,接近君位必有所戒惧。“柔之为道不利远者,其要无咎,其用柔中也”,这是讲二为什么多誉。二距五远,本来是不利的,然而二还是大多数无咎,这是由于它“柔中”,既是柔位又是内卦之中。柔而中,所以“其要无咎”。这里讲二柔而中,“其要无咎”,实际上是给《易》64卦找出的通例。“三与五同功而异位”,三与五都是奇数,都是阳位,故曰“同功”,但是五是君位,三是臣位,贵贱不同,故曰“异位”。“三多凶,五多功,贵贱之等也”,64卦之中,三大多数凶,五大多数有功,这是由于三与五贵贱地位不一样的缘故。“其柔危,其刚胜邪”,这是说,三与五是阳位,如果柔爻来居之,便有危难,如果刚爻来居之,以刚爻居阳位,则可胜任而无危。

《易》之为书也,广大悉备。有天道焉,有人道焉,有地道焉。兼三才而两之,故六。六者非它也,三才之道也。

自此至“故吉凶生焉”为第十章。“《易》之为书也,广大悉备”,《易》作为一部书，它的内容极广大极完全，可谓无所不包。意思与《系辞传上》说的“弥纶天地之道”“冒天下之道”是一样的。“有天道焉，有人道焉，有地道焉”，说《易》之为书广大悉备是有根据的，它里面有天道有人道有地道，关于自然界的知识和思想，关于人类社会的知识和思想，它全有。这与《系辞传上》关于《易》“明于天之道，而察于民之故”的提法实质上是一回事，不同的是这里明确提出了“人道”这个概念来。“兼三才而两之，故六”，这里讲《易》书广大悉备，无所不包，与前面讲的“冒天下之道”还有所不同，这里讲《易》有天道有人道有地道，落实到六爻上面，就是说，从一卦六爻的角度讲《易》的广大悉备的内容。天地人谓三才，每一才由卦中两爻代表，五与上两爻在上为天，初与二两爻在下为地，三与四两爻在卦之中间为人。天地人三才各代表两爻，所以一卦有六爻。“六者非它也，三才之道也”，反过来说，六爻不是别的，就是天地人这三才之道。

道有变动，故曰爻。爻有等，故曰物。物相杂，故曰文。文不当，故吉凶生焉。

“道有变动，故曰爻”，从《易》之外的客观世界说，三才之道是有动有变的。天道有昼夜四时之变，地道有刚柔燥湿之变，人道有动静行止善恶吉凶之变。《易》内的三才之道是兼而两之而为六爻，故也是有动有变的。“爻也者效天下之动者也”，卦中六爻的变动是《易》外天道地道人道变动的仿效。爻的特点是以自身的三才之道的变动反映客观世界三才之道的变动。爻之所以曰爻，以此。爻之所以有变动，是因为它“兼三才而两之”，六爻成卦。六爻成卦才有变动，也才能效天下之动。孤单的一爻或未曾兼而两之的三爻，自身没有变动，也无从效天下之动，不成其为爻，也就不能称爻。“爻有等，故曰物”，物是“物以群分”的物。六爻自初至上排列有尊卑贵贱上下远近之分，即划分为不同的类，所以卦中六爻可以视作物。“物相杂，故曰文”。爻有刚柔，位有阴阳，刚爻柔爻杂居阴阳之位，形成复杂交错的状态，所以叫做文。“文不当，故吉凶生焉”。物相杂，所以叫做文，文的特点有当有“不当”。“不当”是刚爻居阴位，柔爻居阳位的位不当。有位不当便有位当，位当是刚爻居阳位，柔爻居阴位。一般说，位当吉，位不当凶。假如位皆当或位皆不当，那么便不成其为文，吉凶也就无从产生。不过这个问题不宜拘泥，《易》除讲究位当与不当之外更重视时的问题以及德的问题。位不当而时当亦可吉，位当而时不当亦可凶。总之,"文不当"应做广泛的理解,把位、时、德三方面问题都考虑在内。

《易》之兴也,其当殷之末世,周之盛德邪?当文王与纣之事邪?是故其辞危。危者使平,易者使倾。其道甚大,百物不废,惧以终始,其要无咎。此之谓易之道也。

这一段是第十一章。"《易》之兴也,其当殷之末世,周之盛德邪?当文王与纣之事邪"?这是推测不定之辞。孔子生当春秋晚期,去古未远,对于《易》之卦爻辞的作者是谁的问题连提也不肯提了,因为他已经无法知道。他只能根据《易》之卦爻辞反映出来的特点,推测它产生的时代可能是殷周之际,文王与纣王斗争的时候。这个推测,在今日看来很可能是符合实际的。我们没有必要也没有可能确定《易》的作者究竟是谁。《史记》与《汉书》都说文王囚羑里而演《周易》,恐怕不是事实,不足信据。孔子尚且不知道,汉人怎么可能知道!"是故其辞危",因为《易》可能产生于殷周之际,文王同纣王斗争的时候,所以《易》的辞有一个特点:危。《易》之辞中体现着一种如履薄冰,战战兢兢的临危心态。"危者使平,易者使倾",《易》之辞处处反映这样一个道理:心存危惧,战战兢兢,必然得平安,例如"其亡其亡,系于苞桑",越是怕亡,越是牢固如"系于苞桑"。相反,以危为微,慢易不经心,则必倾覆败亡。例如"何校灭耳凶",以为小恶不足虑,天长日久地积累起来便会无可挽救。"其道甚大,百物不废",上述这个道理是个大道理,绝非小问题,而且存在于万事万物之中,没有什么事情能够排除在这个大道理之外。"惧以始终,其要无咎,此之谓《易》之道也",一部《易》书从始至终,归根结底就是告诫人们两件事,一是敬惧,一是求得无咎。两件事是相联系的。《易》之道如此而已。无咎就是善补过,无咎必须敬惧。所以孔子说:"假我数年,五十以学《易》,可以无大过矣。"清人焦循说《易》是"寡过之书",是说得极对的。

夫乾,天下之至健也,德行恒易以知险。夫坤,天下之至顺也,德行恒简以知阻。

自此开始至篇末是第十二章亦即最后一章。这段话承接上一章强调敬惧无咎的意思下来,继续讲恐惧危险,不敢轻进的道理。乾是天下之至健,它元亨利贞,犹如春夏秋冬四时运行,总是毫无险难,所以它的德行恒易。易与险相反,人们可能认为乾既然恒易,便不能知险。其实不然,恰恰因为乾是天下之至健,其德行恒易,才最知险而必不陷于险。坤是天下之至顺,它有安贞之吉,应地无疆,犹之牝马之顺于牡马,总是顺利无阻,所以它的德行恒简。简与阻相反,人们可能认为坤既然恒简,便不能知阻。其实不然,恰恰因为坤是天下之至顺,其德行恒简,才最知阻而必不陷于阻。

能说诸心,能研诸侯之虑,定天下之吉凶,成天下之亹亹者。

说同悦。"侯之"二字衍。研,研磨。亹亹犹勉勉。这里是讲乾坤两卦的作用,也可以理解为是讲全《易》64 卦的作用。《易》要由人来应用,所以也可以说是"圣人"处在忧患之际如何用《易》解决天下的问题。两个"能"字与下文"成能"之"能"相照应,表明唯"圣人"能如此,一般百姓不能如此。"能说诸心",乾坤至健至顺,恒易恒简,知险知阻,将天下事理会得极透极准,自然欢悦。"能研诸虑",既知险知阻,又能对事情反复研磨,审之又审。因为对事理看得清楚,能说诸心,所以吉凶成败得失便分辨得明白。因为对事情能反复研磨,审之又审,所以能够勉勉于事功,成就天下之事业。

是故变化云为,吉事有祥。象事知器,占知事来。

云,言语;为,行动。变化是阴阳之变化,云为是人事之云为。无论天道阴阳之变化还是人事之言动,都会事先有征兆表现出来。虽说"吉事有祥",其实凶事也包含在内。天道也好,人事也好,是吉是凶总会有个预兆,不会突然发生。这前两句是讲客观的道理如此,后两句是讲"圣人"如何依据这个道理知往知来的问题。"象事"就是取象作卦。"器"字在《易》里除指器物外还指有形可见的实事。"知器"就是知道已发生的事情并掌握其中一般的道理。"象事知器",因为万物有阴阳的变化,人事有言动的变化,"圣人"便从这些变化中取象知器,亦即作卦,把道理藏在卦里。其实这与"知以藏往","卦之德方以知"的说法意义相类。"占事"就是筮,"知来"就是前知吉凶得失成败存亡,"占事知来",因为事情的吉凶得失必先有征兆出现,所以"圣人"才可以通过卜筮前知吉凶。假若事情根本没有一个由微至著的渐进过程,全是突然发生偶然造成,那么筮卦将无从告人以吉凶,告人以吉凶也将失去指导意义。"占事知来"同"神以知来",

“蓍之德圆而神”的说法意义相类。

天地设位，圣人成能。人谋鬼谋，百姓与能。八卦以象告，爻彖以情言。刚柔杂居，而吉凶可见矣。

前四句讲在作《易》和用《易》的问题上，天地自然与圣人及圣人与百姓的关系。“天地设位”，与《系辞传上》开始第一句话讲的“天尊地卑”的意思一样，天在上居尊位，地在下处卑位，自然界的这个最普通、最常见的事实，决定了乾坤两卦在《易》中的重要地位。乾坤的地位定了，然后八卦成列，然后因而重之，生成 64 卦 384 爻，于是天下之能事尽在其中。“天地设位”这句话实际上概括了天地日月星辰四时昼夜以及飞潜动植等等整个自然界的运动变化，自然界的运动变化也是一种“能”，但是这种“能”完全是自然的，无思无为的，同人类的“能”相比，它只能是性，算不上“能”。它只能给人类作《易》用《易》提供蓝本，提供模式，作《易》用《易》，尽天下之能事，则要由“圣人”完成。“圣人成能”一句就是这个意思。自然界的运动变化无思无为，自然而然，“圣人”模拟自然界的运动变化，加入自己的主观精神，有思有为以作《易》用《易》，尽天下之能事。这两句话共述一个思想：天人一致却又有别。“人谋鬼谋，百姓与能”，这两句话进一步阐发对待《易》的态度，“圣人”与百姓不同。不同就表现人谋鬼谋的问题上。《易》有人谋又有鬼谋。“圣人”观象设卦系辞，把“天之道”与“人之故”纳入其中，即“知以藏往”，这就是人谋，人谋是明的。“圣人”“是兴神物”，利用卜筮，以神道设教，指导百姓的行动，使百姓信服，这就是鬼谋，鬼谋是幽的。“人谋鬼谋”是统治者即聪明睿知的“圣人”依据天地自然的模式自觉地设计出的，这就是所谓的“成能”。而百姓则是“与能”。“与能”是被动地相信并参与“圣人”已经设计完成的“人谋鬼谋”。百姓无知，以为卜筮真的通鬼神，对鬼谋坚信不疑。百姓之所以“与能”，是因为《易》不仅有人谋，而且还有鬼谋。“八卦以象告，爻彖以情言”，象谓卦画。八卦是《易》的初始状态，只表示事物的性质，不反映事物的变化，故曰“以象告”。爻彖是重为 64 卦 384 爻后的卦和爻。卦和爻用辞表达事物的运动变化，故曰“以情言”。情与性相对应，情变性不变。说“以情言”，意谓卦爻辞是灵活的，可变的。“刚柔杂居，而吉凶可见矣”，一卦六位有阴有阳，一卦六爻有刚有柔；刚爻非必居阳位，柔爻非必居阴位；刚柔相推而杂居，必有失有得，得则吉，失则凶。

变动以利言，吉凶以情迁。是故爱恶相攻而吉凶生，远近相取而悔吝生，情伪相感而利害生。凡《易》之情，近而不相得，则凶，或害之，悔且吝。

“变动以利言”，此“变动”即上文“道有变动故曰爻”的变动，即一卦六爻的变动。爻而不变动，爻也就不复存在了。此“利”是上文“变而通之以尽利”的利，意思是趋时顺理而从之，不使陷于凶悔吝。此利与正对言而不与害对言。利是正的反面。如果六爻皆各居正或皆各不居正，则无变动可言，六爻的变动通过“利”表现出来。趋时顺理而从之，有利则做，无利则不做，这就是变动。如屯初九处屯难之初，当磐桓难进之时，本该无所作为，而爻辞却言“利建侯”，指出这时“建侯”是有利的。这就是趋时顺理，也就是变动。“吉凶以情迁”，“吉凶”包括下文所言“悔吝”与“利害”在内。“情”指下文相攻、相取、相感之情，其实就是六爻的相互关系的具体情况。“以情迁”，吉凶悔吝利害要根据六爻相互关系的具体情况来确定、分辨。拟议爻辞和理解爻辞都要根据这个原则。“是故爱恶相攻而吉凶生，远近相取而悔吝生，情伪相感而利害生”，爱恶、远近、情伪，看似讲人与人之间的关系，其实是讲爻与爻之间的关系。爻辞指示给人的不外乎吉凶、悔吝、利害三方面，而根本的用意是教人知险知阻。吉凶由爱恶相攻产生，此爻与彼爻以恶相攻就凶，如同人九三之“敌刚”，与上九相敌相攻，结果是“三岁不兴”。悔吝由远近相取产生。此爻与彼爻远相取或近相取，则不免悔吝。如豫之六三近比九四，但因非同类而相取，故爻辞曰“盱豫悔，迟有悔”。利害由情伪相感而产生。此爻与彼爻以伪相感，则害由此起。如兑之九五以刚阳中正近比上六，而上六是消阳之剥，是为以伪相感，故爻辞云：“孚于剥，有厉”。“凡《易》之情，近而不相得，则凶，或害之，悔且吝”，这一句话是对前面三句话的概括说明。吉凶、悔吝、利害之根是此爻与彼爻近而相得还是不相得。近而相得则吉、利、悔亡、无悔、无咎。近而不相得则凶、害、悔、吝。“近而不相得”的“近”很关键。两爻相亲比固然是近，两爻正应也是近。相比相应就是近，不相比不相应就是远。一卦之主爻与其他各爻的关系也是近。在两爻近的情况下才有相得不相得的问题，此爻若既非卦之主爻，又与彼爻不比不应，则相得不相得全无所谓。“相得”是此爻与彼爻爱相亲而不恶相攻，相济而不相取，以情相感而不以伪相感。“不相得”则反是。

将叛者其辞惭，中心疑者其辞枝，吉人之辞寡，躁人之辞多，诬善之人其辞游，失其守者其辞屈。

这六句话讲得极有道理，但是与《易》之辞不相干，很可能是后世人窜入，不是《易传》原文。惭同惭。“将叛者其辞惭”，违背事实和良心的人，心中有愧，其辞必惭。枝，分歧。“中心疑者其辞枝”，心中犹豫而无定见的人，心存惑乱，蔓衍不根，其辞必枝，往往自相矛盾。“吉人之辞寡”，有吉德之人自知为善不足，非不得已不讲话，故其辞寡。“躁人之辞多”，躁兢好胜之人，急于自售，故其辞多。“诬善之人其辞游”，诬谤人善之人，讲人家坏话又不敢明言直说，总想在谤言外面加一层掩饰，故其辞游。“失其守者其辞屈”，进据失守，不知所措的人，内无所主，外不明义，故其辞屈。

说卦传

昔者圣人之作《易》也，幽赞于神明而生蓍，参天两地而倚数，观变于阴阳而立卦，发挥于刚柔而生爻，和顺于道德而理于义，穷理尽性以至于命。

此为《说卦传》第一章。这一章很重要，它正确地阐述了蓍、卦、爻和辞在《易》里产生先后的过程。由此可见，后世认为先有卦而后有蓍的说法是不对的。孔子只说"昔者圣人之作《易》也"而不确指何人，证明后世所说的包牺氏、文王和周公等等都是不足信的。"幽赞于神明而生蓍"是说蓍本来是一种草，它并不知吉凶。它之所以知吉凶，称为"神物"、"神明"，是由于圣人在"幽赞"即在暗地里赞助。怎样"幽赞"呢？就是下面所说的"参天两地而倚数"。"参天两地而倚数"，"参天两地"旧解不甚明了，朱熹的《易本义》说"天圆地方。圆者一而围三，三各一奇，故参天而为三。方者一而围四，四合二偶，故两地而为二"，尤误。其实，参两是古语。《周礼・天官・疾医》说"两之以九窍之变，参之以九藏之动"和《逸周书・常训》说"疑意以两，平两以参"，参两有参互的意思。天地谓一、三、五、七、九五个天数和二、四、六、八、十五个地数。"参天两地而倚数"就是把天数地数参合到一起，形成大衍之数五十有五，用以分二、挂一、揲四、归奇等等以得出七、八、九、六。"观变于阴阳而立卦"，是说卦是由于观察筮法变化的结果为阴为阳而成立的。

"发挥于刚柔而生爻"。刚柔与阴阳本是一回事。在蓍中八、六称阴，七、九称阳。一旦一卦确立，卦有六爻，爻便称刚柔了。《系辞传上》说"彖者言乎象者也，爻者言乎变者也"。又说"圣人有以见天下之赜而拟诸其形容，象其物宜，是故谓之象。圣人有以见天下之动而观其会通以行其典礼，系辞焉以断其吉凶，是故谓之爻"。这说明卦和爻虽是一个东西，然而一个是总体一个是部分，它们在《易》里所起的作用不同，即一个是言象，一个是言变，一个是圣人有以见天下之赜，一个是圣人有以见天下之动。也就是说，一卦之赜，是要依赖这个卦六爻的刚柔相推而生变化来发挥的。卦与爻本是同步产生，难分先后，只是在逻辑上可以认为先立卦而后生爻，因为六画卦之外无爻，六画卦确立了，爻才成其为爻。

“和顺于道德而理于义，穷理尽性以至于命”。这是就《易》之蓍、卦、爻、辞的全部内容来说的。在这两句话里使用了道德义理性命六个概念。道与命为一类，都说的是天。德与性为一类，都说的是人。义与理为一类，都说的是事。这两句话是说一个问题。只是反复地说。上句是所谓自源而流，下句是所谓自末而本。上句说“和顺于道德而理于义”，道，所谓“道者行也，气化流行，生生不已也”，是说自然规律。德，所谓“德者得也，行道而有得于心也”，是说人遵照自然规律行事，久而久之，变成了人的本性。“和顺于道德”，是说《易》所阐述的全部内容，既和于道德，也顺于道德。“而理于义”，义是事之宜，万事万物有高下大小种种差异，而能处理的合理就是义。“而理于义”就是说《易》所讲的又都合于事理。下句说“穷理尽性以至于命”，“穷理”是穷尽事之理。“尽性”是穷尽人之性。“以至于命”，命是天命。孟子所谓“莫之为而为者，天也；莫之致而至者，命也”。古人所谓天命，其实是指自然规律。“以至于命”，是说穷理尽性最后能达到与自然规律相一致，即达到“与天地合其德，与日月合其明，与四时合其序，与鬼神合其吉凶，先天而天弗违，后天而奉天时”那种程度。

昔者圣人之作《易》也，将以顺性命之理，是以立天之道，曰阴与阳，立地之道，曰柔与刚，立仁之道，曰仁与义。兼三才而两之，故《易》六画而成卦。分阴分阳，迭用柔刚，故《易》六位而成章。

这一段为第二章。第一章论述《易》总的内容，自此章以下专讲卦的问题。第一章讲《易》“和顺于道德而理于义，穷理尽性以至于命”，此章则将此落实到卦画上并以一言蔽之曰：“顺性命之理”。“顺性命之理”的“性”是人性，命是天命。“顺性命之理”，包括“天之道”与“民之故”。不过“明于天之道而察于民之故”是在作《易》以前之事，而“顺性命之理”则是作成《易》以后，在卦画上表现出来的，因为“卦之德方以知”嘛。

“是以立天之道，曰阴与阳，立地之道，曰柔与刚，立仁之道，曰仁与义”，这三句话是讲易卦以天地人三才之道为基本内容。天之所以为天，主要是阴晴寒暑。从阴晴寒暑这些现象总结出基本规律来，则为阴阳。

所以《易》在卦画上立天之道，曰阴与阳。地之所以为地，主要是山川原隰。从山川原隰这些现象总结出基本规律来，则为柔与刚。所以《易》在卦画上立地之道，曰柔与刚。天地虽然是一体，然而“在天成象，在地成形”，所以“立天之道，曰阴与阳，立地之道，曰柔与刚”。人则是指人类社会来说的。人类社会的动作云为十分繁复，然而作为行动准则来看，只有仁义。“仁者人也，”就是说，一切人与人之间的关系都应当相亲相爱。只有相亲相爱，人类才能生存和发展。“义者宜也”，宜就是合理，恰如其分。比如有好心肠的人，搞平均主义，主张废除死刑，结果行不通，就因为它不合理。又如阶级可以消灭而等级不能废除，为什么呢？孟子说过，“物之不齐，物之情也。比而同之，是乱天下也”。问题不在于有没有等级，而在于处理的合理不合理。处理的合理就是宜，也就是义。所以说“立人之道，曰仁与义”。

“兼三才而两之，故《易》六画而成卦，分阴分阳，迭用柔刚，故《易》六位而成章”。这是说易卦之所以都是六画，其用意在于“兼三才而两之”。“分阴分阳”指位言，一卦之中初、三、五为阳位，二、四、上为阴位。“迭用柔刚”指爻言，是说一卦六位中刚爻九与阴爻六迭用交错，所居无定。“分阴分阳”与“迭用柔刚”合起来遂使卦之六位六爻经纬错综，粲然有文，故曰“六位而成章”。

天地定位，山泽通气，雷风相薄，水火不相射。八卦相错。数往者顺，知来者逆，是故《易》逆数也。

此为第三章。自此以下至篇末，语多不可解，疑是杂录前世《易》学遗说，非孔子所作。宋人以先天后天说之，只见其诬妄，丝毫没有解决问题。今于其不可解者暂不作解，以俟知者。

雷以动之，风以散之，雨以润之，日以烜之，艮以止之，兑以说之，乾以君之，坤以藏之。

此为第四章。

帝出乎震，齐乎巽，相见乎离，致役乎坤，说言乎兑，战乎乾，劳乎坎，成言乎艮。万物出乎震，震，东方也。齐乎巽，巽，东南也。齐也者，言万物之洁齐也。离也者，明也，万物皆相见，南方之卦也。圣人南面而听天下，向明而治，盖取诸此也。坤也者，地也，万物皆致养焉，故曰致役乎坤。

兑，正秋也，万物之所说也，故曰说言乎兑。战乎乾，乾，西北之卦也，言阴阳相薄也。坎者，水也，正北方之卦也，劳卦也，万物之所归也，故曰劳乎坎。艮，东北之卦也，万物之所成终而所成始也，故曰成言乎艮。

此为第五章。

神也者，妙万物而为言者也。动万物者莫疾乎雷，桡万物者莫疾乎风，燥万物者莫熯乎火，说万物者莫说乎泽，润万物者莫润乎水，终万物始万物者莫盛乎艮，故水火相逮，雷风不相悖，山泽通气，然后能变化，既成万物也。

此为第六章。

乾，健也；坤，顺也；震，动也；巽，入也；坎，陷也；离，丽也；艮，止也；兑，说也。

此为第七章。这一章非常重要，是学《易》的基础知识。乾、坤、震、巽、坎、离、艮、兑这八个卦的得名，是由于这八个卦的每一卦所包含的阴阳两种符号的多寡及安排的次序不同，而形成八种不同的性质。"乾，健也"，意思是说乾就是健。"坤，顺也"，意思是说坤就是顺。其余"震，动也"，"巽，入也"，"坎，陷也"，"离，丽也"，"艮，止也""兑，说也"，亦同此。八卦所具有的这八种性质，无论什么时候都是不能改变的。

乾为马，坤为牛，震为龙，巽为鸡，坎为豕，离为雉，艮为狗，兑为羊。

此为第八章。这一章讲八卦的取象。八卦的取象与八卦的性质有联系，但它是可变的。

乾为首，坤为腹，震为足，巽为股，坎为耳，离为目，艮为手，兑为口。

此为第九章。上章说"乾为马"等等，这一章又说"乾为首"等等，就表明八卦之取象是灵活多变，没有一定的。而或者定马于乾，案文责卦，就不对了

乾，天也，故称乎父；坤，地也，故称乎母。震一索而得男，故谓之长男。巽一索而得女，故谓之长女。坎再索而得男，故谓之中男。离再索而得女，故谓之中女。艮三索而得男，故谓之少男。兑三索而得女，故谓之少女。

此为第十章。这一章是讲八卦中乾坤两卦与其他六卦的关系。乾坤

好象父母，其他六卦好象六子。其他六卦是由于乾坤两卦这个父母的相互求索而生出来的。这是八卦生成之后从八卦之间的关系上所看出的意义，与八卦生成问题不是一回事。这种认识同《系辞》说“乾坤其易之缊邪”，“乾坤其易之门邪”，即把全《易》64 卦看成是由乾坤两卦的相互交错而产生出来的思想是一致的。这种思想很可贵。苏轼、程颐二人曾引用这段文字来说明卦变（详见本书贲卦解），实发前人所未发。

乾为天，为圜，为君，为父，为玉，为金，为寒，为冰，为大赤，为良马，为老马，为瘠马，为驳马，为木果。坤为地，为母，为布，为釜，为吝啬，为均，为子母牛，为大舆，为文，为众，为柄，其于地也为黑。震为雷，为龙，为玄黄，为旉，为大涂，为长子，为决躁，为苍筤竹，为萑苇。其于马也为善鸣，为异足，为作足，为的颡，其于稼也为反生，其究为健，为蕃鲜。巽为木，为风，为长女，为绳直，为工，为白，为长，为高，为进退，为不果，为臭，其于人也为寡发，为广颡，为多白眼，为近利市三倍，其究为躁卦。坎为水，为沟渎，为隐伏，为矫輮，为弓轮，其于人也为加忧，为心病，为耳痛，为血卦，为赤，其于马也为美脊，为亟心，为下首，为薄蹄，为曳。其于舆也为多眚，为通，为月，为盗。其于木也为坚多心。离为火，为日，为电，为中女，为甲胄，为戈兵，其于人也为大腹，为乾卦，为鳖，为蟹，为蠃，为蚌，为龟，其于木也为科上槁。艮为山，为径路，为小石，为门阙，为果蓏，为阍寺，为指，为狗，为鼠，为黔喙之属。其于木也为坚多节。兑为泽，为少女，为巫，为口舌，为毁折，为附决，其于地也为刚卤，为妾，为羊。

此为第十章。此章推广八卦之取象多达 102 种，意欲使八卦之象臻于完备，其实反而更不完备。上文第八章第九章已经言及乾为马为首，坤为牛为腹，等等足够说明问题，如果以为不够用，还要补充，则越补充越显得不完全，因为世间万事万物都可以作八卦的象，举出的象无论怎样多，也不会全的。因此这一章可断言不是《易传》原有的东西，而是后人杂记的前世遗说。

序 卦 传

有天地然后万物生焉。盈天地之间者唯万物，故受之以屯。屯者盈也，屯者物之始生也。物生必蒙，故受之以蒙。蒙者蒙也，物之稚也，物稚不可不养也，故受之以需。需者饮食之道也，饮食必有讼，故受之以讼。讼必有众起，故受之以师。师者众也，众必有所比，故受之以比。比者比也，比必有所畜，故受之以小畜。物畜然后有礼，故受之以履。履而泰然后安，故受之以泰。泰者通也，物不可以终通，故受之以否。物不可以终否，故受之以同人。与人同者物必归焉，故受之以大有。有大者不可以盈，故受之以谦。有大而能谦必豫，故受之以豫。豫必有随，故受之以随。以喜随人者必有事，故受之以蛊。蛊者事也，有事而后可大，故受之以临。临者大也，物大然后可观，故受之以观。可观而后有所合，故受之以噬嗑。嗑者合也，物不可以苟合而已，故受之以贲。贲者饰也，致饰然后亨则尽矣，故受之以剥。剥者剥也，物不可以终尽，剥穷上反下，故受之以复。复则不妄矣，故受之以无妄。有无妄然后可畜，故受之以大畜。物畜然后可养，故受之以颐。颐者养也，不养则不可动，故受之以大过。物不可以终过，故受之以坎。坎者陷也，陷必有所丽，故受之以离，离者丽也。

有天地然后有万物，有万物然后有男女，有男女然后有夫妇，有夫妇然后有父子，有父子然后有君臣，有君臣然后有上下，有上下然后礼义有所错。夫妇之道不可以不久也，故受之以恒。恒者久也，物不可以久居其所，故受之以遯。遯者退也，物不可以终遯，故受之以大壮。物不可以终壮，故受之以晋。晋者进也，进必有所伤，故受之以明夷。夷者伤也，伤于外者必反其家，故受之以家人。家道穷必乖，故受之以睽。睽者乖也，乖必有难，故受之以蹇。蹇者难也，物不可以终难，故受之以解。解者缓也，缓必有所失，故受之以损。损而不已必益，故受之以益。益而不已必决，故受之以夬。夬者决也，决必有所遇，故受之以姤。姤者遇也，物相遇而

后聚，故受之以萃。萃者聚也，聚而上者谓之升，故受之以升。升而不已必困，故受之以困，困乎上者必反下，故受之以井。井道不可不革，故受之以革。革物者莫若鼎，故受之以鼎。主器者莫若长子，故受之以震。震者动也，物不可以终动，止之，故受之以艮。艮者止也，物不可以终止，故受之以渐。渐者进也，进必有所归，故受之以归妹。得其所归者必大，故受之以丰。丰者大也，穷大者必失其居，故受之以旅。旅而无所容，故受之以巽。巽者入也，入而后说之，故受之以兑。兑者说也，说而后散之，故受之以涣。涣者离也，物不可以终离，故受之以节。节而信之，故受之以中孚。有其信者必行之，故受之以小过。有过物者必济，故受之以既济。物不可穷也，故受之以未济终焉。

《序卦传》的精义，前人多不了解。例如韩康伯说："序卦之所明，非《易》之蕴也。"其后叶适诋为"浅鄙"，康有为诋为"肤浅"，都是证明。其实《序卦传》具体地说明了《周易》64 卦结构的完整的思想体系，非常珍贵。这一点只有结合《系辞传》的"乾坤其《易》之缊邪"，"乾坤其易之门邪"两段文字以及《序卦传》本身的"有天地然后万物生焉"等语，才能看得出来。因为其详已见 64 卦各该卦的解说中，这里就不再重复了。

杂 卦 传

乾刚坤柔，比乐师忧。临观之义，或与或求。屯见而不失其居，蒙杂而著。震起也；艮止也。损益，盛衰之始也。大畜，时也；无妄，灾也。萃聚，而升不来也。谦轻，而豫怠也。噬嗑，食也；贲，无色也。兑见而巽伏也。随，无故也；蛊则饬也。剥，烂也；复，反也。晋，昼也；明夷诛也。井通，而困相遇也。咸，速也；恒，久也。涣，离也；节，止也。解，缓也；蹇，难也。睽，外也；家人，内也。否泰，反其类也。大壮则止，遯则退也。大有，众也；同人，亲也。革，去故也；鼎，取新也。小过，过也；中孚，信也。丰，多故也；亲寡，旅也。离上而坎下也。小畜，寡也；履，不处也。需，不进也；讼，不亲也。大过，颠也。姤，遇也，柔遇刚也。渐，女归待男行也。颐，养正也。既济，定也。归妹，女之终也。未济，男之穷也。夬，决也，刚决柔也，君子道长小人道忧也。

《杂卦传》从文字表面上看，未尝不可以理解，其中亦颇多精义。但是为什么《杂卦传》也论述了 64 卦，而其先后次序与《序卦传》不一样？又为什么自“乾刚坤柔，比乐师忧”以下 56 卦皆以反对为序，而自“大过颠也”以下 8 卦则否呢？这些问题实难索解。因此我们本着“知之为知之，不知为不知”原则，就不加以解说了。